财政部规划教材
全国高职高专院校财经类教材

证券投资分析

马春晓　彭明强　主编

中国财经出版传媒集团
中国财政经济出版社

图书在版编目（CIP）数据

证券投资分析 / 马春晓，彭明强主编. --北京：中国财政经济出版社，2020.5（2022.8重印）
财政部规划教材 全国高职高专院校财经类教材
ISBN 978-7-5095-9753-8

Ⅰ.①证… Ⅱ.①马… ②彭… Ⅲ.①证券投资-投资分析-高等职业教育-教材 Ⅳ.①F830.91

中国版本图书馆 CIP 数据核字（2020）第 060690 号

责任编辑：王佳欣　　　　责任校对：李　丽
封面设计：育林华夏　　　　通　　读：卓文娟

中国财政经济出版社出版
URL：http：//www.cfeph.cn
E-mail：cfeph@cfeph.cn

社址：北京市海淀区阜成路甲 28 号　邮政编码：100142
营销中心电话：010-88191537　北京财经书店电话：64033436　84041336
三河市宏图印务有限公司印刷　各地新华书店经销
787×1092 毫米　16 开　18.25 印张　443 000 字
2020 年 9 月第 1 版　2022 年 8 月河北第 2 次印刷
定价：48.00 元
ISBN 978-7-5095-9753-8
（图书出现印装问题，本社负责调换）
本社质量投诉电话：010-88190744
打击盗版举报热线：010-88191661　QQ：2242791300

编写 说明

本书是财政部规划教材、全国财政职业教育教学指导委员会推荐教材，由财政部教材编审委员会组织编写并审定，作为全国高职高专院校财政类教材使用。

近年来，金融投资日趋全球化，金融投资工具不断创新，我国证券市场也显现出良好的发展前景，金融业在国民经济中的地位日益重要。在这样的背景下，证券投资日渐成为热门研究领域，“证券投资分析”则成为高校的热门课程。

为了适应我国证券市场的发展和现代化金融人才的培养要求，我们依据教育部最新制订的《高等职业学校投资与理财专业教学标准》中关于“证券投资分析”课程主要教学内容的要求，立足金融类专业教学实际，在总结、借鉴现有教学、科研成果的基础上，组织长期从事证券投资实践和教学研究的老师编写了《证券投资分析》一书。

本书分为九个项目，以证券投资中最重要、普及范围最广的股票投资为重点，每个项目设有项目目标、案例导入、经典案例、投资箴言、想一想、知识链接、知识应用、技能训练等内容，其中知识应用和技能训练以分析和操作为主。另外，在每个项目之后还设置了思考与练习，对项目内容进行综合应用和实际操作，充分体现了学以致用的宗旨。

本书的特色在于：

（1）知识点比较系统、全面。本书涵盖了证券投资对象、分析准备、基本分析、技术分析、指标分析、软件下载与安装、实时解盘、理论基础、证券投资咨询等多方面内容，是同类教材中比较详尽的。

（2）注重信息化。读者通过下载相关资料即可获取百科、资讯、视频、实战等配套资源，不仅能够帮助读者更加熟练地掌握所学内容，还能使读者在了解基本理论具体应用的基础上，拓展自己的学习领域。

（3）对投资者的投资和从业人员的工作具有实际指导意义。本书不仅介绍了证券投资分析的基本原理，同时也通过研究报告的逻辑示例，能够给予从业人员实际指导。而一些关于使用现金流贴现方法进行证券估值的细节，则有助于普通的投资者参与市场。本书的很多内容和示例，直接取材于证券从业人员考试的试题以及大纲，部分习题来自注册金融分析师（CFA）的试题，是较好的辅导资料。

本书由郑州财税金融职业学院马春晓、彭明强担任主编，赵春磊、梁文博、姚梦歌、胡君一、支梦琪、黄战功等担任副主编。具体分工如下：项目一、项目二由彭明强和胡君一编写，项目三由胡君一、黄战功编写，项目四、项目五由姚梦歌、赵春磊编写，项目六由梁文博编写，项目七由马春晓编写，项目八由支梦琪编写，项目九由马春晓和黄战功编写。马春晓负责对全书进行设计、统稿、修改和定稿。

本书在编写过程中，参考并引用了大量国内外的有关著作和文献，同时得到了郑州财税金融职业学院的大力支持，在此表示最诚挚的感谢。

为了方便读者用书，编者特意制作了配套资源，用书学校教师可以电子邮件的形式向中国财政经济出版社索取（请注明：学校、全书名、版次），E－mail：caijingjiaocai@163.com，亦可登录如下网址下载：http：//jiaocai.cfeph.cn。

由于编者理论水平和实践经验有限，书中难免有错误和疏漏之处，敬请各位读者批评指正。

编　者

2020年7月

目 录

项目一
证券与证券投资

【项目目标】

1. 知识目标：

☐ 了解证券与投资的概念

☐ 熟悉证券投资工具的种类和特点

☐ 理解证券市场的含义、类型、功能与特征

☐ 掌握证券价格指数的编制方法和作用

☐ 掌握证券投资的收益与风险的关系

2. 技能目标：

☐ 知晓证券、投资、证券投资工具的相关概念

☐ 能够使用股票价格指数分析股市行情

☐ 培养用投资的视角分析日常活动的能力

3. 情感目标：

☐ 树立科学的投资理念和风险意识

☐ 体验知识、技能与能力同步增长的成就感

【案例导入】

让投资成为一种习惯

在市场经济日益发展的今天，投资与消费已经成为人们生活的两个重要方面，投资活动在国人的生活中变得越来越重要了。投资的渠道很多，可以通过实业、贸易或零售渠道，也可以通过证券投资。投资行为与其说是一种专业化的技术，不如说是一种习惯。

即便你有家庭的负担，或是刚刚结婚，也要拿出收入的30%投资到可以产生最大价值的地方，否则你的人生将被一堆负债累压得没有翻身之日，若是没有这些负担，你投资的比例还可以提高到50%，而且，你应该把投资作为一种习惯。

投资是一种习惯，无论自己手上有多少钱，都要习惯于寻找可以创造出最大价值的地方

对其投资，只有这样，你才可以培养良好的投资眼光和习惯。投资有一种成瘾性，规模越大可能会带来更多的财源，也会让自己的投资欲望更强烈。在日常生活中，这些欲望可以有效地防止不必要的浪费，而且远比任何保障和金融计划可靠得多。

讨论：为什么要让投资成为一种习惯？

模块 1　认识证券与投资

一、证券的含义、特征与种类

（一）证券的含义

证券是指各类记载并代表一定权利的法律凭证，是用来证明证券持有人有权依其票面所记载的内容而取得应有权益的凭证。证券可以采取纸质或证券监管机构规定的其他形式。

证券的本质是一种交易契约或合同，该契约或合同赋予合同持有人根据该合同的规定，对合同规定的标的采取相应的行为，并获得相应收益的权利。

（二）证券的种类

1. 按证券的性质不同，证券可分为无价证券和有价证券

无价证券又称凭证证券，是指具有证券的某一特定功能，但不能作为财产使用的书面凭证。由于这类证券不能流通，所以不存在流通价值和价格。

有价证券，是指标有票面金额，用于证明持有人或该证券指定的特定主体对特定财产拥有所有权或债权的凭证。有价证券是虚拟资本的一种形式，它本身没有价值，但有价格。有价证券按其所表明的财产权利的不同性质，可分为商品证券、货币证券及资本证券三类。

通常证券投资中所说的证券是指资本证券。

2. 按证券发行主体的不同，证券可分为政府证券、金融证券和公司证券

政府证券，是指中央政府或地方政府为筹集资金，以政府名义发行的证券。

金融证券，是指银行及非银行金融机构发行的证券。

公司证券，是指公司、企业等经济法人为筹集投资资金或与筹集投资资金直接相关的行为而发行的证券，主要包括股票、公司债券、优先认股权证和认股证书等。

3. 按是否在证券交易所挂牌交易，证券可分为上市证券与非上市证券

上市证券又称“挂牌证券”，是指经证券主管机关批准，并向证券交易所注册登记，获得在交易所内进行公开买卖资格的有价证券。

非上市证券也称“非挂牌证券”“场外证券”，是指未在证券交易所登记挂牌，由公司自行发行或推销的股票或债券。非上市证券不能在证券交易所内交易，但可以在交易所以外的“场外交易市场”进行交易，有的也可以在取得特惠权的交易所内进行交易。

4. 按募集方式不同分类，证券可分为公募证券和私募证券

公募证券，是指通过中介机构面向社会不特定的多数投资者公开发行的证券。

私募证券，是指向少数特定的投资者发行的证券，其审查条件相对较松、投资者也较少、不采取公示制度。私募证券的投资者多为与发行者有特定关系的机构投资者，也有发行公司、企业的内部职工。

5. 按证券所代表的权利性质不同分类，证券可分为股票、债券和其他证券

相关内容见本项目的模块2，在此不做赘述。

（三）证券的特征

1. 收益性

证券的收益性是指持有证券本身可以获得一定数额的收益，这是投资者转让资本所有权或使用权的回报。

2. 流动性

证券的流动性是指证券变现的难易程度。

3. 风险性

证券的风险性是指实际收益与预期收益的背离，或者说是证券收益的不确定性。

4. 期限性

债券一般有明确的还本付息期限，以满足不同筹资者和投资者对融资期限以及与此相关的收益率需求。债券的期限具有法律约束力，是对融资双方权益的保护。股票没有期限，可以视为无期证券。

二、证券投资

（一）投资的含义

投资是指特定经济主体为了在未来可预见的时期内获得收益或是资金增值，在一定时期内向一定领域投放足够数额的资金或实物的货币等价物的经济行为。投资可分为实物投资和证券投资。实物投资是指为了获取未来收益（包括经济效益或社会效益）而进行的实物资产的构建。

【投资箴言】

投资者的基本问题，或者说最大的敌人，很可能就是他自己。

——本·格林厄姆

【想一想】

投资与投机有什么区别呢

【提示】两者最重要的区别是行为动机不同，以博取证券差价为目的的买卖行为视为投机，以取得本金收益（利息、分红）为目的的行为视为投资。介于两者之间，当投资证券与初始投资有较大差价且可获利了结时，称作投资性投机。投资与投机都是市场的重要组成部分，不存在褒贬，而投机为市场提供不可或缺的流动性。

相关[①]资料

1－1 视频：既是臭名投机家又是慈善大亨，为什么索罗斯的两面性如此矛盾

① 本书视频、人物、百科、资讯、实战、案例等相关拓展资料，可通过如下网址下载：http：//jiaocai. cfeph. cn，或以电子邮件形式向中国财政经济出版社索取（请注明：学校、全书名、版次），E－mail：caijingjiaocai@163. com。

（二）证券投资

证券投资是指经济主体通过买卖有价证券以获得收益的经济行为。

（三）证券投资原则

1. 收益与风险最佳组合原则

在证券投资中，收益与风险形影相随，是一对相伴而生的矛盾。要想获得收益，就必须冒风险。解决这一矛盾的办法是：在已定的风险条件下，尽可能使投资收益最优化；在已定的收益条件下，尽可能使风险减小到最低限度。这是投资者必须遵循的基本原则，它要求投资者首先必须明确自己的目标，恰当地把握自己的投资能力，不断培养自己驾驭和承受风险的能力和应付各种情况的基本素质；要求投资者在证券投资的过程中，尽力保护本金，增加收益，减少损失。

2. 分散投资原则

证券投资是风险投资，它可能给投资者带来很高的收益，也可能使投资者遭受巨大的损失。为了尽量减少风险，必须进行分散投资。分散投资可以从两个方面着手：一是对多种证券进行投资。这样，即使其中的一种或几种证券得不到收益、而其他的证券收益好，也可以得到补偿，不至于血本无归。二是在进行多种证券投资时，应把握投资方向，将投资分为进攻性和防御性两部分进行投资。

3. 理智投资原则

证券市场由于受到各方面因素的影响而处在不断变化之中，因此谁也无法准确预测到行情的变化。这就要求投资者在进行投资时，不能感情用事，而应该冷静且慎重，善于控制自己的情绪，不要过多地受各种传言的影响，对各种证券加以细心的比较，最后才决定投资的对象。不然，在情绪冲动下进行投资，往往是要失败的。有一些缺乏经验的投资者，看到自己要买的股票价格略有上涨时，就急不可耐，唯恐买不到这种股票便匆忙提出市价买进委托，结果很可能是高价购进该种股票。有时股市在一片叫好声中，往往已处于暴跌的前夜；而在股市最萧条的时候，正是黎明前的黑暗，股市复苏的曙光就在眼前。因此，投资者应该随时保持冷静和理智的头脑，做到“众人皆醉我独醒”。

4. 责任自负原则

在进行证券投资时，适当借助于他人的力量，但不能完全依赖别人，必须坚持独立思考、自主判断的原则。这是因为证券投资是一种自觉的、主动的行为，所有投资的结果都要由自己承担。所以，投资者不应轻信或完全依赖他人。那种把投资成功归于自己的判断，而把投资失败归罪于他人的做法是没有道理的。证券投资的成败完全是投资者自己的责任，不具备这一认识的人，也就不具备投资者的资格。

5. 剩余资金投资原则

投资必须有资金来源。从大的方面来说，资金来源无非有两个渠道：一部分是自有资金；另一部分是借入资金。采取借入资金进行证券投资是不可取的，证券投资的资金必须是家庭较长时间闲置不用的剩余资金。这是因为证券投资是一种风险较大的经济活动，意味着赚钱和亏本的机会同时存在，如果把全部资金都投入证券，一旦发生亏损，就会危及家庭收支计划，从而给正常的生活带来极大的困难。所以，妥善可靠的做法是把全部资金合理分配，留足家庭生活的必备资金，所剩余的长时间有可能闲置的资金，才能用来进行证券投资。投资者应该在估计全部资产和风险承受能力的基础上，再决定是否进行证券投资和用多少资金进行证券投资。

6. 能力充实原则

每个投资者都应该不断培养自我证券投资的能力，而这种能力的基础是投资知识和投资经验。掌握投资知识是从事投资的重要条件，没有知识的投资是盲目的投资，十有八九是要失败的。证券投资知识包括与证券有关的金融知识、法律知识、数学知识。投资者要获得证券投资知识，主要有两条渠道：一是通过书本学习、向别人请教以获得间接经验；二是通过自己的实践以获得直接经验。证券投资经验包括成功经验和失败经验。投资者要不断积累经验，尤其是要准确地把握证券行情，这就需要长期的经验积累。

【知识拓展】

股票市场中投资者情绪的变化

证券投资本为收获金钱而来，结果收到的是不同情绪。股价变化影响情绪，情绪干扰判断，判断影响操作；股价运行至什么阶段，什么样的情绪就笼罩着市场。通过情绪也可以判断市场处于什么阶段，如图1－1所示。

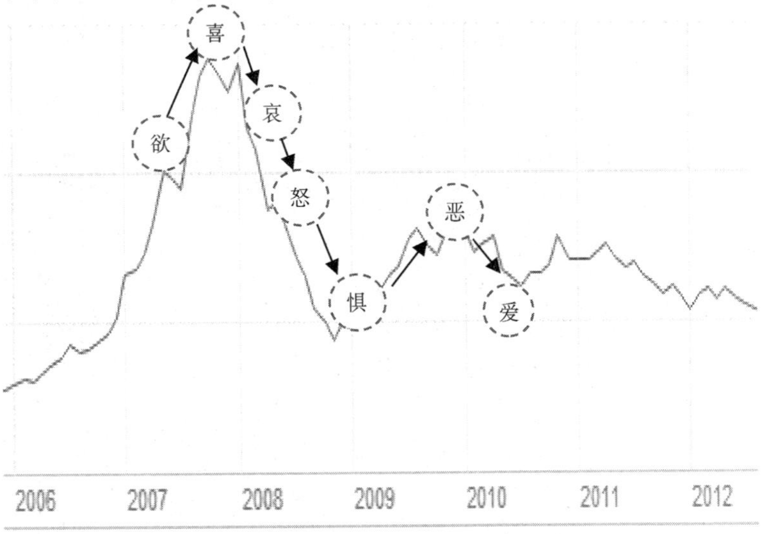

图1－1　投资情绪变化图

【知识拓展】

有效市场假说

相关资料

1－2　视频：有效市场假说

有效市场假说是由美国芝加哥大学尤金·法玛于1970年提出的一种有关证券市场投资的方法论。他认为，只要证券市场价格及时反映了全部有价值的信息，且市场价格代表着证券的真实价值，这样的市场就称为“有效市场”。市场达到有效的重要前提有两个：一是投资者必须具有对信息进行加工、分析，并据此正确判断证券价格变动的能力；二是所有影响证券价格的信息都是自由流动的。市场有效性体现在证券价格充分反映全部可获得的信息的效率上。据此，有效市场假说将股票市场分为弱式有效市场、半强有效市场、强式有效市场，如图 1－2 所示。

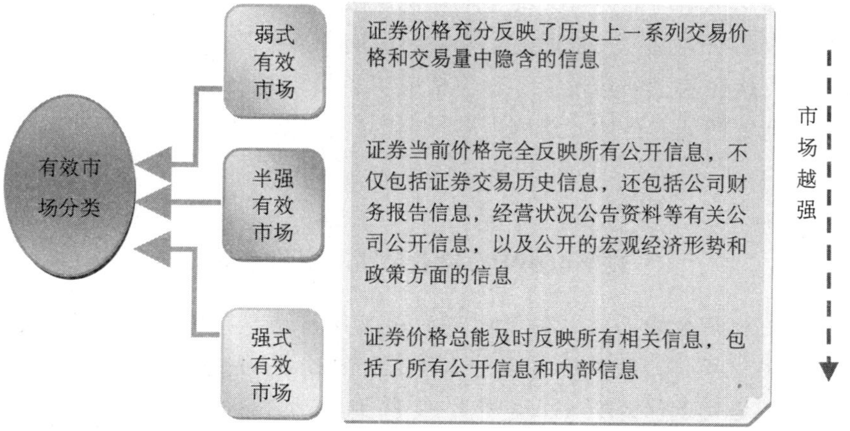

图 1－2　有效市场分类图

投资者如果对有效市场假设理论有了必要的了解，则会有助于其采用较为适宜的分析方法。具体来讲：如果市场没有达到弱式有效市场，可用技术分析方法获利；如果达到弱式有效市场，技术分析无效，可用基本分析法获利。在半强有效市场中，基本分析、技术分析均无效，而挖掘内部信息是获利的有效途径，这种行为又是法律打击的重点。强式有效市场只能进行被动化的指数投资。按照有效市场假说的观点，在有效率的资本市场上，投资者只能获得与其承担的风险匹配的那部分正常收益，而不会获得高出风险补偿的超额收益。“有效市场”既体现了公平原则，又提高了资源配置效率，有利于证券市场的长期稳健发展。

相关资料

1－3　人物：“现代金融之父”尤金·法玛是怎样炼成的

【技能训练】

通过网络查找中国证券市场国债期货“3·27 事件”及其影响。

模块 2　熟悉证券投资工具

一、股票

相关资料

1－4　百科：股票起源

（一）股票的定义

股票是一种由股份有限公司发行的证明投资者的股东身份、所持股份，并据以享受权益和承担义务的有价证券。股票的用途有三点：一是作为一种出资证明；二是股票的持有者可凭借股票来证明自己的股东身份；三是持有人凭借股票可获得一定的经济利益，如图 1－3 所示。

图 1－3　老八股之一——豫园商场

（二）股票的性质

1. 股票是有价证券

虽然股票本身没有价值，但股票是一种代表财产权的有价证券，它包含着股东可以依其持有的股票要求股份公司按规定分配股息和红利的请求权；股票与它代表的财产权有不可分离的关系，二者合为一体。换言之，行使股票所代表的财产权，必须以持有股票为条件，股东权利的转让应与股票占有的转移同时进行，股票的转让就是股东权利的转让。

相关资料

1－5　视频：老八股和老五股

2. 股票是要式证券

股票应具备《公司法》规定的有关内容，如果缺少规定中的要件，股票就无法律效力。

3. 股票是证权证券

股票代表的是股东权利，股票的发行是以股份的存在为条件的，股票只是把已存在的股东权利表现为证券的形式，它的作用不是创造股东的权利，而是证明股东的权利。所以说，股票是证权证券。

4. 股票是资本证券

股票是投入股份公司资本份额的证券化，属于资本证券。但是，股票又不是一种现实的资本，股份公司通过发行股票筹措的资金，是公司用于营运的真实资本。股票独立于真实资本之外，在股票市场上进行着独立的价值运动，是一种虚拟资本。

5. 股票是综合权利证券

股票既不属于物权证券，也不属于债权证券，而是一种综合权利证券。股东权利是一种综合权利，股东依法享有资产收益、重大决策、选择管理者等权利。

（三）股票的特征

股票具有以下 5 个方面的特征：

1. 收益性

收益性是股票最基本的特征，它是指股票可以为持有人带来收益的特性。持有股票的目的在于获取收益。股票的收益来源可分成两类：一是来自股份公司的股息和红利。股息红利的多少取决于股份公司的经营状况和盈利水平。二是来自股票低买高卖的差价收益，这种差价收益称为资本利得。

2. 风险性

任何一项投资都伴随着风险存在，股票投资也不例外。股票风险的内涵是股票投资收益的不确定性，或者说实际收益与预期收益之间的偏离程度。股票面临的风险主要包括系统性风险和非系统性风险。

【投资箴言】

你必须在财务方面和心理方面做好充分的准备，以应付股票市场的反复无常，如果你不能眼睁睁地看着你买的股票跌到你买入价格的一半，还能从容地计划你的投资，那就不该玩这个游戏。

——沃伦·巴菲特

3. 流动性

流动性是指股票可以通过依法转让变现的特性。严格地说，是在本金保持相对稳定、变现的交易成本极小的条件下股票很容易变现的特性。

需要注意的是，由于股票的转让可能受各种条件或法律法规的限制，因此，并非所有股票都具有相同的流动性。通常情况下，大盘股流动性强于小盘股，上市公司股票的流动性强于非上市公司股票，而上市公司股票又可能因市场或监管原因而受到转让限制，从而具有不同程度的流动性。

4. 不可偿还性

股票是一种无偿还期限的有价证券，投资者认购了股票后，就不能再要求退股，只能到二级市场卖给第三者。股票的有效期与股份公司的存续期间相联系，两者是并存的关系。

5. 参与性

参与性是指股票持有人有权参与公司重大决策的特性。股票持有人作为股份公司的股东，有权出席股东大会，体现对公司经营决策的参与权。股东参与公司重大决策权利的大小取决于其持有股份数量的多少，如果某股东持有的股份数量达到决策所需要的有效多数时，就能实质性地影响公司的经营方针。

（四）股票的种类

1. 按股东权利分类，股票可分为普通股和优先股

（1）普通股。

①普通股的含义与特征。普通股是享有普通权利、承担普通义务的股份，是公司股份的最基本形式。其主要有以下3个特征：

a. 普通股是股份有限公司发行的最普通、最重要，也是发行量最大的股票种类。

b. 普通股是公司发行的标准股票，其有效性与股份有限公司的存续期间相一致。正因为如此，股票持有者就是公司的基本股东，平等地享有股东权利。股东有参与公司经营决策的权利，不会被有关方面加以特别限制；当然，也不会赋予这些股东以特别权利。

c. 普通股是风险最大的股票。尽管持有这类股票的股东有获取股息和红利的权利，但股息和红利收益并不确定，而要随公司经营状况和盈利水平波动，而且必须是在偿付了公司债务和债息及优先股股东的股息之后才能分得。此外，它还受经济、社会、政治、文化及投资者心理等各种主客观因素的影响，且股票市场的交易价格也会经常大幅度波动，从而给投资者带来重大影响，投资者因此要承受巨大的市场风险。

②普通股股东的权利。

a. 公司经营决策的参与权。普通股股东有权出席股东大会，听取公司董事会的业务报告和财务报告，在股东大会上行使表决权和选举权，从而对公司的经营管理发表意见，选举出公司的董事会成员或监事会成员。有疑问时有权查阅公司的有关账册。如果发现董事会成员有违法失职或违反公司章程，损害公司利益的行为，则有权诉诸法律。

b. 公司盈余分配权。公司盈余分配权是普通股股东经济利益的直接体现。普通股股东在股东大会审批了董事会的利润分配方案之后，有权从公司经营的净利润中分取股息和红利。

c. 剩余资产分配权。在股份有限公司破产或解散清算时，当公司资产满足了公司债权人的清偿权和优先股股东分配剩余资产的请求权后，普通股股东有权参与公司剩余资产的分配。

d. 优先认股权。这是指股份有限公司在为增加公司资本而决定增加发行新的普通股时，现有的普通股股东有权优先认购，以保持其在公司中的股份权益比例。

（2）优先股。

①优先股的含义和特征。优先股是指由股份有限公司发行的、在分配公司收益和剩余资产方面比普通股具有优先权的股票。优先股的特征表现在以下4个方面：

a. 股息率固定。优先股在发行时即已约定了固定的股息率，且股息率不受公司经营状况和盈利水平的影响。不过，由于股息率固定，因此，即使公司经营状况良好，优先股股东也不能分享公司利润增长的利益。

b. 领取股息和剩余资产清偿优先。当公司利润不够支付全体股东的股息和红利时，优先股股东可以先于普通股股东获取股息；当公司因解散、破产等进行清算时，优先股股东又可先于普通股股东分配公司的剩余资产。

c. 表决权受到限制。优先股股东一般不享有公司经营参与权，即优先股不包含表决权，优先股股东无权过问公司的经营管理。然而，在涉及优先股所保障的股东权益时，如公司连续若干年不支付或无力支付优先股的股息，或者公司要将一般优先股改为可转换优先股时，优先股股东也享有相应的表决权。

d. 股票可由公司赎回。优先股股东不能要求退股，但却可以依照优先股上所附的赎回条款，由公司予以赎回。大多数优先股都附有赎回条款。

②优先股的分类。根据股票具体所包含的权利的不同，优先股又分为：

a. 累积优先股和非累积优先股。累积优先股是指可将以往营业年度内未支付的股息累积起来，由以后营业年度的盈利一起支付的优先股。

非累积优先股是指按当年盈利分派股息，对累积下来的未足额的股息不予以补付的优先股。该种股票虽然股息率固定，但只能在本营业年度盈利之内分派。公司本年度如有经营盈利，则股东可以优先于普通股股东分取股息；如果本年度的盈利不够支付全部优先股股息，所欠部分也不累积计算，且不在以后年度的营业盈利中予以补发。

b. 参加分配优先股和不参加分配优先股。参加分配优先股是指不仅可以按规定分得当年的定额股息，而且还有权与普通股股东一起参加公司利润分配的优先股。也就是说，在股份有限公司的利润增加时，优先股股东除了按固定股息率取得股息之外，还可分得额外红利。不参加分配优先股是指只能按规定股息率分取股息，不参加公司利润分配的优先股。

c. 可转换优先股和不可转换优先股。可转换优先股，是指持股人可以在特定条件下把优先股转换成普通股或公司债券的优先股。一般来说，对这类股票都规定了转换的条件和转换的比例。不可转换优先股则是指不能变换成普通股或公司债券的优先股。

d. 可赎回优先股和不可赎回优先股。可赎回优先股是指股票发行公司可以按一定价格收回的优先股。大多数优先股是可赎回的。不可赎回优先股是指股票发行公司无权从股票持有人手中赎回的优先股。

e. 股息可调优先股和股息不可调优先股。股息可调优先股是指股息率可以调整的优先股。也就是说，这种股票的股息率不是固定的，而是可以变化的。不过，股息率的变化是随其他证券价格或存款利率的变化而进行调整的，与公司的经营状况无关。股息不可调优先股是指股息率不能调整的优先股。经济活动中常见的优先股一般都是股息不可调优先股。

2. 按是否在票面上记载股东姓名，分为记名股票和无记名股票

（1）记名股票，是指股票在发行时，将股东姓名记载在股票票面和股东名册的股票。记名股票所代表的股东权益归属于记名股东，只有记名股东或其正式委托授权的代理人才能行使股东权。

（2）无记名股票，是指股票票面不记载股东姓名的股票，其持有者可自由转让，任何人一旦持有便享有股东的权利，无须再通过其他方式和途径证明自己的股东资格。

3. 按股票是否有票面金额划分，可分为有面额股票和无面额股票

（1）有面额股票，是指在股票票面上记载一定金额的股票，有面额股票的发行，其发行价格原则上与股票票面金额相一致，法律也允许以高于票面金额的价格溢价发行，但一般不允许以低于票面金额的价格折价发行。

（2）无面额股票，是指股票票面不记载金额的股票，这类股票不标明固定的金额，但要在票面上表示其在公司资本金额中所占的比例，所以，又称为比例股票或份额股票。

4. 按股票是否允许上市交易划分，可分为流通股票和非流通股票

（1）流通股票，是指在证券交易所取得上市资格，允许挂牌交易的股票。

（2）非流通股票，是指未在证券交易所取得上市资格，不允许挂牌交易，但可以在场外市场转让的股票。

【知识链接】

法人股大王刘益谦和他的猎食轨迹

从做皮包起步，靠认购国库券、炒原始股发家，以大量囤积法人股成名，从未错过中国股市任何一次暴富机会的刘益谦是新理益投资集团的董事长，并通过集团控股了上市公司天茂集团（000627）以及两家保险公司。2007 年，他斥资 50 多亿元参与 6 笔定向增发，而他和妻子王薇 10 年来在艺术收藏上也是出了名的挥金如土。

让刘益谦声名鹊起的就是购买法人股。

2000 年，刘益谦成立了新理益投资公司。当时，转配股的流通已开始提上日程，国有股市价减持的政策意向亦露端倪，这样的信号已足以让精明的刘益谦嗅到法人股前所未有的巨大商机。一则报道显示，新理益一度持有 15 家上市公司，累计约 2.5 亿股的法人股，刘益谦“法人股大王”的名头便因此而来。低价吃进的法人股，不仅可通过将其质押给金融机构盘活资金，而且在法人股拍卖市场上还能倒手变现，攫取价差。例如，新理益投资的一汽轿车（000800）1 950 万股法人股的代价为 1 950 万元，股改对价支付后剩 1 625.13 万股，累计获利达到 1.48 亿元；在安琪酵母（600298）身上，累计获利 1.8 亿元；在中体产业（600158）上获利超过 8 亿元……

据了解，2007 年前后刘益谦成功抛出持有的法人股后，获得了十倍甚至几十倍的利润。

（资料来源：刘益谦，“资本猎豹的猎食轨迹”，搜狐新闻，2007 年 08 月 30 日。）

5. 按照股票经营业绩不同划分，分为蓝筹股、绩优股和垃圾股

（1）蓝筹股，是指在所属行业内占支配性地位、业绩优良、成交活跃、股利优厚的大公司股票。如苹果、微软、可口可乐等。

（2）绩优股，是指每股税后利润在全体上市公司中处于中上水平，公司上市后净资产收益率连续 3 年显著超过 10% 的股票。

（3）垃圾股，是指股价走低、交投不活跃、前景不好、出现困难甚至亏损的公司股票，与绩优股相对应。

相关资料

1－6 视频：什么是投机股？投机股通常有哪些买卖策略

【知识拓展】

红筹股

红筹股（Red Chip）是指在中国境外注册、在中国香港上市的带有中国大陆概念的股票。“带有中国大陆概念”主要指中资控股和主要业务在中国大陆。

早期的红筹股，主要是一些中资公司收购香港中小型上市公司后改造而形成的，如“中信泰富”等。近年来出现的红筹股，主要是内地一些省市将其在香港的窗口公司改组并在香港上市后形成，如“上海实业”“北京控股”等。

6. 按照股本规模的大小不同，可分为大盘股、中盘股和小盘股

（1）大盘股，是指发行在外的流通股份数额较大的上市公司股票。

（2）中盘股，是指流通股本比大盘股要小，但比小盘股大的一类股票。

（3）小盘股，是相对于大盘股而言的，是指发行在外的流通股份数额较小的上市公司的股票。

大盘股和小盘股的区别如果是以市值来看，总市值大于1 000亿元的股票属于超大盘股，总市值大于500亿元以上的股票属于大盘股，总市值小于200亿元的股票属于小盘股，总市值处于200亿元~500亿元的股票，属于中盘股。

大盘股和小盘股的区别并不是固定的，随着时间的推移，上市公司的增多，以及我国A股市场总市值的不断增大，大盘股与大盘股的分界线会逐渐提高。

【知识拓展】

我国股票的基本类型

我国股票按购买的主体不同，可分为国家股、法人股、公众股、外资股。

（1）国家股，是指有权代表国家投资的部门或机构以国有资产向股份有限公司投资形成的股份。

（2）法人股，是指企业法人或者具有法人资格的事业单位或社会团体以其依法可支配的资产投入公司形成的非上市流通的股份。

（3）公众股，也可称为个人股，是指社会个人或股份公司内部职工以个人合法财产投入公司形成的股份。

（4）外资股，是指股份公司向外国和我国香港、澳门、台湾地区投资者发行的股票。这是我国股份公司吸收外资的一种方式。外资股按上市地域的不同，可以分为境内上市外资股和境外上市外资股。

①境内上市外资股。境内上市外资股原来是指股份有限公司向境外投资者募集并在我国境内上市的股份，投资者限于：a. 外国的自然人、法人和其他组织；b. 我国香港、澳门、台湾地区的自然人、法人和其他组织；c. 定居在国外的中国公民等。这类股票被称为“B股”。B股采取记名股票形式，以人民币标明股票面值，以外币认购、买卖，

相关资料

1－7　视频：原始股

相关资料

1－8　视频：美股

在境内证券交易所上市交易。

②境外上市外资股。境外上市外资股是指股份有限公司向境外投资者募集并在境外上市的股份。它也采取记名股票形式，以人民币标明面值，以外币认购。在境外上市时，可以采取境外存股凭证形式或者股票的其他派生形式。

境外上市外资股主要由H股、N股、S股等构成。H股是指注册地在我国内地、上市地在我国香港的外资股。在纽约、新加坡上市的外资股分别被称为“N股”“S股”。

二、债券

（一）债券的定义、性质和特征

1. 债券的定义

债券是指社会各类经济主体为筹集资金而向投资者出具的，并且承诺按约定利率定期支付利息并到期偿还本金的债权债务凭证。由于债券的利息通常是事先确定的，所以，债券又被称为固定利息证券。债券包含以下4层含义：

（1）发行人是借入资金的经济主体；

（2）投资者是出借资金的经济主体；

（3）发行人需要在一定时期还本付息；

（4）反映了发行者和投资者之间的债权债务关系，而且是这一关系的法律凭证。

债券作为证明债权债务关系的凭证，一般通过使用具有一定格式的票面形式来表现。债券票面上的基本要素有4个，如图1－4所示。

图1－4 债券4要素

（1）票面价值，是指债券要指明币种和票面金额。

（2）偿还期限，是指债券从发行之日起至偿清本息之日止的时间。债券要按规定，期满归还本金。

（3）利率，是指债券利息与债券票面价值的比率，通常用年利率百分数表示。

（4）发行人，是指该债券的债务主体。

2. 债券的性质

（1）债券是一种有价证券。首先，债券反映和代表一定的价值。债券本身有一定的面值，通常它是债券投资者投入资金的量化表现；另外，持有债券可按期取得利息，利息也是债券投资者收益的价值表现。其次，债券与其代表的权利联系在一起，拥有债券就拥有了债券所代表的权利，转让债券也就将债券代表的权利一并转移。

（2）债券是一种虚拟资本。债券尽管有面值，代表了一定的财产价值，但它也只是一种虚拟资本，而非真实资本。

（3）债券是债权的表现。债券代表债券投资者的权利，这种权利不是直接支配财产权，也不以资产所有权表现，而是一种债权。拥有债券的人是债权人，债权人不同于公司股东，它是公司的外部利益相关者。

3. 债券的特征

（1）偿还性。偿还性是指债券有规定的偿还期限，债务人必须按期向债权人支付利息和偿还本金。债券的偿还性使资金筹措者不能无限期地占用债券购买者的资金，换言之，他们之间的借贷经济关系将随偿还期结束、还本付息手续完毕而不复存在。

（2）流动性。流动性是指债券持有人可按需要和市场的实际状况，灵活地转让债券，以提前收回本金和实现投资收益。

（3）安全性。安全性是相对于债券价格下跌的风险而言的。因为债券的收益相对稳定，不随发行者经营收益的变动而变动，并且可按期收回本金。债券持有人可按自己的需要和市场的实际变动状况，灵活地转让债券以换取现金。通常，债券投资的安全隐患有两种：第一，债务人违约，不能按时足额还本付息履行约定；第二，债权人在市场转让债券或变现时，因价格下跌而承受损失。

（4）收益性。收益性是指债券能为投资者带来一定的收入，即债权投资的报酬。在实际经济活动中，债券收益可以表现为 3 种形式：一是利息收入，即债权人在持有债券期间按约定的条件分期、分次取得利息或者到期一次取得利息；二是资本损益，即债权人到期收回的本金与买入债券或中途卖出债券与买入债券之间的价差收入；三是再投资收益，即投资债券所获现金流量再投资的利息收入，受市场收益率变化的影响。

（二）债券的种类

1. 按发行主体分类

根据发行主体的不同，债券可以分为政府债券、金融债券和公司债券。

相关资料

1－9 视频：国库券

（1）政府债券，是指政府为筹集资金而向出资者出具并承诺在一定时期支付利息和偿还本金的债务凭证，具体包括国家债券即中央政府债券、地方政府债券和政府担保债券等。

（2）金融债券，是指银行及其他金融机构所发行的债券。金融债券期限一般为 3 ~ 5 年，其利率略高于同期定期存款利率水平。金融债券由于其发行者为金融机构，因此资信等级相对较高，多为信用债券。

（3）公司债券，是指公司依照法定程序发行，约定在一定期限还本付息的有价证券。

公司债券的发行主体是股份公司，但有些国家也允许非股份制企业发行债券，所以归类时，可将公司债券和企业发行的债券合在一起，称为公司（企业）债券。公司发行债券的目的主要是为了满足经营需要。

2. 按付息方式分类

（1）附息债券，是指按照债券票面载明的利率及支付方式定期分次付息的债券，又称息票债券。息票上标明利息额、支付利息的期限和债券号码等内容，息票一般以 6 个月为一期。债券到期时，持有人从债券上剪下息票并据此领取利息。因为息票到期时可获得利息收入，所以附息债券也被看作是一种可以流通、转让的金融工具。

（2）零息债券也称零息票债券，是指债券合约未规定利息支付的债券。通常，这类债券以低于面值的价格发行和交易，债券持有人实际上是以买卖（到期赎回）价差的方式取得债券利息。

（3）息票累积债券，与附息债券相似，这类债券也规定了票面利率，但是，债券持有人须在债券到期时一次性获得本息，存续期间没有利息支付。

3. 按偿还期限分类

（1）短期债券，是指借款期限在 1 年以下的债券。

（2）中期债券，是指借款期限在 1 年以上（包括 1 年）、10 年以下的债券。

（3）长期债券，是指借款期限在 10 年以上（包括 10 年）的债券。

（4）永久债券，也称无期债券，它并不规定到期期限，持有人也不能要求其清偿本金，但可以按期取得利息。永久债券一般仅限于政府债券。

4. 按是否记名分类

（1）记名债券，是指在券面上注明债权人姓名，同时在发行公司的名册上进行同样的登记。记名债券在转让时，需在债券上背书和在公司名册上更换债权人姓名，债券投资者必须凭印鉴领取本息。它的优点是比较安全，但是转让时手续复杂，流动性差。

（2）不记名债券，是指在券面上无须注明债权人姓名，也无须在公司名册上登记。不记名债券在转让时无须背书和在发行公司的名册上更换债权人姓名，因此流动性强；但是债券遗失或被损毁时，不能挂失和补发，安全性较差。

5. 按债券形态分类

（1）实物债券，是一种具有标准格式实物券面的债券。在标准格式的债券券面上，一般印有债券面额、利率、期限、发行人全称、还本付息方式等各种债券票面要素。有时债券利率、债券期限等要素也可以通过公告向社会公布，而不在债券券面上注明。无记名国债就属于这种实物债券，它以实物券的形式记录债权、面值等，不记名、不挂失，可上市流通。

相关资料

1-10 百科：欧洲债券

（2）凭证式债券，又称凭证式国债（见图 1-5），是指国家采取不印刷实物券，而用填制“收款凭证”的方式发行的债券。我国从 1994 年开始发行凭证式国债。凭证式国债具有类似储蓄又优于储蓄的特点，通常被称为“储蓄式国债”，是以储蓄为目的的个人投资者理想的投资方式。从购买之日起计息，可记名、可挂失，但不能上市流通。与储蓄类似，但利息比储蓄高。

（3）记账式债券，又称无纸化国债，是指没有实物形态的票券，它是以记账形式记录债权，通过证券交易所的交易系统发行和交易，可记名、可挂失。

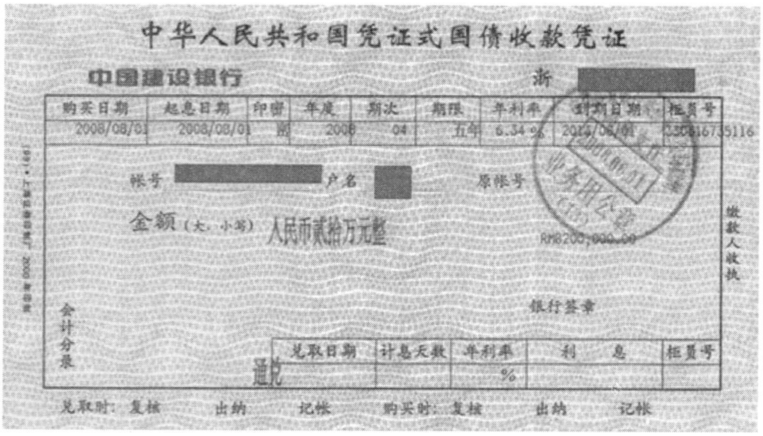
中华人民共和国凭证式国债收款凭证

中国建设银行 浙 [redacted]

购买日期	起息日期	印密	年度	期次	期限	年利率	到期日期	柜员号
2008/08/01	2008/08/01		2008	04	五年	6.34%		

帐号 [redacted] 户名 [redacted] 原帐号

金额（大、小写） 人民币贰拾万元整

缴款人收执

银行签章

会计分录

兑取日期	计息天数	年利率	利息	柜员号
		%		

兑取时：复核 出纳 记帐 购买时：复核 出纳 记帐

图 1－5　凭证式国债票样

【想一想】

债券与股票相比有哪些相同点和不同点

1. 债券与股票的相同点

（1）它们都属于有价证券。尽管债券和股票有各自的特点，但它们都属于有价证券。债券和股票作为有价证券体系中的一员，都是虚拟资本，本身无价值，但又都是真实资本的代表。持有债券或股票，都有可能获取一定的收益，并能行使各自的权利和流通转让。债券和股票都在证券市场上进行交易，是各国证券市场的两大支柱类交易工具。

（2）它们都是直接融资的手段。债券和股票都是有关经济主体为筹资需要而发行的有价证券。经济主体在社会经济活动中必然会产生对资金的需求，从资金融通角度看，债券和股票都是筹资手段。与向银行贷款的间接融资相比，发行债券和股票筹资的数额大，时间长，成本低，且不受贷款银行的条件限制。

（3）二者收益率相互影响。从单个债券和股票来看，它们的收益率经常会发生差异，而且有时差距还很大。但总体而言，如果市场是有效的，则债券的平均收益率和股票的平均收益率会大体保持相对稳定的关系，其差异反映了二者风险程度的差别。这是因为，在市场规律的作用下，证券市场上一种证券收益率的变动，会引起另一种证券收益率发生同向变动。

2. 债券与股票的不同点（见表 1－1）

表 1－1　　债券与股票的区别

区别	债券	股票
享有权利不同	债券是债权凭证，债券持有者与债券发行人之间的经济关系是债权债务关系，债券持有者只能按期获取利息及到期收回本金，无权参与公司的经营决策	股票是所有权凭证，股票所有者是发行公司的股东，股东一般拥有表决权，可以通过参加股东大会选举董事，参与公司重大事项的审议和表决，行使对公司的经营决策权和监督权

续表

区别	债券	股票
发行目的不同	发行债券是公司追加资金的需要，它属于公司的负债，不是资本金。而且发行债券的经济主体很多，中央政府、地方政府、金融机构、公司企业等一般都可以发行债券	发行股票则是股份公司创立和增加资本的需要，筹措的资金列入公司资本，能发行股票的经济主体只有股份有限公司
投资期限不同	债券一般有规定的偿还期，期满时债务人必须按时归还本金。因此，债券是一种有期证券	股票通常是无须偿还的，一旦投资入股，股东便不能从股份公司抽回本金。因此，股票是一种无期证券，或称永久证券。但是，股票持有者可以通过市场转让收回投资资金
获取收益不同	债券通常有规定的票面利率，可获得固定的利息	股票的股息红利不固定，一般视公司经营情况而定
承担风险不同	债券风险相对较小	股票风险较大

三、证券投资基金

（一）证券投资基金的概念及特点

1. 证券投资基金的概念

证券投资基金是指通过公开发售基金份额募集资金，由基金托管人托管，由基金管理人管理和运用资金，为了基金份额持有人的利益，以资产组合方式进行证券投资的一种利益共享、风险共担的集合投资方式，其运作模式如图 1 – 6 所示。

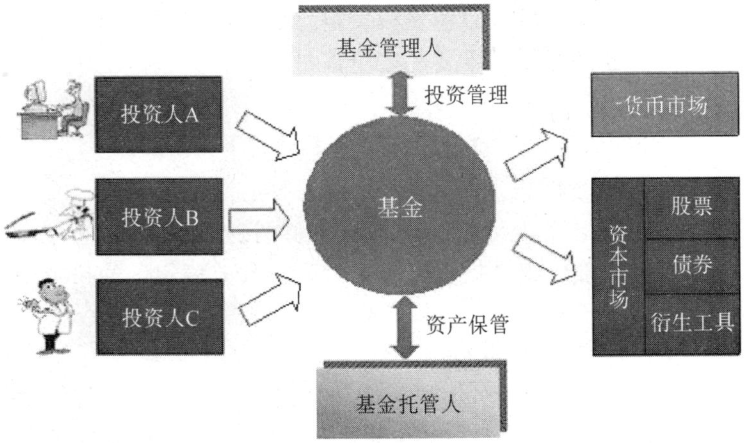

图 1 – 6　证券投资基金运作模式

作为一种大众化的信托投资工具，各国（地区）对证券投资基金的称谓不尽相同，如美国称共同基金，英国和我国香港地区称单位信托基金，日本和我国台湾地区则称证券投资信托基金等。

2. 证券投资基金的特点

（1）集合投资，专业理财。基金的特点是将零散的资金汇集起来，交给专业机构投资于各种金融工具，以谋取资产的增值。基金对投资的最低限额要求不高，投资者可以根据自己的经济能力决定购买数量，有些基金甚至不限制投资额大小。因此，基金可以最广泛地吸收社会闲散资金，集腋成裘，汇成规模巨大的投资资金。

相关资料

1－11 视频：基金起步

将分散的资金集中起来以信托方式交给专业机构进行投资运作，既是证券投资基金的一个重要特点，也是它的一个重要功能。基金实行专业理财制度，由受过专门训练、具有比较丰富证券投资经验的专业人员运用各种技术手段收集、分析各种信息资料，预测金融市场上各个品种的价格变动趋势，制定投资策略和制订投资组合方案，从而可避免投资决策失误，提高投资收益。

（2）组合投资，分散风险。以科学的投资组合降低风险、提高收益是基金的另一大特点。在投资活动中，风险和收益总是并存的，因此，“不能将鸡蛋放在一个篮子里”。但是，要实现投资资产的多样化，需要一定的资金实力。基金可以凭借其集中的巨额资金，在法律规定的投资范围内进行科学的组合，分散投资于多种证券，实现资产组合多样化。通过多元化的投资组合，一方面，借助于资金庞大和投资者众多的优势使每个投资者面临的投资风险变小，另一方面，利用不同投资对象之间收益率变化的相关性，达到分散投资风险的目的。

（3）利益共享，风险共担。基金投资者是基金的所有者，基金投资收益在扣除相关费用之后的盈余归基金投资者所有，并依据各投资者所持有的基金份额比例进行分配，损失由投资者共同承担。

（4）严格监管，信息透明。监管机构对基金业实行严格监管，对有损投资者利益的行为进行严厉打击，并且强制信息披露，以保证信息公开透明。

（5）独立托管，保障安全。证券投资基金资产的保管由独立于基金管理人的基金托管人负责，基金管理人只负责投资操作，并不经营基金资产，这种制衡机制为投资者的利益提供了重要的安全保护。

相关资料

1－12 视频：资金托管

（二）证券投资基金的作用

1. 有利于拓宽中小投资者的投资渠道

证券投资基金是一种面向社会大众的较为理想的间接投资工具，它把众多投资者的闲散资金汇集起来，交由专家管理、组合投资、分散风险、收益稳定，为拓宽中小投资者的投资渠道提供了方便。

2. 有利于证券市场的稳定与发展

证券投资基金有效地改善了证券市场中投资者的结构，客观上起到了稳定市场的作用。基金由专家经营、专业理财，其投资经验较为丰富、信息资料较为齐全、分析手段较为先进，从而促使其投资行为相对理性；同时，基金多为长期投资，较少进行频繁的买卖，因而能减少证券市场的波动；另外，证券投资基金丰富了证券市场的投资品种，活跃了证券市场的交投氛围。随着不同类型、不同投资对象、不同风险与收益特性的基金规模不断壮大和种类不断增多，证券投资基金已成为促进证券市场发展的重要动力和金融产品不断创新的源泉。

3. 有利于证券市场的对外开放

直接向境外投资者开放本国的证券市场是一种国际化趋势，也是许多发展中国家面临的挑战，而与外国机构合作组建基金管理公司，渐近、有序地引进外国资本，则有利于监管当局控制证券市场对外开放的风险，更是证券市场逐步实施对外开放的有效手段。

4. 有利于金融体系和社会保障体系的健全与完善

证券投资基金借助独特的制度优势促使自身不断发展壮大，同时其在完善金融体系和社会保险体系中的作用也不断显现。作为证券市场与银行之间的桥梁和纽带，证券投资基金将大量的储蓄转化为有价证券和金融产品投资；通过专业化服务，为社保基金、企业年金等各类养老金提供保值、增值的空间，促进了保险市场和货币市场的发展壮大，增强了证券市场与银行和非银行金融机构之间的沟通，改善了宏观经济政策和金融政策的传导机制，促进了金融体系和社会保障体系的完善。

（三）证券投资基金的分类

1. 按基金的组织形式不同，可分为契约型基金和公司型基金

（1）契约型基金。契约型基金又称为单位信托基金，是指将投资者、管理人、托管人三者作为信托关系的当事人，通过签订基金契约的形式发行受益凭证而设立的一种基金。契约型基金起源于英国，后来在中国香港、新加坡、印度尼西亚等国家和地区十分流行。契约型基金是基于信托原理而组织起来的代理投资方式，既没有基金章程，也没有公司董事会，而是通过基金契约来规范三方当事人的行为。基金管理人负责基金的管理操作；基金托管人作为基金资产的名义持有人，负责基金资产的保管和处置，对基金管理人的运作实行监督。

（2）公司型基金。公司型基金是依据基金公司章程设立且在法律上具有独立法人地位的股份投资公司。公司型基金以发行股份的方式募集资金，投资者购买基金公司的股份后，以基金持有人的身份成为基金公司的股东，凭其持有的股份依法享有投资收益。公司型基金在组织形式上与股份有限公司类似，由股东选举董事会，由董事会选聘基金管理公司，基金管理公司负责管理基金的投资业务。

（3）契约型基金和公司型基金的区别。

①法律形式不同。契约型基金不具有法人资格，公司型基金具有法人资格。

②资金的性质不同。契约型基金的资金是通过发行基金份额筹集起来的信托财产，公司型基金的资金是通过发行普通股票筹集的公司法人的资本。

③投资者的地位不同。契约型基金的投资者购买基金份额后成为基金契约的当事人之一，投资者既是基金的委托人（即基于对基金管理人的信任，将自己的资金委托给基金管理人管理），又是基金的受益人（即享有基金的受益权）。公司型基金的投资者购买基金公司的股票后成为该公司的股东，有权通过参加股东大会的形式参与基金公司的管理。因此，公司型基金的投资者对基金运作的影响比契约型基金的投资者大。

④基金的运营依据不同。契约型基金依据基金契约运营基金，公司型基金依据基金公司章程运营基金。

相关资料

1－13　视频：存续期

2. 按基金运作方式不同，可分为封闭式基金和开放式基金

（1）封闭式基金。封闭式基金是指经核准的基金份额总额在基金合同

期限内固定不变，基金份额可以在依法设立的证券交易场所交易，但基金份额持有人不得申请赎回的基金。

（2）开放式基金。开放式基金是指基金份额总额不固定，基金份额可以在基金合同约定的时间和场所申购或者赎回的基金。

封闭式基金和开放式基金的区别如表 1－2 所示。

表 1－2　　封闭式基金和开放式基金的区别

区别	封闭式基金	开放式基金
期限不同	封闭式基金有固定的存续期，一般为 10 年或 15 年，经受益人大会通过并经主管机关同意可以适当延长期限	开放式基金没有固定期限，投资者可随时向基金管理人赎回基金份额，若大量赎回甚至会导致清盘
发行规模限制不同	封闭式基金的基金规模是固定的，在封闭期限内未经法定程序批准不能增加发行	开放式基金没有发行规模限制，投资者可随时提出申购或赎回申请，基金规模随之增加或减少
基金份额交易方式不同	封闭式基金的基金份额在封闭期限内不能赎回，持有人只能在证券交易场所出售给第三方，交易在基金投资者之间完成	开放式基金的投资者则可以在首次发行结束一段时间后，随时向基金管理人或其销售代理人提出申购或赎回申请，绝大多数开放式基金不上市交易，交易在投资者与基金管理人或其销售代理人之间进行
基金份额的交易价格计算标准不同	封闭式基金的买卖价格受市场供求关系的影响，常出现溢价或折价现象，并不必然反映单位基金份额的净资产值	开放式基金的交易价格则取决于每一基金份额净资产值的大小，其申购价一般是基金份额净资产值加一定的申购费，赎回价是基金份额净资产值减去一定的赎回费，不直接受市场供求影响
基金份额资产净值公布的时间不同	封闭式基金一般每周或更长时间公布一次	开放式基金一般在每个交易日连续公布
交易费用不同	投资者在买卖封闭式基金时，在基金价格之外要支付手续费	投资者在买卖开放式基金时，则要支付申购费和赎回费
投资策略不同	封闭式基金在封闭期内基金规模不会减少，因此可进行长期投资，基金资产的投资组合能有效地在预订计划内进行	开放式基金因基金份额可随时赎回，为应付投资者随时赎回兑现，所募集的资金不能全部用来投资，更不能把全部资金用于长期投资，必须保持基金资产的流动性，在投资组合上须保留一部分现金和高流动性的金融资产

3. 按投资标的不同分类，可分为债券型基金、股票型基金、货币市场型基金和指数型基金

（1）债券型基金。债券型基金是一种以债券为主要投资对象的投资基金。因债券的年利率固定，所以这类基金的风险较低，适合于稳健型的投资者。通常债券型基金收益会受货币市场利率的影响，当市场利率下调时，其收益就会上升；反之，当市场利率上调时，则基金收益率会下降。同时，汇率也会影响基金的收益，管理人在购买非本国货币债券时，还可以在外

相关资料

1－14　视频：FOF：基金的基金到底该咋买

汇市场上做套期保值业务。

（2）股票型基金。股票型基金是以股票为主要投资对象的投资基金。股票型基金的投资目标是在资本市场上追求资本利得和长期资本增值。基金管理人通过拟定投资组合，将资金投放到一个或几个国家的股票市场，达到分散投资、降低风险的目的。

（3）货币市场型基金。货币市场型基金是以货币市场工具为投资对象的投资基金，主要包括短期存款、国债、票据再贴现和大额存单等。货币市场型基金的特点是安全性高、流动性强、管理费用低，是短期闲散资金理想的投资工具。

相关资料

1－15　资讯：南方上证50指数增强型发起式证券投资基金招募说明书

（4）指数型基金。指数型基金是以特定指数（如沪深300指数、标普500指数、纳斯达克100指数、日经225指数等）为标的指数，并以该指数的成分股为投资对象，通过购买该指数的全部或部分成分股构建投资组合，以追踪标的指数表现的基金产品。

通常而言，指数基金以减小跟踪误差为目的，使投资组合的变动趋势与标的指数相一致，以取得与标的指数大致相同的收益率。

4. 按投资的目标分类，可分为成长型、收益型、平衡型基金

（1）成长型基金。成长型基金以资本长期增值为投资目标，其投资对象主要是市场中有较大升值潜力的小公司股票和一些新兴行业的股票。这类基金一般很少分红，经常将投资所得股息、红利和盈利进行再投资，以实现资本增值。

（2）收益型基金。收益型基金是以追求基金当期收入为投资目标的基金，其投资对象主要是那些绩优股、债券、可转让大额定期存单等收入比较稳定的有价证券。它一般把所得的利息、红利都分配给投资者。

（3）平衡型基金。平衡型基金是既追求长期资本增值，又追求当期收入的基金，主要投资于债券、优先股和部分普通股，这些有价证券在投资组合中有比较稳定的比例，一般25%～50%用于优先股和债券，其余的用于普通股投资。其风险和收益介于成长型基金和收益型基金之间。

【知识拓展】

ETF和LOF

ETF是英文“Exchange Traded Funds”的简称，被称为“交易型开放式指数基金”。ETF是一种在交易所上市交易的、基金份额可变的一种基金运作方式。ETF结合了封闭式基金与开放式基金的运作特点，一方面可以像封闭式基金一样在交易所二级市场进行买卖，另一方面又可以像开放式基金一样申购、赎回。

相关资料

1－16　视频：首只ETF

LOF是英文“Listed Open－Ended Funds”的简称，被称为“上市开放式基金”，是一种可以同时在场外市场进行基金份额申购、赎回，在交易所进行基金份额交易，并通过份额转托管机制将场外市场与场内市场有机地联系在一起的一种新的基金运作方式。

四、金融衍生工具

金融衍生工具又称为金融衍生产品，是指其价值依赖于原生金融工具价格的金融合约，如远期合约、金融期货、金融期权、掉期等。

（一）远期合约

1. 远期合约的含义

远期合约是合约双方承诺在将来某一天以特定价格买进或卖出一定数量的标的物的合约，标的物可以是大豆、铜等实物商品，也可以是股票指数、债券指数、外汇等金融产品。远期合约是因规避现货交易风险的需要而产生的，是非标准合约。

相关资料

1－17　视频：现货原油

在远期合约有效期内，合约的价值随相关资产市场价格的波动而变化。若合约到期时以现金结清，当市场价格高于合约约定的执行价格时，由卖方向买方支付价差；相反，则由买方向卖方支付价差，双方可能形成的收益或损失都是无限大的。

2. 远期合约的优点

灵活性是远期合约的主要优点。在签署远期合约之前，双方可以就交割地点、交割时间、交割价格、合约规模、标的物的品质等细节进行谈判，以便尽量满足双方的需要。

3. 远期合约交易的缺点

（1）交易对手问题。难以找到远期合约的交易对手。

（2）违约风险问题。当价格变动对远期合约某一方不利，或是合约到期时一方已破产时，远期合约无法履行。

（二）金融期货

1. 金融期货的含义及其特征

（1）金融期货的含义。期货交易是在交易所进行的标准化的远期交易，分为商品期货和金融期货。

金融期货是指交易双方在金融市场上，以约定的时间和买卖某种金融工具的具有约束力的标准化合约。金融期货作为期货交易中的一种，具有期货交易的一般特点，但与商品期货相比较，其合约标的物不是实物商品，而是传统的金融商品，如证券、货币、汇率，利率等。

相关资料

1－18　视频：原油期货

（2）金融期货的特征。

①合约标准化。期货合约是由期货交易所设计的，对金融商品的种类、规格、数量、交收月份、交收地点等进行统一的规定，一般不变，只有价格可以随市场变动。例如，上证50股指期货合约，如表1－3所示。

表1－3　　上证50股指期货合约表

合约标的	上证50指数
合约乘数	每点300元
报价单位	指数点

续表

合约标的	上证 50 指数
最小变动价位	0.2 点
合约月份	当月、下月及随后两个季月
交易时间	上午：9：30～11：30，下午 13：00～15：00
每日价格最大波动限制	上一个交易日结算价的 ± 10%
最低交易保证金	合约价值的 8%
最后交易日	合约到期月份的第三个周五，遇国家法定假日顺延
交割日期	同最后交易日
交割方式	现金交割
交易代码	TH
上市交易所	中国金融期货交易所

②交易集中化。期货交易必须在期货交易所内进行。期货市场是一个高度组织化的市场，交易所实行会员制，只有会员才能进场交易，场外投资者只能委托经纪公司参与期货交易。

③双向交易和对冲机制。期货交易不仅可以先买后卖，也可以先卖后买，并且期货交易只有极少数的合约到期可进行实物或现金交割，绝大多数期货合约都是通过与建仓时的交易方向相反的交易来解除履约责任。

相关资料

1－19 视频：双向交易

④保证金制度。缴纳少量的保证金，一般为合约价值的 5% ～10%，就能完成整个期货交易。所以期货交易具有以小博大的特点，既可以增加盈利的机会，也可以灵活控制风险，选择权在投资者手中。

⑤每日无负债结算制度。在每个交易日结束后，交易所对投资者当天的盈利状况进行结算，如果投资者亏损严重，保证金账户资金不足，则要求投资者必须在下一日开市前追加保证金。

⑥结算价，是指某一期货合约当日一定时间内成交价格按照成交量的加权平均价。它是进行当日未平仓合约盈亏结算和计算下一交易日交易价格限制的依据。

当日结算准备金余额＝上一交易日结算准备金余额＋上一交易日交易保证金－当日交易保证金＋当日盈亏＋入金－出金－手续费等 （式 1－1）

2. 金融期货的基本功能

（1）套期保值功能，是指投资者在现货市场和期货市场对同一种类的金融资产同时进行数量相等但方向相反的买卖活动，即在买进或卖出金融资产现货的同时，在期货市场上卖出或买进同等数量的该种金融资产期货，使两个市场的盈亏大致抵消，以达到防范价格波动风险目的的一种投资行为。

期货之所以能够套期保值，主要是因为在到期日前，期货和现货价格具有高度的相关性。

（2）价格发现功能，是指在一个公开、公平、高效竞争的期货市场中，通过期货交易形成的价格，具有真实性、预期性、连续性和权威性的特点，能够比较真实地反映出供求状况。通过期货交易使期货价格与现货价格逐渐走向一致，从而使期货价格成为现货成交价格的基础。期货市场的价格发现功能有利于现货交易者对未来价格走势作出理性预期。

（3）投机功能。期货市场上的投机者也会利用对未来期货价格走势的预期进行投机交易。预期价格上涨的投机者会建立期货多头，反之则建立期货空头。

（4）套利功能。套利是指利用同一合约在不同市场上可能存在的短暂价格差异进行买卖，赚取差价，成为跨市场套利。

3. 金融期货的种类

根据基础工具的不同，金融期货可分为利率期货、外汇期货和股指期货。

（1）利率期货。利率期货的基础资产是一定数量的某种与利率相关的商品，即各种固定利率的有价证券。利率期货主要包括以长期国债为标的物的长期利率期货和以两个月短期存款利率为标的物的短期利率期货。

（2）外汇期货。外汇期货又称为货币期货，以外汇为基础工具的期货合约，是金融期货中最先产生的品种，主要用于规避外汇风险。1972 年美国芝加哥商业交易所的国际货币市场推出第一张外币期货合约并获得成功。目前国际上外汇期货合约交易所涉及的货币主要有英镑、美元、日元、瑞士法郎、加拿大元、澳大利亚元以及欧洲货币单位等。

相关资料

1-20 视频："股指期货"来了

（3）股指期货。股指期货是为适应人们管理股市风险，尤其是系统性风险的需要而产生的一种金融期货，其基础资产是股票价格指数。股指期货是目前金融期货市场最热门和发展最快的期货。它不涉及股票本身的交割，其价格根据股票指数计算，合约以现金清算形式进行交割。

（三）金融期权

1. 金融期权的含义与特征

（1）金融期权的含义。期权又称选择权，是指其持有者能在规定的期限内按交易双方商定的价格购买或出售一定数量的基础工具的权利。期权交易就是对这种选择权的买卖。期权交易实际上是一种权利的单方面有偿让渡。

（2）金融期权的特征。金融期权的特征在于它仅仅是买卖权利的交换。期权的买方在支付了期权费后，就获得了期权合约所赋予的权利，即在期权合约规定的时间内，以事先确定的价格向期权的买方买进或卖出某种金融工具的权利，但并没有必须履行该期权合约的义务。

2. 金融期权与金融期货的区别

（1）标的物不同。作为期货交易的金融工具都可作为期权交易，但可以作为期权交易的并不都可以作为期货进行交易，所以作为期权交易的标的物多于期货的标的物。

（2）交易对象不同。金融期货交易的对象是期货合约，而期权交易的对象是选择的权利，是在未来一段时间内按约定的价格买卖某种金融资产的权利。

（3）交易者权利与义务不同。金融期货交易的双方拥有对等的权利和义务，金融期权交易双方的权利和义务是不对等的，只有期权的买方有选择权。在期权的有效期限内，买方可行使权利，也可放弃权利。

3. 金融期权的种类

（1）根据选择权的性质不同，可以分为看涨期权和看跌期权。

①看涨期权（Call Options），又称为认购期权、多头期权，是指期权的买方在交付一定的权利金后，拥有在未来规定时间内以期权合约上规定的执行价格向期权卖方购买一定数量的标的资产的权利。看涨期权的买方之所以要购买这一权利，是因为期权的买方对标的资产的价格看涨，故向期权的卖方支付一定的权利金，以获得按执行价格买入该种标的资产的权利。

例如，某投资者买进了一份小麦501执行价格为1 600元/吨的看涨期权合约，权利金是20元/吨，该合约就赋予期权的持有者以1 600元/吨的价格买进小麦的权利，无论今后市价如何上涨。如果价格下跌，则对其不利，他可以放弃权利，重新以更低的价格买进。

②看跌期权（Put Options），又称延卖权、卖权、卖出选择权、认沽期权、空头期权，是指买方在交付一定的权利金后，拥有在未来规定时间内以期权合约规定的执行价格向期权卖方卖出一定数量的标的资产的权利。看跌期权的买方一般对相关标的的资产市场价格看跌，所以买入看跌期权。当买方执行看跌期权时，卖方有义务接受标的合约的交割。

例如，某投资者买进了一份小麦501执行价格为1 600元/吨的看跌期权合约，权利金是20元/吨，该合约就赋予期权的持有者以1 600元/吨的价格卖出小麦的权利，无论今后市价如何下跌。如果价格上涨，则对其不利，他可以放弃权利，重新以更高的价格卖出。

（2）根据合约所规定的履约时间的不同，可以分为欧式期权、美式期权和修正的美式期权。

①欧式期权，是指期权合约的买方在合约到期日才能按期权合约事先约定的执行价格决定其是否执行的一种期权。

②美式期权，是指期权合约的买方，在期权合约的有效期内的任何一个时间，按照期权合约事先约定的价格决定是否执行的权利。

③修正的美式期权又称为百慕大期权、大西洋期权，它是美式期权和欧式期权的混合体，是指可以在到期日前所规定的一系列时间行权的期权。如在到期日前每月的11日可以行权。

（3）根据基础资产的性质不同，可以分为股票期权、股指期权、利率期权、外汇期权、期货期权等。

（四）其他金融衍生工具

1. 互换交易

互换交易是指两个或两个以上的当事人按共同商定的条件，在约定的时间内定期交换现金流的金融交易，可分为货币互换、利率互换、股权互换、信用互换等类别。互换交易的主要用途是改变交易者资产或负债的风险结构（比如利率或汇率结构），从而规避相应的风险。

2. 权证

权证是指由基础证券发行人或其以外的第三人发行的，约定持有人在规定期间内或特定到期日，有权按约定价格向发行人购买或出售标的证券，或以现金结算方式收取结算差价的有价证券。权证是一种特殊的期权。

3. 可转换债券

可转换债券是指其持有者可以在一定时期内按一定比例或价格将之转换成一定数量的另一种证券的证券。可转换债券通常是转换成普通股票，当股票价格上涨时，可转换债券的持有人行使转换权比较有利。因此，可转换债券实质上嵌入了普通股票的看涨期权，正是从这个意义上说，我们将其列为期权类衍生产品。可转换债券具有下列特征：

（1）它是一种附有转股权的特殊债券。

（2）它具有双重选择权的特征。

4. 存托凭证

存托凭证（Depository Receipt，DR）又称存券收据或存股证，是指在一国证券市场流通的代表外国公司有价证券的可转让凭证，每份存托凭证代表一定数量的境外公司发行的基础证券。1927 年 JP 摩根为了使美国投资者更为方便地交易英国塞尔福里奇百货公司的股票从而创建了存托凭证。按其发行或交易地点之不同，被冠以不同的名称，如图 1－7 所示。

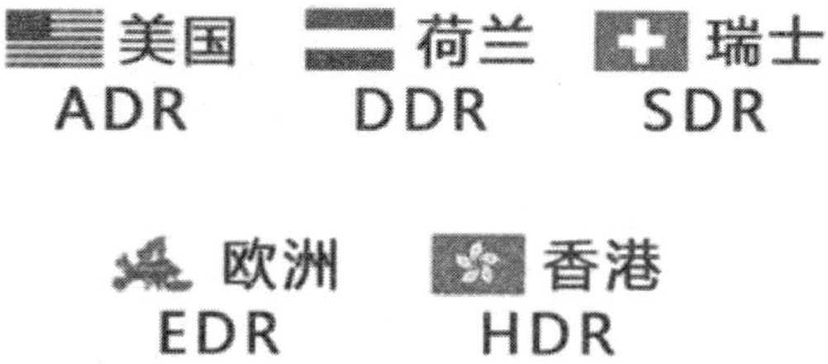

图 1－7　不同国家发行的存托凭证

相关资料

1－21　视频：美国存托凭证意味着什么

5. 掉期交易

掉期交易是指在买入或卖出即期外汇的同时，卖出或买进同一货币的远期外汇，以防止汇率风险的一种外汇交易。当前掉期交易主要用来规避由于所借外债的汇率发生变化而给企业带来财务风险的一种手段。掉期交易的类型主要有即期对远期的掉期交易、一天掉期交易、远期对远期的掉期交易等。

【想一想】

互换交易和掉期交易一样吗

互换和掉期在英文中都叫 Swap，但实际上两者有很大区别。

1. 表现形式不同

掉期是外汇市场上的一种交易形式；而互换则以合约的形式表现，是一种衍生工具。

2. 交易场所不同

掉期是在外汇市场上进行的；互换则在专门的互换市场上交易。

3. 期限不同

互换市场上的互换交易是指 1 年以上的中长期的货币或利率的互换交易；外汇市场上的掉期交易是 1 年以内的货币交易。

4. 业务操作不同

互换交易有两种，即利率互换和货币互换。外汇市场上的掉期交易是指在一个交割日售出一种货币换取另一种货币，并在以后某日做反向外汇交易，其间不包括利率的交换。

5. 目的不同

互换市场上的互换交易是管理资产和负债及筹措外资时运用的金融工具；外汇市场上的掉期交易一般用于管理资金头寸。

【技能训练】

通过网络资源了解几种主要投资工具的投资门槛。

模块3 解析证券市场

一、证券市场概述

(一) 证券市场的含义

证券市场是指证券发行与买卖的场所，从证券市场的功能和机制上理解，证券市场实质上是证券供需双方通过竞争以决定证券价格的场所。

证券市场是金融市场的重要组成部分，是资本市场的核心、基础和主体。证券市场通过信用方式融通资金，同时通过证券买卖引导资金流动，有效合理地配置社会资源，支持并推动了经济的发展。证券市场一般由市场参与者、证券及市场组织形式等要素构成。

(二) 证券市场的特征

(1) 证券市场是价值直接交换的场所。证券市场交易的不是一般的商品，而是不具有使用价值的有价证券，它们本质上是价值的直接表现形式。因此，证券市场本质上是价值的直接交换场所。

(2) 证券市场是产权和风险交换的场所。有价证券本身就是一定量财产权利的代表，同时也是一定风险的代表。有价证券的交换实际在转让收益的同时，也把该证券所特有的风险转让出去。

(3) 证券市场既有筹集资金的功能，又有保值、增值的功能。与一般商品市场上的商品只能满足人们的特定需要不同，证券市场上的股票、债券，既可以用来为资金的需求者筹集资金，解决资金不足的问题，又可以为投资者带来收益，使资金增值，还可以避免或减少轻度通货膨胀带来的货币贬值的损失，以达到保值的目的。

(4) 证券市场的风险较大。一般商品市场在一定时期内商品价格变动不大，市场前景具有较大的可测性，买卖风险较小。证券市场对各种政治经济形势的变动及企业经营状况等复杂因素的反应十分敏感，具有波动性和不可预测性，证券价格变动无常，交易风险很大。

【投资箴言】

优秀的投机客总是在等待，总是有耐心，等待着市场证实他们的判断。要记住，在市场本身的表现证实你的看法之前，不要完全相信你的判断。

——杰西·利弗莫尔

（三）证券市场的功能

（1）筹资功能。证券市场将投资者和资金的需求者联系在一起，为资金需求者筹集资金、为资金供给者提供投资对象。在证券市场上交易的任何证券，既是筹资的工具，也是投资的工具。

（2）定价功能。定价功能就是为资本决定价格。证券是资本的存在形式，所以证券的价格实际上是证券所代表的资本的价格。证券交易价格是在证券市场上通过证券需求者和证券供给者的竞争所反映的证券供求状况所最终确定的。证券市场的运行形成了证券需求者竞争和证券供给者竞争的关系，这种竞争的结果如果能产生高投资回报的资本，市场的需求就大，其相应的证券价格就高；反之，证券的价格就低。证券市场中买卖双方的竞争，易于获得均衡价格，这比场外个别私下成交公平得多。证券的价格统一、定价合理，是保障买卖双方合法权益的重要条件。因此，证券市场提供了资本的合理定价机制。

（3）资源配置功能。证券市场的优化资源配置功能是通过证券价格引导实现的，证券发行价格的高低实际上是该证券筹资能力的反映，证券转让价格的高低是公司再融资能力和未来前景的反映。证券市场的价格变化，在很大程度上是对上市公司生产经营状况、盈利能力、资本实力、未来发展前景和公众形象的变化客观而真实的反映。在证券市场上，证券价格的高低是由该证券所能提供的预期报酬率决定的。一般来说，那些经营好、发展潜力巨大的企业，或是新兴行业的企业发行的证券能够提供较高的报酬率，从而吸引投资者对其进行投资。而那些没有发展前途的企业则很难吸引人们对其进行投资，由于缺乏资金投入，从而使这些企业规模不断收缩直至破产。所以，证券市场不仅引导着社会资金的流向，使资金配置到效益好的企业中去，而且资金的流动又会带动生产要素在社会中的分配，企业必须合理有效地利用资源、发展生产，才能吸引到更多的资金，从而提高资金的使用效率。证券市场投资者根据预期报酬率“用脚投票”，可以给企业带来强大的外部压力，从而有效促进企业不断改善经营管理，提高经济效益，增强市场竞争力和树立良好的社会形象。

（4）风险管理功能。资金和风险经常是“捆绑”在一起并通过金融体系转移的，所以资金通过证券市场转移的同时，风险也在转移。对发行者来说，他们通过发行证券筹资实际上是将公司经营中可能出现的风险部分地转移给投资者。而对投资者来说，他们承担了这种风险，但证券市场上存在着不同期限、不同性质、不同风险与收益的证券可供投资者选择，投资者可以实行投资组合或通过迅速买进卖出证券，达到转移和分散投资风险的目的。

【投资箴言】

风险存在于市场本身。

——吉姆·罗杰斯

（5）宏观调控功能。证券市场及其提供的信息不仅能反映市场行情，也能反映出整个社会的经济形势和前景。在证券市场中，企业产权已商品化、货币化、证券化，资产采用了有价证券的作用和功能，这种“蓄水池”功能不是自发的，而是可调控的。各国中央银行正是通过证券市场这种“蓄水池”功能来实现其对货币流通量的宏观调控，以实现货币政策目标。

二、证券市场的分类

（一）按证券进入市场的先后顺序不同，可分为证券发行市场和证券交易市场

1. 证券发行市场

证券发行市场又称一级市场或初级市场，是发行人以筹集资金为目的，按照一定的法律规定和发行程序，向投资者出售新证券所形成的市场。证券发行市场一方面为资金的需求者提供筹集资金的场所，另一方面为资金的供给者提供投资获利的机会。同时，通过新证券的发行创造出新的金融投资品种，增加有价证券总量和社会投资总量，也是实现资本职能转化的场所。证券发行主体有本国及外国的各级政府、金融机构、企业等，一般规模都比较大。认购人包括个人投资者和各类机构投资者。中介机构在发行市场中发挥着分析、评价等重要服务作用。

相关资料

1－22　视频：“打”新股

2. 证券交易市场

证券交易市场又称二级市场、次级市场或流通市场，是已发行的证券或旧证券通过买卖交易实行流通转让的场所。通过在交易市场上转让出售给第三者，从而收回投资。证券交易市场的核心功能之一是综合市场上众多投资者的信息形成资产价格。除此之外，还有交易简便、费用较低的场外交易市场，包括店头市场、第三市场、第四市场。

【知识拓展】

多层次资本市场

1. 主板

主板也叫一板市场，是指传统意义上的证券市场，是一个国家或地区证券发行、上市及交易的主要场所。中国大陆主板市场的公司在上交所和深交所两个市场上市。

相关资料

1－23　视频：中小板开板

2. 中小板

中小板是相对于主板市场而言的，设在深圳证券交易所，实行的上市规则、交易规则与主板相同。

3. 创业板

创业板地位次于主板市场，也称“二板市场”，以美国纳斯达克为代表，在中国特指深圳创业板。创业板在上市门槛、监管制度、信息披露、投资风险等方面和主板市场有较大区别。其目的主要是扶持中小企业，尤其是高成长性企业。

相关资料

1－24　视频：创业板修成正果

4. 三板

三板全称为“代办股份转让系统”。目前三板市场包括老三板市场和新三板市场两个部分。

（1）老三板市场包括：原 STAQ、NET 系统挂牌公司和退市公司。股票代码以“400”（三板 A 股）、“420”（三板 B 股）开头。这些股票名称后的数字代表该股票每周交易几次。1 为每周五交易，3 为每周一、三、五交易，5 为每周 5 天交易。

如“400001 大自然5”“400007 华凯1”“400008 水仙A3”“420008 水仙B3”。

（2）新三板市场是指自2006年起专门为中关村高新技术企业开设的中关村科技园区非上市股份有限公司股份报价转让系统。股票代码以“430”开头。

相关资料

1－25 视频：新三板介绍

三板市场的交易规则与主板大不相同。在交易日内，交易委托申报时间为上午9:30至11:30，下午13:00至15:00。采用集合竞价方式进行集中配对成交，涨、跌停板限制为5%。

5. 科创板

科创板由习近平总书记于2018年11月5日在首届中国国际进口博览会开幕式上宣布设立，是独立于现有主板市场的新设板块，并在该板块内进行注册制试点。

相关资料

1－26 视频：什么是科创板

设立科创板并试点注册制是提升服务科技创新企业能力、增强市场包容性、强化市场功能的一项资本市场重大改革举措。通过发行、交易、退市、投资者适当性、证券公司资本约束等新制度，以及引入中长期资金等配套措施，增量试点、循序渐进。新增资金与试点进展同步匹配，力争在科创板实现投融资平衡、一二级市场平衡、公司的新老股东利益平衡，并促进现有市场形成良好预期。

2019年1月30日，中国证监会发布了《关于在上海证券交易所设立科创板并试点注册制的实施意见》。6月13日，科创板正式开板。华兴源创抢得科创板第一股，6月27日进行网上申购。7月22日，科创板开市。

（二）按交易的对象不同分类，可分为股票市场、债券市场、基金市场和衍生工具市场

1. 股票市场

股票市场是股票发行和交易的场所。股票发行人一般是股份有限公司，通过初次发行股票募集公司的股票股本金，或是通过再次发行股票扩大公司的股本金。股票市场风险较大。

2. 债券市场

债券市场是债券发行和交易的场所。债券发行人既可以是公司，也可以是银行、证券公司等金融机构，还可以是中央政府和地方政府。通过债券筹集的资金都有期限，到期要偿本付息，属于债务资金。债券市场相对比较稳定。

3. 基金市场

基金市场是基金发行和流通的场所。封闭式基金在证券交易所挂牌交易，是一个集中的交易市场；开放式基金通过投资者向基金管理公司不断申购和赎回实现流通，是一个分散的交易市场。

4. 衍生工具市场

衍生工具市场是各种衍生金融工具发行和流通的市场。衍生工具的风险和收益依赖于原生工具或基础工具，以杠杆效应为特征，是风险管理的重要手段，同时也是投机活动的主要对象。衍生工具是把双刃剑，在给投机者带来巨大收益的同时，也给世界带来了许多次的金融危机，极大地破坏了经济与社会的稳定与发展。

（三）按组织形式不同，可分为场内市场和场外市场

（1）场内市场又称为有形市场，是指有固定场所的证券交易所市场。该市场是有组织、制度化了的市场。它的诞生是证券市场走向集中化的重要标志之一。一般而言，证券必须达到证券交易所规定的上市标准才能够在场内交易。在中国，主要指深圳、上海两个证券交易所市场。

（2）场外市场也称为"无形市场"，是指没有固定交易场所的市场。随着现代通信技术的发展和电子计算机网络的广泛应用，已有越来越多的证券交易不在有形的场内市场进行，而是通过经纪人或交易商的电传、电报、电话、网络等洽谈成交。

此外，还有国内证券市场和国际证券市场、现货市场和期货市场之分。

三、证券市场的参与者

一般而言，证券市场的参与者包括证券市场主体、证券市场中介、自律性组织和证券监管机构四大类。这些主体各司其职，充分发挥其本身作用，构成了一个完整的证券市场参与体系。

（一）证券市场主体

证券市场主体包括证券发行人和证券投资者。

1. 证券发行人

证券发行人主要有中央政府和地方政府、金融机构、有限责任公司、国有独资公司及股份有限公司。中央政府为弥补财政赤字或筹措经济建设所需资金，在证券市场上发行国库券、财政债券、国家重点建设债券等政府债券。金融机构可以在证券市场上发行金融债券，从而引入稳定的长期资金来源。政策性银行发行的金融债券主要是为重点建设项目和进出口政策性贷款筹集资金。金融债券是由国有商业银行、政策性银行以及非银行金融机构发行的，所筹集到的资金主要用于特种贷款和政策性贷款，不得挪作他用。有限责任公司和国有独资公司也可以通过证券市场发行公司债券来筹集资金。按《公司法》的规定，国有独资公司和两个以上的国有企业，或其他两个以上的国有投资主体投资设立的有限责任公司，可以按规定发行公司债筹集资金。按照《公司法》的规定，股份有限公司可以发行股票，同时也可以发行公司债券筹集资金。

2. 证券投资者

证券投资者是指通过证券而进行投资的各类机构法人和自然人，一般分为两大类：个人投资者和机构投资者。其中个人投资者是证券市场最广泛的投资者。

机构投资者是指用自有资金或者从分散的公众手中筹集的资金专门进行有价证券投资活动的法人机构。这类投资者一般具有投资资金量大、收集和分析信息的能力强等特点。按照其主体性质的不同，可以将机构投资者划分为企业法人、金融机构、政府及其机构等。信托基金、退休基金、养老资金、企业年金等各类基金也是近年来我国证券市场的生力军。

（二）证券市场中介

证券市场中介是指为证券的发行、交易提供服务的各类机构。主要包括：

1. 证券公司

证券公司又称为券商，证券公司的主要业务有证券承销、经纪、自营、投资咨询以及购并、受托资产管理和基金管理等。证券公司按照证券经纪、证券投资咨询、财务顾问、证券承销和保荐、证券自营、证券资产管理、其他证券业务等业务类型进行管理，并按照审慎监管的原则根据各项业务风险程度，设定分类准入条件。

2. 其他证券服务机构

其他证券服务机构是指依法设立的从事证券服务业务的法人机构，主要包括具有证券律师资格的律师事务所、会计师事务所或审计事务所、资产评估机构、证券评级机构、证券投资咨询机构等。

（三）自律性组织

1. 证券交易所

证券交易所是为了证券集中交易提供场所和设施，组织和监督证券交易，实行自律管理的法人。其主要职责有：提供交易场所与设施；制定交易规则；监管在该交易所上市的证券以及会员交易行为的合规性、合法性，确保市场的公开、公平和公正。

相关资料

1－27 视频：深交所的两次开业

2. 中国证券业协会

证券业协会是证券业的自律性组织，是社会团体法人。证券业协会的权力机构为全体会员组成的会员大会。证券业协会应当履行协助证券监督管理机构组织会员执行有关法律，维护会员的合法权益，为会员提供信息服务，制定规则，组织培训和发展业务交流，调解纠纷，就证券业的发展开展研究，监督、检查会员行为及证券监督管理机构赋予的其他职责。

3. 中国期货业协会

期货业协会在国家对期货业实行集中统一监督管理的前提下，进行期货业自律管理；发挥政府与期货业间的桥梁和纽带作用，为会员服务，维护会员的合法权益；坚持期货市场的公开、公平、公正，维护期货业的正当竞争秩序，保护投资者的合法权益，推动期货市场的规范发展。

4. 中国证券投资基金业协会

证券投资基金业协会是证券投资基金行业的自律性组织，接受中国证监会和国家民政部的业务指导和监督管理。根据《证券投资基金法》的规定，基金管理人、基金托管人应当加入协会，基金服务机构也可以加入协会。协会主要职责包括：教育和组织会员遵守有关证券投资的法律、行政法规，维护投资人合法权益；依法维护会员的合法权益，反映会员的建议和要求；制定和实施行业自律规则等。

相关资料

1－28 视频：证监会成立

（四）证券监管机构

目前，世界各国的证券监管体制的机构设置可分为专管证券的管理机构和兼管证券的管理机构两种形式，它们都具有对证券市场进行管理和监督的职能。在我国，对证券市场进行监管的机构主要是中国证券监督管理委员会。中国证监会依照法律、法规和国务院授权，统一监督管理全国证券期货市场，维护证券期货市场秩序，保障其合法运行。经过授权，中国证监会的派出机构也可以在一定范围内行使部分监管职能。

【技能训练】

画出一张图，包含证券市场的各个参与者、中介机构、自律机构和监管机构，并且说明它们之间的关系。

模块4　了解主要的证券价格指数

证券市场价格指数包括股票价格指数、债券指数、基金指数等，它既是证券市场价格走势的反映，也是证券市场运行状态以及国民经济运行的综合反映，是投资者和筹资者的决策工具和手段。因此，弄清证券市场价格指数的计算方法和编制原理非常重要。由于股票价格指数对证券市场和广大投资者影响最大，所以下面主要介绍股票价格指数的编制原理和计算方法。

一、股票价格指数概述

（一）股票价格指数的含义

股票价格指数是通过一组有代表性的股票的即期价格平均数与其基期价格平均数进行对比得出的反映股市价格变动方向与幅度的综合性分析指标。该指标用“点”作为计量单位。

（二）股票价格指数的作用

1. 反映功能

股票价格指数可以反映股票市场整体或局部综合变动程度。

2. 分析功能

股票价格指数能为我们具体分析市场价格变化提供相关的信息。

3. 测评功能

股票价格指数能为我们对股票市场变动进行综合测评提供必要的信息。

（三）股票价格指数的类型

1. 根据股票价格指数反映的价格走势所涵盖的范围大小不同的分类

（1）综合指数，反映整个股票市场价格走势。

（2）分类指数，反映某一行业或某一类股票价格走势。

2. 根据编制股票价格指数时纳入指数计算范围的股票样本数量不同的分类

（1）综合指数，以所有上市的股票作为样本。

（2）成分股指数，选择有代表性的股票为样本。如上证 50 指数、上证 180 指数、沪深 300 指数等。

（四）股票价格指数的编制方法

（1）选择样本股。样本股可以是全部上市公司股票，也可以是其中有代表性的部分。选择样本股要考虑两条标准：一是样本股的市价总值占交易所市价总值的相当比重；二是样本股的价格变动趋势能够反映市场变化趋势。

（2）选定某一有代表性或股价相对稳定的日期为基期，并按选定的某一方法计算基期时的样本股平均价格或总市值。

（3）收集样本股在计算期的价格，并按选定的方法计算平均价格或总市值。

（4）指数化，即将基期平均股价或总市值定为某一常数（通常是 100 或 1 000 点），然后将计算期的平均价或总市值与基期值相比得出股票价格指数。

例如，上证综指基期为 1990 年 12 月 19 日，假设计算期为 1990 年 12 月 20 日，若上述计算期股票市值/基期股票市值为 2.345，乘以 100 等于 234.5，说明 1990 年 12 月 20 日比 1990 年 12 月 19 日上涨了 134.5 点。

股票价格指数的计算可以分为简单算术股票价格指数和加权股票价格指数两类。简单算术股票价格指数没有考虑不同股票的影响力，所以，对股价的总体波动情况反映得不够准确。因此，在编制股票价格指数时往往采用加权股票价格指数的方法。加权股票价格指数是指按股票发行量或交易量的不同，分别给予不同权重，计算股票价格指数的方法。所用的权重通常是选取基期（计算期）的发行量（成交量、成交额、市价总值等），其计算公式为：

$$\text{基期加权股价指数} = \frac{\sum_{i=1}^{n} P_{1i}Q_{0i}}{\sum_{i=1}^{n} P_{0i}Q_{0i}} \times \text{基期值} \qquad (\text{式} 1-2)$$

$$\text{计算期加权股价指数} = \frac{\sum_{i=1}^{n} P_{1i}Q_{1i}}{\sum_{i=1}^{n} P_{0i}Q_{1i}} \times \text{基期值} \qquad (\text{式} 1-3)$$

式中：P_{1i}表示第 i 种股票在计算期时的股价；P_{0i}表示第 i 种股票基期时的股价；n 表示选样股票数；Q_{1i}表示第 i 种股票在计算期的发行量或成交量；Q_{0i}表示第 i 种股票在基期的发行量或成交量。

例如，有 A、B、C、D 4 种股票，其基期和计算期的股价 P_0、P_1，成交量 Q_0、Q_1 分别如表 1－4 所示，设基期值为 100。

表 1－4　样本股的价格和成交量统计表

股票 价格及数量	股价（元）		成交量（万股）	
	基期 P_0	计算期 P_1	基期 Q_0	计算期 Q_1
A	5.6	7.2	400	600
B	4.5	9	1 200	1 200
C	6.2	12	5 000	6 000
D	8	7.6	600	1 600

现要求按加权总和法计算出基期加权股票价格指数和计算期加权股票价格指数。

解：基期加权股票价格指数

$$=\frac{7.2\times400+9\times1\ 200+12\times5\ 000+7.6\times600}{5.6\times400+4.5\times1\ 200+6.2\times5\ 000+8\times600}\times100\approx180$$

计算期加权股票价格指数

$$=\frac{7.2\times600+9\times1\ 200+12\times6\ 000+7.6\times1\ 600}{5.6\times600+4.5\times1\ 200+6.2\times6\ 000+8\times1\ 600}\times100\approx169$$

基期加权股票价格指数是德国经济学家拉斯贝尔于 1864 年首次提出的，因此也称为拉氏指数；计算器加权股票价格指数是 1874 年由德国学者帕煦提出的，所以也称为帕氏指数。

（五）世界各地著名的股票价格指数

世界各地的股票市场都有自己的股票指数，其中比较著名并有一定代表性的有：

1. 美国三大股指

（1）道琼斯指数。道琼斯指数即道琼斯股票价格平均指数，是世界上最有影响、使用最广的股价指数。它以在纽约证券交易所挂牌上市的一部分有代表性的公司股票作为编制对象，由 4 种股价平均指数构成。它是 1884 年由道琼斯公司的创始人查理斯·道开始编制的。其最初的股票价格平均指数是根据 11 种具有代表性的铁路公司的股票，采用算术平均法进行计算编制而成的。自 1887 年起，道琼斯股票价格平均数开始分成工业与运输业两大类，并且开始在道琼斯公司出版的《华尔街日报》上公布。1929 年，道琼斯股票价格平均指数又增加了公用事业类股票，使其所包含的股票达到 65 种，并一直延续至今。

现在的道琼斯股票价格平均指数是以 1928 年 10 月 1 日为基数，因为这一天收盘时的道琼斯股票价格平均指数恰好约为 100 美元，所以就将其定为基准日。目前，道琼斯股票价格平均指数共分为以下 4 种。

①工业股票价格平均指数。它由 30 种有代表性的大工商业公司的股票组成，即人们通常所引用的道琼斯工业股票价格平均数。

②运输业股票价格平均指数。它包括 20 种有代表性的运输业公司的股票，即 8 家铁路运输公司、8 家航空公司和 4 家公路货运公司。

③公用事业股票价格平均指数。它由代表着美国公用事业的 15 家煤气公司和电力公司的股票所组成。

④平均价格综合指数。它是综合前 3 组股票价格平均指数的股票而得出的综合指数。

现在通常引用的是第①种——道琼斯工业股票价格平均指数，如图 1－8 所示。

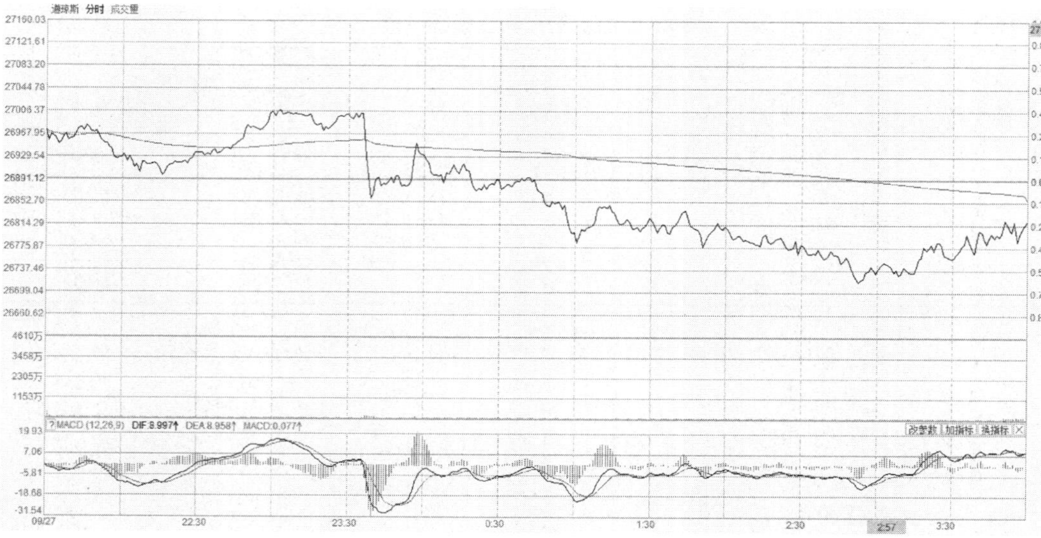

图 1－8 道琼斯指数 2019 年 9 月 27 日分时走势图

（2）标普 500 指数。标普 500 指数是由美国证券咨询机构——Standard & Poor 公司编制和发布的股价指数，仅次于道琼斯指数，从 1923 年开始编制，样本股为纽约证交所上市的 500 种普通股，其中含工业股 400 种、运输股 20 种、公共事业股 40 种、金融股 40 种。

由于该指数根据纽交所上市的大多数普通股票加权计算而得，能灵活地对认购新股权、股份分红和股票分割等引起的价格变动作出调整，指数数值较为精确，并且具有很好的连续性，所以往往比道琼斯指数具有更好的代表性，因此长期以来被认为是能全面地反映股市动态的指数，如图 1－9 所示。

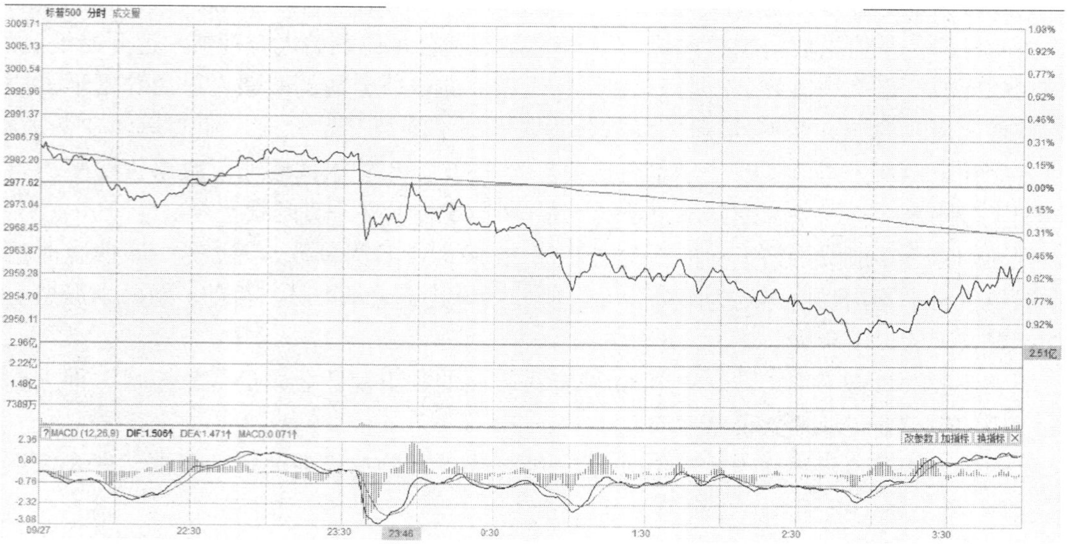

图 1－9 标普 500 指数 2019 年 9 月 27 日分时走势图

（3）纳斯达克指数。纳斯达克指数是反映纳斯达克证券市场行情变化的股票价格平均指数，基本指数为100。纳斯达克的上市公司涵盖所有新技术行业，包括软件和计算机、电信、生物技术、零售和批发贸易等。它主要由美国的数百家发展最快的先进技术、电信和生物公司组成，包括微软、英特尔、美国在线、雅虎这些家喻户晓的高科技公司，因而成为美国“新经济”的代名词。世人瞩目的微软公司便是通过纳斯达克上市并获得成功的。纳斯达克指数主要包括：纳斯达克综合指数、纳斯达克 100 指数、纳斯达克工业股指数等。其中，影响力大的是纳斯达克综合指数（见图 1－10）和纳斯达克 100 指数。

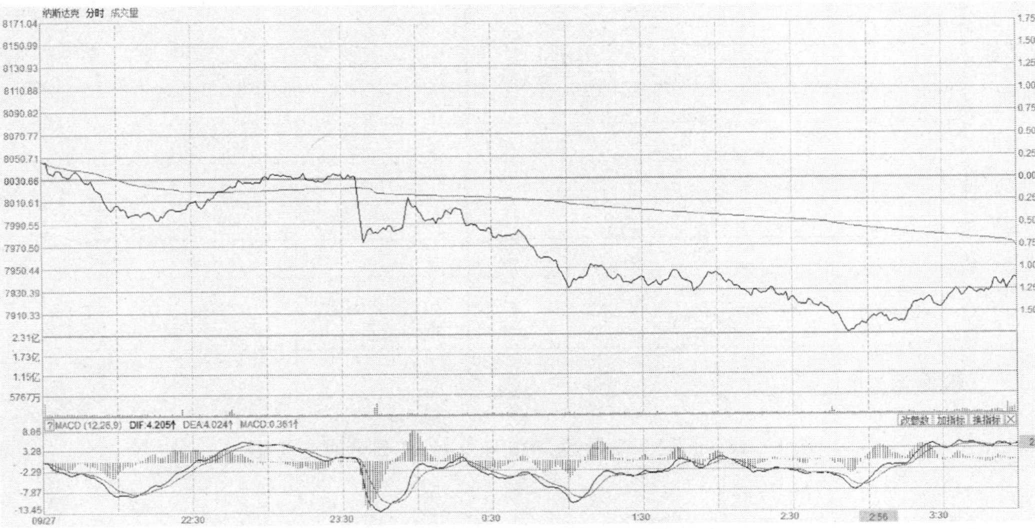

图 1－10　纳斯达克指数 2019 年 9 月 27 日分时走势图

2. 日本：日经指数

日本有两种主要的股票指数，一个是日经指数，另一个是东证指数（略）。日经指数是在日本股票市场最有代表性的股票指数，是由日本经济新闻社编制并公布的反映日本股票市场价格变动的股票价格平均数。

按计算对象的样本股数目不同，该指数分为两种：一种是日经 225 种平均股价，其所选样本均为在东京证券交易所第一市场上市的股票，样本选定后原则上不再更改。1981 年定位制造业 150 家、建筑业 10 家、水产业 3 家、矿业 3 家、商业 12 家、陆运及海运 14 家、金融保险业 15 家、不动产业 3 家、电力和煤气 4 家、服务业 5 家，其他行业 6 家。由于日经 225 种平均股价从 1950 年一直延续下来，因而其连续性及可比性较好，成为考察和分析日本股票市场长期演变及动态的最常用和最可靠指标，如图 1－11 所示。另一种是日经 500 种平均股价。这是从 1982 年 1 月 4 日起开始编制的。

3. 英国：富时指数

富时指数，又称《金融时报》股价指数，是英国最具有权威性的股价指数，由世界级的指数计算金融机构 FTSE（富时指数有限公司）所编制和公布。“富时”是由指数中的字母组合的发音得名（FTSE），这一指数主要包括两种：一是 100 种股票交易指数，又称“富时 100 指数”，该指数自 1984 年 1 月 3 日起编制并公布。该指数基值定为 1 000 点，特别挑选在伦敦证券交易所交易的 100 家有代表性的大公司股票，其成分股涵盖欧洲大陆 9 个主要国家，以英国企业为主（见图1－12）。二是富时250指数。富时250指数是根据每一个季度证券交易主要排名的第101个至第350个最大的公司编制的指数。排名指数的上升或者下降根据每一个季度确定。

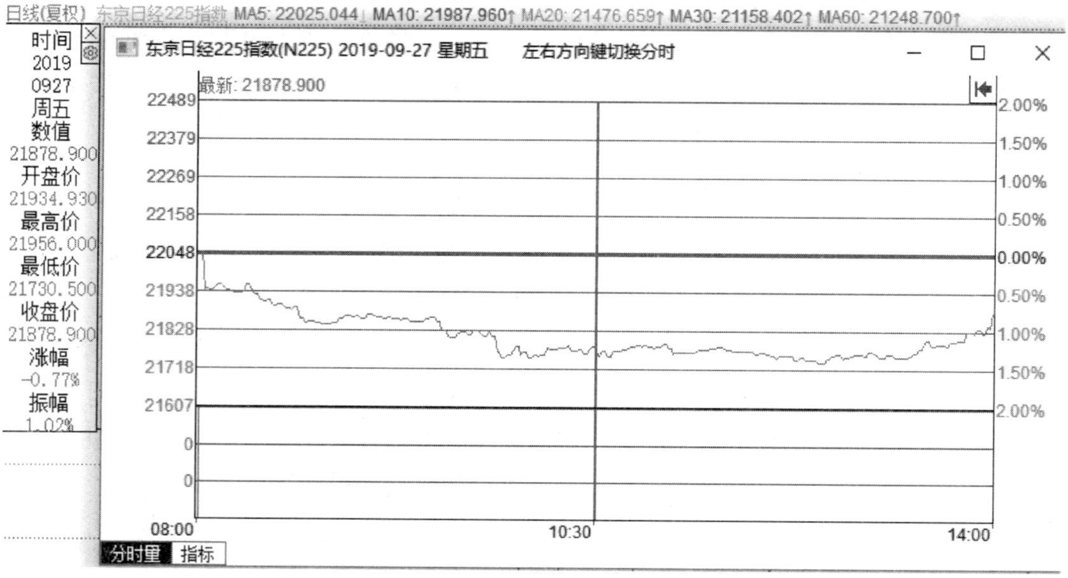

图1－11 日经225指数2019年9月27日分时走势图

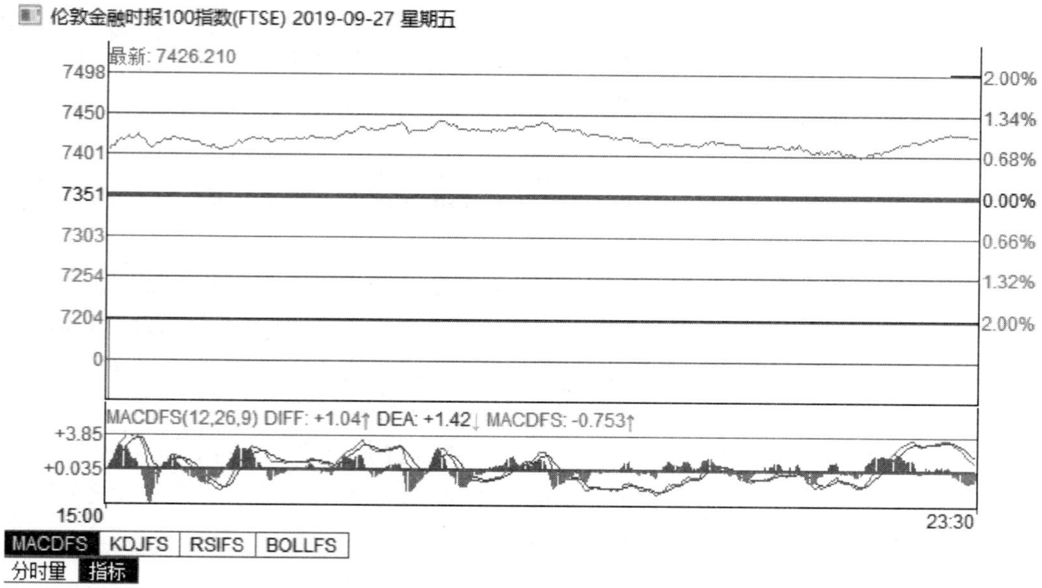

图1－12 英国富时100指数2019年9月27日分时走势图

（六）我国香港的股价指数：恒生指数

恒生指数（Hang Seng Index，HSI），由香港恒生银行全资附属的恒生指数服务有限公司编制，是以中国香港股票市场中的50家上市股票为样本，以其发行量为权数的加权平均股价指数，是反映中国香港股市价幅趋势最有影响的一种股价指数。该指数于1969年11月24日首次公开发布，基期为1964年7月31日，基期指数定为100，如图1－13所示。

图1－13　恒生指数K线图

除此以外，全球比较著名的股价指数还包括法国CAC40指数、德国DAX30指数、欧洲斯托克50指数、澳大利亚普通股指数、韩国KOSPI指数、俄罗斯RTS指数等。

（七）我国内地的股价指数

1. 上证系列指数

上证系列指数是由上海证券交易所编制并发布的一个包括上证综合指数、上证180指数、上证50指数、上证100指数、上证150指数、A股指数、B股指数、分类指数、债券指数、基金指数等的指数系列，上证指数系列从总体上和各个不同侧面不仅可以反映上海证券交易所上市证券品种价格的变动情况，还可以反映不同行业的景气状况及其价格整体变动状况，从而给投资者提供不同的投资组合分析参照系，上证指数系列均采用帕氏加权综合价格指数公式计算。其中编制最早、影响最大的是上证综合指数。

上海证券综合指数简称“上证指数”或“上证综指”，代码000001，其样本股是全部上市股票，包括A股和B股，反映了上海证券交易所上市股票价格的变动情况，自1991年7月15日起正式发布，如图1－14所示。

该指数以1990年12月19日为基期，基期值为100，以全部的上市股票为样本，以股票发行量为权数进行编制，其计算公式为：

$$\text{本日股价指数}=\frac{\text{本日股票市价总值}}{\text{基期股票市价总值}}\times 100 \qquad \text{（式1－4）}$$

其中，市价总值＝股本总额×市场价格

当遇到上市股票增资扩股或新增样本股票时，则上证综合指数必须相应进行修正。

图 1－14　上证指数 K 线图

2. 深证系列指数

深证系列指数是由深圳证券交易所编制并发布的一个包括综合指数、成分股指数、行业指数、深圳基金指数等的指数系列，深证指数系列从总体上和各个不同侧面反映了深圳证券交易所上市证券品种价格的变动情况。深证系列指数中影响最大的是深证成分股指数。

深证成分股指数简称“深证成指”，代码 399001，计算方法是：从深圳证券交易所挂牌上市的所有股票中抽取具有市场代表性的 500 家上市公司的股票为样本，以自由流通股本为权数，以加权平均法计算，以 1994 年 7 月 20 日为基日，基日指数定为 1 000 点，如图 1－15 所示。

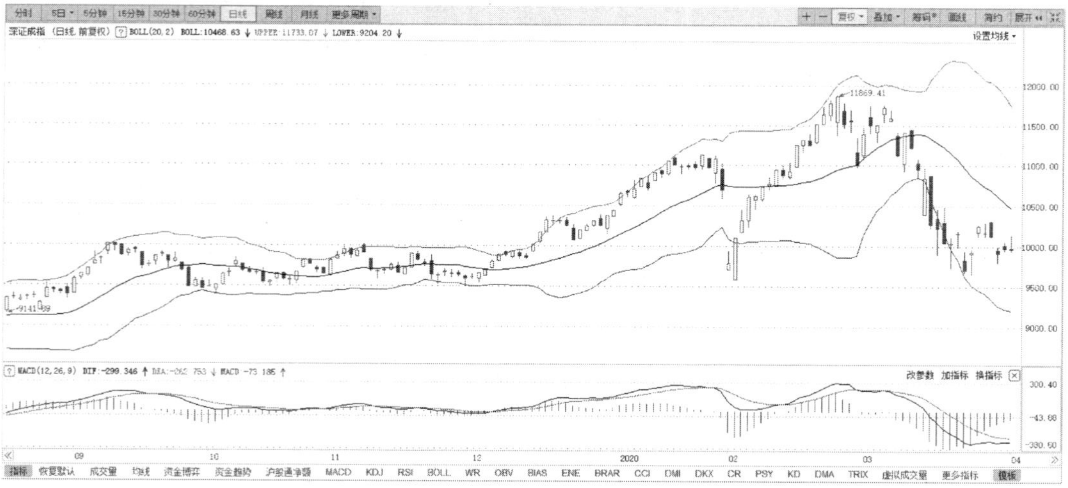

图 1－15　深证成指 K 线图

深证成分指数采用帕氏加权法，依据下列公式逐日实时计算：

$$实时指数 = 上一交易日收盘指数 \times \frac{\sum(样本股实时成交价 \times 样本股权数)}{\sum 样本股上一交易日收盘价 \times 样本股权数} \quad （式 1－5）$$

【知识拓展】

上证指数和深证指数的一些区别

（1）地点不一样，一个是在上海，一个是在深圳。

（2）股票代码不一样，上海用的是6开头，深圳是0开头。

（3）在B股方面，沪市用的是美元，深市用的是港元。

（4）基数不同，上证指数是100点，深证成指是1 000点。

（5）基本公式：本日股价指数＝本日股票市价总值÷基期股票市价总值×100

（式1－6）

股价指数＝现时成分股总市值÷基期成分股总市值×1 000

（式1－7）

3. 中证系列指数

2005年8月沪深证券交易所共同出资成立了中证指数有限公司（即中证指数公司），开始编制中证系列指数，其中著名的就是沪深300指数。

沪深300指数，代码，000300，是由沪深证券交易所于2005年4月8日联合发布的反映A股市场整体走势的指数，如图1－16所示。其编制目标是反映中国证券市场股票价格变动的概貌和运行状况，并能够作为投资业绩的评价标准，为指数化投资和指数衍生产品创新提供基础条件。

相关资料

1－29 视频：创业板指数

图1－16 沪深300指数K线图

此外，我国常用的股票价格指数还有中小板指数、创业板指数、沪股通指数、深股通指数等。

二、我国的债券指数

（一）中国债券指数

中国国债登记结算有限责任公司从2002年12月31日起，开始发布中国债券指数系列，包括国债指数、企业债指数、政策性银行金融债指数、银行间国债指数、交易所债券指数、中短期债券指数和长期国债指数等。样本债券覆盖了交易所市场和银行间市场所有发行额在50亿元人民币以上、代偿期在1年以上的债券，每月月末调整一次，以2001年12月31日为基期日，基期指数为100，每工作日计算一次。

（二）上证国债指数

上海证券交易所自2003年1月2日起发布上证国债指数。上证国债指数以在上海证券交易所上市的、剩余期限在1年以上的固定利率国债和一次性还本付息的国债为样本，按照国债发行量加权，基日为2002年12月31日，基点为100点。

（三）深市企业债指数

2002年2月17日，深圳证券信息有限公司开始发布企业债指数。该指数样本为在交易所上市交易的固定利率且不附带转股、优先购买股票权利、剩余期限在1年及以上的企业债券，以2002年12月31日为基准日，基日指数为100，采用帕氏加权法编制。

三、基金指数

我国的基金指数主要由上证基金指数和深证基金指数组成。上证基金指数的样本基金包括上海证券交易所上市的所有证券投资基金。该指数的基日指数为1 000点，于2000年5月9日开始正式发布。

深证基金指数的样本包括已在深圳证券交易所上市的所有证券投资基金。新上市的基金自上市后第2个交易日起纳入指数计算范围。深证基金指数的编制采用帕氏加权综合指数法计算，权数为各证券投资基金的总发行规模，以2000年6月30日为基日，基日指数为1 000点。基金指数的计算方法、修正方法与股票指数大致相同，只是基金指数不纳入任何一个股价指数的编制范围。

【技能训练】

利用网络，找出某一交易日上证综指、深证成指、香港恒生指数、标普500指数，分析它们之间的相关性如何，是同升同降还是无关？

模块5　认识证券投资的收益与风险

一、证券投资收益

（一）股票投资收益

（1）股息。股息是指股票持有人定期从股份公司中取得的一定利润。利润分配的标准以股票的票面资本为依据。优先股是按固定的股息率优先取得股息，它是固定的，不以公司利润的多少或有无而变动。普通股通常不获股息，而是取得股利。普通股的股利，一般是支付了优先股的股息之后，再根据剩下的利润数额确定和支付，因而是不固定的，甚至在公司亏损时，很可能分不到股利。

（2）资本利得。股票买入价与卖出价之间的差额就是资本利得。当股票卖出价大于买入价时为资本收益，当卖出价小于买入价时为资本损失。

（3）公积金转增股本收益。公司用提取的公积金以送股的形式，实现公积金转增股本。

相关
资料

1－30 视频：上海出了个杨百万

（二）债券投资收益

（1）利息收益。债券的利息收益是指债券持有人凭债券向债券发行人领取的定期利息收入，亦即债券发行人为筹措资金发行债券而向投资者支付的报酬。它是债券收益的表现形式。债券利息的多少取决于债券利率的高低。

（2）资本利得。债券的资本利得是指债券买入价与卖出价或买入价与到期偿还额之间的差额，当卖出价或偿还额大于买入价时，为资本收益；当卖出价或偿还额小于买入价时，为资本损失。

（3）再投资收益。再投资收益是指投资债券所获现金流量再投资的利息收入。对于付息债券而言，投资期间的现金流是定期支付的利息，再投资收益是将定期所获得的利息进行再投资而得到的利息收入。

二、证券投资风险

风险是指对投资者预期收益的背离，或者说是证券收益的不确定性。证券投资的风险是普遍存在的，与证券投资相关的风险可分为系统性风险和非系统性风险两大类。

（一）系统性风险

相关
资料

1－31 资讯：美股十日内三次熔断见证历史

系统性风险是指由于全局性的共同因素引起的投资收益的可能变动，这种因素以同样的方式对所有证券的收益产生影响，这种风险不能通过分散投资加以消除，因此又被称为不可分散风险。

（1）政策风险。政府的经济政策和管理措施的变化，可以影响到公司利润、投资收益的变化；证券交易政策的变化，可以直接影响到证券的价格。而一些看似无关的政策变化，比如对于私人购房的政策，也可能影响证券市场的资金供求关系。因此，经济政策、法规出台或调整，对证券市场会有一定影响，如果这种影响较大时，会引起市场整体的较大波动。

（2）购买力风险。购买力风险又称通货膨胀风险，是指由于通货膨胀，货币贬值而使证券投资收益的实际收益水平下降的风险。通货膨胀的存在使投资者在货币收入增加的情况下并不一定能使其财富增值。这取决于投资者名义收益率是否高于通货膨胀率。

（3）利率风险。利率风险是指由于市场利率的变动引起证券市场价格的升降，从而影响证券投资收益率的变动而带来的风险。利率与证券价格呈反方向变化，即利率提高，证券价格水平下跌；利率下降，证券价格水平上涨。

（二）非系统性风险

非系统性风险，是指发生于个别公司的特有事件造成的风险，是纯粹由于个股自身的因素引起的个股价格变化以及由于这种变化导致的个股收益率的不确定性。例如，公司的工人罢工，新产品开发失败，失去重要的销售合同，诉讼失败或宣告发现新矿藏，取得一个重要合同等。这类事件是非预期的，随机发生的，它只影响一个或少数公司，不会对整个市场产生太大的影响。这种风险可以通过多样化投资来分散，即发生于一家公司的不利事件可以被其他公司的有利事件所抵消。由于非系统性风险是个别公司或个别资产所特有的，所以也称“特有风险”，由于非系统性风险可以通过投资多样化被分散，也称“可分散风险”。

（1）信用风险。信用风险又称违约风险，是指证券发行人在证券到期时无法还本付息而使投资者遭受损失的风险。信用风险实际上揭示了发行者在财务状况不佳时出现违约和破产的可能，它主要受证券发行者的经营能力、盈利水平、事业稳定程度及规模大小等因素的影响。

（2）经营风险。经营风险是指企业的决策人员与管理人员在经营管理过程中出现的失误导致企业亏损、破产而使投资者遭受损失的可能性。经营风险来自内部因素和外部因素两个方面，但主要还是来自公司内部的决策失误或管理不善。

（3）财务风险。财务风险是指企业财务结构不合理、融资不当所形成的风险。

三、收益与风险的关系

收益和风险是证券投资的核心问题，投资者投资的目的是为了得到收益，但与此同时又不可避免地面临着风险，证券投资的理论和实战技巧实际上都是围绕如何平衡收益和风险的关系而展开的。

收益与风险的基本关系是：收益与风险相对应。也就是说，风险较大的证券，其要求的收益率相对较高；反之，收益率较低的投资对象，风险相对较小。但是，绝对不能因为收益与风险有着这样的基本关系，就盲目地认为风险越大，收益就一定越高。收益与风险相对应的原理只是揭示收益与风险的这种内在本质关系：收益与风险共生共存。承担风险是获取收益的前提；收益是风险的成本和报酬。

相关资料

1-32 视频：从“黑天鹅”“灰犀牛”再到“明斯基时刻”，这些金融热词你还不知道？OUT啦

【技能训练】

利用网络资源了解“黑天鹅”事件。

项目小结

本项目主要介绍了证券、证券投资的相关概念，分析了股票、债券、证券投资基金、金融衍生工具等投资工具的基本内容，解析了证券市场的含义、特征、功能和种类，同时，介绍了主要证券价格指数，并认识了证券投资的收益与风险的种类和关系。

思考与练习

一、单项选择题

1. 证券投资中通常所说的证券是指（　　）。

A. 无价证券　　B. 资本证券

C. 货币证券　　D. 商品证券

2. 下列关于股票风险性特征的说法，错误的是（　　）。

A. 风险本身是一个中性概念，但是，高风险一般对应着高收益，因此投资者一般喜欢投资那些风险性较高的股票

B. 股票风险的内涵是股票投资收益的不确定性，或者实际收益与预期收益之间的偏离

C. 投资者在买入股票时，对其未来收益会有一个估计，但事后看，真正实现的收益可能会高于或低于原先的估计，这就是股票的风险

D. 风险不等于损失，高风险的股票可能给投资者带来较大的损失，也可能带来较大的收益

3. 以下不属于证券市场基本功能的是（　　）。

A. 定价功能　　B. 筹资功能

C. 企业转制功能　　D. 资源配置功能

4. 政府发行的证券品种一般为（　　）。

A. 股票　　B. 权证

C. 债券　　D. 期货

5. 一般来讲，政府债券与公司债券相比（　　）。

A. 公司债券风险大，收益低　　B. 公司债券风险小，收益高

C. 政府债券风险大，收益高　　D. 政府债券风险小，收益稳定

6. 证券投资基金的出现和发展，能有效地改善证券市场的（　　）结构。

A. 筹资者　　B. 管理者

C. 投资者　　D. 监管者

7. 封闭式基金的封闭期通常为（　　）。

A. 无固定期限　　B. 10 年或 15 年

C. 在 15 年以上　　D. 在半年以上

8. 证券交易所具有监督职能，它属于（　　）。

A. 中介机构　　B. 证券服务机构

C. 自律性机构　　D. 地方所属的监管机构

9. 下列选项不属于按照交易对象划分证券市场的是（　　）。

A. 股票市场　　B. 国债市场

C. 金融期货市场　　D. 同业拆借市场

10. 美国的三大股指不包括（　　）。

A. 富时指数　　B. 道琼斯指数
C. 标普500指数　　D. 纳斯达克指数

二、多项选择题

1. 按证券发行主体的不同，证券可分为（　　）。
A. 政府证券　　B. 金融证券
C. 公司证券　　D. 有价证券
2. 证券投资基金的作用是（　　）。
A. 有利于拓宽中小投资者的投资渠道
B. 有利于证券市场的稳定与发展
C. 有利于证券市场的对外开放
D. 有利于金融体系和社会保障体系的健全与完善
3. 有价证券的特征是（　　）。
A. 收益性　　B. 流动性
C. 风险性　　D. 期限性
4. 证券服务机构主要包括（　　）。
A. 证券登记结算公司　　B. 证券投资咨询公司
C. 会计师事务所　　D. 资产评估和资信评级机构
5. 下列属于系统风险的是（　　）。
A. 政策风险　　B. 利率风险
C. 信用风险　　D. 购买力风险

三、判断题

1. 按照经营业绩的不同可以把股票划分为蓝筹股、红筹股、垃圾股。（　　）
2. 从风险的角度来看，证券市场是风险的直接交换场所。（　　）
3. 成长型基金主要投资于可以带来现金收入的证券，以获取当期收益最大化为目标。（　　）
4. 投资基金按能否赎回，可分为契约型投资基金和公司型投资基金。（　　）
5. 非系统性风险在股市中的表现是个别股票的波动，因此可以通过合理的投资组合加以分散。（　　）

四、简答题

1. 简述股票、债券和基金的区别。
2. 简述封闭型基金和开放型基金的区别。
3. 简述普通股的基本特征。
4. 证券市场有哪些功能?
5. 简述系统性风险和非系统性风险的定义和种类。

五、分析讨论

2020年春节假期期间，一场突如其来的疫情——新冠肺炎爆发，全球恐慌和避险情绪浓厚，港股、日韩股市、美股等风险资产均出现了不同程度的下跌；2020年2月3日，A股迎来鼠年首秀。这一次开盘前，股民们已不再指望“开门红”。

请结合证券投资的收益和风险之间的关系，分析新冠肺炎疫情属于哪种风险？它会对我国股市产生什么影响？

项目二
证券投资分析准备

【项目目标】

1. 知识目标：

□ 了解证券交易的程序、基础知识和常用术语

□ 理解证券投资的分析方法和策略

□ 熟悉获取证券投资信息的渠道

□ 掌握证券估值的基本原理

□ 掌握债券、股票、金融衍生工具的估值分析方法

2. 技能目标：

□ 熟练运用证券交易的相关规则

□ 知晓证券投资分析的主要方法

□ 学会分析有价证券的价值

□ 学会对有价证券进行估值

3. 情感目标：

□ 树立正确的证券投资分析理念

□ 培养学生养成“一分付出，才能有一分收获”的意识

【案例导入】

3 年多连发 48 次停牌公告，深深房 A 到底还能复牌吗

相关资料

2-1 百科：停牌和复牌

史上最长停牌公司深深房 A 这次又停牌了！

2020 年 2 月 13 日，深深房 A 发布停牌公告，事由为筹划重大资产重组。

深深房 A 于 2016 年 9 月 13 日首次发布停牌公告称，因筹划重大资产重组事项，该公司将于次日起停牌。但是，没人能够想到，这一停牌便是 3 年零 5 个月。

在此期间，深深房A共计发布了48次停牌相关公告，停牌事由皆为筹划重大资产重组事项。

深深房A每次公告都强调在积极推动重大资产重组的各项工作，但每次停牌到期后继续申请停牌；虽然每次公告都提示投资者注意投资风险，但3年来却一直无法交易。

任性停牌是A股的一大历史遗留问题，投资者对此深恶痛绝。鉴于此，证监会于2018年11月6日发布最新停复牌新规，随后，沪深交易所配套业务指引也相继出炉。

相关资料

2－2 视频：退市

深交所《停复牌指引》取消了筹划不涉及发行股份的重组、非公开发行股票、对外投资、签订重大合同等事由的停牌；明确了仅发行股份重组可停牌且停牌时间不得超过10个交易日，筹划控制权变更、要约收购等停牌时间不得超过5个交易日，例外事项的停牌时间原则上不得超过25个交易日等。

新规定出台后，A股停复牌事件大幅减少，但仍有部分公司长期停牌。

（资料来源：新浪财经，2020年2月14日。）

讨论：（1）深深房A为什么一直在停牌？停牌的原因是什么？

（2）假如某投资者手中现在仍持有1 000股深深房A，那么怎样才能卖出呢？

模块1　证券投资分析的基本功

一、证券交易程序

证券交易的程序一般要经过开户→委托→竞价、成交→清算、交割→过户等环节。

（一）开户

相关资料

2－3 实战：哪个证券公司开户好？A股开户选择哪个证券公司更合适

开户，一般要办理两个不同的账户，一个是开设证券账户，另一个是开设资金账户。

1. 证券账户

证券账户实际上是投资人的一个证券存折，用于记录持有人持有的证券种类和数量以及登记买进和卖出的记录，是进行证券登记的专用账户。在我国，证券账户包括债券账户、基金账户和股东账户。

股东账户是既可以从事股票交易，也可以从事债券和基金等品种的交易，但不同的证券交易所开设的股东账户不能交叉使用。股东账户分A股股东账户和B股股东账户，境内投资者只能开设A股股东账户，境外投资者只能开设B股股东账户。A股股东账户的开设必须具备下列条件：

个人投资者开户需提供公安机关颁发的有效身份证，认真填写股东开户登记表的内容。

机构投资者需提供有效的法人证明文件，即营业执照副本及其复印件、法人代表的证明书和法人有效身份证。

2. 资金账户

因为投资者不能直接进入交易所内进行交易，所以必须委托一家或数家证券商作为经纪人代理证券买卖。作为投资者就必须在所选择的证券商处开设资金账户，用于存放买卖证券所需的资金。

（二）委托

投资人设立股东账户、资金账户并存入一定数量的资金后，就可进行证券交易。委托是指投资者将买卖指令传递给证券经纪商，再由证券经纪商传递到交易所场内的全过程。

1. 委托方式

（1）柜台委托。投资者亲自到交易营业部委托柜台，直接向证券商业务员递交委托单。柜台委托方式由于自动化程度不高，花费时间较长，从而使用频率逐年下降，主要适合小额投资者使用。

（2）自助委托。自助委托是由投资者自己亲自在计算机上操作，输入委托指令的交易方式。自 1993 年试办已来，已广泛推广应用，它相对于柜台委托，极大地方便了广大投资者。自助委托主要有电话委托、函电委托、自助终端委托、网上委托（即互联网委托）等形式。证券公司提供自助委托的，应当与客户签订自助委托协议。

①电话委托。电话委托是证券经纪商把计算机交易系统和普通电话网络联结起来，构成一个电话自动委托交易系统，投资者通过普通的双音频电话，按照该系统发出的指示，借助电话机上的数字和符号键输入委托指令，以完成证券买卖的一种委托形式。

②传真委托和函电委托。它们是指委托人填写委托内容后，将委托书采用传真或函电方式表达委托意向，并提出委托要求。

投资者采用电话委托、传真委托等方式必须在证券经纪商处开设委托专户。

③计算机终端自助委托方式。经纪商在营业场所设置若干台计算机终端并与证券经纪商主机联网，再为每一位投资者办理一张专用磁卡，投资者使用自己的专用磁卡在刷卡机上刷过并输入资金账户代码和若干位数密码后，即可进入委托状态。随着交易技术的提高，在很多地方专用磁卡已被“热键”（如“ALT + D”）代替，使委托变得更为方便。

④网上委托。近年来，随着互联网技术的发展，许多证券公司纷纷开展网上经纪业务。网上委托就是证券经纪商的计算机交易系统与互联网联结，委托人利用任何可上网的计算机终端，通过互联网凭交易密码进入证券经纪商计算机交易系统委托状态，自行将委托内容输入计算机交易系统，完成证券交易。

2. 委托内容

无论采用何种委托方式，投资者的委托内容都是一致的，主要包括证券代码或名称、买入（卖出）及数量、出价方式及委托价格、交易方式、委托有效期、交割方式、其他基本信息等。

3. 委托价格

（1）市价委托。客户委托证券商按照交易市场的市价买卖证券，但不规定证券买卖的具体价格，经纪人接到指令后立即买卖证券。

（2）限价委托。投资者要求经纪商在执行委托指令时，必须按照限定的价格或比限价更有利的价格买卖。

例如，某客户要求以每股不超过20元的价格购进某种股票，当股票价格为21元时，经纪商就不能执行其指令，只有当股价降到20元以下时，客户的限价指令才能被执行。客户发出的限价指令通常都有时间限制，超过其限定时间，指令将自动作废。

相关资料

2－4 视频：市价委托和限价委托交易

（三）竞价、成交

成交全过程是由交易所计算机主机自动撮合完成的，体现了公开、公平和公正的“三公”原则。

1. 证券交易原则

（1）价格优先原则，是指在同一时刻较高的买入申报价或较低的卖出申报价时，分别比较低的买入申报价或较高的卖出申报价具有优先成交的权利。

（2）时间优先原则，是指在申报价格相同时，申报在先的委托比申报在后的委托优先成交。

2. 竞价交易方式

计算机竞价方式是目前最常用的竞价交易方式，由计算机自动完成整个撮合过程。计算机竞价分为集合竞价和连续竞价两个基本阶段。

集合竞价主要产生于每个交易日的开盘价格。交易所计算机终端将接收的客户开盘竞价指令统一输入计算机主机，由计算机主机进行撮合，当某股票在某个价位上买与卖成交数量相等的时候，则这个价位就定为当日的开盘价。

相关资料

2－5 视频：集合竞价

连续竞价，是指对申报的每一笔买卖委托，由计算机交易系统按照以下两种情况产生成交价：

（1）最高买进申报与最低卖出申报相同，则该价格即为成交价格；

（2）买入申报价格高于即时揭示的最低卖出申报价格时，以即时揭示的最低卖出申报价格为成交价；卖出申报价格低于即时揭示的最高买入申报价格时，以即时揭示的最高买入申报价格为成交价。

（四）清算交割

1. 清算

清算包括证券清算和资金清算两个方面，它是指买卖双方结清价款的过程。清算和交割统称证券的结算，且分为逐笔结算和净额结算两种。

2. 交割

交割是指买卖双方实际交付成交钱券的过程。

（五）过户

股票过户是办理股权变更的一种程序，投资者持有的股票只有在该公司的登记部门或代理机构办理了股东名册变更以后才能成为该公司的股东，享有应有的股权。

我国证券交易所的股票已实行无纸化交易，结算的完成即实现了过户，所有的过户手续都由交易所的计算机自动过户系统一次完成。

上交所每 1 000 股收取 1 元过户费，深交所则免收过户费。

二、证券交易的基本知识

（一）入市基本知识

1. 证券名称及代码

目前证券交易所挂牌交易的各证券产品，均对应一个 6 位数字的代码，常用的证券代码如下。

（1）沪 A：60 ****；封闭型基金：50 ****；ETF：51 ****。

（2）深 A：00 ****；封闭型基金：18 ****；LOF：16 ****；ETF：15 ****。

（3）创业板：30 ****。

（4）科创板：股票代码为 688 ***，CDR 存托凭证代码 689 ***。

此外，在股票申购、配股缴款等情况下，又会产生与上市交易不同的特定的申购代码、配股代码等，也均为 6 位数字代码。

若不知证券代码，在计算机键盘上输入证券简称第一个拼音字母即可。

2. 交易时间

上海和深圳股票交易所的股票交易时间为：星期一至星期五上午 9:30～11:30，下午 13:00～15:00。双休日、法定节假日和交易所公布的休市日休市。

上午 9:15～9:30 为集合竞价时间，投资人可以下单，委托价格限于前一个营业日收盘价的加减 10%，即在当日的涨跌停板之间。9:30 前委托的单子，在上午 9:30 时进行撮合。

相关资料

2－6　视频：连续竞价

中午 11:30～13:00 委托的单子，在下午 13:00 时进行撮合。委托的价格未在当日交易日成交，接下来的交易日须重新委托。

3. 交易单位

（1）股票。

①买入：以“手”为单位，1 手为 100 股，必须是 100 股的整数倍。

②卖出：可以零股出售。

相关资料

2－7　视频：什么是零股交易

（2）债券。以“张”为单位（以人民币 100 元面额为 1 张）。

①买入：买入债券必须为 10 张的整数倍。

②卖出：以张为单位，可以有零张。

4. 股票价格

（1）开盘价，是指当日开盘后该股票的第一笔交易成交的价格。如果开市后 30 分钟内无成交价，则以前日的收盘价作为开盘价。

（2）收盘价，是指每天成交中最后一笔股票的价格，也就是收盘价格。

（3）最高价，是指当日所成交的价格中的最高价位。有时最高价只有一笔，有时也不止一笔。

（4）最低价，是指当日所成交的价格中的最低价位。有时最低价只有一笔，有时也不止一笔。

5. 涨跌停板限制

涨跌停板限制是指证券交易所为了抑制过度投机行为，防止市场出现过分的暴涨暴跌，而在每天的交易中规定当日的证券交易价格在前一个交易日收盘价的基础上上下波动的幅度（一般为 ±10%）。

股票价格上升到该限制幅度的最高限价为涨停板，而下跌至该限制幅度的最低限度为跌停板。

相关资料

2-8 视频：涨停板放开了

（二）分红派息及配股

1. 分红派息

分红派息是指上市公司向其股东派发红利和股息。投资者领取的沪深上市公司红股、股息无须到证券营业部办理任何手续，只要股权登记日当日收市时仍持有该种股票，都享有分红派息的权利。

2. 配股

配股是指股份公司对老股东按照一定比例配售公司新发行的股票，是公司的一种再筹资方式。

3. 除权和除息

除权和除息是指上市公司派发给现金股息或红股股息时，将股票市价中所含的股东领取股息的权值扣除而进行的一种价格调整。

（1）除权（XR）。除权（Exclude Right，XR）是指除去股票中领取股票股息和取得配股权的权利。上市公司以股票股利分配给股东，或进行配股时，就要对股价进行除权。

相关资料

2-9 视频：复权

（2）除息（XD）。除息（Exclude Dividend，XD）是指除去流通中的股票所附的股息或基金所附的现金红利或债券所附的债息。证券发行公司要公布股权登记日和除息日。除权除息日购入该公司股票的股东则不可以享有本次分红派息或配股。

（3）除权除息（DR）。除权或除息（D 为 Dividend 的简写，R 为 Right 的简写）的产生是因为投资人在除权或除息日之前与当天购买者，假设两者买到的是同一家公司的股票，但是由于内含的权益不同，显然价格应该也不同，否则就会产生不公平现象。因此，必须在除权或除息日当天向下调整股价，成为除权或除息参考价。

$$\text{除权除息价} = \frac{\text{股权登记日的收盘价} - \text{每股应分得的现金红利} + \text{配股率} \times \text{配股价}}{1 + \text{每股送股率} + \text{每股配股率}} \qquad (\text{式 } 2-1)$$

【知识应用】

某只股票在股权登记日的收盘价为 16 元，拟订的分配方案分别为：

（1）每股派息 0.4 元；

（2）每股送股 0.6 股；

（3）每股送 0.5 股派息 0.1 元；

（4）每股送 0.5 股派 0.1 元配 0.4 股，配股价 5 元。

分别计算除息、除权价。

解：①除息价 = 登记日的收盘价 − 每股股票应分的股利 = 16 − 0.4 = 15.6（元）

②$除权价 = \frac{股权登记日的收盘价}{1 + 每股送股率} = \frac{16}{1 + 0.6} = 10$（元）

③$除权除息价 = \frac{股权登记日的收盘价 - 每股应分的现金红利}{1 + 每股送股率} = \frac{16 - 0.1}{1 + 0.5} = 10.60$（元）

④$除权除息价 = \frac{股权登记日的收盘价 - 每股应分的现金红利 + 配股率 \times 配股价}{1 + 每股送股率 + 每股配股率}$

$= \frac{16 - 0.1 + 0.4 \times 5}{1 + 0.5 + 0.4}$

$= 9.42$（元）

【知识链接】

分红派息的 4 个重要日期

在分红派息前夕，持有股票的股东一定要密切关注与分红派息有关的 4 个日期，这 4 个日期分别是：

（1）股息宣布日，即公司董事会将分红派息的消息公布于众的时间。

（2）股权登记日，即统计和确认参加股息红利分配的股东的日期，在此期间持有公司股票的股东方能享受股利发放。

（3）除权除息日，通常为股权登记日之后的一个工作日，本日之后（含本日）买入的股票不再享有本期股利。

（4）红利发放日（派息日），即股息正式发放给股东的日期。根据证券存管和资金划拨的效率不同，通常会在几个工作日之内到达股东账户。

【知识拓展】

填权和贴权

（1）填权。股票除权除息后在 K 线图上会形成一个除权缺口，若该股票市场价格上涨，将除权缺口封闭，即称为填权。在牛市中填权的可能性较大。

（2）贴权。股票除权除息后在 K 线图上会形成一个除权缺口，若该股票市场价格下跌，离股权登记日的价格越来越远，这一现象称为贴权。熊市中贴权可能性较大。

三、证券交易常用术语

（1）多头市场。多头市场是指在较长的时期（1 年以上）内，市场大部分股票的价格呈上升趋势，其中虽有调整，但调整之后又屡创新高。

（2）空头市场。空头市场是指在较长的时期（1 年以上）内，市场股价指数呈下跌趋势，其中虽有反弹，但以下跌为主。

相关资料

2－10 视频：利多与利空

（3）牛市。牛市即为长期多头市场。

（4）熊市。熊市即为长期空头市场。

（5）融资与融券。融资与融券属于信用交易范畴，由投资人向证券商缴纳一定的保证金，即可向证券商借资买进股票或借入股票卖出，以博取短期投机利润。借入资金的行为称为融资，借入股票的行为称为融券。

（6）龙头股。龙头股是指这样一只股票或一群股票，它们的上涨或下跌会带动市场其他股票的上涨或下跌。

相关资料

2－11 视频：场外配资

（7）热门股。热门股是指在一定时期内交易活跃的股票，此类股票股性较活跃，短线机会较多。

（8）冷门股。冷门股是指在一定时期内交易冷清的股票，是被市场遗忘的角落。

（9）板块。在股票市场达到一定规模后，人为地按某种方法把股票进行分类，把性质相同或相近的股票归为一类即板块。一般情况下，同一板块内一部分的股票涨跌会影响板块内其他股票的涨跌。如互联网板块、高科技板块、国企大盘股板块、行业板块、收购板块、资产重组板块和 ST 板块等。

（10）庄家、主力、机构。三者都是实力雄厚、资金庞大的大额投资者，拥有信息、资金和技术的优势。庄家偏重于对某一股票进行炒作，使用各种手段和方法，低价吸货，拉高出货，而对倒是庄家常用的手法之一。主力的交易活动对整个市场有举足轻重的作用。机构和主力可以做庄，也可以不做庄。

相关资料

2－12 视频：庄家吕梁

（11）大户。大户泛指投资金额较大的投资者。我国有些城市的证券公司把拥有人民币 100 万元以上资金的投资者称为大户，中小城市的证券公司也有把拥有人民币 50 万元以上资金的客户称为大户。

（12）中小散户。中小散户泛指资金数量少、买卖数量不大、无组织的投资者，但他们是整个市场的基石。

相关资料

2－13 视频：做多做空

（13）多头。多头指对后市看好或持股待涨的投资者。有的多头只知买进，而不管该股票涨多少，或者是跌多少，始终天天看好此只股票，俗称“死多头”。

（14）空头。空头指对后市看淡或卖出持有股票的投资者。

（15）长多。以做长线为主的多头，在牛市中长多者一般获利会很丰厚。

（16）短多。以做中短线为主的多头，投资周期长则一两个月，短则一两天。

（17）空翻多。空头改变思维，由空头变为多头。

相关资料

2－14 视频：仓位

（18）多杀多。多杀多又称为“股打股”，股票下跌的直接原因是卖出者多，买进者少，如若大跌，多头争先恐后不限价卖出，持股者怕行情继续大跌，甚至不惜赔钱卖出股票，这种现象就是多杀多。

（19）多头陷阱。多头为了卖出股票，有意拉高，诱骗中小散户跟进，多头出货完毕，股价大跌。

（20）空头衔接。空头卖出股票，意在打压股价，使情绪不稳定的投资者卖出股票，之后股价不但不跌，还大幅上涨，空头被迫又补回股票，成为推动股价上升的动力。

（21）逼空。逼空又称轧空，是指空头卖出股票后没有机会以低价买回，被迫以更高的价格买回的现象。

（22）坐轿和抬轿。投资者低价买入股票，等待庄家拉升股价的过程称为坐轿；在拉抬股价的过程中，非庄家投资者高价买入股票以图获利，称为抬轿。

（23）打压。打压是庄家惯用的手法，大量低价卖出股票，故意制造恐慌气氛，目的是希望股价垮下去，以达到他们买进更多更便宜股票的目的。

（24）洗盘。庄家为了达到其顺利炒作股价的最终目标，在低价吸货或拉升途中，利用各种手法让跟风买进的投资者卖出持有股票。

（25）套牢。买进某一股票后，股票价格跌破买入价，就称为被套牢。

（26）解套。原先被套牢的股票，经过一段时间后，股价又回升至买进价格的上方，称为解套。

（27）斩仓。股票被套牢后，投资者以低于买入价的价格卖出，称为斩仓。

（28）盘坚。股价缓慢上升，称为盘坚。

相关资料	相关资料	相关资料	相关资料	相关资料	相关资料
2－15 视频：筹码	2－16 视频：建仓与平仓	2－17 视频：锁仓	2－18 视频：强行平仓	2－19 视频：老鼠仓	2－20 视频：止损

（29）盘软。股价缓慢下跌，称为盘软。

（30）盘整。股价上下波动幅度有限，进行窄幅整理，也称为牛皮走势。

【技能训练】

分组讨论，对于 2013 年 8 月 16 日光大乌龙指事件，证监会是如何定性的？在清算和交割环节上最终是怎样完成的？

模块 2　证券投资分析的方法与策略

一、证券投资分析的主要方法

证券投资分析是指人们通过各种专业性分析方法对影响证券价值或价格的各种信息进行综合分析，以判断证券价值或价格及其变动的行为，是证券投资过程中不可或缺的一个重要环节。

相关资料

2－21　视频：基本面与技术面

证券投资分析有 3 个基本要素：信息、步骤和方法。其中，选择什么样的证券投资分析方法对投资者的投资决策非常重要。目前，进行证券投资分析所采用的分析方法主要有 3 类：基本分析法、技术分析法、量化分析法。

（一）基本分析法

基本分析法是从影响证券价格变动的敏感因素出发，分析研究证券市场价格变动的一般规律，为投资者作出正确决策提供科学依据的分析方法。

1. 理论依据：证券具有内在价值

任何证券的价格变动存在一个稳固的基础，即“内在”价值。该“内在”价值等于这一证券的所有预期收益流量的现值，可以通过对该证券的现状和未来前景的分析而获得。

2. 假设：市场最终会自动纠正定价错误

（1）市场价格 $<$ 内在价值→价格被低估→买入证券。

（2）市场价格 $>$ 内在价值→价格被高估→卖出证券。

3. 实质

简单地讲，就是对发行证券的公司财务状况、经营绩效以及影响公司经营的外部经济环境等因素进行分析，寻找证券的内在价值，并将其内在价值与证券的市场价格进行比较，从而找出被市场错误定价的证券，并以此作为证券投资的依据。

4. 基本分析法的的内容

影响股票价值的因素有很多，最重要的有 3 个方面：一是宏观经济方面。环境是繁荣还是萧条。二是中观行业方面。各经济部门如农业、工业、商业、运输业、公用事业、金融业等各行各业的状况如何。三是微观公司方面。发行该股票的企业的经营状况如何。

（1）宏观经济分析。宏观经济分析主要探讨各经济指标和经济政策对证券价格的影响。其中经济指标主要分为先行指标、同步指标和滞后指标；经济政策主要包括货币政策、财政政策、信贷政策、债务政策、税收政策、利率与汇率政策、产业政策和收入分配政策等。

（2）中观行业分析。行业分析，主要分析行业所属的不同市场类型、所处的不同生命周期，以及行业的业绩对于证券价格的影响。行业的发展状况对该行业上市公司的影响是巨大的，投资某个上市公司就意味着投资某个行业。

【投资箴言】

我一向是不关心大盘涨跌的，我只关心市场中有没有符合我的投资标准的公司。

——吉姆·罗杰斯

（3）微观公司分析。公司分析侧重对公司的竞争能力、盈利能力、经营管理能力、发展潜力、财务状况、经营业绩以及潜在风险等进行分析，借此评估和预测证券的投资价值、价格及未来变化趋势。公司分析是基本分析的重点。

5. 基本分析法的优、缺点

（1）优点。能较全面地把握证券价格的基本走势，应用起来相对简单。

（2）缺点。预测的时间跨度较长，预测的精确度较低，对短线投资者的指导作用很有限。

6. 基本分析法的适用范围

比较适合投资于周期相对较长的证券价格预测，相对成熟的证券市场和预测精度要求不高的领域。

（二）技术分析法

1. 技术分析法的概念

所谓技术分析是指利用市场交易资料及相关信息（市场过去与现在的交易行为），运用图表来描述股市的指数和某个交易品种的运动轨迹，然后利用统计学和数学的方法寻找出一些典型的规律，并以此预测证券价格未来运动趋势的一种方法。

2. 技术分析法的三大假设

（1）市场行为涵盖（反映）一切信息。该假设是技术分析的基础。认为市场中不断变化的价格已经包含了所有信息，且投资者在决定交易时，已充分考虑了影响市场价格的各项因素。因此，只要研究市场交易行为就能够了解目前的市场状况，而无须关心背后的影响因素及原因。

（2）价格沿一定趋势运行。“趋势”概念是技术分析的核心，该假设是技术分析最根本、最核心的条件。认为趋势的运行将会继续（其运动方向是由供求关系决定的），直到有反转的力量产生为止（这一行为也会由市场行为本身体现出来）。通过技术分析可以尽早确定目前的价格趋势并及时发现反转的信号。

（3）历史会在相似的背景下重演。在心理因素的作用下，人们的交易行为将趋于一定的模式而导致历史重演。因此，股票价格的变动会在相似的市场状态下显示出相似的发展趋势与特征。

3. 技术分析的四大要素

技术分析的四大要素是价、量、时、空（见图2－1）。技术分析将价、量、时、空之间的关系进行综合分析，从而预测证券价格的变动趋势，提高交易的成功概率。

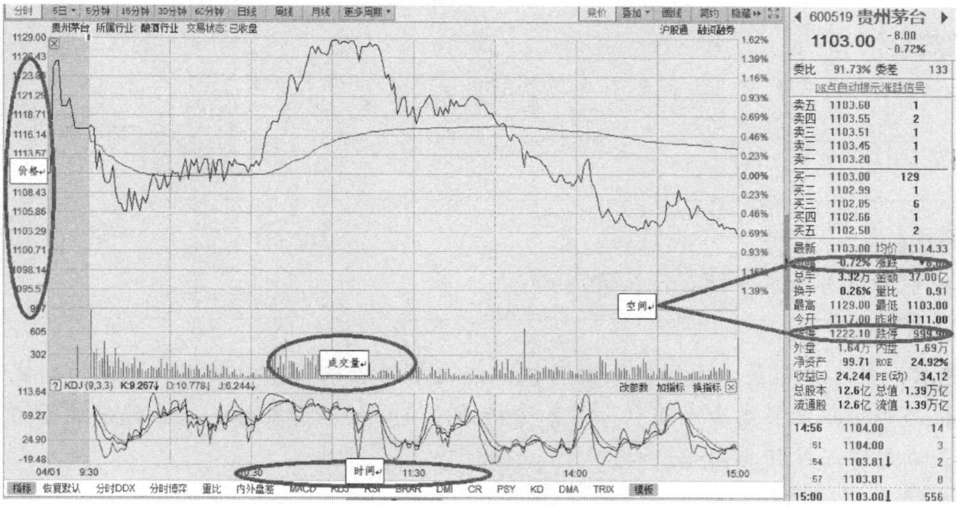

图 2－1　技术分析四大要素

（1）价，是指股票过去和现在的成交价。

（2）量，是指股票过去和现在的成交量（或成交额）。

（3）时，是指股票价格变动的时间因素和分析周期。主要说明股票价格在一定价格区间或一定趋势中停留、运行的长短。一个已经形成的趋势在短期内不会发生根本改变，中途出现的反方向波动对原来趋势也不会产生大的影响，但又不可能永远不变，经过一定时间又会有新的趋势出现。

（4）空，主要指股票价格波动的范围，或股票所处的区间价位。空间因素考虑的就是趋势运行的幅度有多大。

4. 技术分析方法的分类

在价、量历史资料基础上进行的统计、数学计算、绘制图表，是技术分析方法的主要手段。一般来说，可以将技术分析方法大致分为股价分析、切线分析、波浪分析和技术指标分析等，如图 2－2 所示。本书主要介绍当前一些比较流行的方法。

- 技术分析法
  - 股价分析
    - K线分析
    - 形态分析
    - 缺口分析
  - 切线分析
    - 支撑线和压力线
    - 趋势线和轨道线
    - 移动平均线
    - 黄金分割线
  - 波浪分析
    - 道氏理论
    - 艾略特波浪理论
  - 技术指标分析
    - KDJ指标
    - RSI指标
    - OBV指标
    - MACD指标
    - BOLL指标
    - BIAS指标

图 2－2　技术分析法的分类

【投资箴言】

不进行研究的投资，就像打扑克从不看牌一样，必然失败！

——彼得·林奇

【想一想】

技术分析与基本分析有什么区别？

【提示】技术分析关注个股的买卖时机，透过市场现象和指标数据的记录，研究市场的短期变化趋势，以低买高卖而获利。基本分析着重公司的经营业绩，未来的发展潜力，强调个股的长期趋势而非短期趋势。

5. 技术分析法的优、缺点

（1）优点。贴近市场，分析结论的时效性较强；指导证券买卖见效快，获利周期短；对市场的反应比较直接，因而使分析的结果也更接近实际市场的局部现象。

（2）缺点。考虑问题的范围相对较窄，忽略影响市场的宏观经济因素分析，对市场的长远趋势不能进行有效判断。

6. 适用范围

技术分析法仅适用于短期行情预测和短线投资参考；技术分析所得出的结论仅仅具有一种建议的性质，并以概率的形式出现。

（三）量化分析法

量化分析法是利用统计、数值模拟和其他定量模型进行证券市场相关研究的一种方法，它具有“使用大量数据、模型和计算机”的显著特点，并广泛应用于解决证券估值、组合构造与优化、策略制定、绩效评估、风险计量与风险管理等投资相关问题，是继传统的基本分析和技术分析之后发展起来的一种重要的证券投资分析方法。

相关资料

2－22 视频：秒懂量化交易

量化分析法较多采用复杂的数理模型和计算机数值模拟，能够提供较为精细化的分析结论。但它对使用者的定量分析技术有较高要求，不易为普通公众所接受。量化分析法所采用的各种数理模型本身存在模型风险，一旦外部环境发生较大变化，原有模型的稳定性就会受影响。因此，量化分析法往往需要和程序化交易技术相结合，对交易系统的速度和市场数据的精确度有较高要求，这也在一定程度上限制了其应用。

事实上，并不存在完美的证券分析法，任何投资分析理论或方法都有其适用的前提和假设。投资分析是一种兼有科学性和艺术性的专业活动，对分析人员的知识、技能和经验都提出了很高的要求。

二、证券投资策略

证券投资策略是指导投资者进行证券投资时所采用的投资规则、行为模式、投资流程的总称，它综合地反映了投资者的投资目标、风险态度，以及投资期限等主观、客观因素，通常包括资产配置、证券选择、时机把握、风险管理等内容。

（一）根据投资决策的灵活性不同，分为主动型策略与被动型策略

1. 主动型投资策略

主动型投资策略的假设前提是市场有效性存在瑕疵，有可供选择的套利机会。它要求投资者根据市场情况变动对投资组合进行积极调整，并通过灵活的投资操作获取超额收益，通常将战胜市场作为基本目标。根据板块轮动、市场风格转换调整投资组合就是一种常见的主动型投资策略。

相关资料

2－23 视频：一分钟看懂巴菲特遵循的价值投资到底指什么

2. 被动型投资策略

被动型投资策略是指根据事先确定的投资组合构成及调整规则进行投资，不根据对市场环境的变化主动地实施调整。其理论依据主要是市场有效性假说，如果所有证券价格均充分反映了可获得的信息，则买入并持有证券，被动接受市场变化而不进行调整，更有可能获取市场收益，并可避免过多的交易成本和误判市场走势造成的损失。

在现实中，主动策略和被动策略是相对而言的，在完全主动和完全被动之间存在广泛的中间地带。通常将指数化投资策略视为被动投资策略的代表，但由此发展而来的各种指数增强型或指数优化型策略已经带有了主动投资的成分。

（二）按照策略适用期限的不同，分为战略性投资策略和战术性投资策略

1. 战略性投资策略

战略性投资策略也称为“战略性资产配置策略”或者长期资产配置策略，是指着眼较长投资期限，追求收益与风险最佳匹配的投资策略。因其着眼长期，故不会随市场行情的短期变化而轻易变动。常见的战略性投资策略包括：

（1）买入持有策略。确定恰当的资产组合，并在诸如3～5年的适当持有时间内保持这种组合。买入持有策略是一种典型的被动型投资策略，通常与价值型投资相联系，具有最小的交易成本和管理费用，但不能反映环境的变化。

（2）固定比例策略。保持投资组合中各类资产占总市值的比例固定不变。在各类资产的市场表现出现变化时应进行相应调整，买入下跌的资产，卖出上涨的资产。

（3）投资组合保险策略。投资组合保险策略是多类投资策略组合的总称，这些策略的共性是强调投资人对最大风险损失的保障。其中，固定比例投资组合保险策略最具代表性。其基本做法是将资产分为风险较高和较低（通常采用无风险资产，例如国库券）两种，首先确定投资者所能承受的整个资产组合的市值底线，其次，以总市值减去市值底线得到安全边际，最后，将这个安全边际乘以事先确定的乘数就得到风险性资产的投资额。市场情况变化时，需要相应调整风险资产的权重。

【知识应用】

某投资者初始资金为100万元，市值底线为75万元，乘数为2，则可以投资于股票（高风险资产）的金额是50万元［2×（100－75）］。其余50万元投资于国债（无风险资产）。若股票下跌20%（市值变为40万元），国债价格不变，则总资产变为90万元，此时投资于股票的金额相应变为30万元［2×（90－75）］，该投资者需要卖出10万元股票并将所得资金用于增加国债投资。反之，如果股票上涨20%（市值变为60万元），则投资者投资于股票上的金额应变为70万元［2×（110－75）］。投资者还需要卖出10万元国债用于追加股票投资。其结果类似于“追涨杀跌”。

图2－3可以说明上述3种战略性投资策略的异同。

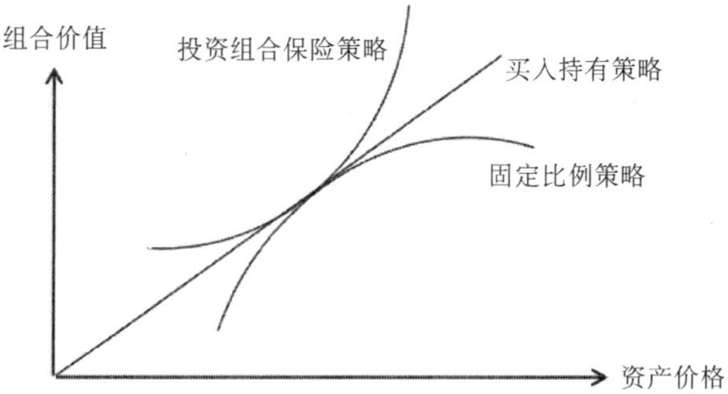

图2－3　3种长期投资策略比较

2. 战术性投资策略

战术性投资策略也称为“战术性资产配置策略”，通常是一些基于对市场前景预测的短期主动型投资策略。常见的战术性投资策略包括：

（1）交易型策略。根据市场交易中经常出现的规律性现象，制定某种获利策略。代表性策略包括均值—回归策略、动量策略或趋势策略。

①均值—回归策略。通常假定证券价格或收益率走势存在一个正常值或均值，高于或低于此均值时会发生反向变动，投资者可以依据该规律进行低买高卖。

②动量策略。动量策略也称“惯性策略”，其基本原理是“强者恒强”，投资者买入所谓“赢家组合”（即历史表现优于大盘的组合），试图获取惯性高收益。

③趋势策略。趋势策略与动量策略的操作思路类似，只不过动量策略更侧重量化分析，而趋势策略往往会与技术分析相联系。

（2）多—空组合策略，有时也称为“成对交易策略”，通常需要买入某个看好的资产或资产组合，同时卖空另外一个看淡的资产或资产组合，试图抵消市场风险而获取单个证券的阿尔法收益差额。

（3）事件驱动型策略。根据不同的特殊事件（例如，公司结构变动、行业政策变动、特殊自然或社会事件等），制定相应的灵活投资策略。

【技能训练】

结合自身的风险偏好，选择适合自己的证券投资策略，并说明理由。

模块3　获取证券投资分析的信息

对证券市场上的信息进行分析是证券投资分析的重要组成部分。当市场上出现某个重要的利好或利空消息时，投资者应该多关注该股的盘口动向，这样就可以了解大多数投资者对这条消息的反应，而这种反应在一定程度上可能决定了该股未来较长时间内的发展趋势。

一、证券投资信息的重要性及种类

（一）证券投资信息的重要性

（1）证券投资信息是研判、分析证券投资状态、进行证券投资决策的基本依据。由于证券交易本身具有投机性，因此，证券投资在一定程度上考验投资者对证券信息的灵敏程度。对于投资者而言，首先应掌握获取证券信息的正确渠道，提升获取证券信息的能力。

（2）准确、充分、及时地把握证券投资信息是证券监管有效进行的基本前提。

（3）具备搜集、处理和利用证券投资信息的能力是证券投资成败的关键所在。

（4）证券投资信息产业本身就是现代经济、金融的重要构成部分。

（二）证券投资信息的种类

1. 按信息反映的具体内容不同，可分为宏观经济信息、行业经济信息和上市公司信息

（1）宏观经济信息。反映着一个国家或地区的宏观经济运行情况。

（2）行业经济信息。主要包括诸如行业本身所处发展阶段及其在国民经济中的地位、影响行业发展的各种因素及其对行业影响的力度、行业未来的发展趋势、行业的投资价值及投资风险等内容。

如果投资者是中长线投资者，尤其要注意对行业所处发展阶段及特征的信息搜集与分析研判。

（3）上市公司信息。上市公司信息主要反映公司自身的经营状况与发展前景，包括公司基本面信息和财务信息。

上市公司的基本面信息包括公司行业地位、公司经济区位、公司产品、公司经营战略与管理层信息等，主要体现公司的内在品质。

公司财务信息是上市公司公布的财务报表，主要包括资产负债表、利润表和现金流量表。财务信息通常用财务比率来表示。

相关资料

2－24　视频：上市公司公告

2. 按信息的属性不同，可分为原始信息、初级信息和高端增值信息

（1）原始信息。原始信息是指未做过任何加工的各种与证券投资相关的源信息，这类信息主要体现为证券交易原始信息和第一手的基础数据。

（2）初级信息。初级信息是指经过初步加工的信息，如经过处理的数据库信息、带有某种主观认识的新闻报道信息、经过初步的统计归纳及带有粗略、非深层次评析的信息，主要包括全面的基础数据、新闻信息以及分析加工产品。

（3）高端增值信息。高端增值信息是指经过复杂加工、可以直接用以指导决策的、带有研究成果性质的信息，这类信息服务提供商不仅拥有高质量的数据库，更重要的是汇聚了大量专业投资研究人员，有专业的信息处理平台与供给渠道，能够对各种基础数据和基础信息进行专业化的综合组织与加工处理，并围绕证券交易、证券投资提供具有专业应用价值的核心研究成果。比如东方财富 Choice 金融终端发布的量化投资信息。

3. 按信息发布的频度不同，可分为定期信息和不定期信息

从上市公司来看，最重要的定期和不定期信息是上市公司公布的各种与其生产经营相关的报告与公告。包括年度报告、中期报告、季度报告。

来自上市公司以外的信息多为不定期信息，监管部门、交易所、证券公司等服务机构，均会不定期地（也包括少量定期）发布大量与证券投资相关的信息。

二、证券投资信息的获取渠道

随着时代的发展，获取大盘走势信息的方法越来越多，而一些错误的信息来源很可能会将投资者带入歧途。因此，对投资者来说，在种类繁多的获取证券投资信息的渠道中选择一种合适的方法并不是一件简单的事情。

现代社会，随着互联网技术的日益成熟，证券投资信息的获取渠道日益多元化。一般来说，投资者获取证券信息的渠道主要有以下几种：

（一）政府有关部门

政府有关部门包括国家进行宏观管理的最高机构——国务院、直接监督管理我国证券市场的国务院直属事业单位——中国证券监督管理委员会（简称“中国证监会”）、财政部、中国人民银行、国家发展和改革委员会、商务部、国家统计局等经济政策制定、实施、监管、统计的相关部门。

【知识链接】

常用的政府网站（见表 2－1）

表 2－1　常用的政府网站

机　构	网　址
中国政府网	http：//www. gov. cn/
中国证券监督管理委员会	http：//www. csrc. gov. cn/pub/newsite/
财政部	http：//www. mof. gov. cn/index. htm
中国人民银行	http：//www. pbc. gov. cn/
国家发展和改革委员会	http：//www. ndrc. gov. cn/
商务部	http：//www. mofcom. gov. cn/
国家统计局	http：//www. stats. gov. cn/

（二）证券交易所

证券交易所的主要职能包括提供证券交易的场所、设施和服务；制定和修改证券交易所的业务规则；审核、安排证券上市交易，决定证券暂停、恢复、终止和重新上市；提供非公开发行证券转让服务；组织和监督证券交易；对会员进行监管；对证券上市交易公司及相关信息披露义务人进行监管；对证券服务机构为证券上市、交易等提供服务的行为进行监管；管理和公布市场信息；开展投资者教育和保护；法律、行政法规规定及中国证监会许可、授权或委托的其他职能。因此，登陆证券交易所网站，查看当日公告及提示，可以下载上市公司报表和公告，查看整个市场交易情况和一些市场数据统计，以及相关交易规则、交易费用。我国目前的证券交易所包括上海证券交易所和深圳证券交易所两家。

【知识链接】

证券交易所网站（见表2－2）

表2－2　　证券交易所网站

交易所	网　址
上海证券交易所	http：//www. sse. com. cn/
深圳证券交易所	http：//www. szse. cn/

（三）上市公司

1. 查阅上市公司发布的信息

根据《上市公司信息披露管理办法》（2007年1月30日，证监会令第40号）规定，上市公司应定期披露年度报告、中期报告和季度报告，此为定期报告。此外，如果发生可能对上市公司证券及其衍生品种交易价格产生较大影响的重大事件，投资者尚未得知的，上市公司应当立即披露，说明事件的起因、目前的状态和可能产生的影响，此为临时报告。上述报告，投资者可以在上市公司住所或网站、证券交易所网站或者证监会指定的其他媒体（包括报刊和网站）查询。

2. 参加上市公司的股东大会

根据《公司法》规定，作为上市公司的股东，投资者可以通过参加股东大会了解所投资公司的基本情况。为掌握所持股的上市公司运行及经营信息，投资者还可以查阅及复制公司章程、股东会会议记录、董事会会议决议、监事会会议决议和财务会计报告。

3. 向上市公司的投资者关系管理部门进行相关咨询（略）

（四）证券机构

随着股市的不断完善和发展，价值投资的理念被越来越多的投资者所重视，投资者也越来越关注公司的基本面信息。在这种趋势下，一些主要反映企业基本面的研究报告也开始盛行，因为研究报告所反映的信息很多，一般也是证券机构通过众多人力配合所获得的成果。如果投资者能够合理运用，这些研究报告可以成为良好的投资依据。

研究报告一般都是由各个证券机构直接提供给自己的客户，对于很多普通的投资者来说，获取这样的研究报告的渠道比较有限。除了直接从证券公司获得研究报告以外，还可以从以下3个途径获得：一是从网络搜索中获得，特别是一些深度研究报告可以通过百度找到；二是从定期出版的报纸上获得，比如《中国证券报》每天都会有最新的股票评级；三是从手机APP中获得，比如从“股市头条”“同花顺”“东方财富”Choice金融终端等软件中获得股市的相关信息。

相关资料

2-25 视频：券商研报

（五）权威新闻媒体

新闻媒体是当前证券投资者获取信息的基本途径，媒体报道的各种信息则是投资者作出投资决定的主要依据。但是，目前新闻媒体报道纷繁复杂，其技术水平也是参差不齐，因此，投资者应该选择参考中央电视台等权威媒体发布的政策信息。

例如，2015年2月5日，中央电视台“新闻联播”节目播报：DF汽车公司被中央巡视组点名“四风”问题整改不力，顶风违纪问题突出，存在公款吃喝、公车私用、公款购买、赠送购物卡等违反中央“八项规定”精神等问题。由于受到“新闻联播”的点名“批评”，该股K线在2015年2月5日至6日连续两个交易日收阴线（见图2-4）。

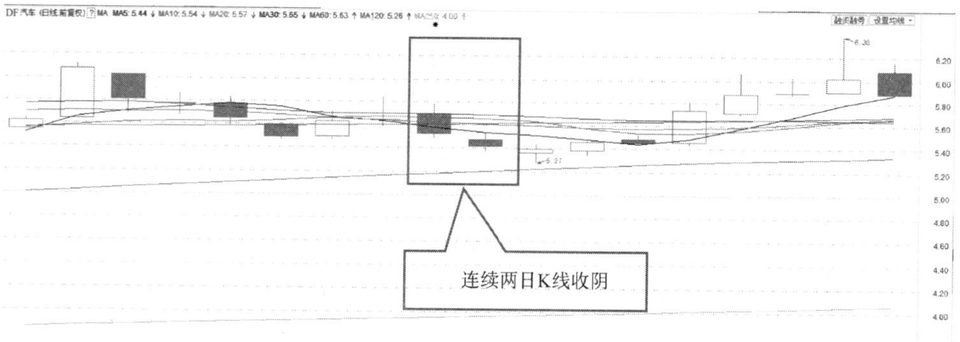

图2-4 DF汽车2015年2月5日至6日K线图

简短的一则报道，可以说是对DF汽车的重大打击，仅仅两个交易日，其相关股票跌幅就达到了4%左右，而一些不注重消息的投资者则可能因行动滞后而蒙受损失。

【知识链接】

著名财经频道、媒体和门户网站（见表2-3）

表2-3

序号	类型	媒体名称	网址	定位
1	综合类	东方财富网	http://www.eastmoney.com/	中国访问量最大、影响力最大的财经证券门户网站
2		第一财经	https://www.yicai.com/	专业创造价值
3		和讯网	http://www.hexun.com/	全方位财经新闻
4		中金在线	http://www.cnfol.com/	财经垂直网站

续表

序号	类型	媒体名称	网　址	定　位
5	证券类	同花顺	http：//www. 10jqka. com. cn/	国内第一家互联网金融信息服务行业上市公司
6		证券之星	https：//www. stockstar. com/	中国最早的理财服务专业网站
7		中国证券报	http：//www. cs. com. cn/	新华社主办的全国性证券专业日报，是证监会、银保监会指定披露信息报纸
8	门户网站	新浪财经	https：//finance. sina. com. cn/	国内最成功的网络新闻媒体
9		央视网经济频道	http：//jingji. cctv. com/	以财经资讯节目为核心、生活服务节目为辅助的电视频道

（六）其他来源（专家、学者的现场报告及亲戚朋友的谏言等）

为使投资者较好地了解投资信息，把握投资机会，不同级别与层次的证券、期货业协会、投资机构等会定期或不定期为投资者举办投资现场报告会。这一类的信息特征是既有宏观层面，又有微观层面，报告会多是针对不同投资者需求而举办的，其信息的针对性较强。

此外，具有丰富投资经验的亲戚朋友的投资谏言，也不失为投资者获取投资信息的渠道。

【高手支招】

通过各类媒介去获得证券市场的相关信息，是每一个投资者都必须要掌握的重要技能。新投资者由于缺少一定的知识储备和辨别能力，所以最好的方式就是通过一些正确的途径去获取股市的相关信息，切不可为了方便、省事而寻找所谓的“捷径”。

【知识链接】

投资者要学会从正规渠道获取信息

“上市公司内部员工、相关从业人员利用内幕消息获利受到惩罚的案件历历在目。但是，内幕消息一定可靠吗？显然不是。通过对一些内幕交易案件的梳理，我们不难发现有些是赔钱的。所以，所谓的内幕消息并不一定可信。但可以肯定的一点是，如果从事内幕交易，必然会受到监管层的严厉处罚。”大同证券台州西街营业部总经理郑虹告诉《证券日报》记者。

证监会日前公布的一则案例显示，曾被媒体称为“最忙独董”的某大学教授宋某，就在一起内幕交易中付出了巨大代价。他根据自己以前的学生陈某掌握的内幕信息买股票，不但没有赚钱，反而亏损了41万余元，并且最终受到了证监会的严厉处罚。

“对投资者而言，一定要特别注意所谓的‘内幕消息’中蕴含的投资风险和法律风险，要走出‘有内幕消息就一定能挣钱’的误区。”郑虹表示，投资者对所谓的内幕消息千万不能过于偏执，真正的好股票不是所谓的“消息股”“概念股”，而是那些具有创造良好业绩的能力、能够为投资者带来持续回报的、成长性的公司的股票。

“泄露内幕消息，对上市公司而言，会是一种伤害。”郑虹表示，因为未来怎么发展是上市公司的机密，如果传出去，一传十十传百，将公司的机密泄露出去，对竞争对手而言，显然不利于公司的发展；对泄密者而言，他们作出这样的违法违规行为，势必会葬送自己的大好前途，得不偿失。

对普通投资者而言，听信所谓的内幕消息就更不可取了。“一些消息在市场上经过不断发酵，到了普通投资者手中，基本上就不能算是内幕消息了。”郑虹表示。所以，投资者一定要从正规的渠道去获得信息。

至于正规的渠道有哪些？郑虹也一一予以举例说明：我们要多看新闻，特别是召开的一些重要会议所传递出来的信息；要了解未来国家大的发展战略在哪里；同时，国家都对哪些产业有支持、支持力度有多大，这些都要有所了解。

“国家把这么重大的消息都告诉你了，你还有什么理由不去寻找战略投资、价值投资呢？”郑虹说。

另外，郑虹提醒投资者，要学会分析市场上公开的一些信息，比如上市公司公开披露信息、交易信息、融资融券信息、大宗交易信息等。同时，沪深交易所都有与投资者互动的平台。

“这些信息都是在法律法规允许的范围内公开披露的，而且所透露出来的信息也是非常多的，远比道听途说得到的消息好很多，但遗憾的是大家都不去关心，而是到处去打听所谓的内幕消息，这是非常不好的一种现象。”郑虹说。

（资料来源：证券日报，2017年05月17日。）

【投资箴言】

永远不要问理发师你是否需要理发。

——沃伦·巴菲特

三、证券投资信息获取操作

（一）了解全国的经济形势和政策

以东方财富软件为例，在东方财富主菜单中选择【资讯】→【财经热点】→【国内经济】或【产业经济】菜单命令，在此界面右侧，按照资讯的更新时间为投资者顺序排列展示国内经济形势和政策的相关信息，如图2－5所示。

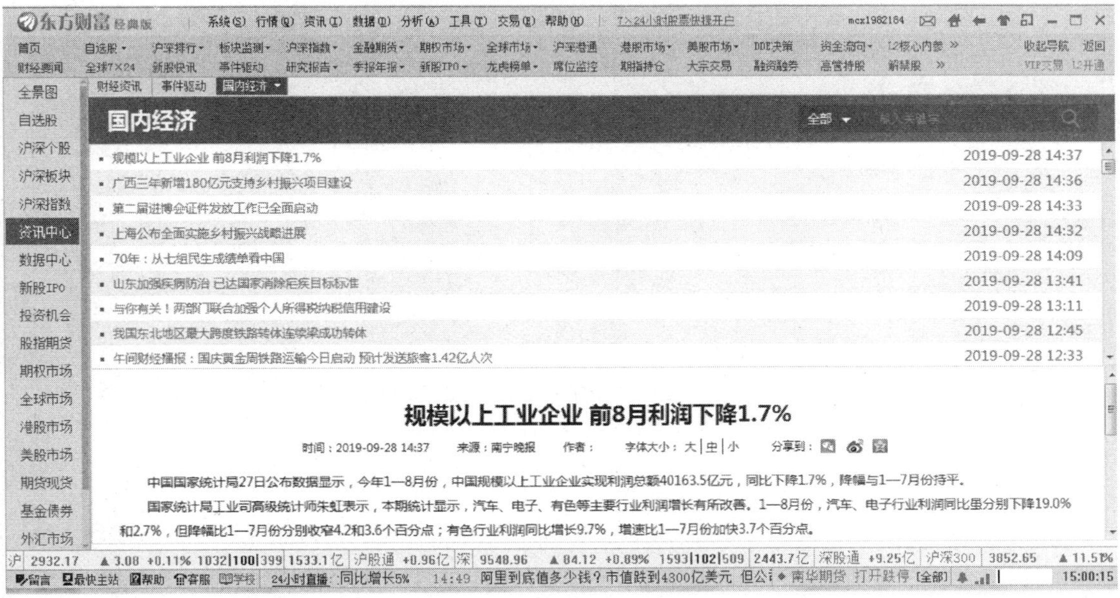

图 2－5 国内经济信息

国内经济形势和政策对于股票价格具有重要影响，例如，2017 年 4 月 1 日，中共中央、国务院宣布成立雄安新区。消息公布以后，股市上与雄安三县相关的或相关不多的股票就出现了连续多日的集体涨停行情。这种强势状态，还迅速蔓延到了其他板块，并带动了大盘的整体上涨，如图 2－6 所示。

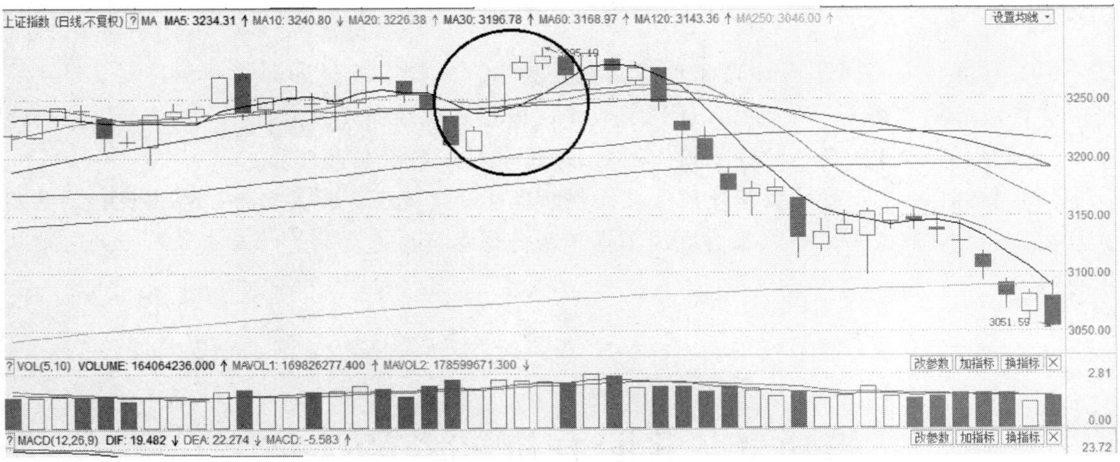

图 2－6 雄安新区成立的带动效应

（二）了解全球的经济形势

在东方财富主菜单中选择【资讯】→【财经热点】→【国际经济】菜单命令，在此界面右侧，按照资讯的更新时间为投资者顺序排列展示全球的经济形势和政策的相关信息，如图 2－7 所示。

图2-7 全球经济信息

例如，2019年9月14日，沙特阿拉伯内政部发表声明说，数架无人机当天凌晨袭击了沙特国家石油公司（阿美石油公司）的两处石油设施并引发火灾。沙特能源大臣阿卜杜勒阿齐兹·本·萨勒曼15日称，两处设施遭袭致使沙特原油供应每日减少570万桶，约占沙特石油日产量的50%。受此消息影响，9月16日，沪深三大股指全线走低，但石油板块表现不俗。

【技能训练】

（1）收集今年GDP、企业商品价格指数等数据，进行宏观经济形势分析；收集过去一年的货币供应量、利率、财政收入等经济数据，进行宏观经济政策分析。

（2）根据第（1）题的经济数据，运用Excel软件进行数据处理。

（3）根据第（2）题的数据处理结果，判断现在的宏观经济政策形势，得出现行的宏观货币政策、财政政策与汇率政策对我国证券市场的证券行情走向的影响及未来行市的可能变化趋向。

模块4 掌握有价证券的估值

一、证券估值基本原理

（一）价值与价格的基本概念

证券估值是指对证券价值的评估。有价证券的买卖双方根据各自掌握的信息对证券价值分别进行评估，才能以双方均接受的价格成交，从这个意义上说，证券估值是证券交易的前提和基础。此外，当证券的持有者参考市场上同类或同种证券的价格来给自己持有的证券进行估价时，我们发现，此时的证券估值似乎又成为证券交易的结果。

1. 市场价格

有价证券的市场价格是指该证券在市场中的交易价格，反映了市场参与者对该证券价值的评估。根据产生该价格的证券交易发生时间，我们通常又将其区分为历史价格、当前价格和预期市场价格。

2. 内在价值

相关资料

2－26 视频：股票票面价值

市场价格对投资者至关重要，很多投资者仅仅因为预期市场价格上涨而买入证券，因预期市场价格下跌而卖出证券。与此同时，大多数投资者也常常会问这样的问题："以这个价格买（卖），是不是合算呢？这个证券到底应该值多少钱？"换言之，投资者在心理上会假设证券都存在一个"由证券本身决定的价格"，投资学上将其称为"内在价值"（Intrinsic Value）。这个概念大致有两层含义：

（1）内在价值是一种相对"客观"的价格，由证券自身的内在属性或者基本面因素决定，不受外在因素（比如短期供求关系变动、投资者情绪波动等）的影响。

（2）市场价格基本上是围绕着内在价值形成的。套用 20 世纪有名的犹太投资人科斯托兰尼的妙喻，它们之间的关系犹如"小狗与牵着它的主人一般。小狗前前后后地跑，尽管不会离主人太远，但方向未必一致"。

3. 公允价值

投资者可以参考当前的市场价格来估计自己持有（或打算买入/卖出）的证券价值，也可以运用特定的估值模型计算证券的内在价值。在证券市场完全有效的情况下，证券的市场价格与内在价值是一致的，但是现实中的证券市场却并非完全有效。多数情况下，两者存在差异。

4. 安全边际

格雷厄姆和多德在其经典著作《证券分析》一书中数十次提及"安全边际"（Margin－of－Safety）概念。按照他们的理论，安全边际是指证券的市场价格低于其内在价值的部分，任何投资活动均以之为基础。就债券或优先股而言，它通常代表盈利能力超过利率或者必要红利率，或者代表企业价值超过其优先索偿权的部分；对普通股而言，它代表了计算出的内在价值高于市场价格的部分，或者特定年限内预期收益或红利超过正常利息率的部分。

（二）证券估值方法

1. 绝对估值

绝对估值是指通过对证券的基本财务要素的计算和处理得出该证券的绝对金额，各种基于现金流贴现的方法均属此类（见表 2－4）。

表 2－4　　贴现现金流估值法基本框架

模型	指标	贴现系数
现金流贴现模型	自由现金流	加权平均资本成本
经济利润估值模型	经济利润	加权平均资本成本
调整现值模型	自由现金流	无杠杆权益成本
资本现金流模型	资本现金流	无杠杆权益成本
权益现金流模型	权益现金流	无杠杆权益成本

2. 相对估值

相对估值的哲学基础在于，不能孤立地给某个证券进行估值，而是参考可比证券的价格，相对地确定待估证券价值。通常需要运用证券的市场价格与某个财务指标之间存在的比例关系对证券进行估值。如常见的市盈率、市净率、股价/销售额比率、市值回报增长比等均属相对估值方法（见表2－5）。

相关资料

2－27　绝对估值、相对估值和联合估值

表 2－5　　相对估值常用指标比较

指标	指标简称	适用	不适用
市盈率	P/E	周期性较弱企业，一般制造业、服务业	亏损公司、周期性公司
市净率	P/B	周期性公司，重组型公司	重置成本变动较大的公司、固定资产较少的服务行业
经济增加值与利息折旧摊销前收入比	EV/EBIDA	资本密集、准垄断或具有巨额商誉的收购型公司	固定资产更新变化较快的公司
市值回报增长比	PEG	IT 等成长型行业	成熟行业

3. 资产价值

根据企业资产负债表的编制原理，企业的资产价值、负债价值与权益价值三者之间存在下列关系：

权益价值＝资产价值－负债价值　　（式 2－2）

因此，如果可以评估出三个因素中的两个，则剩下的一个也就可以计算出来了。常用方法包括重置成本法和清算价值法，分别适用于可以持续经营的企业和停止经营的企业。

4. 其他估值方法

在金融工程领域中，常见的估值方法还包括无套利定价和风险中性定价，它们在衍生产品估值中得到广泛应用。

二、股票估值分析

（一）影响股票投资价值的因素

1. 影响股票投资价值的内部因素

一般来讲，影响股票投资价值的内部因素主要包括公司净资产、盈利水平、股利政策、股份分割、增资和减资以及资产重组等。

（1）公司净资产。净资产或资产净值是总资产减去总负债后的净值，它是全体股东的权益，是决定股票投资价值的重要基准。公司经过一段时间的运营，其资产净值必然有所变动。股票作为投资的凭证，每一股代表一定数量的净值。从理论上讲，净值应与股价保持一定比例，即净值增加，股价上涨；净值减少，股价下跌。

（2）公司盈利水平。公司业绩好坏集中表现在盈利水平的高低上。公司的盈利水平是影响股票投资价值的基本因素之一。在一般情况下，预期公司盈利增加，可分配的股利也会相应增加，股票市场价格上涨；预期公司盈利减少，可分配的股利相应减少，股票市场价格下降。但值得注意的是，股票价格的涨跌和公司盈利的变化并不完全同时发生。

（3）公司的股利政策。股份公司的股利政策直接影响股票投资价值。在一般情况下，股票价格与股利水平成正比。股利水平越高，股票价格越高；反之，股利水平越低，股票价格越低。股利来自于公司的税后盈利，但公司盈利的增加只为股利分配提供了可能，并非盈利增加股利一定增加。公司为了合理地在扩大再生产和回报股东之间分配盈利，都会有一定的股利政策。股利政策体现了公司的经营作风和发展潜力，不同的股利政策对各期股利收入有不同影响。此外，公司对股利的分配方式也会给股价波动带来影响。

（4）股份分割。股份分割又称拆股或拆细，是将原有股份均等地拆成若干较小的股份。股份分割一般在年度决算月份进行，通常会刺激股价上升。股份分割给投资者带来的不是现实的利益，因为股份分割前后投资者持有的公司净资产和以前一样，得到的股利也相同。但是，投资者持有的股份数量增加了，给投资者带来了今后可多分股利和获得更高收益的期望，因此，股份分割往往比增加股利分配对股价上涨的刺激作用更大。

（5）增资和减持。公司因业务发展需要增加资本额而发行新股的行为，对不同公司股票价格的影响不尽相同。在没有产生相应效益前，增资会使每股净资产下降，因而会促使股价下跌。但对那些业绩优良、财务结构健全、具有发展潜力的公司而言，增资意味着将增加公司经营实力，会给股东带来更多的回报，股价不仅不会下跌，可能还会上涨。

当公司宣布减持时，多半是因为经营不善、亏损严重、需要重新整顿，所以股价会大幅下降。

（6）公司资产重组。公司资产重组总会引起公司价值的巨大变动，因而其股价也随之产生剧烈的波动。但需要分析公司资产重组对公司是否有利，资产重组后是否会改善公司的经营状况，因为这些是决定股价变动方向的决定因素。

2. 影响股票投资价值的外部因素

一般来讲，影响股票投资价值的外部因素主要包括宏观经济因素、行业因素及市场因素。

（1）宏观经济因素。宏观经济走向和相关政策是影响股票投资价值的重要因素。宏观经济走向包括经济周期、通货情况以及国际经济形势等因素。国家的货币政策、财政政策、收入分配政策和对证券市场的监管政策等都会对股票的投资价值产生影响。

（2）行业因素。产业的发展状况和趋势对于该产业上市公司的影响是巨大的，因而产业的发展状况和趋势、国家的产业政策和相关产业的发展等都会对该产业上市公司的股票投资价值产生影响。

（3）市场因素。证券市场上投资者对股票走势的心理预期会对股票价格走势产生重要的影响。市场中的散户投资者往往有从众心理，对股市产生助涨助跌的作用。

（二）股票内在价值的计算方法

1. 现金流贴现模型

现金流贴现模型是运用收入的资本化定价方法来决定普通股票内在价值的方法。按照收入的资本化定价方法，任何资产的内在价值是由拥有资产的投资者在未来时期所接受的现金流决定的。由于现金流是未来时期的预期值，因此必须按照一定的贴现率贴现成现值。也就是说，一种资产的内在价值等于预期现金流的贴现值。对股票而言，预期现金流即为预期未来支付的股息。因此，贴现现金流模型的计算公式如下：

$$V = \frac{D_1}{1+k} + \frac{D_2}{(1+k)^2} + \frac{D_3}{(1+k)^3} + \cdots + \frac{D_\infty}{(1+k)^\infty}$$

$$= \sum_{t=1}^{\infty} \frac{D_t}{(1+k)^t} \qquad （式 2-3）$$

式中，V 为股票在期初的内在价值；D_t 为 t 时期末以现金形式表示的每股股息；k 为一定风险程度下现金流的适合贴现率，即必要收益率。

在式 2－3 中，假定所有时期内的贴现率都是一样的。但需要指出的是，股票期初的内在价值与该股票的投资者在未来时期是否中途转让无关。

根据式 2－3，可以引出净现值的概念。净现值（NPV）等于内在值（V）与成本（P）之差，即：

$$NPV = V - P = \sum_{t=1}^{\infty} \frac{D_t}{(1+k)^t} - P \qquad （式 2-4）$$

式中，P 为在 $t=0$ 时购买股票的成本。

如果 $NPV>0$，意味着所有预期的现金流入的现值之和大于投资成本，即这种股票被低估价格，因此购买这种股票可行。

如果 $NPV<0$，意味着所有预期的现金流入的现值之和小于投资成本，即这种股票价格被高估，因此不可购买这种股票。

2. 零增长模型

零增长模型假定股息增长率等于零，即 $g=0$。也就是说，未来的股息按一个固定数量支付。根据这个假定，我们用 D_0 来替换 D_t，得：

$$V = \sum_{t=1}^{\infty} \frac{D_0}{(1+k)^t} = D_0 \sum_{t=1}^{\infty} \frac{1}{(1+k)^t} \qquad （式 2-5）$$

因为 $k>0$，按照数学中无穷级数的性质，可知：

$$\sum_{t=1}^{\infty} \frac{1}{(1+k)^t} = \frac{1}{k}$$

因此，零增长模型公式为：

$$V = \frac{D_0}{k} \qquad （式 2-6）$$

式中，V 为股票的内在价值；D_0 为未来每期支付的每股股息；k 为到期收益率。

【知识应用】

假定某公司在未来每期支付的每股股息为 8 元，必要收益率为 10%，运用零增长模型，可知该公司股票的价值为 80 元（8 ÷ 0.1），而当股票价格为 65 元，每股股票净现值为 15 元（80 − 65）。这说明该股股票被低估 15 元，因此可以购买该种股票。

3. 不变增长模型

不变增长模型可以分为两种形式：一种是股息按照不变的增长率增长；另一种是股息以固定不变的绝对值增长。相比之下，前者比后者更为常见。因此，我们主要对股息按照不变增长率增长这种情况进行介绍。

如果我们假设股息永远按不变的增长率增长，就可以建立不变增长模型。假设时期 t 的股息为：

$$D_t = D_{t-1}(1+g) = D_0(1+g)^t$$

将 $D_t = D_0(1+g)^t$ 代入现金流贴现模型式 2 − 3 中，可得：

$$V = \sum_{t=1}^{\infty} \frac{D_0(1+g)^t}{(1+k)^t} = D_0 \sum_{t=1}^{\infty} \frac{(1+g)^t}{(1+k)^t}$$

运用数学中无穷级数的性质，如果 $k > g$，可得：

$$\sum_{t=1}^{\infty} \frac{(1+g)^t}{(1+k)^t} = \frac{1+g}{k-g}$$

从而得出不变增长模型：

$$V = D_0 \frac{1+g}{k-g} \quad （式 2-7）$$

由于 $D_1 = D_0(1+g)$，有时把式 2 − 7 写成如下形式：

$$V = \frac{D_1}{k-g} \quad （式 2-8）$$

【知识应用】

2018 年某公司支付每股股息为 1.80 元，预计在未来日子里该公司股票的股息按每年 5% 的速率增长。因此，预期下一年股息为 1.89 元［1.80 ×（1 + 5%）］。假定必要收益率是 11%，根据不变增长模型式 2 − 8 可知，该公司股票的价值为：

1.80 ×（1 + 5%）÷（11% − 5%）= 31.50（元）

如果当前每股股票价格是 40 元，因此股票被高估 8.50 元，投资者应该出售该股票。

三、债券估值分析

（一）债券估值原理

债券估值的基本原理就是现金流贴现。债券投资者持有债券，会获得利息和本金偿付。把现金流入用适当的贴现率进行贴现并求和，便可得到债券的理论价格。

1. 债券现金流的确定

债券发行条款规定了债券的现金流。在不发生违约事件的情况下，债券发行人应按照发行条款向债券持有人定期偿付利息和本金。

（1）债券的面值和票面利率。除少数本金逐步摊还的债券外，多数债券在到期日按面值还本。票面利率通常采用年单利表示，票面利率乘以付息间隔和债券面值即得到每期利息支付金额。短期债券一般不付息，而是到期一次性还本，因此要折价交易。

（2）付息间隔。债券在存续期内定期支付利息，我国发行的各类中长期债券通常每年付息 1 次，欧美国家则习惯每半年付息 1 次，付息间隔短的债券，风险相对较小。

相关资料

2－28　视频：基金估值

（3）债券的嵌入式期权条款。通常，债券条款中可能包含发行人提前赎回权、债券持有人提前返售权、转股权、转股修正权、偿债基金条款等嵌入式期权，这些条款极大地影响了债券的未来现金流模式。一般来说，凡是有利于发行人的条款都会相应降低债券价值；反之，有利于持有人的条款则会提高债券价值。

（4）债券的税收待遇。投资者拿到的实际上是税后现金流，因此，免税债券（如政府债券）与可比的应纳税债券（如公司债券、资产证券化债券等）相比，价值要大一些。

（5）其他因素。债券的付息方式（浮动、可调、固定）、债券的币种（单一货币、双币债券）等因素都会影响债券的现金流。

2. 债券贴现率的确定

根据定义，债券的贴现率是投资者对该债券要求的最低回报率，也称为必要回报率。其计算公式为：

债券必要回报率＝真实无风险收益率＋预期通货膨胀率＋风险溢价　（式 2－9）

（1）真实无风险收益率，是指真实资本的无风险回报率，理论上由社会资本平均回报率决定。

（2）预期通货膨胀率，是对未来通货膨胀率的估计值。

（3）风险溢价，根据各种债券的风险大小而定，是投资者因承担投资风险而获得的补偿。债券投资的主要风险因素包括违约风险（信用风险）、流动性风险、汇率风险等。

投资学中，通常把前两项之和称为“名义无风险收益率”，一般用相同期限零息国债的到期收益率（称为即期利率或零利率）来表示。

（二）债券估值模型

根据现金流贴现的基本原理，不含嵌入式期权的债券理论价格计算公式为：

$$P = \sum_{t=1}^{T} \frac{C_t}{(1+y_t)^t} \quad （式 2－10）$$

式中，P 为债券理论价格；T 为债券距到期日时间长短（通常按年计算）；t 为现金流到达的时间；C_t 为现金流金额；y_t 为贴现率（通常为年利率）。

【技能训练】

选择上述中的一种分析方法，对你的一只自选股进行内在价值评估。

项目小结

本项目主要介绍了证券交易的程序、基础知识及常用术语，证券投资的分析方法及策略。同时，介绍了获取证券投资分析信息的种类和渠道。通过对股票、债券等有价证券进行估值分析，以确定其内在价值，从而为证券投资分析做好准备。

思考与练习

一、单项选择题

1. 深圳证券交易所挂牌交易的 A 股代码是（　　）。

A. 60 ****　　B. 50 ****

C. 00 ****　　D. 30 ****

2. 上午 9:15 ~ 9:30 为（　　）时间。

A. 集合竞价　　B. 连续竞价

C. 自由竞价　　D. 开始准备

3. 涨跌停板限制是指证券交易所为了抑制过度投机行为，防止市场出现过分的暴涨暴跌，而在每天的交易中规定当日的证券交易价格在前一个交易日收盘价的基础上上下波动的幅度，一般为 ±（　　）。

A. 10%　　B. 5%

C. 44%　　D. 不限制

4. 确定恰当的资产组合，并在诸如 3 ~ 5 年的适当持有时间内保持这种组合，属于（　　）。

A. 固定比例策略　　B. 投资组合保险策略

C. 交易型策略　　D. 买入持有策略

5. 投资者获取证券信息的渠道不包括（　　）。

A. 证券公司人员内幕　　B. 政府有关部门

C. 证券交易所　　D. 权威新闻媒体

6. 证券估值是指对证券（　　）的评估。

A. 价格　　B. 价值

C. 收益　　D. 风险

7. 下列影响股票投资价值的因素中，属于外部因素的是（　　）。

A. 公司净资产　　B. 公司的股利政策

C. 股份分割　　D. 投资者心理预期

8. 假定某公司在未来每期支付的每股股息为 10 元，必要收益率为 20%，运用零增长模型，可知该公司股票的价值是（　　）元。

A. 10　　B. 20

C. 50　　D. 100

9. 在实际运用中，股票内在价值的计算模型较为接近实际情况的是（　　）。

A. 现金流贴现模型　　B. 零增长模型

C. 不变增长模型　　D. 以上都不是

10. 根据定义，债券的贴现率是投资者对该债券要求的最低回报率，也称为（　　）。

A. 必要回报率　　B. 持有期回报率

C. 实际回报率　　D. 预期回报率

二、多项选择题

1. 证券开户一般要开设（　　）。

A. 证券账户　　B. 资金账户

C. 保证金账户　　D. B 股账户

2. 证券委托方式包括（　　）。

A. 柜台委托　　B. 电话委托

C. 传真委托和函电委托　　D. 网上委托

3. 委托价格包括（　　）。

A. 市价委托　　B. 平价委托

C. 溢价委托　　D. 限价委托

4. 证券交易原则中的两个优先是指（　　）。

A. 价格优先原则　　B. 数量优先原则

C. 时间优先原则　　D. 机构优先原则

5. 目前，进行证券投资分析所采用的分析方法主要有（　　）。

A. 基本分析法　　B. 技术分析法

C. 量化分析法　　D. 心理分析法

6. 基本分析法的内容包括（　　）。

A. 宏观经济分析　　B. 中观行业分析

C. 全球形势分析　　D. 微观公司分析

7. 下列选项中属于技术分析假设的是（　　）。

A. 市场行为涵盖（反映）一切信息　　B. 价格沿一定趋势运行

C. 历史会在相似的背景下重演　　D. 市场会纠正定价错误

8. 技术分析的四大要素是（　　）。

A. 价　　B. 量

C. 时　　D. 空

9. 按照投资决策的灵活性不同，证券投资策略分为（　　）。

A. 战略性投资策略　　B. 战术性投资策略

C. 主动型策略　　D. 被动型策略

10. 按信息反映的具体内容不同，证券投资信息可分为（　　）。

A. 宏观经济信息　　B. 行业经济信息

C. 上市公司信息　　D. 高端增值信息

11. 证券估值方法包括（　　）。

A. 绝对估值　　B. 相对估值

C. 资产价值　　D. 其他估值方法

12. 分析公司所属产业包括分析（　　）。

A. 上下游产业的市场前景和供需状况　　B. 影响产业增长和盈利能力的关键因素

C. 公司的主要产品和利润的主要来源　　D. 政府对产业的支持和管制

13. 一般来讲，影响股票投资价值的外部因素主要包括（　　）。

A. 增资和减持　　B. 宏观经济因素

C. 行业因素　　D. 市场因素

三、判断题

1. 基本分析法预测的时间跨度较长，预测的精确度较低。（　　）

2. 利用市场交易资料及相关信息（市场过去与现在的交易行为），运用图表来描述股市的指数和某个交易品种的运动轨迹。然后利用统计学和数学的方法寻找出一些典型的规律，并以此预测证券价格未来运动趋势的一种方法属于量化分析法。（　　）

3. 多—空组合策略是根据不同的特殊事件（例如，公司结构变动、行业政策变动、特殊自然或社会事件等）制定相应的灵活投资策略。（　　）

4. 现金流贴现模型是运用收入的资本化定价方法来决定普通股票内在价值的方法。（　　）

5. 信用级别越高的债券，投资者要求的收益率就越低，债券的内在价值也就越低。（　　）

6. 一般来说，短期政府债券风险最小，可以近似看作无风险证券，其收益率可被用作确定基础利率的参照物。（　　）

四、简答题

1. 证券投资分析有哪些策略？
2. 常用的 4 个股票价格分别是什么？
3. 试述基本分析方法的主要内容。
4. 技术分析法的三大假设前提是什么？
5. 简述基本分析和技术分析的区别。
6. 简述影响股票投资价值的因素。

五、分析讨论

2020 年 2 月 11 日晚间，安靠智电（300617）发出公告，股东建创能鑫拟通过集中竞价、大宗交易等方式减持公司股份 155.70 万股，占公司总股本的 1.56%；网域科技（872379）股东刘某于 2020 年 2 月 13 日在股转系统通过盘后协议转让方式增持 10 万股，权益变动后持股比例为 21.98%。

结合影响股票投资价值的因素，分析增持减持政策可能对股价的影响。

项目三
基本分析

【项目目标】

1. 知识目标：

☐ 理解宏观经济分析的作用与方法

☐ 了解不同行业的分类以及行业分类的意义

☐ 掌握行业分析方法并学会选择有投资价值的行业

☐ 学会对公司进行基本分析、成长性分析以及重大事项分析

☐ 学会解读上市公司的财务报表

2. 技能目标：

☐ 了解宏观经济因素对证券价格的影响

☐ 学会分析不同行业的发展状况并作出合理的投资选择

☐ 掌握搜集公司信息的能力并能够解读出公司的发展状况

3. 情感目标：

☐ 激发学生的求知欲，主动进行证券投资分析

☐ 锻炼学生自主分析的能力

【案例导入】

随着新冠肺炎肆虐全球市场，道琼斯指数两日暴跌近 1 900 点

继道指周一（2020 年 2 月 24 日）下跌 1 000 点之后，随着对新冠肺炎疫情扩散的担忧加剧，投资者逃离了高风险资产，转向债券等更安全的投资方式，周二股市继续大幅下跌。

道琼斯指数下跌 879 点，跌幅 3.1%（见图 3－1），标准普尔 500 指数下跌 3%，纳斯达克综合指数下跌 2.8%。

美国疾病控制与预防中心（CDC）周二表示，预计新冠肺炎或将引发大流行，美国现在已经开始对治疗这种疾病的实验性药物进行首次测试。

图 3-1 道琼斯指数走势图

"疫情可能比目前预期的更为严重，对中国经济的干扰将对全球供应链产生影响，这包括以中国为关键供应方的医药输入和商业信心。"经济学家努里尔·鲁比尼（因对 2008 年金融危机的分析而出名）在《*Financial News*》上写道："所有这些都可能比金融市场目前认为的影响程度更为严重。"。

（资料来源：Forbes China，2020 年 2 月 26 日。）

讨论：新冠肺炎肆虐为什么会导致道琼斯指数暴跌？这是什么类型的分析？

模块 1 认识宏观经济分析

一、宏观经济分析的作用与方法

（一）宏观经济分析的作用

1. 判断证券市场的总体变动趋势

在证券投资中，宏观经济分析是一个重要环节，只有把握住宏观经济发展的大方向，才能把握证券市场的总体变动趋势，作出正确的投资决策；只有密切关注宏观经济因素的变化，尤其是货币政策和财政政策因素的变化，才能抓住证券投资的市场时机。

2. 把握整个证券市场的投资价值

证券市场的投资价值与国民经济整体素质及其结构变动密切相关。这里证券市场的投资价值是指整个市场的平均投资价值。从一定意义上说，整个证券市场的投资价值就是整个国民经济增长质量与速度的反映，因为不同部门、不同行业与成千上万的不同企业相互影响、相互制约，共同影响国民经济发展的速度和质量。宏观经济是个体经济的总和，企业的投资价值必然在宏观经济的总体中综合反映出来，所以宏观经济分析是判断整个证券市场投资价值的关键。

3. 掌握宏观经济政策对证券市场的影响力度与方向

证券市场与国家宏观经济政策息息相关。在市场经济条件下，国家通过财政政策和货币政策来调控经济，或挤出泡沫，或促进经济增长。这些政策将会影响到经济增长速度和企业经济效益，并进一步对证券市场产生影响。因此，证券分析师必须认真分析宏观经济政策，只有掌握其对证券市场的影响力度与方向，才能准确把握整个证券市场的运动趋势和不同证券品种的投资价值变动。

4. 了解转型背景下中国股市表现的特殊性

中国证券市场是新兴加转轨的市场，具有一定的特殊性，比如国有成分比重较大、行政干预相对较多、阶段性波动较大、投机性偏高、机构投资者力量不够强大等，由此导致证券市场对宏观经济的反应存在特殊的不确定性。证券分析师在分析的时候应该既要看到中国证券市场与海外成熟市场的共性，又要看到国内股市的特性，这样才能更加准确地把握证券市场的国民经济晴雨表特征。简单化地用成熟市场的标尺来衡量我国证券市场，可能容易产生偏差。

（二）宏观经济分析的基本方法

1. 总量分析法

总量分析法是指对影响宏观经济运行总量指标的因素及其变动规律进行分析，进而说明整个经济的状态和全貌。总量指标包括两类：一是个量的总和，如投资额、消费额和国民生产总值；二是平均量或比例量，如，一般物价水平是各种商品与劳务相对于基期而言的平均水平。总量分析主要是一种动态分析，主要研究总量指标的变动规律。

2. 结构分析法

结构分析法是指对经济系统中各组成部分及其对比关系变动规律的分析，如国民生产总值中三次产业的结构分析、消费和投资的结构分析、经济增长中各因素作用的结构分析等。结构分析主要是一种静态分析，即对一定时间内经济系统中各组成部分变动规律的分析。如果对不同时期内经济结构变动进行分析，则属于动态分析。

二、评价宏观经济形势的基本指标

（一）国民经济总体指标

1. 国内生产总值

国内生产总值（GDP）是指一定时期内（通常是一年）一个国家（或地区）生产的所有最终产品和劳务的市场价值总和。在宏观经济分析中，国内生产总值指标占有非常重要的地位，具有十分广泛的用途。

国内生产总值的增长速度一般用增长率表示，既是反映一定时期经济发展水平变化程度的动态指标，也是反映一个国家经济是否具有活力的基本指标。

值得注意的是，国内生产总值等总量指标的情况只能对国民经济形势有一个大致的判断，要深入掌握经济运行的内在规律，还必须对经济运行的变动特点进行分析。与对国内生产总值等总量指标的分析相比，对经济运行变动特点进行分析更偏重于对经济运行质量的研究，主要包括以下几个方面：一是经济增长的历史动态比较，说明增长波动的特征，即所处经济周期的阶段特征；二是经济结构的动态比较，说明经济结构的变化过程和趋势；三是物价变动的动态比较，说明物价总水平的波动与通货膨胀状况，并联系经济增长、经济结构的发展变化等，说明物价变化的特点及其对经济运行主要方面的影响。

【知识链接】

历史首次，我国人均GDP突破1万美元大关

2月28日，国家统计局发布《2019年国民经济和社会发展统计公报》。《公报》显示，经初步核算，2019年我国国内生产总值达990 865亿元，比上年增长6.1%，按年平均汇率折算，则达到14.4万亿美元，位居世界第二位；此外，人均国内生产总值达70 892元，按年平均汇率折算，则达到10 276美元，是我国人均GDP首次突破1万美元大关。

（资料来源：凤凰金融，雪球，2020年3月4日。）

2. 工业增加值

工业增加值是指工业行业在报告期内以货币表现的工业生产活动的最终成果，是衡量国民经济的重要统计指标之一。

3. 失业率

失业率是指劳动力人口中失业人数所占的百分比。劳动力人口是指年龄在16岁以上具有劳动能力的人的全体。目前，我国统计部门公布的失业率为城镇登记失业率，即城镇登记失业人数占城镇从业人数与城镇登记失业人数之和的百分比。城镇登记失业人数是指拥有非农业户口，在一定的劳动年龄内，有劳动能力，无业而要求就业，并在当地就业服务机构进行求职登记的人员数。

相关资料

3－1 视频：ADP就业数据

失业率上升与下降是以国内生产总值（GDP）相对于潜GDP的变动为背景的，而其本身则是现代社会的一个主要问题。当失业率很高时，资源被浪费，人们收入减少，此时，经济问题还可能影响人们的情绪和家庭生活，进而引发一系列的社会问题。值得注意的是，通常所说的充分就业是指对劳动力的充分利用，但不是完全利用，因为在实际的经济生活中不可能达到失业率为零的状态。所以在充分就业情况下也会存在一部分正常的失业，如由于劳动力的结构不能适应经济发展对劳动力的需求变动所引起的结构性失业。

【知识链接】

强劲的就业数据刺激股市，苹果重新上涨

继11月份就业增长出乎意料的强劲以及失业率下降至50年低点之后，周五股市飙升。道指成分股中，苹果继续强劲攀升，而特斯拉股价在分析师调升对该公司近期业绩的预估后，仍继续走高。

强劲的市场收益来自美国经济，11 月创造了 26.6 万个新工作岗位，是大多数分析师预期的两倍多，失业率接近 3.5% 的 50 年低点。

道琼斯工业平均指数上涨了 1.2%，而小型罗素 2 000 指数也上涨了 1.2%。纳斯达克紧随其后，上涨了 1%，标普 500 上涨了 0.9%。

（资料来源：MarketSmith 香港，雪球，2019 年 12 月 9 日。）

4. 通货膨胀

通货膨胀是指一般物价水平普遍、持续的上涨。

对通货膨胀的衡量可以通过对一般物价水平上涨幅度的衡量来进行。一般说来，常用的指标有：零售物价指数、生产者物价指数、GDP 平减指数。

通货膨胀对社会经济产生的影响主要有：引起收入和财富的再分配，扭曲商品相对价格，降低资源配置效率，引发经济泡沫乃至损害一国的经济基础和政权基础。

通货膨胀有被预期和未被预期之分，从程度上则有温和的、严重的和恶性的 3 种。各个国家往往不会长期容忍高的通货膨胀率，但为抑制通货膨胀而采取的货币政策和财政政策通常会导致高失业和 GDP 的低增长，由此而损失的产量和就业数量本身作为抑制通货膨胀的代价是很大的。

5. 国际收支

国际收支是指在一定时期内一国居民与非本国居民之间全部交易的系统记录，可分为经常项目和资本项目。经常项目主要反映一国的贸易和劳务往来状况，包括贸易收支（也就是通常的进出口）、劳务收支（如运输、港口、通信和旅游等）和单方面转移（如侨民汇款、无偿援助和捐赠、国际组织收支等）；资本项目则集中反映一国同国外资金往来的情况，以及一国利用外资和偿还本金的执行情况。

实现国际收支平衡需要避免国际收支的过度逆差或顺差，可以维持适当的国际储备水平和相对稳定的汇率水平。

（二）投资规模

投资规模是指一定时期在国民经济各部门、各行业再生产中投入资金的数量。投资规模是否适度是影响经济稳定与增长的一个决定因素。投资规模过小，不利于为经济的进一步发展奠定物质技术基础；投资规模过大，超出了一定时期人力、物力和财力的可能，又会造成国民经济比例的失调，导致经济大起大落。

1. 政府投资

政府投资是政府以财政资金投资于经济建设，其目的是改变长期失衡的经济结构，完成私人部门不能或不愿从事但对国民经济发展却至关重要的投资项目，如大型水利设施、公路建设和生态保护等。同时，政府投资也是扩大投资需求、促进经济增长的重要手段。

相关资料

3-2 视频：工业生产指数

2. 企业投资

随着我国现代企业制度的建立，企业逐渐成为投资主体之一，企业投融资的权力不断扩大。同时，随着我国市场化改革的不断深入，企业投资需求将成为国内投资需求的主要部分，企业投资的规模和方向也影响着一国经济未来的走向。

3. 外商投资

外商投资包括外商直接投资和外商间接投资。外商直接投资是指外国企业和经济组织或个人（包括华侨、港澳台胞以及我国在境外注册的企业）按照我国有关政策、法规，用现汇、实物、技术等在我国境内开办外商独资企业，与我国境内的企业或经济组织共同举办中外合资经营企业、合作经营企业或合作开发资源的投资（包括外商投资收益的再投资），以及经政府有关部门批准的项目投资总额内企业从境外借入的资金等。外商间接投资是指除对外借款（外国政府贷款、国际金融组织贷款、商业银行商业贷款、出口信贷以及对外发行债券等）和外商直接投资以外的各种利用外资的形式，包括企业在境内外股票市场公开发行的以外币计价的股票发行总额，国际租赁进口设备的应付款，补偿贸易中外商提供的进口设备、技术、物料的价款，加工装配贸易中外商提供的进口设备、物料的价款。

（三）消费指标

1. 社会消费品零售总额

社会消费品零售总额是指国民经济各行业通过多种商品流通渠道向城乡居民和社会集团供应的消费品总额。社会消费品总额按销售对象划分为两大部分，即对居民的消费品零售额和对社会集团的消费品零售额。

相关资料

3－3 视频：消费者信心指数

社会消费品零售总额是研究国内零售市场变动情况、反映经济景气程度的重要指标。社会消费品零售总额的大小和增长速度也反映了城乡居民与社会集团消费水平的高低、居民消费意愿的强弱。社会消费品需求是国内需求的重要组成部分，对一国经济增长具有巨大促进作用。

2. 城乡居民储蓄存款余额

城乡居民储蓄存款余额是指某一时点城乡居民存入银行及农村信用社的储蓄金额，包括城镇居民储蓄存款和农民个人储蓄存款，不包括居民的手持现金和工矿企业、部队、机关、团体等单位存款。

居民储蓄增加以后，银行的资金来源扩大了，如果存贷比率不变，银行贷款投放也会相应增加，这就扩大了企业的资金使用，正常情况下就会扩大国内投资需求。所以，储蓄扩大的直接效果就是投资需求扩大和消费需求减少。

3. 居民可支配收入

居民可支配收入是居民家庭在一定时期内获得并且可以用来自由支配的收入。包括家庭成员所从事主要职业的工资以及从事第二职业、其他兼职和偶尔劳动得到的劳动收入；家庭成员从事生产经营活动所获得的净收入；家庭资产所获得的收入，如存款的利息、出租房屋收入、保险收益、股息与红利收入、知识产权收入；政府对个人收入转移的离退休金、失业救济金、赔偿等；单位对个人收入转移的辞退金、保险索赔、提取的住房公积金；家庭间的赠送和赡养。

（四）金融指标

1. 总量指标

（1）货币供应量。货币供应量是单位和居民个人在银行的各项存款和手持现金之和，其变化反映着中央银行货币政策的变化，对企业生产经营、金融市场，尤其是证券市场的运行和居民个人的投资行为有着重大的影响。

（2）金融机构各项存贷款余额。金融机构各项存贷款余额是指某一时点金融机构存款金额（包括企业存款、财政存款、机关团体存款、城乡储蓄存款、农业存款、信托及其他类存款）与金融机构贷款金额（包括工业贷款、农业贷款、商业贷款、建筑业贷款、私营及个体贷款、乡镇企业贷款、固定资产贷款、信托及其他类贷款）。其中，金融机构主要包括商业银行、政策性银行、非银行信贷机构和保险公司。

（3）金融资产总量。金融资产总量是指手持现金、银行存款、有价证券、保险等其他资产的总和。例如，私人家庭的金融资产包括现款、储蓄存款、股票、债券、投资基金和人寿保险权利等在内。我国居民的金融资产中，银行储蓄存款占绝大部分，而有价证券和其他金融资产所占的比例很小。

（4）外汇储备。外汇储备是一国对外债权的总和，用于偿还外债和支付进口，是国际储备的一种。一国当前持有的外汇储备是以前各时期一直到现期为止的国际收支顺差的累计结果。一国的国际储备除了外汇储备外，还包括黄金储备、特别提款权和在国际货币基金组织（IMF）的储备头寸。我国后两者所占比例较低，国际储备主要由黄金和外汇储备构成。在一个时期内，国际储备中可能发生较大变动的主要是外汇储备。外汇储备的变动是由国际收支发生差额引起的。

【知识链接】

中国2月末外汇储备报3.106 7万亿美元

财联社3月7日讯，中国2月末外汇储备报3.106 7万亿美元，预估3.109 0万亿美元，前值为3.115万亿美元。2月末黄金储备1 008.47亿美元。

（资料来源：财联社，雪球，2020年3月7日。）

2. 利率

利率是指在借贷期内所形成的利息额与本金的比率。利率直接反映的是信用关系中债务人使用资金的代价，也是债权人出让资金使用权的报酬。从宏观经济分析的角度来看，利率的波动反映出市场资金供求的变动状况。在经济发展的不同阶段，市场利率有不同的表现，且有存款利率、贷款利率、国债利率、回购利率、同业拆借利率之分。再贴现率和同业拆借利率是基准利率。随着市场经济的不断发展和政府宏观调控能力的不断加强，利率特别是基准利率已经成为中央银行一项行之有效的货币政策工具。

（1）贴现率与再贴现率。贴现是指银行应客户的要求，买进其未到付款日期的票据。或者说，购买票据的业务称为“贴现”。办理贴现业务时，银行向客户收取一定的利息，称为“贴现利息”或“折扣”，其对应的比率即贴现率。再贴现率是商业银行由于资金周转的需要，以未到期的合格票据再向中央银行贴现时所适用的利率。对中央银行而言，再贴现是买进票据、让渡资金；对商业银行而言，再贴现是卖出票据、获得资金。再贴现是中央银行的一项主要的货币政策工具。

（2）同业拆借利率。同业拆借利率是指银行同业之间的短期资金借贷利率，包括拆进利率与拆出利率。拆进利率表示银行愿意借款的利率；拆出利率表示银行愿意贷款的利率。同业拆借中大量使用的利率是伦敦同业拆借利率（Libor）。我国对外筹资成本即是在 Libor 基础上加一定百分点。从 Libor 变化出来的，还有新加坡同业拆借利率、纽约同业拆借利率、香港同业拆借利率、上海银行间同业拆借利率（Shibor）等。

相关资料

3－4 视频：上海银行间同业拆放利率（Shibor）

（3）回购利率。回购是交易双方在全国统一同业拆借中心进行的以债券为权利质押的一种短期资金融通业务，是指资金融入方（正回购方）在将债券出质给资金融出方（逆回购方）融入资金的同时，双方约定在将来某一日期由正回购方按某一约定利率计算的资金额向逆回购方返还资金，逆回购方向正回购方返还原出质债券的融资行为。该约定的利率即回购利率。

（4）各项存贷款利率。各项存贷款利率包括金融机构对客户存贷款利率，即城乡居民和企事业单位存贷款利率、中国人民银行对金融机构存贷款利率、优惠贷款利率。

在其他条件不变时，利率水平上浮会引起存款增加和贷款下降，使居民的消费支出减少，企业生产成本增加，同时抑制供给和需求；利率水平降低则会引起需求和供给的双向扩大。

3. 汇率

汇率是外汇市场上一国货币与他国货币相互交换的比率。一般来说，国际金融市场上的外汇汇率是由一国货币所代表的实际社会购买力平价和自由市场对外汇的供求关系决定的。

汇率变动是国际市场商品和货币供求关系的综合反映。以外币为基准，当汇率上升时，本币贬值，国外的本币持有人就会抛出本币，或者加快从国内市场购买商品的速度。对于国内来说，一方面是流回国内的本币增多；另一方面是从国内流出的商品增多，出口量扩大，这就形成了国内需求的扩大和供给的减少。当汇率下降时，本币升值，国外对本币的需求增大以及流出增加，对国内的进口就会增加，这就使国内需求减少，供给增加。总体效应就是提高汇率会扩大国内总需求，降低汇率会缩减国内总需求。

（五）财政指标

1. 财政收入

财政收入，是指国家财政参与社会产品分配所取得的收入，以实现国家职能的财力保证。主要包括：各项税收、专项收入、其他收入、国有企业计划亏损补贴等。

2. 财政支出

财政支出是指国家财政将筹集起来的资金进行分配使用，以满足经济建设和各项事业的需要，主要包括两部分：一部分是经常性支出，包括政府的日常性支出、公共消费产品的购买、经常性转移等；另一部分是资本性支出，就是政府的公共性投资支出，包括政府在基础设施上的投资、环境改善方面的投资以及政府储备物资的购买等。这两部分支出的变化对国内总供需的影响是不同的。

3. 赤字或结余

财政收不抵支则会出现赤字。如果财政赤字过大，就会引起社会总需求的膨胀和社会总供求的失衡。同时，财政赤字或结余也是宏观调控中应用最普遍的一个经济变量。财政发生赤字的时候有两种弥补方式：一是通过举债即发行国债来弥补；二是通过向银行借款来弥补。

发行国债对国内需求总量是不会产生影响的。财政向银行借款弥补赤字，如果银行不因此而增发货币，只是把本来应该增加贷款的数量借给财政使用，那么财政赤字同样不会使需求总量增加。这是由债务本身的性质所决定的。只有在银行因为财政的借款而增加货币发行量时，财政赤字才会扩大国内需求。

三、宏观经济运行分析

（一）宏观经济运行对证券市场的影响

证券市场素有“经济晴雨表”之称，这既表明证券市场是宏观经济的先行指标，也表明宏观经济的走向决定了证券市场的长期趋势。可以说，宏观经济因素是影响证券市场长期走势的唯一因素，其他因素可以暂时改变证券市场的中期和短期走势，但改变不了证券市场的长期走势。宏观经济环境对整个证券市场的影响，既包括经济周期波动这种纯粹的经济因素，也包括政府经济政策及特定的财政金融行为等混合因素。宏观经济运行对证券市场的影响主要表现在以下 4 个方面，如图 3－2 所示。

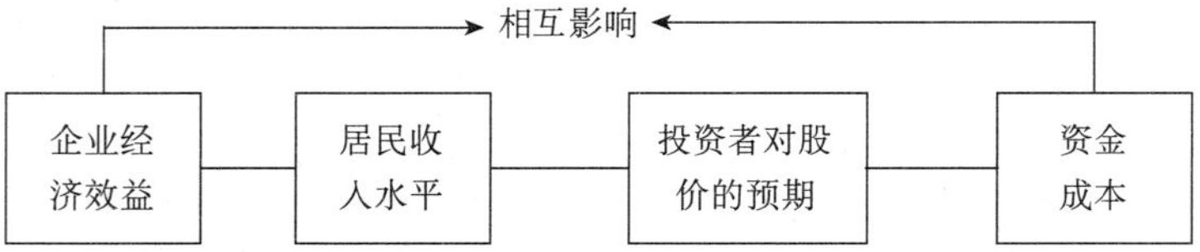

图 3－2　宏观经济运行对证券市场的影响机制

1. 企业经济效益

无论从长期来看还是从短期来看，宏观经济环境是影响公司生存、发展的最基本因素。公司的经济效益会随着宏观经济运行周期、宏观经济政策、利率水平和物价水平等宏观经济因素的变动而变动。如果宏观经济运行趋好，企业总体盈利水平提高，证券市场的市值自然上涨；如果政府采取强有力的宏观调控政策，紧缩银根，企业的投资和经营就会受到影响，盈利下降，证券市场市值就可能缩水。

2. 居民收入水平

在经济周期处于上升阶段或在提高居民收入政策的作用下，居民收入水平提高将会在一定程度上拉动消费需求，从而增加相关企业的经济效益。另外，居民收入水平的提高也会直接促进证券市场投资需求的提高。

3. 投资者对股价的预期

投资者对股价的预期即投资者的信心，是宏观经济影响证券市场走势的重要途径。当宏观经济趋好时，投资者预期公司效益和自身的收入水平会上升，证券市场自然人气旺盛，从而推动市场平均价格走高；反之，则会令投资者对证券市场信心下降。

4. 资金成本

当国家经济政策发生变化，如采取调整利率水平、实施消费信贷政策、征收利息税等政策，居民、单位的资金持有成本将随之变化。如利率水平的降低和征收利息税的政策将会促使部分资金由银行储蓄变为投资，从而影响证券市场的走向。

（二）宏观经济变动与证券市场波动的关系

1. 国内生产总值变动

国内生产总值（GDP）是一国经济成就的根本反映。从长期来看，在上市公司的行业结构与该国产业结构基本一致的情况下，股票平均价格的变动与 GDP 的变化趋势是相吻合的。但不能简单地认为 GDP 增长，证券市场就必将出现上升走势，有时实际走势恰恰相反。因此，我们必须将 GDP 与经济形势结合起来进行考察。

（1）持续、稳定、高速的 GDP 增长。在这种情况下，社会总需求与总供给协调增长，经济结构逐步合理并趋于平衡。经济增长来源于需求刺激，并使闲置的或利用率不高的资源得以更充分地利用，从而表明经济发展势头良好。

（2）高通货膨胀下的 GDP 增长。当经济处于严重失衡下的高速增长时，总需求大大超过总供给，这将表现为高的通货膨胀率。这是经济形势恶化的征兆，如不采取调控措施，必将导致未来经济的滞胀（通货膨胀与经济停滞并存）。这时经济中的各种矛盾都将会突出地表现出来，企业经营面临困境，居民实际收入随之降低，因而失衡的经济增长也必将导致证券市场行情下跌。

（3）宏观调控下的 GDP 减速增长。当 GDP 呈失衡的高速增长时，政府可能采取宏观调控措施以维持经济的稳定增长，这样必然减缓 GDP 的增长速度。如果调控目标得以顺利实现，GDP 仍以适当的速度增长而未导致 GDP 的负增长或低增长，说明宏观调控措施十分有效，经济矛盾逐步得以缓解，并为进一步增长创造了有利条件。这时证券市场亦将反映这种好的形势而呈现平稳渐升的态势。

（4）转折性的 GDP 变动。如果 GDP 一定时期以来呈负增长，当负增长速度逐渐减缓并呈现向正增长转变的趋势时，表明恶化的经济环境逐步得到改善，证券市场走势也将由下跌转为上升。当 GDP 由低速增长转向高速增长时，表明低速增长中，经济结构得到调整，经济的瓶颈制约得以改善，新一轮经济高速增长已经来临，证券市场也将伴之以快速上涨之势。

需要强调的是，证券市场一般会提前对 GDP 的变动作出反应。也就是说，证券市场是反映预期的 GDP 变动，当 GDP 的实际变动被公布时，证券市场只反映实际变动与预期变动的差别，因而对 GDP 变动进行分析时必须着眼于未来，这是最基本的原则。

【知识链接】

告诉我们牛市中的最佳投资时期是在利好的经济数据公布之前。而熊市刚好相反，投资时机应当是在最坏的消息公布之后。说明此时利空消息已经全部被市场消化，人们会预期再没有更坏的消息了，因此股市会止跌。

2. 经济周期

相关资料

3－5 视频：金融危机

经济周期是指经济运行由其内在矛盾引发的经济扩张与收缩交替出现的连续过程。经济周期分为衰退、萧条、复苏和繁荣 4 个阶段。经济周期对证券价格的影响表现在两个方面：

（1）经济周期运行阶段对证券价格影响。从整个市场角度来看，如图 3－3 所示，一般来说，在经济衰退时期，证券价格会逐渐下跌；到危机时期，价格跌至最低点；而经济复苏时，价格又会逐步上升；到经济繁荣时，价格则上涨至最高点，如图 3－3 所示。

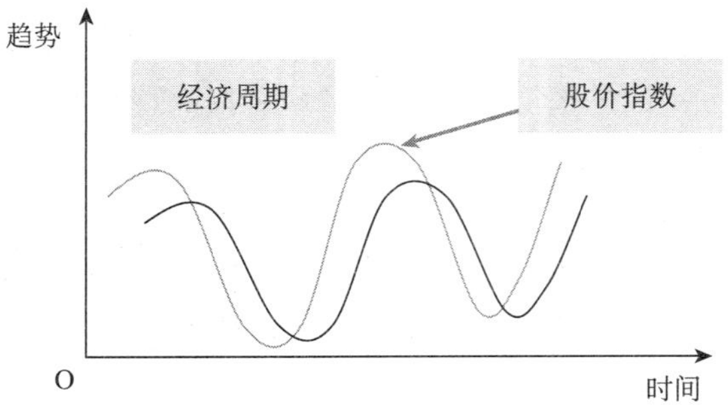

图 3－3　经济周期和股价指数关系图

（2）经济周期运行阶段对股价影响。对于个股来说，在经济周期的不同阶段，股票的表现不尽相同。

当经济衰退时期，工厂倒闭，工人失业，社会购买力急剧下降，企业产品积压，生产难以正常周转甚至破产；当经济萧条时期，危机已经过去，但新的曙光还没到来，社会公众对经济向好的信心尚未完全恢复，股市在保持低位运行的基础上只能微掀波澜。

当经济复苏时期，经济向好明显，工厂订单增加，投资规模扩大，用工人数增加，居民收入水平提高，流入股市的资金增加，市场需求活跃，股市成交量放大，牛市似乎就在眼前。

相关资料

3－6　视频：采购经理指数

当经济繁荣时期，企业经营良好，利润增加，股市加速上扬。受短期利益的驱使，许多企业在注重生产的同时加大了投资规模，一些居民和企业将资金从银行中取出投向股市，股市在人们忐忑不安的目光中急速上升，又在人们坚定乐观的目光中大幅下跌。

【知识链接】

2019 年最诡异现象：经济向下股市向上

2019 年，全球经济增长大幅下滑，人们对全球经济陷入衰退的担忧导致避险资产大涨。然而，今年涨幅最大的资产却并不是黄金或者债券，而是本该下跌的风险资产。这种诡异的现象背后，到底有何“猫腻”？

回顾一下 2019 年全球经济的整体表现，大体上可以从 4 个方面来概括：

1. 世界主要经济体普遍低迷

2019 年，不管是发达国家还是新兴市场国家，经济增速普遍下滑。国际货币基金组织今年曾经 4 次下调全球经济增长率，从年初预测的 3.9% 下调到 3%，这是 2008 年全球金融危机以来最低的经济增长率。经济合作与发展组织则将 2019 年全球经济增速预期下调至 3% 以下，如图 3－4 所示。

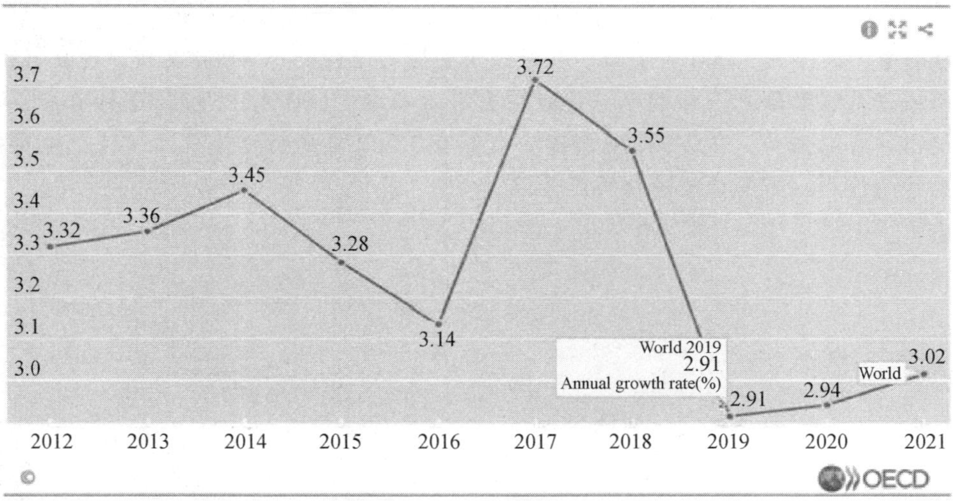

图 3-4　2019 年全球经济增速预期

2. 国际金融市场大幅震荡，衰退信号显现

2019 年，作为主要避险工具的欧美国债收益率持续走低，负利率债券规模一度扩大至 17 万亿美元。美国、英国及欧盟等经济体国债收益率曲线再次出现倒挂现象，表明投资者的避险情绪在蔓延，也导致人们对美国甚至全球经济衰退的担忧与日俱增。

3. 贸易争端拖累全球经济增长

全球贸易在 2018 年持续飙升之后，2019 年呈现出停滞不前的状态。2017 年和 2018 年全球商品贸易分别增长了 10.7% 和 9.7%，联合国贸发会议 12 月发布的《2019 年统计手册》中显示，今年全球贸易预计下降 2.4%，至 19 万亿美元。服务贸易预计仅增长 2.7%，至 6 万亿美元，远不及 2017 年 7.9% 和 2018 年 7.7% 的增幅。2019 年上半年，全球贸易额与上一年相比仅增加了 1%，为 2012 年以来 6 个月期增长速度最低。

4. 全球经济疲软，股市却背道而驰

按照正常的投资逻辑，今年全球经济表现疲软，并不是持有风险资产的好时机，投资者们应该选择买入黄金等避险资产。然而，今年全球股市却不走寻常路，偏偏与经济背道而驰。

美股：今年表现最佳的投资品种。

一年前的此刻，美股正笼罩在暴跌的阴霾之中。2019 年年初的时候，许多华尔街投行都不看好刚刚经历过暴跌的美股，美银美林曾表示，熊市不言底，美联储还会继续加息，因此该行认为 2019 年美股难以扭转 2018 年下半年的跌势，该投行当时预计，标普 500 指数最多到 3 000 点就要见顶。摩根士丹利年初的时候在其 2019 年策略中表示，他们最看好新兴市场和日本股市，最不看好美国市场。

一年后，美股在许多分析师都不看好的情况下屡创新高，当初不看好美股的投行们被狠狠“打脸”了。在去年年底暴跌后，今年美股快速反弹，并且屡创新高。

在基本面这么差的情况下，美股今年依然屡创历史新高，如图 3-5 所示。第一次是在5月份，美股涨至2018年9月份的高点，距离3 000点仅有一步之遥。7月份，标普500指数一举突破3 000点关口。尽管这次美股并没能站稳3 000关口，但9月中旬，特朗普喊话美联储降息至零利率，美股当天再次突破3 000点。进入10月份后，美股则表现出异常的强势，从2 900点附近一直涨至3 200点的历史高点。这轮上涨得益于贸易局势的缓和，市场风险情绪再度升温。

图3－5　2019年1～12月标普500指数走势图

（资料来源：东方财富快讯，2019年12月25日。）

【投资箴言】

当你看到街上擦皮鞋的小童都去买股票的时候，你就应该抛出手中的股票。因为此时股价已经被严重高估。

——彼得·林奇

3. 通货膨胀

通货是指一个国家的法定货币。它的国内购买力水平与物价变动情况成反比。一般来说，温和的、稳定的通货膨胀对股价的影响较小，但如果通货膨胀在一定的可容忍范围内持续，而经济处于景气（扩张）阶段，产量和就业都持续增长，那么股价也将持续上升。

严重的通货膨胀是很危险的，经济将被严重扭曲，货币加速贬值，这可能从两个方面影响证券价格：其一，资金流出证券市场，引起股价和债券价格下跌；其二，经济扭曲和失去效率，企业筹集不到必需的生产资金，同时原材料、劳务成本等价格飞涨，使企业经营严重受挫，盈利水平下降，甚至倒闭。

通货膨胀还可能影响投资者的心理和预期，使各种商品价格具有更大的不确定性，从而增加证券投资的风险。

四、宏观经济政策分析

（一）财政政策

相关资料

3－7 资讯：2020，积极财政政策该怎么干

财政政策是政府依据客观经济规律制定的指导财政工作和处理财政关系的一系列方针、准则和措施的总称。财政政策是当代市场经济条件下国家干预经济，与货币政策并重的一项手段。

财政政策手段主要包括国家预算、税收、国债、财政补贴、财政管理体制、转移支付制度等。这些手段既可以单独使用，也可以配合协调使用。

财政政策分为紧缩性财政政策、扩张性财政政策和中性财政政策。紧缩财政政策将使过热的经济受到控制，证券市场也将走弱，因为这预示着未来经济将减速增长或走向衰退；而扩张性财政政策将刺激经济发展，证券市场则将走强，因为这预示着未来经济将加速增长或进入繁荣阶段。

具体而言，实施积极的财政政策，可扩大财政支出，加大财政赤字，扩大社会总需求，从而刺激投资，扩大就业，使企业利润增加，经营风险降低，股票价格和债券价格上升。紧缩财政政策的经济效应及其对证券市场的影响与上述情况相反。

需要注意的是，财政政策对证券市场的影响是十分深刻的，也是十分复杂的。正确地运用财政政策为证券投资决策服务，应关注有关的统计资料信息，认清经济形势，关心政府有关部门主要负责人的日常讲话，分析其经济观点、主张，从而预见政府可能采取的经济措施和采取措施的时机。分析过去类似形势下的政府行为及其经济影响，据此预期政策倾向和相应的经济影响。

【知识链接】

经济缓，买地产；实体慢，买基建

最近一个多月的疫情，让实体经济几乎停摆，打工者被迫在家里隔离防疫，急坏了大小公司的老板们，特别是消费服务业。

PMI（采购经理指数）从1月份的50%直接跳水到了2月份的35.7%，猛跌了14.3个百分点。

眼看2月份的实体经济凉了，GDP只能靠国家搞大基建来拉动了。

2月下旬，全国共有7个省份推出25万亿元的重点项目，其中，云南省将推出525个重点项目，总投资约5万亿元，2020年计划完成投资4 400多亿元。

这些基础建设项目工程的推出，会给疲弱的实体经济注入强大的动力，对日渐下行的GDP增速起到了托底的作用。

2月份的基建工程同建筑材料板块和指数走出了一波小阳春的行情。和之前万众瞩目的大科技不同，基建工程板块的涨幅不算大，建筑材料板块，特别是水泥股，涨幅相对更加强劲一些。在3月首个交易日中，两个板块和指数都猛烈上涨，单日成交均超过了8%的涨幅。基建和建材的春季行情终于展开了。

（资料来源：雪球，2020年3月2日。）

（二）货币政策

所谓货币政策，是指政府为实现一定的宏观经济目标所制定的关于货币供应和货币流通组织管理的基本方针和基本准则。中央银行为实现货币政策目标所采用的政策手段称为货币政策工具，包括法定存款准备金率、再贴现政策、公开市场业务和选择性政策工具。

相关资料

3－8 视频：量化宽松

1. 利率变动对证券价格的影响

中央银行调整基准利率的高低，对证券价格产生影响。一般来说，利率下降时，股票价格就上升；而利率上升时，股票价格就下降。但是，利率与股价运动呈反向变化是一般情况，不能将此绝对化，股价和利率并不是呈现绝对的负相关关系。当形势看好、股票行情暴涨的时候，利率的调整对股价的控制作用就不会很大。同样，当股市处于暴跌的时候，即使出现利率下降的调整政策，也可能会使股价回升乏力。

相关资料

3－9 视频：央行基准利率

【经典案例】

美联储“救市”意外引发市场大跌 三大股指均跌近3%

当地时间周二（3月3日），美联储将基准利率下调50个基点，还将超额准备金率（IOER）降低50基点至1.1%。根据美国联邦基金利率期货数据显示，2020年还会有更多次降息。美联储此次降息是自2008年12月金融危机以来的首次突发干预行动。美联储称，尽管美国经济基本面仍然强劲，但鉴于新冠肺炎疫情对经济的影响正在逐渐演进，决定下调联邦基金利率50个基点至1%～1.25%，美联储正在密切观察疫情进展及对经济前景的影响，并将利用合适的政策工具来支持经济增长。

周二美股波动剧烈，三大股指均跌近3%，美联储紧急降息未能缓解市场担忧。道指收盘跌逾700点，早些时候一度上涨逾300点。截至收盘，道指下跌2.94%，报25 917.41点；纳指跌2.99%，报8 684.09点；标普500指数跌2.81%，报3 003.37点。10年期美国国债收益率跌破1%，创下历史新低，最低跌至0.906%。

（资料来源：科创板日报，2020年3月4日。）

2. 公开市场业务对证券价格的影响

当政府倾向于实施较为宽松的货币政策时，中央银行就会大量购进有价证券，从而使市场上货币供给量增加。这会推动利率下调，资金成本降低，从而使企业和个人的投资和消费热情高涨，生产扩张，利润增加，这又会推动股票价格上涨；反之，股票价格将下跌。

相关资料

3－10 视频：正回购

3. 选择性货币政策工具对证券市场的影响

当直接信用控制或间接信用指导降低贷款限额、压缩信贷规模时，从紧的货币政策使证券市场行情呈下跌走势，但如果在从紧的货币政策前提下，实行总量控制，并通过直接信用控制或间接信用指导区别对待，紧中有松，那么一些优先发展的产业和国家支柱产业以及农业、能源、交通、通信等基础产业及优先重点发展的地区的证券价格则可能不受影响，甚至会逆势而上。但总的来说，此时的贷款流向反映了当时的产业政策与区域政策，并引起证券市场价格的比价关系而作出结构性的调整。

（三）收入政策

收入政策是国家为实现宏观调控总目标和总任务，针对居民收入水平高低、收入差距大小在分配方面制定的原则和方针。收入政策目标包括收入总量目标和收入结构目标。收入总量目标着眼于近期的宏观经济总量平衡，着重处理积累和消费、人们近期生活水平改善和国家长远经济发展的关系以及失业和通货膨胀的问题。收入结构目标则着眼于处理各种收入的比例，以解决公共消费和私人消费、收入差距等问题。

我国个人收入分配实行以按劳分配为主体、多种分配方式并存的收入分配政策。改革开放以来，随着我国人均可支配收入的增加，民间金融资产的增大、社会总积累向社会分配的趋向，储蓄增加的同时增加了证券市场需求，从而促进了证券市场规模的扩大和价格水平的逐步提高。

【技能训练】

（1）查找2010—2019年10年间我国GDP增长率，并画出折线图。

（2）找出2010—2019年上证综指的K线走势图。

（3）观察两个图的变化趋势之间有什么关系。

模块2 认识中观行业分析

一、行业分析的意义

相关资料

3－11 资讯：疫情中的房地产行业分析

宏观经济分析主要分析了社会经济的总体状况，但没有对总体经济的各组成部分进行具体分析。宏观经济的发展水平和增长速度反映了各组成部分的平均水平和速度，但各组成部分的发展却有很大的差别，并非都和总体水平相一致。实际上，总是有些行业的增长快于宏观经济的增长，而有些行业的增长慢于宏观经济的增长。

从证券投资分析的角度来看，宏观经济分析是为了掌握证券投资的宏观环境，把握证券市场的总体趋势。但宏观经济分析并不能提供具体的投资领域和投资对象的建议。因此，分析师们除了提供宏观经济分析之外，更需要提供深入的行业分析和公司分析。行业分析既是对上市公司进行分析的前提，也是连接宏观经济分析和上市公司分析的桥梁，是基本分析的重要环节。

行业分析应该从以下几个方面着手，如图3－6所示。

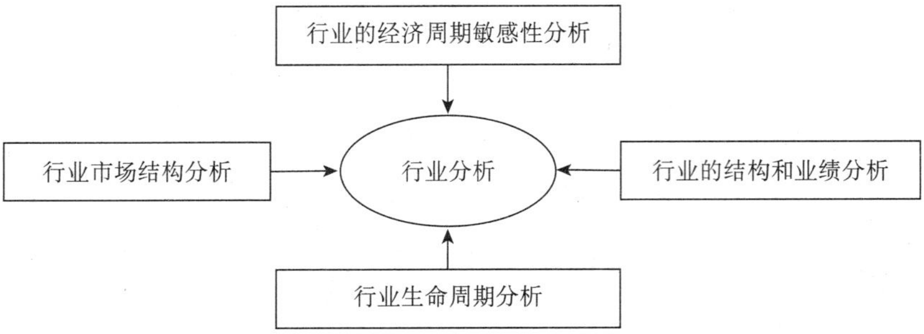

图 3－6 行业分析

【知识链接】

相关资料

3－12 资讯：行业板块与概念板块

我国行业的分类

1985 年，我国国家统计局明确划分三大产业。把农业（包括林业、牧业、渔业等）定义为第一产业；把工业（包括采掘业、制造业、自来水、电力、煤气）和建筑业定义为第二产业；把第一、二产业以外的各行业定义为第三产业，主要是指向全社会提供各种各样劳务的服务性行业，具体包括交通运输业、邮电通信业、仓储业、金融保险业、餐饮业、房地产业、社会服务业等。

按照 2017 年第四次修订、2017 年 10 月 1 日正式实施的国家标准《国民经济行业分类》（GB/T4754－2017）的划分，新版行业分类共有 20 个门类、97 个大类、473 个中类、1 380 个小类。

中国证监会于 2001 年 4 月 4 日公布了《上市公司行业分类指引》（以下简称《指引》）。《指引》将上市公司分成 13 个门类，即农、林、牧、渔业，采掘业，制造业，电力、煤气及水的生产和供应业，建筑业，交通运输、仓储业，信息技术业，批发和零售贸易，金融、保险业，房地产业，社会服务业，传播与文化产业，综合类，以及 90 个大类和 288 个中类。

2007 年 5 月 31 日，上海证券交易所和中证指数有限公司对沪市上市公司行业分类进行了调整，根据 2007 年最新行业分类，沪市 841 家上市公司分为金融地产、原材料、工业、可选消费、主要消费、公用事业、能源、电信业务、医药卫生、信息技术十大行业。

二、行业的市场结构分析

市场结构就是市场竞争或垄断的程度。根据该行业中企业数量的多少、进入限制程度和产品差别，行业基本上可分为 4 种市场结构：完全竞争、垄断竞争、寡头垄断、完全垄断。

（一）完全竞争

完全竞争型市场是指竞争不受任何阻碍和干扰的市场结构。其特点是：

（1）生产者众多，企业是价格的接受者而不是价格的制定者。

（2）产品是同质的、无差别的。

（3）各种生产资料可以完全流动。

（4）市场信息对买卖双方都是完全的。

从上述特点可以看出，完全竞争是一个理论上的假设，在现实经济中，完全竞争的市场类型是少见的，初级产品（如农产品）的市场类型比较接近完全竞争。

（二）垄断竞争

垄断竞争型市场是指既有垄断又有竞争的市场结构。在垄断竞争型市场上，每个企业都在市场上具有一定的垄断力，但它们之间又存在激烈的竞争。

垄断竞争型市场中有许多企业，但没有一个企业能有效影响其他企业的行为。在该市场结构中，造成垄断现象的原因是产品差别，造成竞争现象的是产品同质性，即产品的可替代性。在国民经济各行业中，制成品（如纺织、服装等轻工业产品）的市场类型一般都属于垄断竞争。

（三）寡头垄断

寡头垄断型市场是指相对少量的生产者在某种产品的生产中占据很大市场份额，从而控制了这个行业的供给的市场结构。

（四）完全垄断

完全垄断型市场是指独家企业生产某种特质产品的情形，即整个行业的市场完全处于一家企业所控制的市场结构。特质产品是指那些没有或缺少相近的替代品的产品。

在当前的现实生活中没有真正的完全垄断型市场，每个行业都或多或少地引进了竞争。如公用事业（如发电厂、煤气公司、自来水公司和邮电通信等）和某些资本、技术高度密集型或稀有金属矿藏的开采等行业属于接近完全垄断的市场类型。表 3－1 描述了不同行业市场结构的特点和投资关键点。

表 3－1　　不同行业市场结构的特点和投资关键点

行业类型	厂商数目	产品差异程度	个别厂商控制价格程度	进入行业难易程度	现实中接近的行业	具有投资价值的关键点
完全竞争	很多	无差别	没有	完全自由	农业	成本控制
垄断竞争	较多	有些差别	有一些	比较自由	零售业、服装	成本、技术、质量
寡头垄断	几个	有或没有差别	相当大	有限	汽车制造业	规模经济与政府政策
完全垄断	一个	唯一产品、无替代品	很大、但受政府管制	不能	公用事业	政府政策

三、行业的经济周期敏感性分析

各行业变动时，往往呈现出明显的、可测的增长或衰退的格局。这些变动与国民经济总体的经济周期变动是有关系的，但关系密切的程度又不一样。根据行业对经济周期敏感性的不同，可以将行业分为三类。

相关资料

3－13 资讯：航空业行业周期历史分析

（一）增长型行业

增长型行业的运动形态与经济活动总水平的周期及其振幅无关。这些行业收入增长的速率相对于经济周期的变动来说，并未出现同步影响，因为它们主要依靠技术的进步、新产品的推出及更优质的服务，从而使其经常呈现出增长形态。其中典型的增长型行业有3D打印、云计算、大数据等。例如，“大族激光”“中兴通信”“拓尔思”“网宿科技”等企业很受青睐。

（二）周期型行业

周期型行业是指和国内或国际经济波动密切相关的行业。其中典型的周期型行业包括大宗原材料（如钢铁，煤炭等）、工程机械，以及船舶、房地产、交通运输业、奢侈品行业等。如“大有能源”“保利地产”“营口港”等。

（三）防守型行业

防守型行业如医药、食品、公用事业，这些行业多是居民生活的必需消费的商品或服务，不会因为整体经济和收入的冷暖而显著减少或增加消费，因此这类行业通常波动平缓。

防守型运动形态的存在是因为其产业的产品需求相对稳定，不会随经济周期大起大落。被视为安全或保守的投资领域，特别是在经济周期走软时，是理想的避风港。如“双汇发展”“云南白药”等。

不同行业的股票投资策略，如表3－2所示。

表3－2　周期型、防守型、成长型股票的投资策略

股票类型	投资策略
周期型股票	顺势而为的投资品种，买入并长期持有不是最聪明的策略
防守型股票	市况不佳时的选择，与周期型股票形成互补
成长型股票	风险承受能力较强和有专业背景的投资者可以深度介入的品种

四、行业的结构和业绩分析

美国哈佛商学院教授迈克尔·波特在1985年出版的《竞争优势》一书中提出了“五力理论”。

迈克尔·波特认为，一个行业内激烈竞争的局面源于其内存的竞争结构。一个行业内存在着5种基本竞争力量，即潜在进入者的威胁、替代产品的威胁、供方讨价还价能力、需方讨价还价能力以及行业内现有竞争者（见图3－7）。

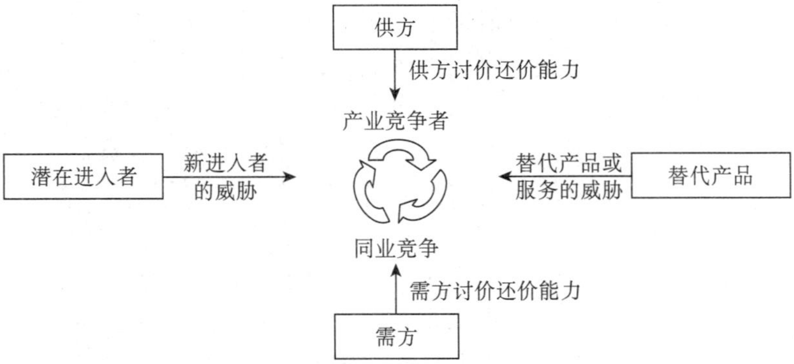

图 3－7 行业竞争结构分析示意图

从静态角度来看，这 5 种基本竞争力量的状况及其综合强度决定着行业内的竞争激烈程度，决定着行业内的企业可能获得利润的最终潜力。从动态角度来看，这 5 种竞争力量抗衡的结果共同决定着行业的发展方向，共同决定着行业竞争的强度和获利能力。但是，各种力量的作用是不同的，通常是最强的某个力量或某几个力量处于支配地位、起着决定性的作用。5 种基本竞争力量中每种力量的优势都是行业结构或作为行业基础的经济特征和技术特征的一个函数。行业结构是相对稳定的，但又随行业发展的进程而变化。结构变化改变了竞争力量总体的相对强度，从而能够以积极或消极的方式影响行业的盈利能力。

五、行业生命周期分析

通常，每个行业都要经历一个由成长到衰退的发展演变过程。这个过程称为行业的生命周期。一般地，行业的生命周期可分为幼稚期、成长期、成熟期和衰退期。

（一）幼稚期

处在行业幼稚期阶段，由于新行业刚刚诞生或初建不久，只有为数不多的投资公司投资于这个新兴的行业。另外，创业公司的研究和开发费用较高，而大众对其产品尚缺乏全面了解，致使产品市场需求狭小，销售收入较低，因此这些创业公司在财务上可能不但没有盈利，反而出现较大亏损。

同时，较高的产品成本和价格与较小的市场需求之间的矛盾使创业公司面临很大的市场风险，而且还可能因财务困难而引发破产风险。因此，这类企业更适合投机者和创业投资者。

在幼稚期后期，随着行业生产技术的成熟、生产成本的降低和市场需求的扩大，新行业便逐步由高风险、低收益的幼稚期迈入高风险、高收益的成长期。

（二）成长期

在成长期的初期，企业的生产技术逐渐形成，市场认可并接受了行业的产品，产品的销量迅速增长，市场逐步扩大，然而企业可能仍然处于亏损或者微利状态，因而需要外部资金注入以增加设备、人员，并着手下一代产品的开发。进入加速成长期后，企业的产品和劳务已被广大消费者所接受，销售收入和利润开始加速增长，新的机会不断出现，但企业仍然需要大量资金来实现高速成长。在这一时期，拥有较强研究开发实力、市场营销能力、雄厚资本实力和畅通融资渠道的企业逐渐占领市场。这个时期的行业增长非常迅猛，部分优势企业脱颖而出，因为投资于这些企业的投资者往往能获得极高的投资回报，所以成长期阶段有时被称为“投资机会时期”。

相关资料

3－14　资讯：卫星行业深度报告：太空基建正当时，卫星制造有望迎来成长期

（三）成熟期

进入成熟期的行业市场已被少数资本雄厚、技术先进的大厂商控制，各厂商分别占有自己的市场份额，整个市场的生产布局和份额在相当长的时期内处于稳定状态。厂商之间的竞争手段逐渐从价格手段转向各种非价格手段，如提高质量、改善性能和加强售后服务等。行业的利润由于一定程度的垄断达到了较高的水平，而风险却因市场结构比较稳定、新企业难以进入而处于较低水平。

在行业成熟期，行业增长速度降到一个适度水平。在某些情况下，整个行业的增长可能会完全停止，其产出甚至下降。行业的发展很难较好地保持与国民生产总值同步增长。当然，由于技术创新、产业政策、经济全球化等各种原因，某些行业可能会在进入成熟期之后而迎来新的增长。

（四）衰退期

衰退期出现在较长的稳定期之后。由于大量替代品的出现，原行业产品的市场需求开始逐渐减少，产品的销售量也开始下降，某些厂商开始向其他更有利可图的行业转移资金，因而原行业出现了厂商数目减少、利润水平停滞不前或不断下降的萧条景象。至此，整个行业便进入了衰退期。但在很多情况下，行业的衰退期往往比行业生命周期的其他 3 个阶段的总和还要长，大量的行业都是衰而不亡，甚至会与人类社会长期共存。例如，钢铁业、纺织业在衰退期人们却看不到它们的消亡；烟草业更是如此，难有终期。

综上所述，在一个行业生命周期的不同阶段会表现出不同的特点，如图 3－8 所示。

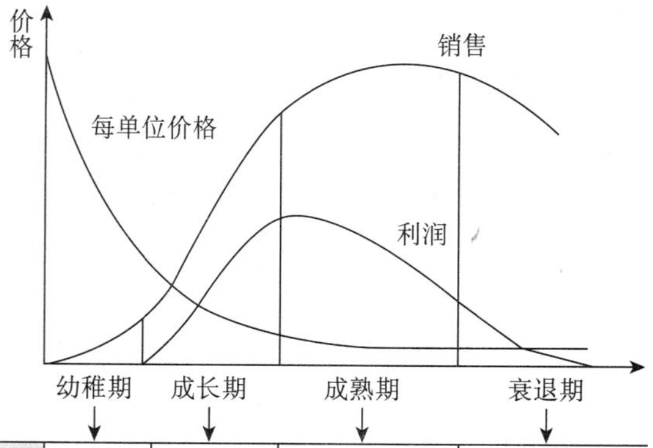

	幼稚期	成长期	成熟期	衰退期
公司数量	少	增加	减少	少
产品价格	高	下降	稳定	低
利润	亏损	增加	高	减少→亏损
风险	高	高	降低	增大

图 3－8　行业生命周期各阶段“价格—销售—利润—风险”情况图

分析师应当仔细研究公司所处的行业生命周期阶段，跟踪考察该行业的发展趋势，分析行业的投资价值和投资风险。因此，针对不同偏好的投资者，分析师应有不同的投资建议选择。比如，对于收益型的投资者，可以建议优先选择处于成熟期的行业，因为这些行业基础稳定、盈利丰厚，市场风险相对较小。

【知识链接】

我国七大新兴产业的生命周期（见表3－3）

表3－3　我国七大新兴产业的生命周期

新兴产业	概念期和导入期	成长早期和中期	成长晚期和成熟期
信息技术	人工智能、物联网、虚拟现实、全息投影、商业智能、操作系统、生物识别、量子通信、量子计算机、5G	大数据、云计算、高端芯片、信息安全、智慧城市、行业信息化、集成电路、工业软件、穿戴设备	通信设备、广电设备、专网通信、电子元器件
智能与新能源汽车	无人驾驶、氢燃料汽车，智能交通、车联网	电动汽车、锂电池、充电桩、超级电容、地图导航、半自动驾驶	节能汽车、辅助驾驶
高端制造	服务机器人、特种机器人、大飞机、航空发动机、3D打印	工业机器人、智能生产线、无人机	卫星、火箭、海工装备、高技术船舶、高铁地铁、数控机床、输配电装备、农机装备
医疗健康	基因测序、细胞治疗、精准医疗、远程治疗、免疫治疗	医疗服务、生物疫苗、高端医疗器械、体外诊断、生物药	化学药、中药、生物育种、生物发酵
新材料	纳米材料、石墨烯、超导材料、生物基材料、智能材料	半导体材料、高性能膜材料、有机硅材料、能源材料、碳纤维	稀土材料，稀有金属材料，高品质特殊钢、新型轻合金、有机硅、树脂、特种橡胶、工程塑料、先进陶瓷、耐火材料、人工晶体、特种玻璃
节能环保	土壤治理	污水处理、大气治理、减震降噪、环保监测、环保服务	固废处理、资源回收利用
新能源	生物质能、氢能	储能、光热能	核电、风电、光伏

（资料来源：“2016年全球科技创新方向与新兴产业版图”，浙商证券研究所，2016年3月17日。）

六、证券投资的产业选择原则

（一）选择有发展潜力的产业投资

（1）顺应产业结构的演进趋势。世界产业结构的演进趋势是由第一产业占优势比重向第二产业、第三产业占优势比重演进；由劳动密集型占优势比重逐步向资本资集型、技术知识型占优势比重演进；由制造初级产品的产业占优势比重逐渐向资本密集型、技术知识型占优势比重演进；由制造初级产品的产业占优势比重逐渐向制造中间产品、最终产品占优势比重演进。

（2）关注产业的国际比较优势和劣势。选择有发展潜力的产业，不仅要顺应产业结构的演进趋势，还要必须站在全球的角度来认识产业结构的演进，关注产业的国际比较优势和比较劣势，把握证券市场的主流行情，这样才能避免因产业选择错误而导致投资失败。

（二）寻找表现出色的产业

表现出色的产业特点，如较大的流通市值、龙头企业、发生拐点的周期性产业和一般的制造业；增长加速的稳定性产业。

【投资箴言】

股市赢家法则是：不买落后股，不买平庸股，全心全力锁定领导股。

——威廉·欧奈尔

（三）生命周期不同阶段产业的投资要点（见表3－4）

表3－4　生命周期不同阶段产业的投资要点

行业的周期阶段	投资要点
幼稚期的产业	风险大、收益小，只适合风险投资或投机者
成长期的产业	其经营管理水平和市场开拓能力是投资成败的关键，投资者既可能随产业的快速成长而获得巨额回报，也可能因公司兼并或破产而血本无归，因而仅适合于趋势型投资者（与价值型投资者相比，趋势型投资者也属于投机者）
成熟期的产业	比较适合收益型或价值型投资者，是工薪阶层和战略投资者（机构）中长线投资的最佳选择，投资者发生投资决策失误的可能性较小
衰退期的产业	投资风险很大。除非有产业复苏的迹象，否则，不同投资者和不同性质的资金都应敬而远之

（四）关注国家的产业政策，把握国家政策导向

国家的产业政策对产业结构的发展方向和演进趋势具有明显的导向作用。证券市场常常会因国家某一产业政策的颁布和实施发动一段主流行情或引起某一板块的上扬。

国家对某一产业的倾斜和扶持政策，在很大程度上表明这一政策的产生将有更多的发展机会。如果国家对某一产业的限制政策，则意味着要封杀这一产业的发展空间。

因此，在顺应产业结构演进趋势的同时，正确理解和把握国家的产业政策对于进行成功的证券投资十分重要。

【技能训练】

按照本项目模块2的分析方法，找出目前有投资价值的3～5个行业。

模块 3 掌握微观公司分析

一、公司分析的意义

证券投资分析中公司分析的对象主要是指上市公司，但证券分析师对上市公司进行分析的过程中往往还关注一些与上市公司之间存在关联关系或收购行为的非上市公司。

在实际投资活动中，投资者对于上市公司的了解是必要的，否则其收益将面临很大的风险。因此，无论是进行判断投资环境的宏观经济分析，还是进行选择投资领域的中观行业分析，对于具体投资对象的选择最终都将落实在微观层面的上市公司分析上（市场指数投资除外）。

【投资箴言】

公司的状况与股票的状况有100%的相关性。

——彼得·林奇

二、公司基本素质分析

（一）公司行业地位分析

行业地位分析的目的是判断公司在所处行业中的竞争地位，如是否为领导企业，在价格上是否具有影响力，是否有竞争优势等。在大多数行业中，无论其行业平均盈利能力如何，总有一些企业比其他企业具有更强的获利能力。因此，企业的行业地位决定了其盈利能力是高于还是低于行业平均水平，决定了其在行业内的竞争地位。衡量公司行业竞争地位的主要指标是行业综合排序和产品的市场占有率。

（二）公司经济区位分析

区位，或者说经济区位，是指地理范畴上的经济增长点及其辐射范围。上市公司的投资价值与区位经济的发展密切相关，如处在经济区位内的上市公司，一般具有较高的投资价值。我们对上市公司进行区位分析，就是将上市公司的价值分析与区位经济的发展联系起来，以便分析上市公司未来发展的前景，确定上市公司的投资价值。具体来讲，可以通过以下几个方面进行上市公司的区位分析。

1. 区位内的自然条件与基础条件

自然条件和基础条件包括矿产资源、水资源、能源、交通、通信设施等，它们不仅在区位经济发展中起着重要作用，也对区位内上市公司的发展起着重要的限制或促进作用。分析区位内的自然条件和基础条件，有利于分析该区位内上市公司的发展前景。如果上市公司所从事的行业与当地的自然和基础条件不符，公司的发展可能会受到很大的制约。

2. 区位内政府的产业政策

为了促进区位经济的发展，当地政府一般都会相应地制定经济发展的战略规划，提出相应的产业政策，确定区位优先发展和扶植的产业，并给予相应的财政、信贷及税收等诸多方面的优惠措施。这些措施有利于引导和推动相应产业的发展，相关产业内的公司也将因此受益。如果区位内上市公司的主营业务符合当地政府的产业政策，一般会获得诸多政策支持，对上市公司的进一步发展有利。

【经典案例】

押中雄安新区的，为什么是华夏幸福

雄安新区火了，一只原本安静的大蓝筹也迅速被推上第一概念股：华夏幸福。

华夏幸福是一家怎样的公司？这是一家年均净利润增速40%的公司，也是一家5年股价上涨7倍的公司，更是一家在雄安新区签订了近500平方千米合作项目协议的房地产公司。

尽管华夏幸福表示，新区范围内的项目实施可能存在政策变动以及重大不确定性风险，坚决拥护服从国家战略和总体安排。但毋庸置疑，这家过去让普通人颇感陌生的企业，如同沉潜海底的潜艇浮出海面，而且带来一个巨大的疑问——华夏幸福的“神预测”是巧合还是自有其逻辑？华夏幸福走势如图3－9所示。

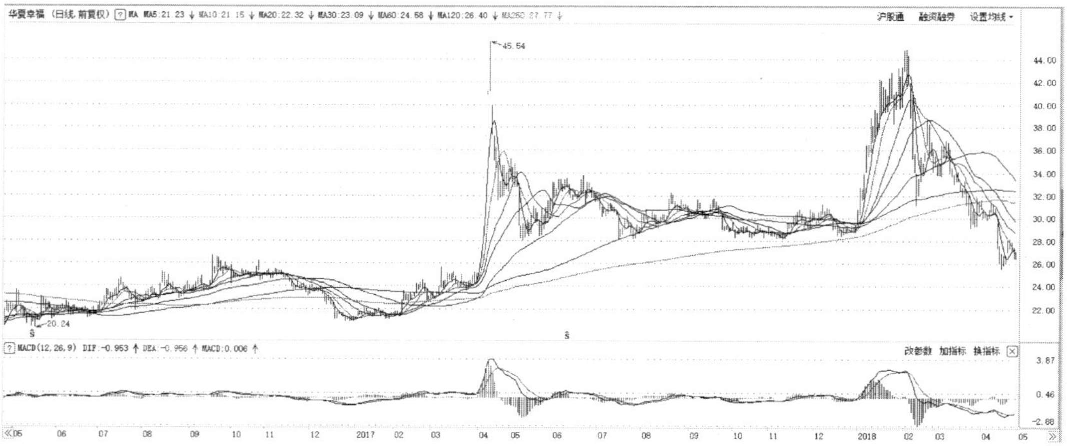

图3－9　2016年5月—2017年4月华夏幸福日K线图

京津冀地区，是华夏幸福的大本营。从2015年中央政治局通过《京津冀协同发展规划纲要》以来，三地在产业人口疏解、交通等基础设施建设方面明显加快，而华夏幸福在京津冀区域受托开发面积已经超过2 000平方千米，几乎每一条进出北京的高速公路和铁路附近都有其项目。所以，在雄安新区横空出世之前，华夏幸福就已在新区签订了近500平方千米的合作项目，这并不是偶然。

（资料来源：新财知，2017年4月7日。）

3. 区位内的经济特色

所谓经济特色，是指区位内经济与区位外经济的联系和互补性、龙头作用及其发展活力与潜力的比较优势。它包括区位的经济发展环境、条件与水平、经济发展现状等有别于其他区位的特色。特色在某种意义上意味着优势，而利用自身的优势发展本区位的经济，无疑在经济发展中找到了很好的切入点。比如，某区位在计算机软件或硬件方面，或在汽车工业方面已经形成了优势和特色，那么该区位内的相关上市公司，在同等条件下比其他区位主营业务相同的上市公司具有更大的竞争优势和发展空间。

（三）公司产品分析

1. 产品的竞争能力

（1）成本优势。成本优势是指公司的产品依靠低成本获得高于同行业其他企业的盈利能力。在很多行业中，成本优势是决定竞争优势的关键因素，理想的成本优势往往成为同行业价格竞争的抑制力。如果公司能够创造和维持成本领先地位，并创造出与竞争对手价值相等或近似的产品，那么它只要将价格控制在行业平均或接近平均的水平，就能获取优于平均水平的经营业绩。

一般来讲，产品的成本优势可以通过规模经济、专有技术、优惠的原材料、低廉的劳动力、科学的管理、发达的营销网络等来实现。其中，由资本的集中程度决定的规模效益是决定产品生产成本的基本因素。当公司达到一定的资本投入或生产能力时，根据规模经济的理论，生产成本和管理费用将会得到有效降低。

（2）技术优势。技术优势是指公司拥有的比同行业其他竞争对手更强的技术实力及其研究与开发新产品的能力。这种能力主要体现在生产的技术水平和产品的技术含量上。在现代经济中，公司新产品的研究与开发能力是决定公司竞争成败的关键因素。因此，公司一般都会将销售额的一定比例作为研究开发费用。这一比例的高低往往能决定公司的新产品开发能力。

（3）质量优势。质量优势是指公司的产品以高于其他公司同类产品的质量赢得市场，从而取得竞争优势。由于公司技术能力及管理等诸多因素的差别，不同公司间相同产品的质量是有差别的。因此，消费者在进行购买选择时，产品的质量始终是影响他们购买倾向的一个重要因素。当一个公司的产品价格溢价超过了其为追求产品的质量优势而附加的额外成本时，该公司就能获得高于其所属行业平均水平的盈利。换句话说，在与竞争对手成本相等或成本近似的情况下，具有质量优势的公司往往在该行业中占据领先地位。

2. 产品的市场占有情况

产品的市场占有情况在衡量公司产品竞争力方面占有重要地位。通常可以从两个方面进行考察：其一，公司产品销售市场的地域分布情况。从这一角度可将公司的销售市场划分为地区型、全国型和世界范围型。市场地域的范围能大致地估计一个公司的经营能力和实力。其二，公司产品在同类产品市场上的占有率。市场占有率是对公司的实力和经营能力的比较精确的估计。一般来说，市场占有率越高，表示公司的经营能力和竞争力越强，公司的销售和利润水平就越好、越稳定。

3. 产品的品牌战略

品牌是一个商品名称和商标的总称，可以用来辨别一个卖者或卖者集团的货物或劳务，以便同竞争者的产品相区别。一个品牌不仅是一种产品的标识，还是产品质量、性能、满足消费者效用可靠程度的综合体现。因此，品牌竞争是产品竞争的深化和延伸。当产业发展进入成熟阶段，产业竞争充分展开时，品牌就成为产品及企业竞争力的一个越来越重要的因素。品牌具有产品所不具有的开拓市场的多种功能：一是品牌具有创造市场的功能；二是品牌具有联合市场的功能；三是品牌具有巩固市场的功能。

【经典案例】

"疯狂的石头"要和贵州茅台股价一竞高下？上市首日暴涨84.46%

2月21日，发行价创历史新高的石头科技（688169.SH）全天涨幅84.46%，收于500.1元/股，市值达333.40亿元，成为继贵州茅台（1 112.88元/股）、卓胜微（603.99元/股）的A股股价第三高公司，如图3－10所示。

图3－10 石头科技上市首日分时走势图

据天眼查显示，石头科技的实际控制人昌某持股1 550万股，按照21日收盘价计算，昌某身价已超77.5亿元。

自石头科技登录科创板以来，双向舆论如影随形，一方面认为按照科创板平均市盈率计算，石头科技股价可以超过贵州茅台成为第一高价股；另一方面因其属于充分竞争行业，且毛利率不高，对其未来业绩增速的想象空间存疑。

据数据显示，2月21日，石头科技上市首日，主力净流入19 496万元，超大单净流入17 186万元，而中单和小单均为净流出状态。

当日，雷军在微博上发声祝贺石头科技成功登录科创板，称"这是第一家在科创板上市的小米生态链企业，也是继华米、云米之后，第三家小米生态链的上市公司"。

据公开资料显示，石头科技主营业务为智能清洁机器人等智能硬件的设计、研发、生产和销售，作为ODM原始设计商，为小米提供定制产品"米家智能扫地机器人"及相关备件。2016年9月石头科技推出首款小米定制品牌"米家智能扫地机器人"，至此开启迅速发展阶段。

近年来，石头科技营收增速惊人。据财务数据显示，2016—2018 年石头科技营业收入分别为 1.83 亿元、11.19 亿元、30.51 亿元，净利润分别为 -0.11 亿元、0.67 亿元、3.08 亿元。去年前三季度，石头科技营收达 30.30 亿元，归属于母公司所有者净利润 5.82 亿元。公司预计全年实现净利润 6.88 亿元 ~7.92 亿元，同比增长约 50.25% ~72.86%。

（资料来源："疯狂的石头要和贵州茅台股价一竞高下？上市首日暴涨 84.46% 雷军系落下第三颗棋子"，华夏日报，2020 年 2 月 22 日。）

（四）公司经营能力分析

1. 公司法人治理结构

公司法人治理结构有狭义和广义两种定义。狭义上的公司法人治理结构是指有关公司董事会的功能、结构和股东的权利等方面的制度安排；广义上的法人治理结构是指有关企业控制权和剩余索取权分配的一整套法律、文化和制度安排，包括人力资源管理、收益分配和激励机制、财务制度、内部制度和管理等。健全的公司法人治理机制一般包括规范的股权结构、有效的股东大会制度、董事会权力的合理界定与约束、完善的独立董事制度、监事会的独立性和监督责任、优秀的职业经理层、相关利益者的共同治理等 7 个方面。

2. 公司经理层的素质

所谓素质，是指一个人的品质、性格、学识、能力、体质等方面特性的总和。在现代企业中，经理人员不仅担负着企业生产经营活动等各项管理职能，而且还要负责或参与对各类非经理人员的选择、使用与培训工作。因此，经理人员的素质是决定企业能否取得成功的一个重要因素。在一定意义上，是否有卓越的企业经理人员和经理层，直接决定着企业的经营成果。对经理人员的素质分析是公司分析的重要组成部分。一般而言，企业的经理人员应该具备如下素质：一是从事管理工作的愿望；二是专业技术能力；三是良好的道德品质修养；四是人际关系协调能力。

【经典案例】

海信家电集团迎来新掌门 80 后　段跃斌接任总裁

今日，海信家电（000921）集团股份有限公司发布重要人事变动公告，集团董事会任命段跃斌为海信家电集团总裁。汤业国不再兼任该职务，但仍担任董事长。在鼠年伊始，海信家电集团低调完成了高层领导的"迭代"。当天海信家电分时走势，如图 3-11 所示。

作为海信家电集团的新掌门，段跃斌也是公司的元老级人物。如果说科技是海信家电发展的原动力，那么高端产品就是其市场增长的新引擎，乃至成为海信家电的"新符号"。2018 年，在家电行业大气候整体低迷的情况下，段跃斌开始全面操盘公司旗下冰洗产业。上任伊始，他就将高端产品定义为公司的下一个增量市场，并先后推出了海信"食神"冰箱、全球唯一一机三筒"大师"洗衣机、容声"WILL"养鲜冰箱

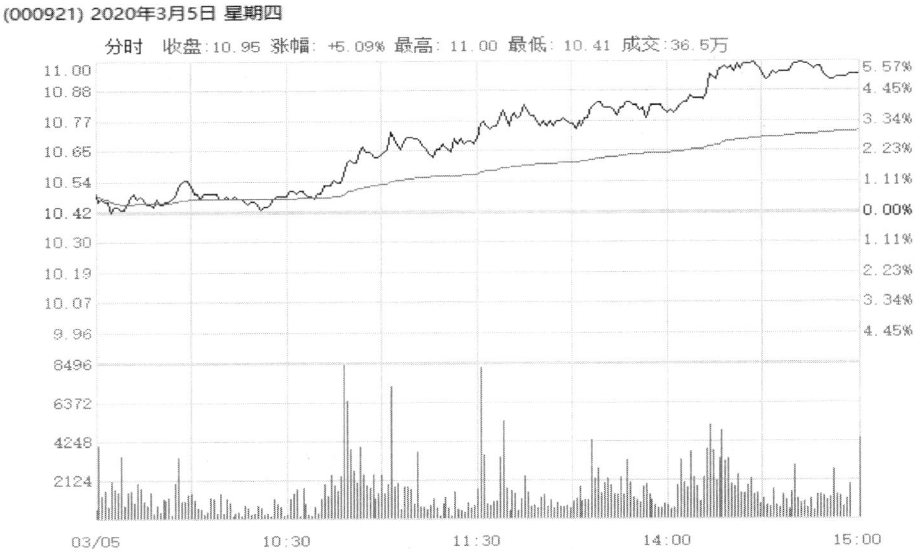

图 3－11　3 月 5 日海信家电分时走势图

等一系列高端产品。出身于技术的段跃斌对产品水平有着近乎极致的苛求，而这些“极致苛求”也换来了市场良好的反应。掌管冰洗产业第一年，他就带领公司旗下冰洗产业实现了骄人成绩，2018 年实现主营业务收入突破 161 亿元，同比大幅增长且创历史新高。与此同时，结构的优化也为公司带来毛利率与利润的大幅提升。2019 年，他坚定产品领先战略，继续推动冰洗产业稳步向前，市场份额持续攀升。

（资料来源：中国家电网，2020 年 3 月 5 日。）

3. 公司从业人员素质和创新能力

公司从业人员的素质也会对公司的发展起到很重要的作用。作为公司的员工，公司从业人员应该具有如下的素质：专业技术能力、对企业的忠诚度、责任感、团队合作精神和创新能力等。对员工的素质进行分析，可以判断该公司发展的持久力和创新能力。

三、公司成长性分析

（一）公司经营战略

经营战略是企业面对激烈的变化与严峻挑战的环境，为求得长期生存和不断发展而进行的总体性谋划。它集中体现了公司的战略思想，科学地规定了公司的成长方向、成长速度及其实现方式。经营战略具有全局性、纲领性和长远性的性质，是企业制定中长期发展规划的基础。

经营战略直接关系到公司的未来发展，其决策对象表现为复杂性、突发性和不可测性，因而对其的评价难以标准化。

【知识链接】

经营战略的粗略评价

(1) 通过公开传媒或调查走访，了解公司是否有明确、统一的经营战略。

(2) 考察和评估公司高管层的稳定性及其对经营战略的影响。

(3) 考察和评估公司的投资项目、财力、技术创新、人力资源等是否适合公司经营战略的要求。

(4) 结合公司产品所处的生命周期，分析和评估公司的产品策略是专业化还是多元化。

(5) 分析和评估公司的竞争战略（是低成本还是差异化）和竞争定位（是领先者、挑战者还是追随者）是否与公司的经营战略相适应。

（二）公司规模变动特征及扩张潜力

公司规模变动特征和扩张潜力一般与其所处的行业发展阶段、市场结构、经营战略密切相关。它是从微观方面具体考察公司的成长性。

1. 公司规模变动原因

分析公司规模的扩张是供给推动型还是源于市场需求拉动，是通过产品创造市场需求还是仅仅满足市场需求，是依靠技术进步还是依靠其他生产要素。将公司销售额、利润额、资产规模等数据及其增长率与行业平均水平及主要竞争对手的数据进行比较，了解其行业地位的变化。

2. 公司扩张潜力

纵向比较公司历年的销售、利润、资产规模等数据，分析公司的发展趋势是加速发展、稳步扩张，还是停滞不前；分析预测公司主要产品的市场前景及公司未来的市场份额，分析公司的投资项目并预测其销售和利润水平；分析公司的财务状况、投资能力和筹资潜力。

【经典案例】

2019 年报：疫情之下担起大企责任 是时候看清“京东模式”的增长价值了

北京时间 3 月 2 日，京东（JD）对外发布 2019 年第 4 季度及全年财报。根据财报来看，京东在营收、净利润的表现均优于市场预期。受财报发布之后影响，周一收盘，京东股价大涨 12.44%，报 43.3 美元，市值突破 632 亿美元，远超拼多多的 436 亿美元。

从市场情绪来看，投资者对京东本季度财报业绩表现颇为满意。与 4 季度财报业绩一样不逊色的是，京东的抗疫表现获得外界高度认可，不论是在物流效率、捐资捐物方面，还是在京东承担的大企业社会责任等方面。这次新财报，京东年度活跃用户增长相当抢眼，整个增速越长越快，甚至增长幅度远超过同行。目前拥有 22 万员工，GMV 首次突破 2 万亿元人民币大关，京东这次实现“大象起舞”的动力源自于哪里？

1. 下沉市场挖掘增量用户，闪电速度推“京喜”拉新效果明显

进入互联网行业下半场，电商平台在一、二线城市的用户增长已趋近饱和。为了挖掘新的增量市场，2019 年电商巨头们都将重心放在低线市场。这次京东新增的用户中超过七成来自三至六线城市，这主要归功于京东迅速地在行业内推出社交电商平台——京喜。

相对于同行来说，京喜抢夺低线市场的用户更有社交优势。处于微信一级入口，京喜基于社交网络、社交电商同用户互动的营销方式，更容易主动出去寻找站外三至六线的下沉市场用户。新增用户不仅能提高成交总额，也为京东物流带来更多订单，内部协同效应会进一步凸显。疫情期间，京喜上线“京喜助农计划”，帮扶相关滞销生鲜农产品销售同比增长约 10 倍。

2. 服务正成为京东第二张王牌，疫情时期物流价值进一步凸显

近两年，随着京东逐步开放零售基础设施，本季度净服务收入增长明显。在该业务增长背后，或许这与京东确立的“以供应链为基础的技术与服务企业”的战略定位分不开。现在的京东已走上由“商品驱动”向“技术及服务”驱动的发展路线。正是由于京东坚持这样的战略定位，才会把用户跟商家服务放在更高的位置。

3. 技术为京东注入更多新血液，或将成为京东增长的新引擎

一直以来，京东在技术上的投入并不手软。在 2019 年，京东体系所属上市及非上市企业合计研发投入 179 亿元人民币，研发投入同比增长高达 47.8%。从互联网巨头的财报来看，各家对于技术研发投入成本支出都不低。在互联网电商行业，京东也在借技术上演一轮新的增长点。

在这次抗疫期间，京东的技术力量也迎来大爆发。1 月 29 日，京东云与 AI 团队加班加点，在第一时间连续推出应急资源信息发布平台、智能疫情助理、云视频会议服务、线上课堂与编程课程等多项免费产品服务，覆盖上万家企业机构、数百万用户。

（资料来源：美股研究社，雪球，2020 年 3 月 3 日。）

四、公司重大事项分析

（一）上市公司重大事件

中国证监会 2007 年 1 月 30 日发布的《上市公司信息披露管理办法》要求上市公司如有“重大事件”需要发布临时报告。所谓重大事件，是指发生可能对上市公司证券及其衍生品种交易价格产生较大影响但投资者尚未得知的事件。上市公司对重大事件应当立即披露，说明事件的起因、目前的状态和可能产生的影响。

（二）公司的资产重组

根据中国证监会颁布的《上市公司重大资产重组管理办法》，将重大产重组定义为上市公司及其控股或者控制的公司在日常经营活动之外购买、出售资产或者通过其他方式进行资产交易达到规定的比例，导致上市公司的主营业务、资产、收入发生重大变化的资产交易行为。

【经典案例】

多元化上市公司的“估值陷阱”

2018 年 12 月 7 号晚，上市公司 TCL 集团发布了一个令市场震惊的大重组方案。根据重组方案，公司管理层和战略投资人成立 TCL 控股，以 47.6 亿元的对价受让 TCL 集团的消费电子、家电等终端业务以及相关配套业务，包括 TCL 实业 100% 股权、惠州家电 100% 股权、合肥家电 100% 股权、酷友科技 55% 股权、客音商务 100% 股权、TCL 产业园 100% 股权、格创东智 36% 股权以及通过全资子公司 TCL 金控间接持有的简单汇 75.00% 股权、TCL 照明电器间接持有的酷友科技 1.50% 股权。同时，TCL 控股将依照“人债随资产走”的原则承接重组业务的 5 万多名员工以及 150 亿元有息负债。

其中，TCL 实业、惠州家电、合肥家电主要从事消费电子、家电等终端产品的研发、生产和销售，酷友科技和客音商务主要为上述终端产品提供线上销售、售后服务和语音呼叫服务，产业园主要为上述终端业务提供厂房和办公物业的开发和运营服务，简单汇主要为上述终端业务的供应商提供应收账款信息服务，格创东智则主要定位为向终端业务输出智能制造和工业自动化解决方案。

图 3－12 所示为 TCL 集团目前的业务板块，这次剥离的是智能终端业务群及相关业务和资产。

图 3－12 TCL 集团业务板块

这一方案出来，市场顿时炸锅，许多文章批评 TCL 集团把起家的电视机、冰箱、手机空调、洗衣机等经营了 10 多年的核心业务和资产（2017 年销售收入近 700 亿元）仅以不到 50 亿元的价格出售给大股东，有利益输送嫌疑。

笔者认真研究了 TCL 集团的有关公告和资料，认为这次重组是一次典型的上市公司因为多元化发展导致价值被严重低估而不得不采取的一个重大战略性公司紧缩型资本操作，对 TCL 集团及其所有股东均大有益处。

本次交易完成后，上市公司营业总收入大幅下降，2017 年上市公司营业总收入相较于交易前减少 612 亿元，降幅 54.79%，公司所有者的净利润 2017 年相较于交易前反而增加 17.5 亿元！交易完成后上市公司净利率大幅提升，2017 年从 3.17% 提升至 10.50%，2018 年 1～6 月从 3.23% 提升至 7.36%，极大地提高了上市公司的盈利能力。

（资料来源：俞铁成，“多元化上市公司的‘估值陷阱’，TCL 动态”，2018。）

（三）公司的关联交易

关联交易是指公司与其关联方之间发生的交换资产、提供商品或劳务的交易行为，或者说凡是关联方之间发生转移资源或义务的事项，不论是否收取价款，均被视为关联交易。

常见的关联交易方式有关联购销、担保、资产租赁、托管经营、承包经营等管理方面的合同、关联方共同投资等。

【技能训练】

2020 年 1 月 8 日，爱尔眼科（SZ300015）拟以发行股份方式购买磐信投资、磐茂投资合计持有的天津中视信 100% 股权，拟以发行股份及支付现金方式购买众生药业持有的奥理德视光 100% 股权与宣城眼科医院 80% 股权（该等股权对应的交易作价中的 70% 部分拟由上市公司以现金方式支付），拟以发行股份方式购买李马号、尚雅丽、重庆目乐合计持有的万州爱瑞 90% 股权与开州爱瑞 90% 股权，该等股权的交易作价合计 186 988.00 万元。

（资料来源："爱尔眼科：拟以发行股份方式购买天津中视信等 5 家公司股权，总价 18.69 亿元"，金融界，2020 年 1 月 9 日。）

要求：根据所学知识，分析这一重大资产重组对爱尔眼科的股价会产生什么影响？并对照当天的走势判断你的分析是否正确。

模块 4　解读上市公司财务报表

通过上市公司公开的财务数据，普通投资者可以了解上市公司的经营状况。因此，所谓财务分析，就是通过上市公司的财务报表，对企业的偿债能力、盈利能力及抵抗风险的能力进行评价。

相关资料

3－15　视频：财务报表

一、主要的财务报表

（一）资产负债表

1. 功能和作用

资产负债表是反映公司在某一特定时点财务状况的静态报告（瞬时写照），它反映了公司在某一时点所拥有或控制的经济资源，所承担的现有义务和所有者对净资产的要求权。

2. 应重点关注的项目

（1）货币资金（表明公司拥有的现金流，关系到企业生存）、预收账款（未来公司能够变现的实际利润）、应收账款和存货等项目。

（2）根据该报表计算出来的流动比率，速动比率等反映短期偿债能力的指标以及负债比率等反映长期偿债能力的指标。

（二）利润表及利润分配表

1. 利润表

（1）功能和作用。利润表是公司在一定期间生产经营成果的动态报告（一段录像），它显示了公司运用所拥有的资产投资获利的能力。利润表是通过一定期间的营业收入与其同一会计期间相关的营业费用进行配比，计算公司的净利润（或净亏损）。

（2）反映的内容。利润表反映的内容包括构成营业收入（主营业务收入和其他业务收入）的各项要素；构成营业利润的各项要素；构成利润总额（或亏损总额）的各项要素；构成净利润（或净亏损）的各项要素和每股收益。

2. 利润分配表

利润分配表是利润表的附表，它是显示公司在一定期间对实现净利润的分配或亏损弥补的会计报表。利润分配表反映的是利润表上的净利润的分配情况或亏损的弥补情况，同时也反映出利润分配的构成以及年末未分配利润的数额。

（三）现金流量表

1. 功能和作用

现金流量表是显示公司在特定时间内的现金收支状况，表明公司获得现金和现金等价物的能力。它是评估公司偿债能力和经营发展的基础。其中，应重点关注企业的融资结构、企业自有资金的比例和经营性现金流等。

2. 主要内容

（1）经营活动产生的现金流量。反映公司在不动用公司外部所筹资金的情况下，凭借经营活动产生的现金流量是否足以偿还负债、支付股利和对外投资。

（2）投资活动产生的现金流量。反映公司为获得未来收益和现金流量而导致资源转出的程度，以及以前因资源转出带来的现金流入的信息。

（3）筹资活动产生的现金流量。可帮助投资者和债权人预计对公司未来现金流量的要求权以及获得前期现金流入需付出的代价。

二、公司财务报表分析

（一）财务报表的分析方法

1. 比较分析法

（1）比较分析法是财务报表分析中使用的最基本的方法，它是对两个或几个有关的可比数据进行对比，以揭示财务指标的差异和变动关系。

（2）单个年度财务比率分析是指对公司一个会计年度内的财务报表各项目之间的比较，计算比率、判断年度内偿债能力、资产管理效率、经营效率及盈利能力等情况。

（3）对公司不同时期的财务报表的比较分析，可从一个较长时期来动态地分析公司持续经营能力、财务状况变动趋势和盈利能力。

（4）与同行业其他公司之间的财务指标比较分析，可以了解公司各项指标的优劣，并从中判断公司在行业中的地位，真正确定公司的投资价值。

2. 因素分析法

（1）比率因素分解法。比率因素分解法是指把一个财务比率分解为若干个影响因素的方法。例如，资产收益率可以分解为资产周转率和销售利润率两个比率的乘积。财务比率是财务报表分析的特有概念，财务比率分解是财务报表分析所特有的方法。

（2）差异因素分解法。这是另一种测定比较差异成因的定量分析方法。这种方法需要分别（或依次）用标准值（历史的、同行业企业的或预算的标准）替代实际值，以测定各因素对财务指标的影响。

在实际的分析中，分解法和比较法经常结合使用。比较之后需要分解，以深入了解差异的原因；分解之后还需要比较，以进一步认识其特征。不断的比较和分解，构成了财务报表分析的主要过程。

在财务报表分析中，除了普遍、大量地使用比较分析法和因素分析法之外，有时还需使用回归分析、模拟模型等技术方法。

（二）财务报表分析的原则

1. 坚持全面原则

财务分析中得出的任何一个比率都只能从某个角度或某个方面揭示公司的状况，而不足以为评价公司提供全面信息，但是某一指标的不足却可以由其他方面得到补充。所以，在对财务报表进行分析时必须坚持全面原则，要将所有的指标、比率都综合在一起才能得出对公司全面客观的评价。

2. 坚持考虑个性原则

一个行业的财务平均状况是行业内各公司的共性，但行业内各公司在具体的经营管理活动中采取的不同方式会直接体现在财务报表上。因此，必须坚持考虑个性原则，不能简单地与同行业公司直接比较。

3. 坚持逻辑思维原则

财务报表分析的起点是阅读财务报表，终点是作出某种判断（包括评价和找出问题），中间的财务报表分析过程是由比较、分类、类比、归纳、演绎、分析和综合等步骤和方法组成。其中，分析与综合是两种最基本的逻辑思维方法。因此，财务报表分析的过程也可以说是分析与综合的统一。

（三）财务报表分析应注意的问题

1. 数据是否准确、真实与可靠

财务报表按会计准则编制虽然规范，却不一定反映公司的客观实际。如报表数据未按通货膨胀或物价水平调整；有些数据（如无形资产摊销等）估计得未必正确；理论上科研开发与广告支出是资本支出，但却列入了当期费用；非流动资产余额（是按历史成本减折旧或摊销计算的）并不代表现行成本或变现价值；财产盘盈或坏账损失等或偶然事项可能扭曲本期净收益，凡此种种均会影响财务报表数据的准确性、真实性与可靠性。

相关资料

3－16　资讯：财务造假887亿元罚60亿元　潮汕夫妻被终身禁入

2. 分析结论是否有偏差

在分析公司财务比率指标进而对公司财务状况作出判断并得出结论时，如果公司经营环境和经营条件发生了变化，就必须对分析结果进行调整，因为此时公司原有的财务数据与新情况下的财务数据不具有直接可比性。如公司的经营方式由以批发销售为主变为以零售为主，则应收账款额会大幅下降，应收账款周转率加快，但这并不意味着公司应收账款的管理水平提高了；又如社会消费习惯改变后，公司产品不及时更新换代就可能失去一大部分市场，从而在现有基础上降低其盈利能力，这些都会影响分析结论的正确性。

相关资料

3－17 视频：定向增发

3. 增资行为的影响

公司增资行为会改变负债和所有者权益在公司资本总额中的相对比重，并相应影响公司的资产负债率和权益负债比率。如配股或增发新股会相应降低公司的资产负债率和权益负债比率，减少债权人的风险，增加股东的风险；发行债券将会相应提高公司的资产负债率并影响到公司的负债结构；向银行借款也会相应增加公司的资产负债率和权益负债比率。

【投资箴言】

我们喜欢一个具有持续竞争优势并且由一群既能干又全心全意为股东服务的人来管理的企业。当发现具备这些特征的企业而且我们又能以合理价格购买时，我们几乎不可能出错。

——巴菲特

三、公司财务比率分析

财务比率分析是指同一张财务报表的不同项目之间、不同类别之间，或在两张不同的财务报表（如资产负债表、利润表）的有关项目之间，用比率来反映它们之间的相互关系，以从中发现问题，并据以评价公司的财务状况和经营中存在的问题。由于报表使用者所站的角度不同，因此，在分析过程中所采用的方法也有所不同。债权人关心的是公司的偿债能力、获利能力和资产的流动性，而投资者更关注公司的获利能力和经营前景，公司的管理者则需要关心财务的一切方面，从而作出对公司发展有利的决策。

相关资料

3－18 资讯：平安银行的主要财务指标

财务比率分析涉及公司管理的各个方面，比率指标也特别多，大致可归为以下几大类：变现能力分析、营运能力分析、长期偿债能力分析、盈利能力分析等。

（一）变现能力分析

变现能力是公司产生现金的能力，它取决于可以在近期转变为现金的流动资产的多少，是考察公司短期偿债能力的关键。增强公司变现能力的因素包括：可动用的银行贷款指标、准备很快变现的长期资产、偿债能力的声誉。削弱公司变现能力的因素包括：未作记录的或有负债和由担保责任引起的负债。

1. 流动比率

流动比率可以反映公司的短期偿债能力，是流动资产除以流动负债的比值。其计算公式为：

$$流动比率 = \frac{流动资产}{流动负债} \times 100\% \quad （式3-1）$$

影响流动比率的主要因素有：营业周期、流动资产中的应收账款数额和存货的周转速度。

一般来说，流动比率越高越好；经验表明生产型公司合理的最低流动比率维持在2比较合适。通常，债权人可能偏好较高的流动比率；但从公司经营角度来看，过高的流动比率可能是由于存货积压所引起的，这非但不能偿付到期债务，而且还可能因存货跌价遭受损失，从而危及公司财务状况。过高的流动比率也可能是拥有过多的货币资金而未加以有效地运用，进而影响公司的盈利能力。因此，过高的流动比率并不意味着公司的财务状况良好。

【实战演练】

格力电器流动比率分析

根据格力电器（000651）和深康佳A（000016）两家白色家电公司2007—2016年的年度财务报告，可以分别获得两家公司各年度的流动资产与流动负债数值，并通过计算得出两家公司各年度的流动比率指标值。从这些数据可以得出格力电器的流动比率一直处于相对稳定的状态，但是流动资产和流动负债也每年以10%以上的速度在增加，同时从表3－5中也能看出格力电器的流动比率和速动比率相差不多，这说明公司的流动性非常好，存货积压少。

表3－5　　两家公司流动率对比表

年份	格力电器（000651）				深康佳A（000016）			
	流动资产（亿元）	流动负债（亿元）	流动比率（%）	速动比率（%）	流动资产（亿元）	流动负债（亿元）	流动比率（%）	速动比率（%）
2007	210.1	196.85	1.07	0.64	76.73	54.58	1.41	0.84
2008	232.77	229.55	1.01	0.76	89.29	64.74	1.38	0.94
2009	426.11	408.39	1.04	0.86	116.46	93.82	1.24	0.83
2010	545.33	496.75	1.1	0.81	141.73	116.01	1.22	0.86
2011	717.56	641.93	1.12	0.81	139.54	118.92	1.17	0.81
2012	850.88	788.3	1.08	0.84	133.04	117.57	1.13	0.77
2013	1 037.5	965.08	1.07	0.91	125.04	112.94	1.11	0.78
2014	1 201.43	1 083.89	1.11	1	128.7	113.17	1.14	0.71
2015	1 209.49	1 126.25	1.07	0.95	105.6	109.27	0.97	0.63
2016	1 429.11	1 268.76	1.13	1.02	134.08	136.49	0.98	0.61

而深康佳A（000016）的流动比率也保持在1附近，但是从表3－5中可以看出其流动比率呈现出逐年下降的趋势，当流动比率低于1时，一般认为这家公司的流动性是很差的，同时其流动资产和流动负债最近七八年几乎没有增长，速动比率也是呈逐年下降的趋势。

根据表3-5中的流动比率数值，可以看出，格力电器的流动比率从缓慢的下降趋势，到2014年出现拐点，均呈现上升趋势，其流动比率一直保持在较低水平。但是由于格力电器是家电的龙头企业，经过前些年的充分竞争，格力电器已经有了足够的话语权，所以当流动性不足的时候，它可以充分利用上下游企业作为短期资金的提供者。

但是也一定要关注其流动性不足所带来的投资风险。特别是在相关行业48家公司的指标对比中，格力电器的流动比率排名为第41位，排名处于较靠后的位置。同时行业的流动比率平均值为2，但是也要看到格力电器（000651）的流动比率多年来一直保持在1左右，这说明其经营较稳定。由于是龙头企业，其销售渠道、销售回款速度很快，能够产生充足的现金流量，以保证按期偿还流动负债。而且公司盈利能力非常强，能够快速产生较多的利润，足以保证还债能力。越是赚钱的公司，流动资产周转速度越快，流动资产占用资金量越小，流动比率反而越低，低于2甚至低于1。因此，流动比率是2的标准值，要区分公司，甚至要区分行业来看待。

而深康佳A（000016）的流动比率一直处于下滑的态势，其在白色家电这个大的品类中，一直处于较靠后的位置，甚至在细分领域彩电这个行业中也排名较差。这几年，深康佳A（000016）甚至出现了每股现金流负值的情况，虽然流动比率一般只是间接地影响公司的股价，但是当出现了这种极端的情况，还是会直接影响到其股价的走势。

（资料来源：雪球，2019年8月9日。）

2. 速动比率

速动比率是从流动资产中扣除存货部分再除以流动负债的比值。其计算公式为：

$$\text{速动比率}=\frac{\text{速动资产}}{\text{流动负债}}\times 100\%=\frac{\text{流动资产}-\text{存货}}{\text{流动负债}}\times 100\% \quad (\text{式}3-2)$$

把存货从流动资产总额中排除后计算出的速动比率能更真实地反映公司的偿债能力。一般认为，速动比率维持在1比较合适，这表明每1元的流动负债，就有1元容易变现的流动资产来抵借，短期偿债能力就有可靠保障。速动比率过高表明公司在速动资产上占用的资金过多，有可能增加企业投资的机会成本；过低，则表明公司的短期偿债风险较大。不同行业的速动比率有不同的标准，所以在分析速动比率时必须考虑行业的特点。影响速动比率的重要因素是应收账款的变现能力。

相关资料

3-19 实战：万科和鲁南置业公司速动比率分析

（二）营运能力分析

营运能力是指公司经营管理中利用资金运营的能力，一般通过公司资产管理比率来衡量，主要表现为资产管理及资产利用的效率。公司营运能力强，资金周转速度快，取得的利润就多，公司就有足够的资金偿还流动负债、借款和利息，即公司的偿债能力就强。

1. 存货周转率

（1）存货周转率和存货周转天数反映了公司存货的流动性（即存货周转速度），是衡量公司生产经营中存货营运效率的指标。在公司流动资产中存货所占的比重较大，因此存货的流动性将直接影响公司的流动比率。

（2）存货周转率是衡量和评价公司购入存货、投入生产、销售收回等各环节管理状况的综合性指标。其计算公式为：

$$存货周转率=\frac{主营业务成本}{平均存货}（次） \quad （式3-3）$$

$$存货周转天数=\frac{360（天）}{存货周转率} \quad （式3-4）$$

$$存货周转天数=\frac{360天}{存货周转率}（天） \quad （式3-5）$$

公式中的“主营业务成本”数据来源于利润表；“平均存货”数据来源于资产负债表中的“存货”期初数与期末数的平均数。

通常，存货周转率越快越好，说明存货在公司停留的时间越短，存货占用的资本越少，公司的存货管理水平就越高。如果存货周转率放慢，则表明公司存货中残次商品增多，不适销对路；或者表明公司有过多的流动资本在存货上滞留下来，不能更好地用于业务经营。反之，太高的存货周转率则可能是存货水平太低或库存经常中断的结果，公司也许会因此而丧失了某些生产或销售机会。

【实战演练】

海康威视和大华股份存货周转率指标分析

1. 财务数据分析

根据海康威视（002415）和大华股份（002236）2007—2017年的年度财务报告，可以分别获得两家公司各年度的主营业务成本和存货期初余额和期末余额，并通过计算得出两家公司各年度的存货平均余额和存货周转率的指标值，如表3-6所示。

表3-6　两家公司存货周转率对比表

年份	海康威视（002415）			大华股份（002236）		
	主营业务成本（亿元）	存货平均余额（亿元）	存货周转率（%）	主营业务成本（亿元）	存货平均余额（亿元）	存货周转率（%）
2007	6.1	1.79	3.4	2.38	0.81	2.94
2008	8.57	2.21	3.88	3.87	1.17	3.31
2009	10.07	3.06	3.29	5.12	1.87	2.74
2010	17.44	5.09	3.78	8.6	3.04	2.83
2011	26.34	6.97	3.78	12.73	4.9	2.6
2012	36.65	8.94	4.1	20.24	6.58	3.08
2013	56.29	12.24	4.6	30.93	8.51	3.63
2014	95.78	18.61	5.15	45.35	11.26	4.03
2015	151.37	25.56	5.92	63.27	13.9	4.55
2016	186.53	33.25	5.61	83.03	18.62	4.46
2017	234.67	43.85	5.35	116.39	25.06	4.64

从表3-6中可以看出，2007—2017年，海康威视（002415）的主营业务成本一直是上升的，其存货平均余额也一直在递增，存货周转率也有较大的提高。

大华股份（002236）的主营业务成本和存货平均余额也在递增，2007—2017年，存货周转率大幅增加，但是从其规模来看，大华股份的规模小于海康威视的规模，海康威视处于龙头地位，其存货周转率也小于海康威视的存货周转率。

2. 主营业务成本分析

根据表3-6中海康威视（002415）和大华股份（002236）2007—2017年主营业务成本，可以绘制出两家公司的折线图，如图3-13所示。从折线图中可以看出，2007年海康威视和大华股份的规模相差不大，但是经过几年的竞争，甚至是10年之后，海康威视实现了一个快速的上涨，2007—2017年虽然大华股份也有较大涨幅，但是海康威视的涨幅已经远远超过了大华股份。

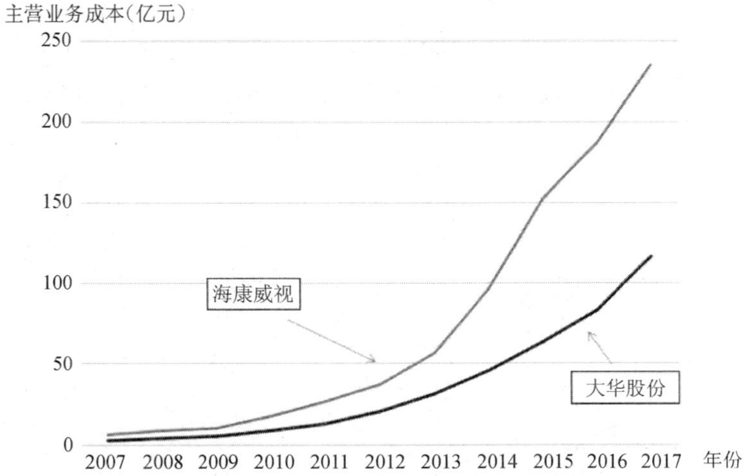

图3-13 海康威视（002415）和大华股份（002236）2007—2017年主营业务成本折线图

3. 存货平均余额分析

根据表3-6中海康威视（002415）和大华股份（002236）2007—2017年存货平均余额，可以绘制出折线图，如图3-14所示。从折线图中可以看出，海康威视的存货平均余额一直多于大华股份的存货平均余额，而且结合其主营业务成本的走势图，可以发现，两者的走势有相似之处，原因就是存货中的产成品结转成本后计入了主营业务成本。走势一致说明公司的销售状况较好。

4. 存货周转率分析

根据表3-6中海康威视（002415）和大华股份（002236）2007—2017年存货周转率，可以绘制出折线图，如图3-15所示。从图中可以看出，海康威视的存货周转率一直大于大华股份的存货周转率，2017年虽然海康威视的存货周转率有所下降，但是仍高于大华股份的存货周转率。海康威视存货周转率快，存货周转天数更少，说明公司产品更加畅销，周转效率更高。

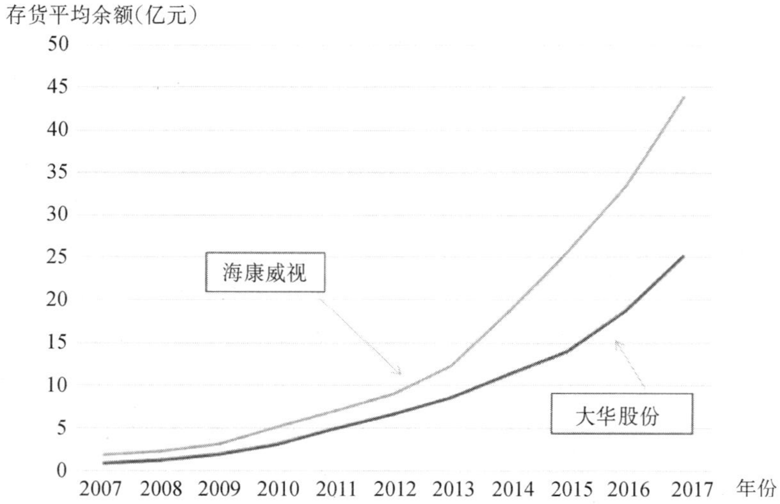

图 3-14　海康威视（002415）和大华股份（002236）2007—2017 年存货平均余额折线图

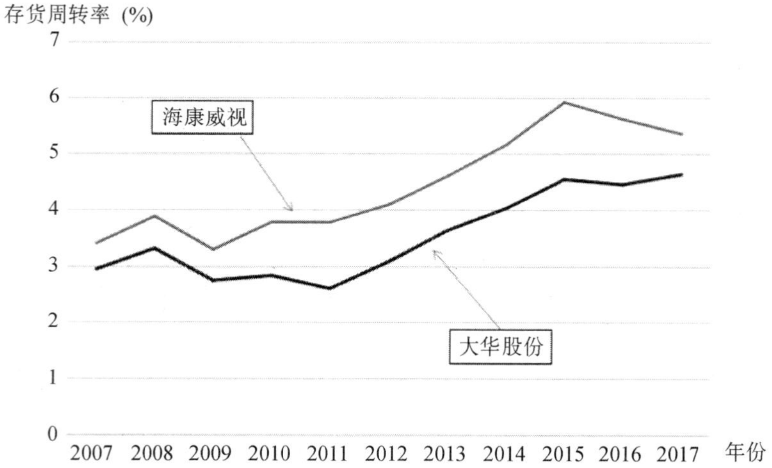

图 3-15　海康威视（002415）和大华股份（002236）2007—2017 年存货周转率折线图

5. 股价走势分析

图 3-16 和图 3-17 所示为海康威视（002415）和大华股份（002236）2007—2017 年日 K 线图，从图 3-16 中可以看出，海康威视（002415）的股价经过新股发行期后，出现了大幅回落调整，之后一直处于横盘震荡，股价再也没有达到过新股发行的水平。所以这也是为什么除了新股发行，建议购买上市 5 年以上的公司股票的原因。市场是极其复杂的，所以当分析一家公司时，一定要综合分析，而不能孤立地只看存货周转率一个指标。

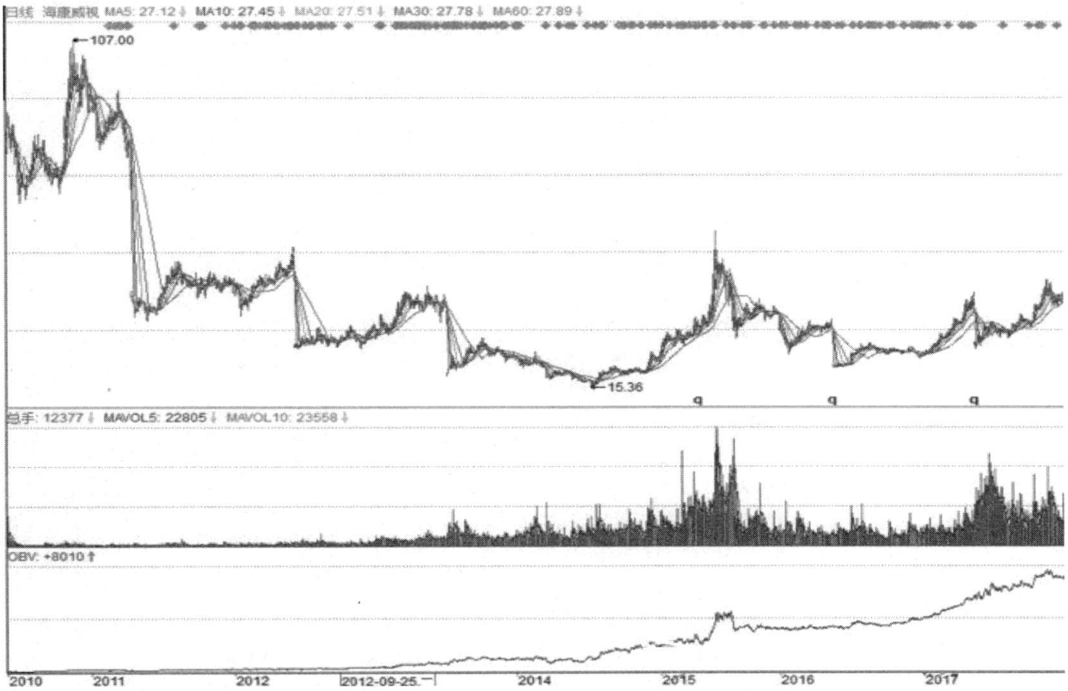

图 3-16 海康威视（002415）2010—2017 年日 K 线图

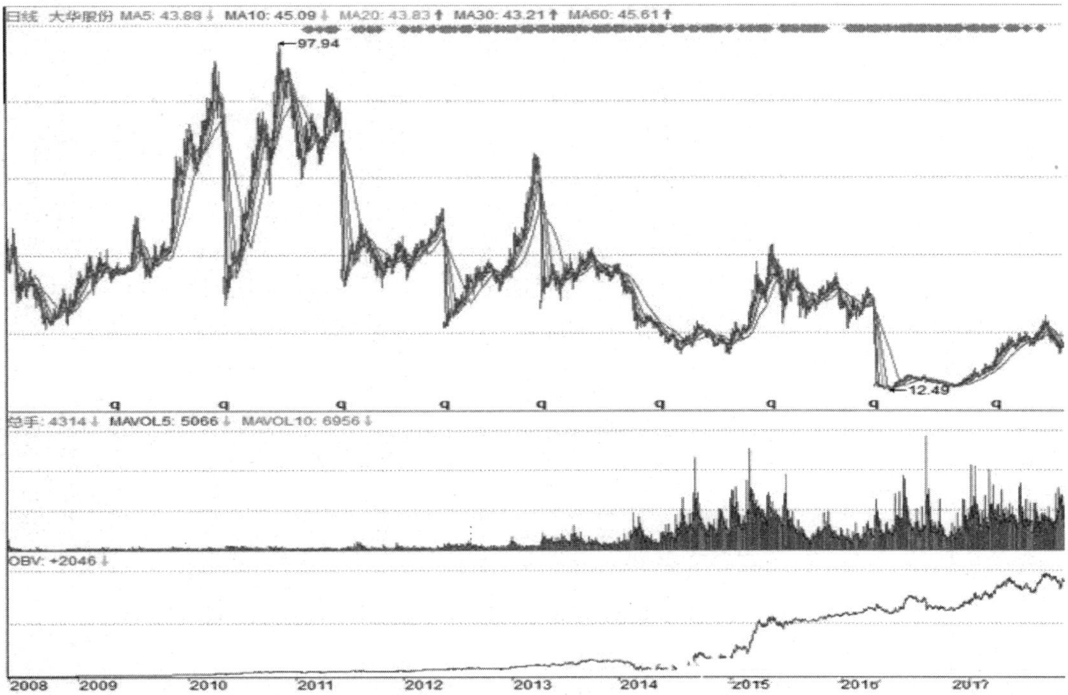

图 3-17 大华股份（002236）2008—2017 年日 K 线图

> 从图3－17中可以看出，大华股份（002236）也是处于震荡下降的趋势，一般像行业龙头海康威视若是下跌的话，那么其他的公司也会下跌，至少从长期来看，走势基本是一致的。若是从存货周转率指标来看，大华股份的存货周转率不及海康威视，但是当对比两家公司的优劣时，要结合其他的指标横向分析或者是公司自身的纵向分析，才能作出合理的判断。
>
> （资料来源：雪球，2019年8月19日。）

2. 应收账款周转率

应收账款和存货一样，在流动资产中有着举足轻重的作用。及时收回应收账款，不但能增强公司的短期偿债能力，而且能反映公司管理应收账款的效率。应收账款周转率是公司一定时期内赊销收入净额与应收账款平均余额的比率，其计算公式为：

$$应收账款率=\frac{赊销收入净额}{应收账款平均余额}（次）\qquad（式3－6）$$

式中，

赊销收入净额＝销售收入－现销收入－销售退回、折扣、折让

$$应收账款平均余额=\frac{应收账款期初余额+应收账款期末余额}{2}$$

应收账款周转率反映了应收账款转化为货币资本的平均次数。一般来说，应收账款周转率越高越好，收账速度越快，发生坏账的可能性就越小。

相关资料

3－20　实战：伊利股份和天润乳业公司应收账款周转率分析

3. 流动资产周转率

流动资产周转率是指公司主营业务收入与全部流动资产平均余额的比值，是衡量公司短期资产利用效率的指标。其计算公式为：

$$流动资产周转率=\frac{主营业务收入}{流动资产平均余额}（次）\qquad（式3－7）$$

$$其中，流动资产平均余额=\frac{流动资产期初余额+流动资产期末余额}{2}$$

流动资产周转率是分析流动资产周转情况的一个综合性指标，这一指标越高，说明流动资产周转速度越快，这样，可以节约流动资产，有利于公司扩大资产投入，增强公司的盈利能力。

相关资料

3－21　实战：片仔癀和马应龙公司流动资产周转率指标分析

4. 总资产周转率

总资产周转率是销售收入与平均资产总额的比值，它反映公司总资产的周转速度。其计算公式为：

$$总资产周转率=\frac{销售净收入}{平均资产总额}（次）\qquad（式3－8）$$

式中，“平均资产总额”是资产负债表中的“资产总计”期初数与期末数的平均数。

相关资料

3－22　实战：福耀玻璃和潍柴动力公司总资产周转率分析

从理论上说，总资产周转率越快，资产管理效率越高。实际上，这一指标的大小与行业性质密切相关，通常资本密集性行业周转率较低，劳动密集型行业周转率较高。因此，应将公司的总资产周转率与行业平均的周转率进行比较，以

判断公司资产的使用效率。

（三）长期偿债能力分析

长期偿债能力是指公司偿付到期长期债务的能力，通常以反映债务与资产、净资产关系的负债比率来衡量。反映长期偿债能力的财务指标主要有资产负债率、产权比率、利息保障倍数。

1. 资产负债率

资产负债率是公司的全部负债与全部资产的比值，因其反映了债权人所提供的资本占全部资本的比例，所以又称举债经营比率。资产负债率表明公司资产总额中，由债权人提供的资金所占比重以及公司的资产对债权人权益的保障程度。其计算公式为：

$$资产负债比率=\frac{负债总额}{资产总额}\times 100\% \quad （式 3-9）$$

相关资料

3-23 实战：晨鸣纸业和华泰股份资产负债率指标分析

从债权人的角度来看，如果股东提供的资本占公司资本总额的比例较小，则公司的风险将主要由债权人承担，因此，负债比率越低，对债权人越有利；从股东的角度来看，债权人与股东投入的资金在公司生产经营中发挥同样的作用，所以只要总资产收益率高于借贷利率，则负债比率越高，股东权益就越大；从经营者的角度来看，举债经营体现了公司的经营活力，但举债过多（财务不稳定、偿债困难）或举债不足（缺乏经营魄力）都将不利于公司的经营；从财务管理的角度来看，公司应审时度势、全面考虑，充分合理地利用财务杠杆，在权益资本与借入资本之间权衡利弊。

2. 产权比率

产权比率是指负债总额与股东权益总额的比值，又称债务股权比率，它反映由债权人提供的资本与股东提供的资本的相对关系，也反映公司基本财务结构的稳定程度。其计算公式为：

$$产权比率=\frac{负债总额}{股东权益}\times 100\% \quad （式 3-10）$$

相关资料

3-24 实战：涪陵榨菜和贵糖股份公司产权比率分析

该比率越低，表明公司的长期偿债能力越强，债权人贷款的安全程度越有保证，公司的财务风险越小。

3. 利息保障倍数

利息保障倍数是指公司一定时期息税前收益与利息费用的比率，主要用于分析公司在一定盈利水平下支付债务利息的能力。其计算公式为：

$$利息保障倍数=\frac{息税前利润}{利息费用} \quad （式 3-11）$$

式中的息税前利润是指支付利息和所得税前的利润；利息费用是指计算期发生的费用化利息和资本化利息。

为了了解公司借入资本占全部资本的比例并以此判断其投入资本的风险，债权人可以同时分析、计算资产负债率和利息保障倍数这两个指标。

利息保障倍数是公司营业利润弥补利息费用的背书，即公司税前利润为所需支付的债务利息的多少倍。这一比率越高，说明公司的收益为支付债务利息提供的保障程度越高；如果利息保障倍数较低，则说明公司的利润难以为支付利息提供充分保障，就会使公司失去对债权人的吸引力。该比率至少应大于1，否则公司就不能举债经营。

【实战演练】

保利地产（600048）和世贸股份（600823）利息保障倍数分析

根据保利地产（600048）和世贸股份（600823）2007—2017年的年度财务报告，可以分别获得两家公司各年度的息税前利润和利息费用数值，并通过计算可以得出两家公司各年度利息保障倍数指标值，如表3－7所示。从表中可以看出，保利地产（600048）的息税前利润在逐年增加，利息费用也在逐年递增，而利息保障倍数则逐年递减，2015—2017年趋于稳定。资产负债率基本保持在70%以上。世贸股份（600823）的息税前利润每年也在递增，但是增长幅度远低于保利地产（600048），利息费用并没有随着规模的扩大而显著增加，利息保障倍数基本上每年都在递增，且大于保利地产的利息保障倍数，资产负债率保持在60%多，比保利地产的资产负债率低。

表3－7　保利地产（600048）和世贸股份（600823）利息保障倍数对比

年份	保利地产（600048）				世茂股份（600823）			
	息税前利润（亿元）	利息费用（亿元）	利息保障倍数	资产负债率（%）	息税前利润（亿元）	利息费用（亿元）	利息保障倍数	资产负债率（%）
2007	23.71	(－0.32)	74.09	68.61	4.39	0.69	6.36	50.03
2008	39.9	(－0.33)	120.9	70.78	1.57	0.24	6.54	49.97
2009	53.13	(－0.66)	80.5	69.98	3.6	0.44	8.18	56.22
2010	73.03	(－1.02)	71.6	78.98	16.62	1.61	10.32	60.76
2011	104.64	3.9	26.83	78.43	18.27	1.02	17.91	60.85
2012	144.24	8.92	16.17	78.19	19.65	0.84	23.39	62.38
2013	170.88	9.86	17.33	77.97	24.88	0.67	37.13	67.79
2014	203.03	12.71	15.97	77.89	35.51	0.63	56.37	65.98
2015	252.29	23.28	11.29	75.95	40.68	0.99	41.09	58.68
2016	255.45	22.34	11.43	74.76	38.31	0.6	63.85	62.11
2017	280.91	23.92	11.74	77.28	54.34	1.25	43.47	62.33

根据表3－7中保利地产（600048）和世贸股份（600823）2007—2017年的息税前利润数值，可以看出，保利地产（600048）的息税前利润2007—2017年实现了稳定而又较快增长，而世茂股份（600823）2007—2017年息税前利润虽然也有所增长，但是增幅远低于保利地产（600048）。2007—2017年是地产行业发展的黄金10年，而世贸股份（600823）的业务规模并没有发展起来，这样的增幅是非常低的。

世贸股份（600823）的利息保障倍数一直在提高，同时也结合其息税前利润和利息费用来展开分析，世茂股份的息税前利润2007—2017年间增长了49.95亿元，利息费用增长了0.56亿元。虽然其利息费用增幅远小于保利地产（600048），但是同时其息税前利润的增长幅度也远小于保利地产。

图3－18所示为保利地产（600048）2007—2017年日K线图，从图中可以看出保利地产（600048）的股价从2007年的最高点一直在回落，到2017年保利地产的股价一直在低位震荡。其股价可能也与利息保障倍数的下降有关，其利息保障倍数也从

2008 年的最高点一直下降到现在，在 2015 年保持在 11 倍左右。其利息保障倍数指标的走势与股价的涨跌有相似之处。从长期来看，公司的股价与一些关键的财务指标走势可能相似，但是在短期内，公司股价不只受到各种因素影响，还会受到市场情绪的影响，却并不一定能够反映公司的经营状况。

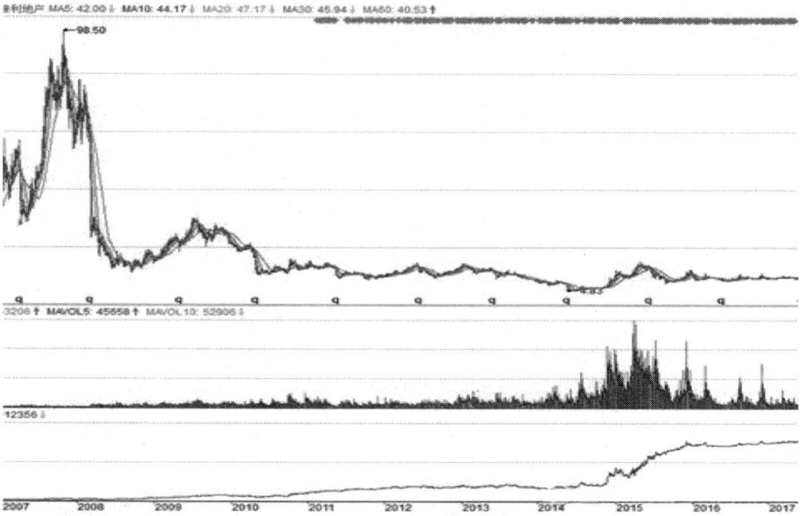

图 3－18 保利地产（600048）2007—2017 年日 K 线图

图 3－19 所示为世茂股份（600823）2007—2017 年日 K 线图，从图中可以看出其股价除 2015 年受市场的影响且有较大的涨幅外，从 2007 年开始也在震荡中处于下行，其利息保障倍数在 2016 年达到了峰值，2017 年又较 2015 年有所下降，虽然各项经营指标向好，股价也创新高，但是有时候市场并不认同，反而被错杀，导致股价不振，所以我们在分析利息保障倍数时，一定要结合其他指标来分析。

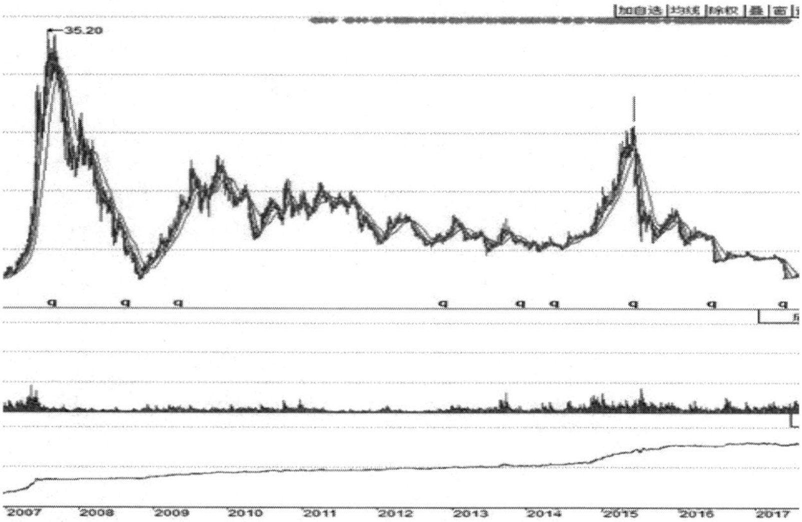

图 3－19 世贸股份（600823）2007—2017 年日 K 线图

（四）盈利能力分析

盈利能力分析是财务比率分析的核心，盈利能力就是公司赚取利润的能力。一般来说，公司的盈利能力只涉及正常的营业状况。非正常的营业状况也会给公司带来收益或损失，但这只是特殊情况下的个别情况，不能说明公司的能力。反映公司盈利能力的指标有很多，通常使用的主要有销售毛利率、销售净利率、资产净利率、净资产收益率。

1. 销售毛利率

销售毛利率是指公司的毛利额与销售净收入的比率，它表示每 1 元销售收入扣除销售成本后，有多少可以用于支付各项期间费用和形成盈利，是衡量盈利能力最核心的指标，其计算公式为：

相关资料

3－25 实战：贵州茅台和皇台酒业公司销售毛利率分析

$$\text{销售毛利率} = \frac{\text{毛利额}}{\text{销售收入}} \times 100\% \qquad \text{（式 3－12）}$$

其中，毛利额 = 销售净收入 − 销售成本 = 营业收入 − 营业成本

销售收入 = 销售收入 − 销售退回、折扣、折让

销售毛利率反映公司的初始盈利能力，毛利率越大，说明在销售收入中销售成本所占比重越小，公司通过销售获取利润的能力越强，公司产品竞争力就越强。

2. 销售净利率

销售净利率是指净利占销售收入的百分比，它表示每 1 元销售收入获得的净利润，反映出销售收入的收益水平。其计算公式为：

相关资料

3－26 实战：同仁堂和九芝堂公司销售净利率分析

$$\text{销售净利率} = \frac{\text{净利润}}{\text{销售收入}} \times 100\% \qquad \text{（式 3－13）}$$

销售净利率反映每百元销售收入中创造的净收益，销售净利率越大，公司的盈利能力越强。

3. 资产净利率

资产净利率是公司净利润与平均资产总额的百分比，它反映公司资产利用的综合效果。其计算公式为：

相关资料

3－27 实战：上汽集团和广汽集团资产净利率分析

$$\text{资产净利率} = \frac{\text{净利润}}{\text{平均资产总额}} \times 100\% \qquad \text{（式 3－14）}$$

资产净利率是一个综合指标，公司资产是举债或由投资人投资形成的，净利润的多少与公司的经营效益、资产结构和经营管理水平密切相关。影响资产净利率的主要因素有：产品价格、单位成本、产品产量和销售数量、资金占用量等。

4. 净资产收益率

净资产收益率是净利润与期末所有者权益（年末净资产）的百分比，它既是反映公司所有者权益的投资报酬率指标，也是一个综合性很强的盈利能力指标。其计算公式为：

$$\text{净资产收益率} = \frac{\text{净利润}}{\text{年末净资产}} \times 100\% \qquad \text{（式 3－15）}$$

站在公司所有者的立场，净资产收益率越高，表明公司的经营管理和投资管理水平越高，公司利用资本的能力越强，资本报酬率越高，股东权益越大。

【实战演练】

中国平安净资产收益率指标分析

1. 财务数据分析

根据中国平安（601318）和中国太保（601601）2007—2017 年公布的年度财务报告，可以分别得出两家上市公司各年度的净利润和平均股东权益，并通过计算获得两家公司各年度的净资产收益率，如表 3－8 所示。

表 3－8　　两家公司总资产收益率对比表

年份	中国平安（601318）			中国太保（601601）		
	净利润（亿元）	平均股东权益（亿元）	净资产收益率（%）	净利润（亿元）	平均股东权益（亿元）	净资产收益率（%）
2007	150.86	779.22	19.36	68.93	382.94	18
2008	14.18	881.89	1.61	25.69	562.21	4.57
2009	138.83	794.51	16.84	73.56	623.97	11.79
2010	173.11	1 043.13	16.6	85.57	786.12	10.89
2011	194.75	1 441.13	13.51	83.13	798.03	10.42
2012	200.5	1 904.96	10.53	50.77	878.12	5.78
2013	281.54	2 246.77	12.53	92.61	989.78	9.36
2014	392.79	2 967.61	13.24	110.49	1 097.91	10.06
2015	542.03	3 836.94	14.13	177.28	1 274.39	13.91
2016	623.94	4 500.16	13.86	120.57	1 352.23	8.92
2017	890.88	5 371.89	16.58	146.62	1 379.41	10.63

从表 3－8 中可以看出，中国平安（601318）的净利润增幅较大，平均股东权益增长也较快，10 年间增长了 4 592.67 亿元。由于计算的是其基本的净资产收益率，并没有考虑其他因素对净资产收益率的影响，所以按照加权以后的股东权益计算的净资产收益率，中国平安的净资产收益率还要高。中国平安是一家非常优秀的公司。从数据中可以看出，中国太保的净资产收益率只有几年保持在了 10% 以上，净利润与中国平安也差了几个量级，从这个数据可以看出哪家公司是行业龙头。

相关资料

3－28　实战：手把手教你读年报

2. 净利润分析

根据表 3－8 中中国平安（601318）和中国太保（601601）2007—2017 年各年度的净利润数值，可以绘制出两家公司的折线图，如图 3－20 所示。从折线图中可以看出，中国平安的净利润增幅较大，很多财务指标的计算都会考虑到净利润的影响，净资产收益率只是其中之一。从净利润的绝对数值能够看出一家公司是不是龙头公司，从图 3－20 中可以看出，中国太保的净利润增幅不如中国平安的净利润增幅。随着经济的发展，人们生活水平的提高，对保险的需求也到了一个井喷期，所以保险需求的旺盛，以及保险公司投资管理能力的提升，都导致了中国平安净利润的增加。

图 3-20　中国平安（601318）和中国太保（601601）2007—2017 年净利润折线图

3. 股东权益分析

根据表 3-8 中中国平安（601318）和中国太保（601601）2007—2017 年各年度的净利润数值，可以绘制出两家公司的折线图，如图 3-21 所示。从折线图中可以看出，中国平安的股东权益增幅较大，当然中国太保的股东权益也有较大增幅，只是增幅不如中国平安。股东权益的组成部分为股本、资本公积、盈余公积以及未分配利润等。当股东权益增幅较大，而股本又变化较小时，说明公司的股东权益增长为内生性增长。从图 3-21 中可以看出，中国平安的平均股东权益实现了指数级的增长，这样的增长靠股本的扩张是难以实现的。

相关资料

3-29　实战：半年报解读—张江高科：营收结构转变，产业投资风险凸显

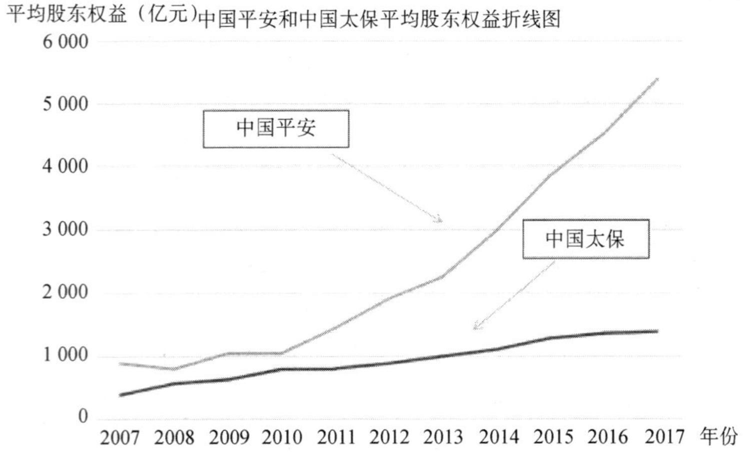

图 3-21　中国平安（601318）和中国太保（601601）2007—2017 年平均股东权益折线图

4. 净资产收益率分析

根据表3－8中中国平安（601318）和中国太保（601601）2007—2017年各年度的净利润数值，可以绘制出两家公司的折线图，如图3－22所示。从折线图中可以看出，中国平安（601318）的净资产收益率从2009年开始全面超过中国太保，数值一直保持在其上面。从长期来看，一家公司的投资收益率会贴近其资本的累积速度，即净资产收益率水平的高低。从图3－22中可以看出，中国太保的净资产收益率波动较大，说明其经营的稳定性较差。一家公司的净资产收益率最好是一直保持在一定的水平之上，而且能够持续的改善，对于这样的公司，是投资者最值得投资的。很显然，仅从净资产收益率的角度来分析公司时，中国平安的投资价值大于中国太保的投资价值。

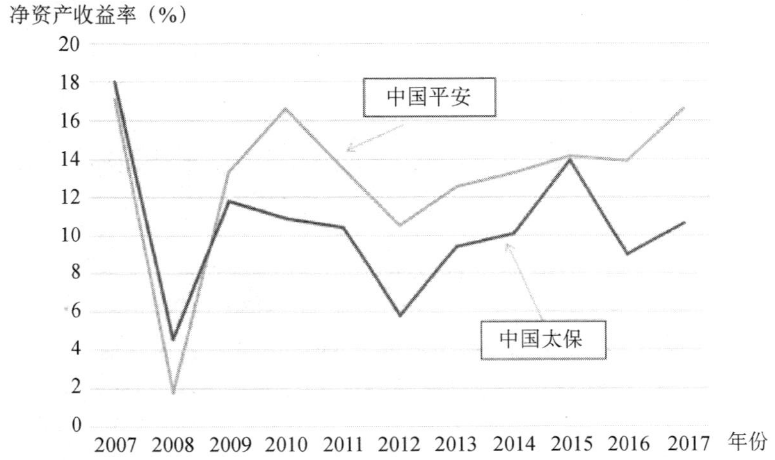

图3－22　中国平安（601318）和中国太保（601601）2007—2017年净资产收益率折线图

5. 股价走势分析

图3－23所示为中国平安（601318）2007—2017年股价日K线图，从图中可以看出，中国平安的股价除去2007年和2015年的牛市外，基本上处于横盘状态，只有到了2017年以后，股价才开始有了大幅的上涨。但股价走势会受到多种因素的影响，包括政策面、资金面、基本面等因素，而价值投资就是用4角买价值1元的东西，因为认可公司的价值，而选择坚守，无论市场对其估值如何，都相信自己是对的。从净资产收益率的角度来看，从2012年之后，中国平安的净资产收益率保持在较高水平，但是其股价走势并没有改善。

中国太保（601601）的净资产收益率水平虽然不如中国太保，但是看其股价走势（见图3－24），却比中国平安的股价走势坚挺，这从一个侧面说明净资产收益率虽然在长期能够影响公司的股价，但是在短期内，公司的股价不只受净资产收益率的影响，还会受到多种因素的影响。未来不仅保险行业的规模快速的扩张，而且由于人们保险意识的增强，以及老龄化的加速，人们开始意识到保险对于人生保障的重要性，必将迎来行业的重大机遇期，而在资本市场上也会有所反应，现在A股市场上只有6家保险公司，投资价值非常易于辨别。

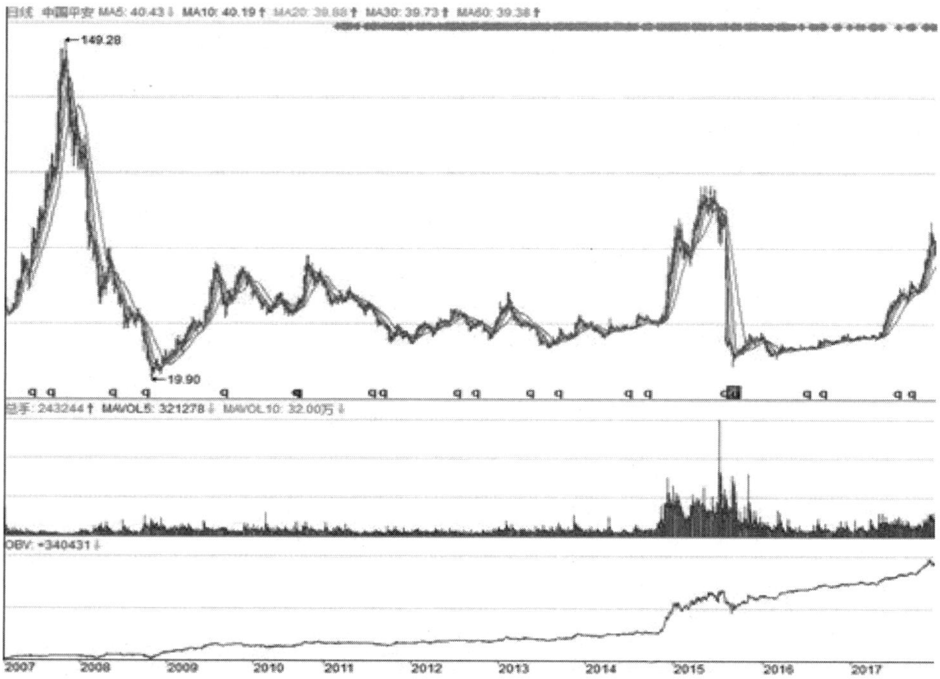

图 3-23　中国平安（601318）2007—2017 年日 K 线图

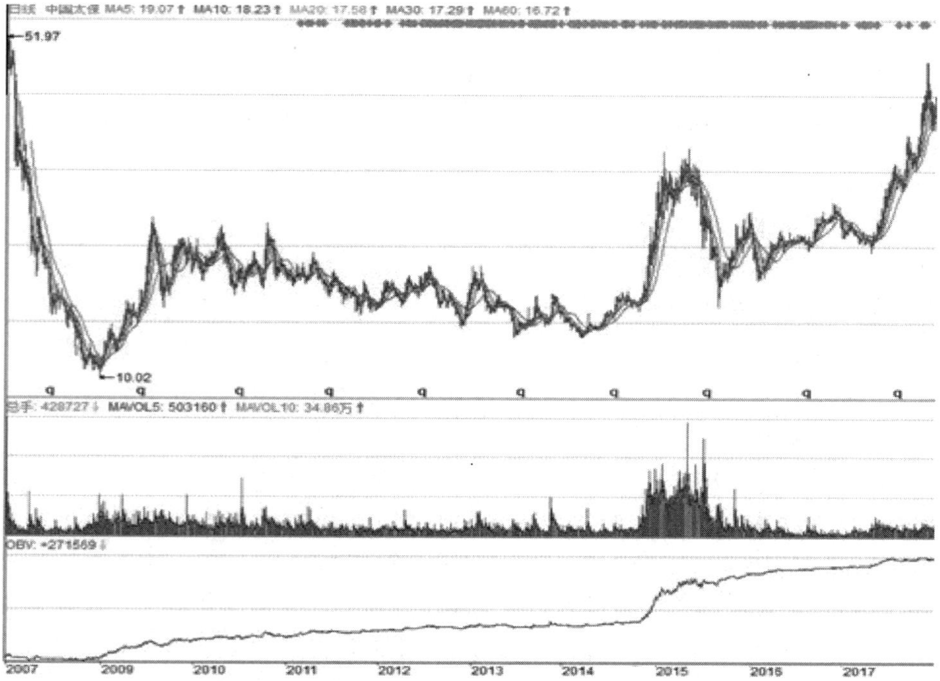

图 3-24　中国太保（601601）2007—2017 年日 K 线图

（资料来源：雪球，2019 年 9 月 2 日。）

【技能训练】

在你的自选股中找出一家上市公司，通过最近一年的年报，分析其变现能力、营运能力、长期偿债能力、盈利能力如何。

项目小结

本项目主要按照从上到下的步骤分别从宏观经济分析、中观行业分析、微观公司分析等3个层次介绍了证券投资的基本分析方法，通过宏观经济分析把握总体投资形势和投资背景条件，通过中观行业分析判断行业、产业发展前景对证券价格的影响因素，微观公司分析则通过经营管理水平、科技研发能力、产品竞争能力等因素帮助投资者作出具体的投资决策。同时重点介绍了上市公司财务报表的分析方法，从而达到本项目的学习目的。

思考与练习

一、单项选择题

1. 下列不属于基本分析或基本面分析的是（　　）。

A. K线趋势　　B. 宏观经济和证券市场运行状况

C. 行业前景　　D. 公司经营状况

2. 中央银行调整基准利率的高低，会对证券价格产生影响。利率下降时，股票价格就必定（　　）。

A. 上升　　B. 下降

C. 不变　　D. 不确定

3. 以下哪种货币政策对证券市场影响最为直接和迅速？（　　）

A. 存款准备金率　　B. 贴现率调整

C. 公开市场业务　　D. 利率

4. 下列反映公司偿债能力的指标是（　　）。

A. 存货周转率　　B. 销售净利率

C. 流动比率　　D. 资产负债率

5. 行业的生命周期对股票投资有很强的影响，一般来说，行业的生命周期可以划分为（　　）。

A. 增长型、周期型和防御型

B. 完全竞争、垄断竞争、寡头垄断和完全垄断

C. 繁荣期、衰退期、复苏期和萧条期

D. 初创期、成长期、成熟期和衰退期

6. 下列反映公司盈利能力的指标是（　　）。

A. 净资产收益率
B. 存货周转天数
C. 固定资产周转率
D. 资产负债比率

7. 钢铁、汽车和石油等行业属于那种市场类型？（　　）
A. 完全垄断
B. 寡头垄断
C. 垄断竞争
D. 完全竞争

8. 周期型行业的运动状态直接与经济周期相关，这种相关性呈现（　　）。
A. 正相关
B. 负相关
C. 不相关
D. 不完全相关

9. 进入（　　）的行业市场已被少数资本雄厚、技术先进的大厂商控制，各厂商分别占有自己的市场份额，整个市场的生产布局和份额在相当长的时期内处于稳定状态。
A. 幼稚期
B. 成长期
C. 成熟期
D. 衰退期

10. 经济繁荣时期投资者应选择（　　）行业进行投资。
A. 增长型
B. 周期型
C. 防御型
D. 幼稚型

二、多项选择题

1. 下列指标中反映公司营运能力的是（　　）。
A. 应收账款周转率
B. 净资产收益率
C. 存货周转率
D. 流动资产周转率

2. 行业分析主要分析（　　）的影响。
A. 行业所属的不同市场类型
B. 区域经济因素
C. 所处的不同生命周期
D. 行业的业绩

3. 货币政策中的一般性政策工具包括（　　）。
A. 存款准备金率
B. 再贴现率
C. 公开市场业务
D. 同业折借利率

4. 宏观经济运行对证券市场的影响主要表现在（　　）方面。
A. 企业经济效益
B. 居民收入水平
C. 投资者对股价的预期
D. 资金成本

5. 分析公司产品的竞争能力，需要分析的内容是（　　）。
A. 行业优势
B. 成本优势
C. 技术优势
D. 质量优势

三、判断题

1. 处于产业生命周期幼稚期阶段的企业适合机构投资者投资，不适合个人投资者。（　　）

2. 如果 GDP 增长，证券市场就必将出现上升走势。（　　）

3. 根据资产负债表确定的流动比率是现金流量和债务的比率，能更好地反映公司长期偿还债务的能力。（　　）

4. 中央银行提高法定存款准备金率会起到降低通货膨胀压力的效果。 ( )
5. 证券投资基本分析与技术分析的理论依据和研究对象是一致的。 ( )

四、简答题

1. 试述财政政策的种类及其对证券市场的影响。
2. 行业分析应该从哪些方面着手?
3. 简述不同行业的股票投资策略。
4. 简述“五力理论”的主要内容。
5. 公司基本素质分析包括哪些方面?
6. 进行公司经营管理能力分析包含哪些内容?
7. 公司财务比率分析有哪些?

五、分析讨论

登录东方财富网——数据中心，选择一只股票，查询其最新的年报财务数据，分析其变现能力、营运能力、长期偿债能力、盈利能力。

项目四
技术分析

【项目目标】

1. 知识目标：

□ 掌握K线分析、切线分析、形态分析3种技术分析方法

2. 技能目标：

□ 能够运用K线分析、切线分析、形态分析对大盘K线和个股进行分析

3. 情感目标：

□ 树立正确的证券投资观

□ 养成良好的投资习惯

【案例导入】

头肩顶形态

2018年12月17日，创业板指数下跌，失守颈线1 926点，头肩顶模式成立（见图4－1），预期未来将继续下跌，下跌的目标是1 184点附近。

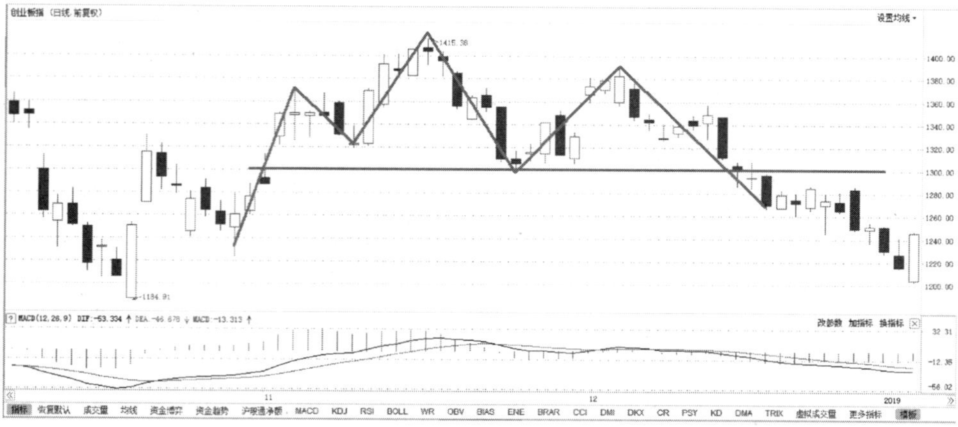

图4－1　头肩顶形态

（资料来源：东方财富，经编者整理。）

讨论：（1）什么是头肩顶形态？
（2）为什么头肩顶形态意味指数将继续下跌？

模块1　掌握K线分析

一、K线分析的概念及意义

K线分析是目前最常用的技术分析方法之一。由于它的形状像蜡烛，又称蜡烛图，也称蜡烛曲线图。由于英文“蜡烛（Candle）”与“曲线（Curve）”前面的发音都发“K”的音，因此，简称为K线图。

“K线”据说起源于日本德川幕府时代，大阪米市一位叫本间宗久的商人用它来记录一天或一周当中市场行情的价格波动变化。

【知识链接】

本间宗久

日本江户时代的大米商，也是日本传统著名的相场师之一，相当于现在所称的投资师或投机大师。他眼光精准，擅长技术分析，是日本技术分析先驱，被誉为“市场之神”，其著作《酒田战法》《风林火山》被视为现代日本蜡烛图技术的起源。本间宗久被认为是K线理论的创始人。

K线是将证券在一定时间的价格变动情况用图形表示，并依照形状判断价格未来走势的一种方法。在股票市场上，多头和空头相互博弈，K线就是以图形的方式描述多空双方的实战结果。

K线分析是证券投资技术分析中最基本的方法，它反映了股价变动的基本情况，是其他技术分析的起点和基础。

二、K线的画法和基本形状

K线是一条柱状的线条，由影线和实体组成。影线在实体上方的部分叫上影线，下方的部分叫下影线。实体分为阳（红）线和阴（黑）线，阳（红）线实体部分一般绘成红色或空白，阴（黑）线实体部分一般绘成绿色或黑色。

K线记录某证券一段时间内价格的变动情况，主要体现在4个价格上，即开盘价、收盘价、最高价、最低价。

绘制K线时，将开盘价到收盘价之间用矩形表示并组成实体。若收盘价比开盘价高，实体为阳线，用红色表示；若收盘价比开盘价低，实体为阴线，用绿色表示；若最高价高于开盘价和收盘价，用一条线将开盘价或收盘价与最高价连接，称为上影线，表示最高曾达到的价位；若最低价比开盘价或收盘价低，也用一条线将开盘价或收盘价与最低价连接，即下影线，表示最低曾达到的价位，如图4－2所示。

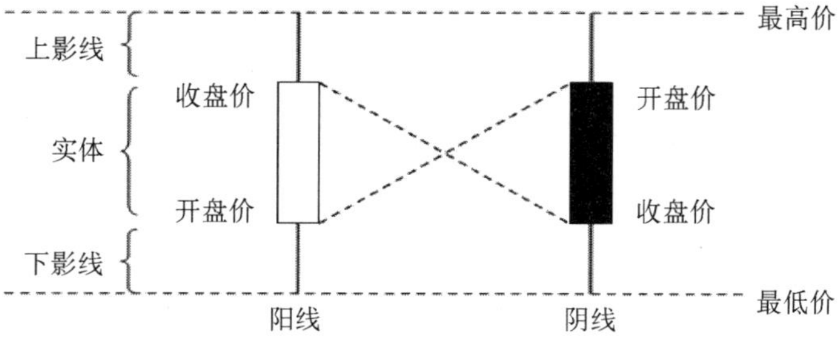

图4－2　K线图

【做一做】

某只股票在某个交易日中的开盘价为5.1元，收盘价为4.9元，最高价为5.4元，最低价为4.7元，据此数据画出该股的日K线。

K线是一组特殊的（价格）语言，将市场的综合信息通过一种特殊的（形象）形式表达出来，读懂了它，将对投资活动有不可估量的作用。通过一组K线的连续排列，能够反映买卖双方供求关系、多空力量实力对比和股价波动的情况，进而反映股价波动是处于上涨还是下跌，盘头还是筑底等。

三、K线的种类

（一）根据K线的形态不同划分，可分为阳线、阴线和同价线

阳线是指收盘价高于开盘价的K线；阴线是指收盘价低于开盘价的K线；同价线是指收盘价等于开盘价，两者处于同一个价位的一种特殊形式的K线。

（二）根据K线的计算周期不同划分，可分为分钟K线、日K线、周K线、月K线、季K线、年K线

分钟K线又可分为1分钟K线、5分钟K线、15分钟K线、30分钟K线和60分钟K线，此外还有4小时K线、日K线、周K线、月K线、季K线、年K线。不同K线反映的价格波动的时间区间长短不同。例如，所谓日K线是每日画一根K线，周K线是每周画一根K线。

周K线是指以周一的开盘价，周五的收盘价，全周最高价和全周最低价来画的K线图。月K线则以一个月的第一个交易日的开盘价，最后一个交易日的收盘价和全月最高价与全月最低价来画的K线图，同理可以推得年K线定义。周K线、月K线常用于研判中期行情。对于短线操作者来说，众多分析软件提供的5分钟K线、15分钟K线、30分钟K线和60分钟K线也具有重要的参考价值。

（三）根据开盘价和收盘价的波动范围大小不同划分

可将K线分为极阴（小阴星）和极阳（小阳星）、小阴和小阳、中阴和中阳、大阴和大

阳等线型。他们一般的波动范围，如图 4 –3 所示。

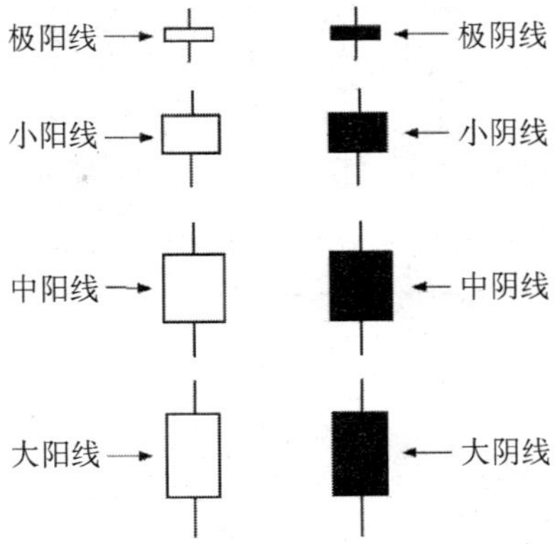

图 4 –3　K 线线型

其中，极阴线和极阳线的波动范围在 0.5% 左右，小阴线和小阳线的波动范围一般在 0.6% ~1.5% 左右，中阴线和中阳线的波动范围一般在 1.6% ~3.5% 左右，大阴线和大阳线的波动范围在 3.6% 以上。

四、K 线分析的三要素

K 线分析的本质，就是分析市场中多空双方力量的对比，按照惯性原理从原来的趋势推断其未来的市场走势，从而决定买与卖。K 线分析的三要素就是“三看”。

（一）看阴阳

阴阳代表趋势方向，阳线表示将继续上涨，阴线表示将继续下跌。

以阳线为例，在经过一段时间的多空拼搏，收盘高于开盘表明多头占据上风，根据牛顿力学定理，在没有外力作用下价格仍将按原有方向与速度运行，因此阳线预示下一阶段仍将继续上涨，最起码能保证下一阶段初期能惯性上冲。故阳线往往预示着继续上涨，这一点也极为符合技术分析中三大假设之一的股价沿趋势波动，而这种顺势而为也是技术分析最核心的思想。同理可得，阴线预示着继续下跌。

（二）看实体大小

实体大小代表内在动力，实体越大，上涨或下跌的趋势越是明显，反之趋势则不明显。

以阳线为例，其实体就是收盘高于开盘的那部分，阳线实体越大说明了上涨的动力越足，就如质量越大与速度越快的物体，其惯性冲力也越大的物理学原理，阳线实体越大代表其内在上涨动力也越大，其上涨的动力将大于实体小的阳线。同理可得阴线实体越大，下跌动力也越足。

（三）看影线长短

影线代表转折信号，向一个方向的影线越长，越不利于股价向这个方向变动，即上影线越长，越不利于股价上涨，下影线越长，越不利于股价下跌。

以上影线为例，在经过一段时间多空斗争之后，多头终于晚节不保败下阵来，一朝被蛇咬，十年怕井绳，不论 K 线是阴还是阳，上影线部分已构成下一阶段的上档阻力，股价向下调整的概率居大。同理可得下影线预示着股价向上攻击的概率居大。

结论：

（1）K 线实体长度越长，攻击力度越强，如图 4－4 所示。

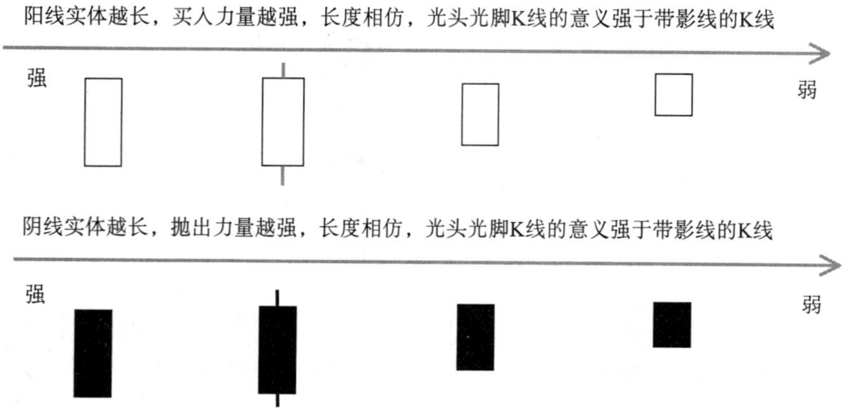

图 4－4　实体长短代表的含义

（2）上影线长度越长，股价上涨的阻力越大，如图 4－5 所示。

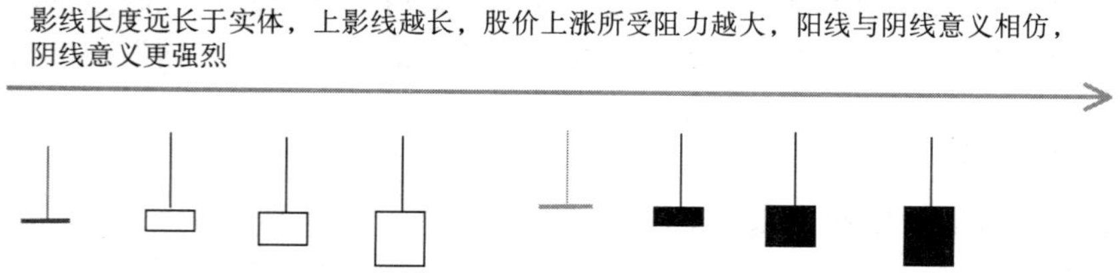

图 4－5　上影线和实体相对长度的含义

（3）下影线长度越长，股价下跌的阻力越大，如图 4－6 所示。

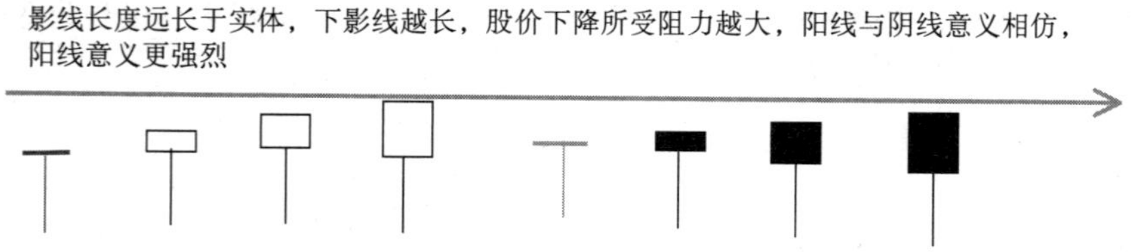

图 4－6　下影线和实体相对长度的含义

（4）上下影线长度大致相当，实体越窄，多空力量越趋于平衡，如图 4－7 所示。

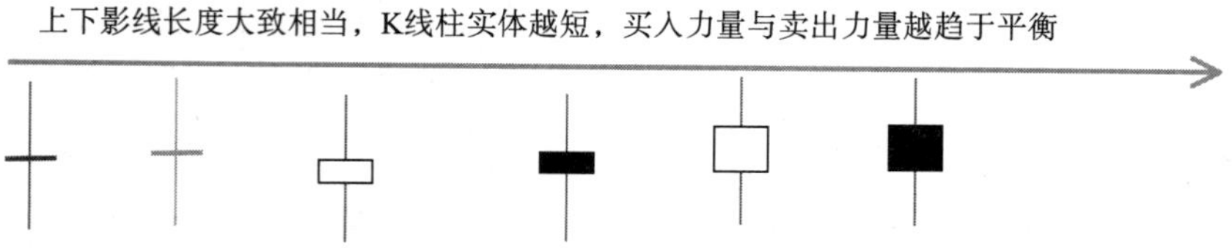

图 4－7　上下影线长度相当时的含义

【投资箴言】

分析只是能帮助自己成功的一种手段，分析结果不代表市场走势，市场的真实走势才是决定一切的。

——韩慎之

五、单根 K 线的形成过程和含义

下面以带有成交量的分时走势图为例，分别说明数种典型的单根日 K 线的形成过程和不同含义，分时走势图记录了股价全天的走势，不同的走势形成了不同种类的 K 线。而同一走势的 K 线却因股价走势不同而各具不同的含义。

（一）小阳星

如图 4－8 所示，全日中股价波动很小，开盘价与收盘价极其接近，收盘价略高于开盘价。小阳星的出现，表明行情正处于混乱不明的阶段，后市的涨跌无法预测，此时要根据其前期 K 线组合的形状以及当时所处的价位区域综合判断（见后面多根 K 线组合运用及介绍）。

（二）小阴星

小阴星的分时走势与小阳星的走势相似，只是收盘价格略低于开盘价格，表明行情疲软发展方向不明，如图 4－9 所示。

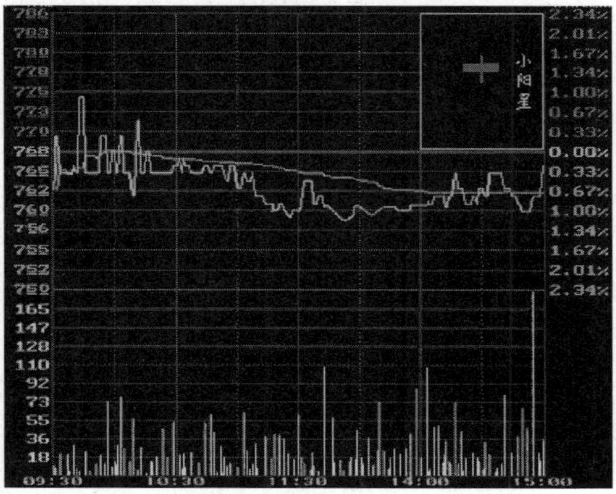

图 4－8　小阳星

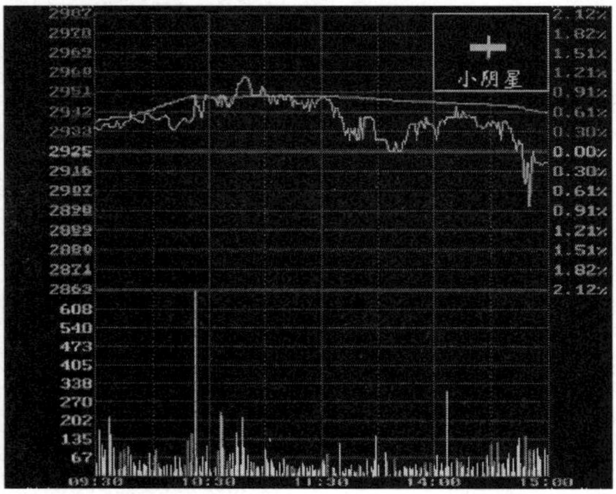

图 4－9　小阴星

（三）小阳线

如图 4－10 所示，小阳线波动范围较小阳星增大，多头占上风，但上攻乏力，表明行情发展扑朔迷离。

（四）小阴线

如图 4－11 所示，小阴线表示空方呈打压态势，但力度不大。

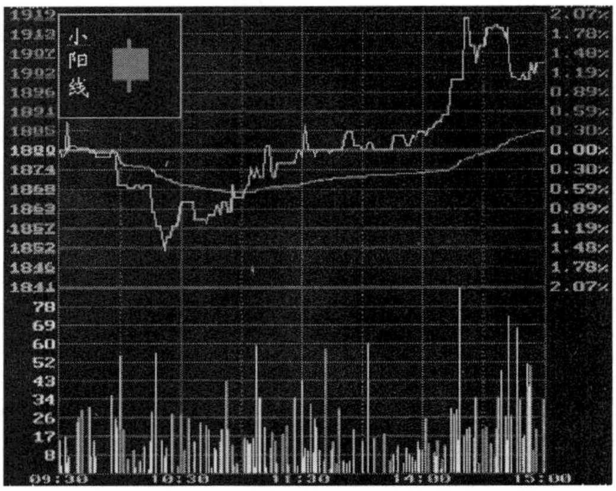

图 4－10　小阳线

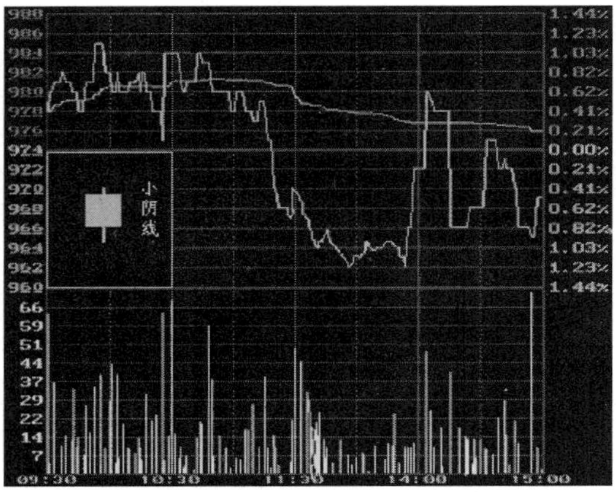

图 4－11　小阴线

（五）上吊阳线

如果在低价位区域出现上吊阳线，股价表现出探底过程中成交量萎缩，那么随着股价的逐步攀高，成交量呈均匀放大事态，并最终以阳线报收，预示后市股价上涨，如图 4－12 所示，属于先跌后涨型。

如果在高价位区域出现上吊阳线，股价走出如图 4－13 所示的形态，则有可能是主力在拉高出货，需要留心，属于先跌后涨型。

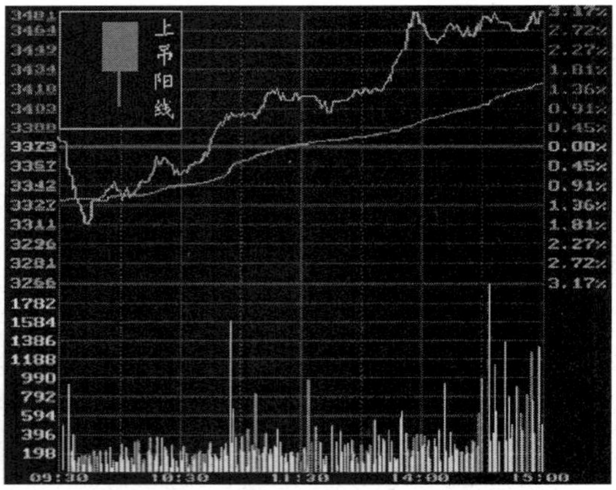

图 4－12　上吊阳线（先跌后涨型）

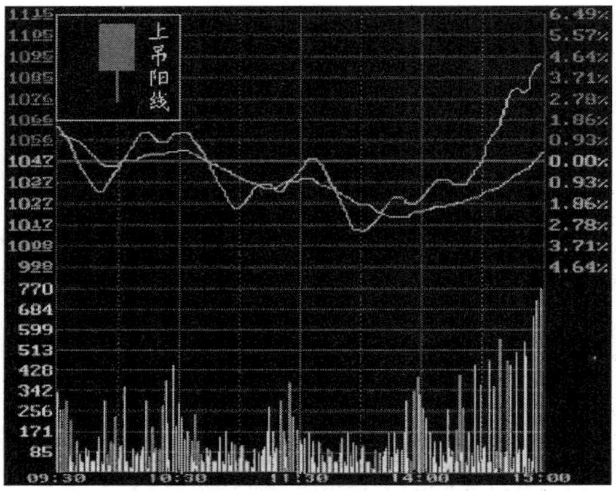

图 4－13　上吊阳线（先跌后涨型）

（六）下影阳线

下影阳线的出现，表明多空交战中多方的攻击沉稳有力，股价先跌后涨，行情有进一步上涨的潜力，如图 4－14 所示。

（七）光头阳线（先跌后涨型）

如图 4－15 所示，光头阳线若出现在低价位区域，在分时走势图上表现为股价探底后逐浪走高且成交量同时放大，预示为一轮上升行情的开始。如果出现在上升行情途中，表明后市继续看好。

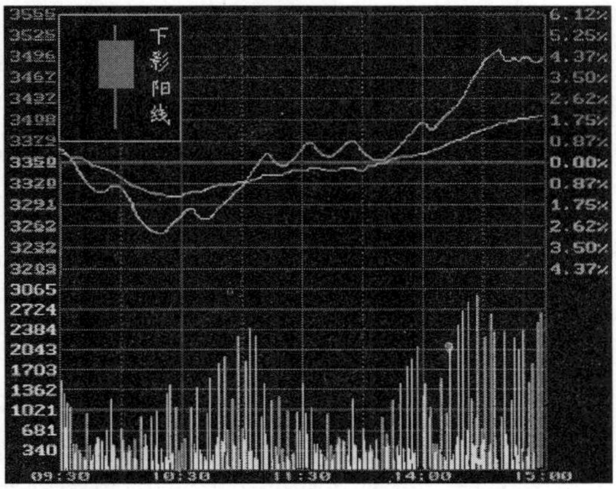

图 4－14　下影阳线（先跌后涨型）

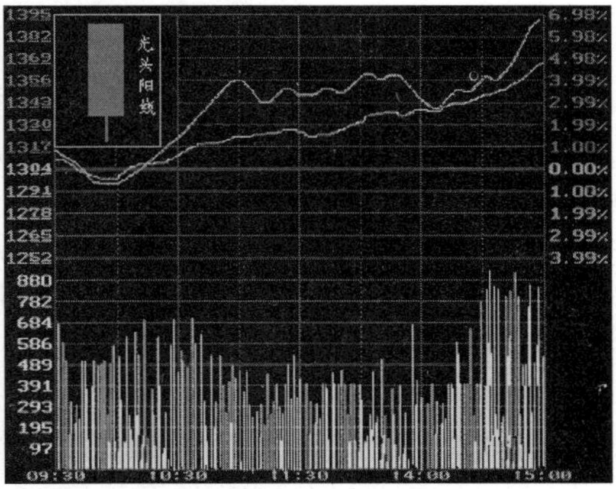

图 4－15　光头阳线（先跌后涨型）

（八）上影阳线（上升受阻型）

如图 4－16 所示，这是一种带上影线的红实体，开盘价即最低价。一开盘买方强盛，价位一路上推，但在高价位遇卖方压力，使股价上升受阻。卖方与买方交战结果为买方略胜一筹。根据实体部分与下影线的长短不同也可分为以下 3 种情况：

（1）红实体比影线长，表示买方在高价位遇到阻力，部分多头获利回吐。但买方仍是市场的主导力量，后市继续看涨。

（2）实体与影线同长，买方把价位上推，但卖方压力也在增加。二者交战结果，卖方把价位压回一半，买方虽占优势，但显然不如卖方优势大。

（3）实体比影线短。在高价位遇卖方的压力，卖方全面反击，买方受到严重考验。大多短线投资者纷纷获利回吐，在当日交战结束后，卖方已收回大部分失地。买方一块小小的堡垒（实体部分）将很快被消灭，这种 K 线如出现在高价区，则后市看跌。

（九）光脚阳线（上升受阻型）

如图 4－17 所示，光脚阳线表示上升势头很强，但在高价位处多空双方有分歧，购买时应谨慎。

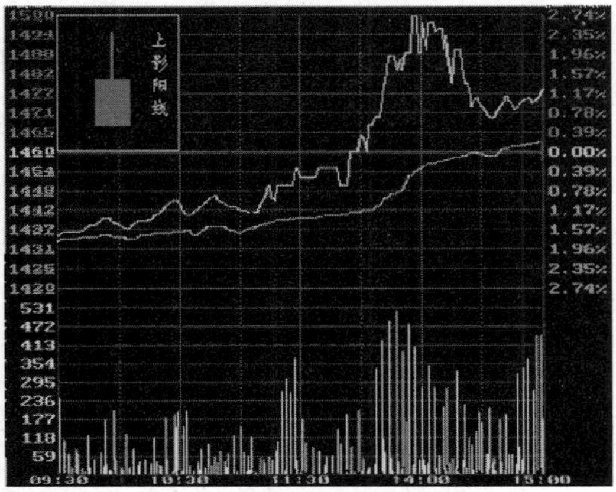

图 4－16　上影阳线（上升受阻型）

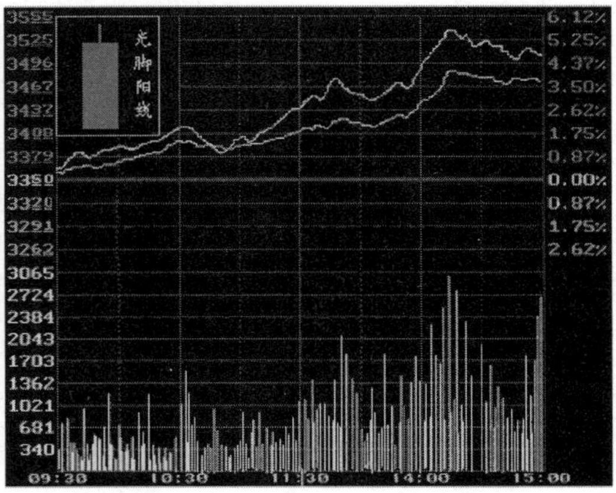

图 4－17　光脚阳线（上升受阻型）

（十）穿头破脚阳线（反转试探型）

如图4－18所示，这是一种上下都带影线的红实体。开盘后价位下跌，遇买方支撑，双方争斗之后，买方增强，价格一路上推，临收盘前，部分买者获利回吐，在最高价之下收盘。这是一种反转信号。如在大涨之后出现，表示高档震荡；如成交量大增，后市可能会下跌。如在大跌后出现，后市可能会反弹。

（十一）光头光脚大阳线

如图4－19所示，光头光脚大阳线表示最高价与收盘价相同，最低价与开盘价相同，上下没有影线。从一开盘，多方就积极进攻，中间也可能出现多方与空方的斗争，但多方发挥最大力量，一直到收盘，多方始终占优势，使价格一路上扬。光头光脚大阳线表示强烈的涨势，市场价格呈现高潮，多方疯狂涌进，不限价买进。握有股票者，因看到买气的旺盛，不愿抛售，所以出现供不应求的状况。

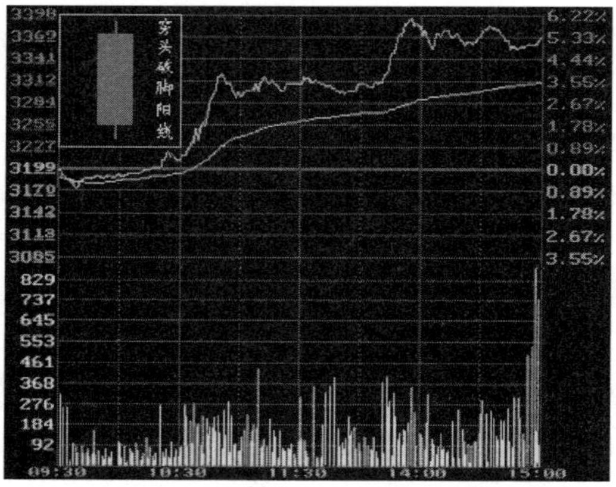

图4－18　穿头破脚阳线（反转试探型）

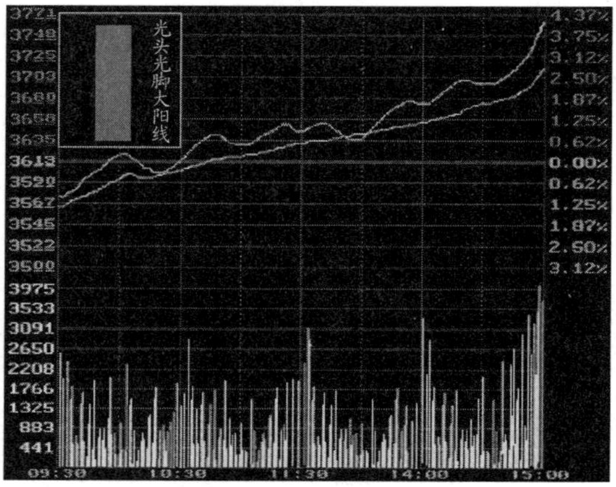

图4－19　光头光脚大阳线

（十二）光头光脚大阴线

如图4－20所示，光头光脚大阴线表示最高价与开盘价相同，最低价与收盘价相同，上下没有影线。从一开始，空方就占优势，股市处于低潮，握有股票者不限价疯狂抛出，从而造成恐慌心理。市场呈一面倒，直到收盘，价格始终下跌，表示强烈的跌势。

（十三）光头阴线

如图4－21所示，这是一种带下影线的阴线，开盘价是最高价。一开盘卖方力量就特别大，价位一路下跌，但在低价位上遇到买方的支撑，后市可能会反弹。根据实体部分与下影线的长短不同也可分为以下3种情况：

（1）实体部分比影线长。表示卖压比较大，一开盘，大幅度下压，在低点遇到买方抵抗，买方与卖方发生激战。影线部分较短，说明买方把价位上推不多，从总体上看，卖方占了比较大的优势。

（2）实体部分与影线同长。表示卖方把价位下压后，买方的抵抗也在增加，但可以看出，卖方仍占优势。

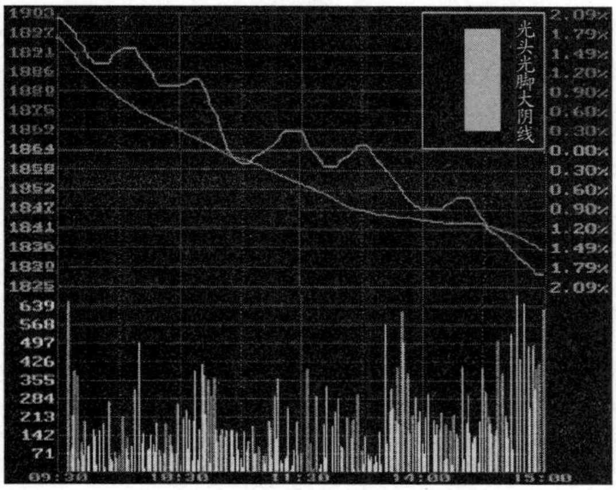

图 4－20　光头光脚大阴线

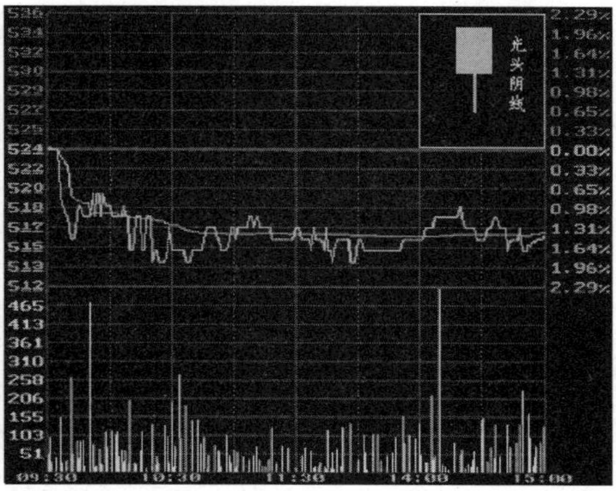

图 4－21　光头阴线

（3）实体部分比影线短。卖方把价位一路压低，在低价位上，遇到买方顽强抵抗并组织反击，逐渐把价位上推，最后虽以阴线收盘，但可以看出卖方只占极少的优势，后市很可能买方会全力反攻，把小阴线全部吃掉。

（十四）光脚阴线

如图 4－22 所示，这是一种带上影线的黑实体。收盘价即是最低价。一开盘，买方与卖方进行交战。买方占上风，价格一路上升。但在高价位遇卖压阻力，卖方组织力量反攻，买方节节败退，最后在最低价收盘，卖方占优势，并充分发挥力量，使买方陷入“套牢”的困境。具体情况有以下 3 种：

（1）黑实体比影线长。表示买方把价位上推不多，立即遇到卖方强有力的反击，把价位压破开盘价后乘胜追击，再把价位下推很大的一段。卖方力量特别强大，局势对卖方有利。

（2）黑实体与影线相等。买方把价位上推；但卖方力量更强，占据主动地位。卖方具有优势。

（3）黑实体比影线短。卖方虽将价格下压，但优势较少，明日入市，买方力量可能再次反攻，黑实体很可能被攻占。

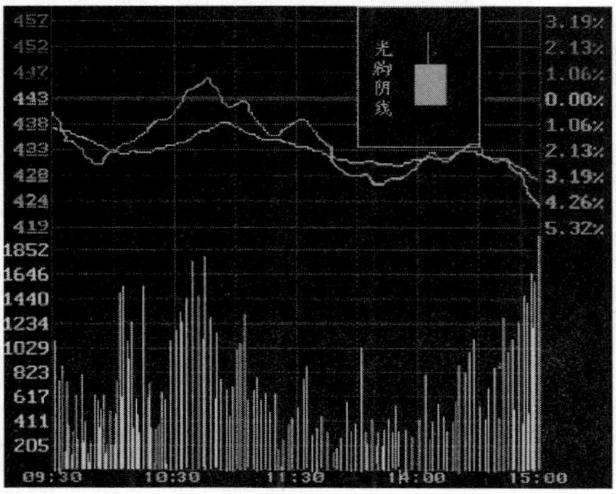

图 4－22　光脚阴线

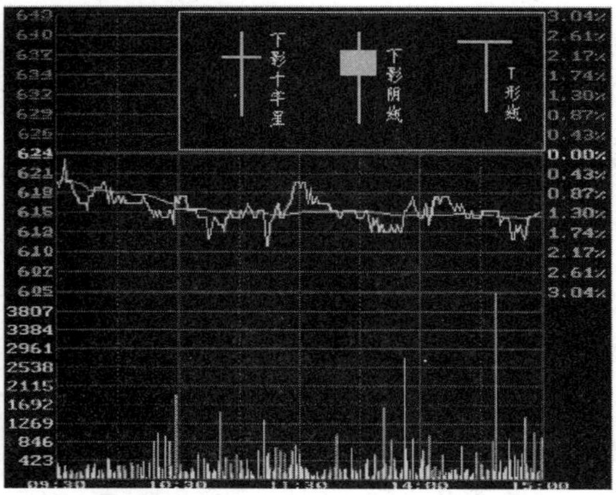

图 4－23　下影十字星、下影阴线、T 形线

（十五）下影十字星、下影阴线、T形线

如图4－23所示，这三种线型中的任何一种出现在低价位区时，都说明下档承接力较强，股价有反弹的可能。

相关资料

4－1　视频：T形线

（十六）上影阴线、倒T形线

如图4－24所示，这两种线型中的任何一种出现在高价位区时，说明上档抛压严重，行情疲软，股价有反转下跌的可能；如果出现在中价位区的上升途中，则表明后市仍有上升空间。

（十七）十字星

如图4－25所示，这种线型常称为变盘十字星，无论出现在高价位区还是低价位区，都可视为顶部或底部信号，预示大势即将改变原来的走向。

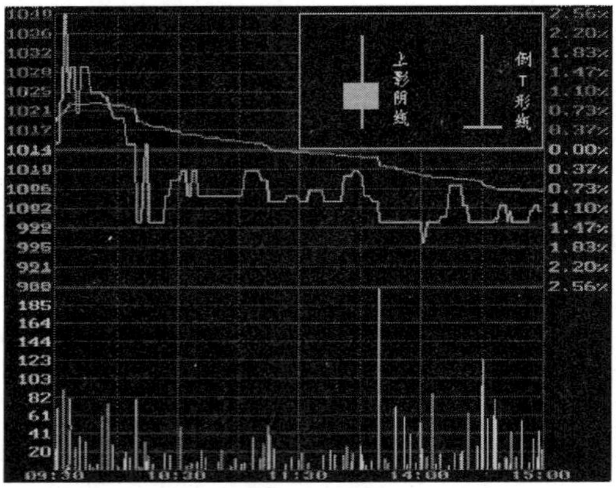

图4－24　上影阴线、倒T形线

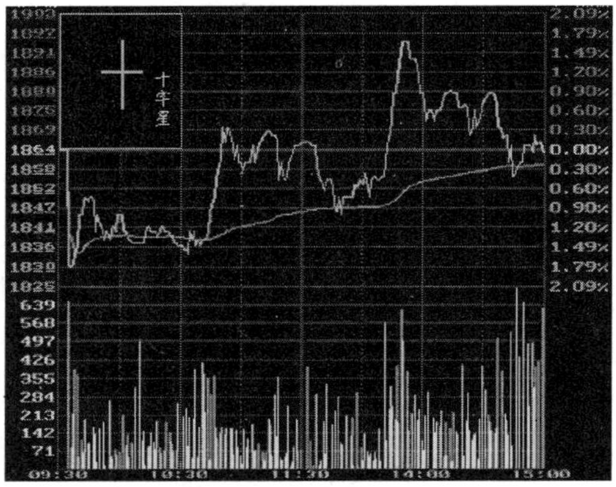

图4－25　十字星

需要注意的是，单根K线在实际操作过程中的指导意义不大，只有将数根K线组合进行整体分析，才具有趋势指导的分析价值。

相关资料

4－2　视频：十字星

六、K线的组合分析

K线组合是指由连续两根以上K线构成的K线形态，反映连续若干个交易日股市的变动情况，用以推测短期股价的运行趋势。K线组合形态不同，市场含义也不同。常见的K线组合可分为以下三大类。

（一）上升形态和见底形态

当这种K线或者K线组合出现时，表示股价要上涨，或者表示股价已经见底。

1. 早晨十字星，又称希望十字星

（1）图形特征（见图4－26）。

①出现在下跌途中；

②由3根K线组成，第一根是阴线，第二根是十字星、小阴或

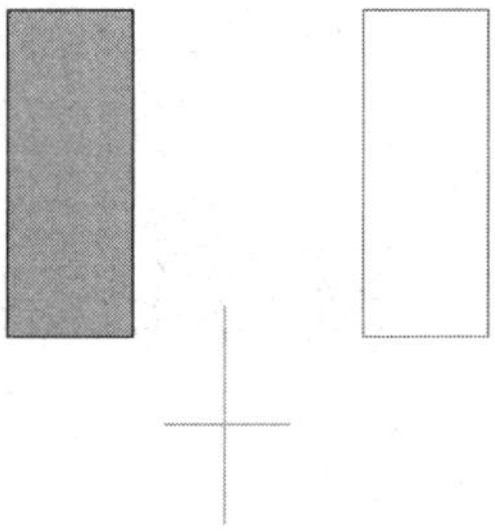

图4－26　早晨十字星

小阳线，第三根是阳线。第三根 K 线深入第一根 K 线实体之内，深入越多信号越可靠。

相关资料

4－3　实战：一招经典的趋势反转信号——早晨之星

（2）技术含义：股价经过大幅回落以后，做空能量已大量释放，股价无力再创新低，呈现明显回升态势，是较明显的转势信号。

（3）确认：出现跳空缺口或第三根 K 线深入第一根 K 线达 50% 以上，形态的确定性将大幅度增加。

（4）操作：见此信号，综合分析，适量买进。

2. 早晨之星，又称希望之星

（1）图形特征（见图 4－27）：和早晨十字星相似，区别在于早晨十字星的第二根 K 线是十字线，而早晨之星的第二根 K 线是小阴线或小阳线。

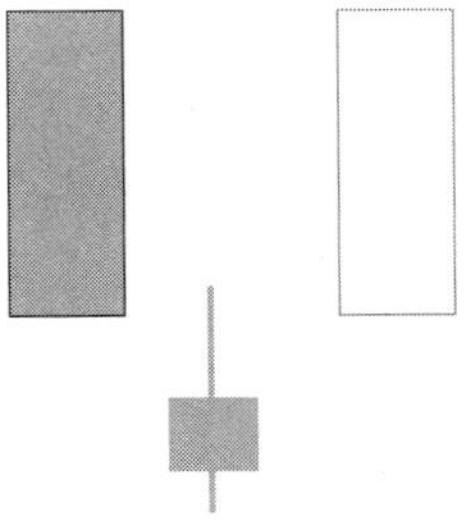

图 4－27　早晨之星

（2）技术含义：见底信号、后市看涨，但信号不如早晨十字星强。

3. 好友反攻

（1）图形特征（见图 4－28）。好友反攻形态是由一阴一阳两根 K 线组成，价格或指数先是走出一根大阴线，接着跳空低开，但最终是以一根大阳线或中阳线收盘，并且收盘价格与前一根阴线的收盘价接近或相同。

（2）形态要点。

①好友反攻由前阴后阳两根 K 线组成；

②第二根阳线为低开高走的中阳线或大阳线；

③两根 K 线的收盘价格相同或相近。

图 4－28　好友反攻

（3）技术含义。在上升趋势且上涨幅度不大时，在回调过程中出现好友反攻形态，要果断加仓跟进；如果是在相对高位，在震荡过程中出现好友反攻形态，可以短线做多，但要时时警惕套在高位。

4. 曙光初现

（1）图形特征（见图 4－29）。

①出现在下跌趋势中；

②由一阳一阴两根 K 线组成；

③先是出现一根大阴线或者中阴线，接着出现一根大阳线或者中阳线。阳线的实体深入到阴线或实体的 1/2 以上处。

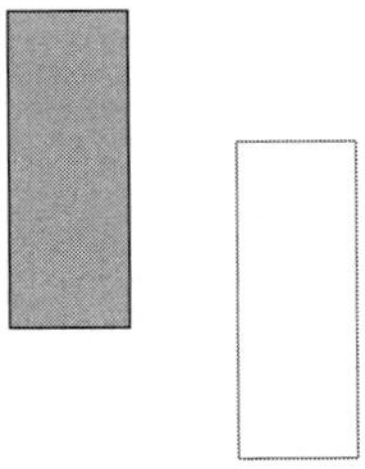

图 4－29　曙光初现

（2）技术含义。见底信号、后市看涨，当阳线实体深入阴线实体的部分越多，转市信号越强。

5. 旭日东升

（1）图形特征（见图 4－30）。

①出现在下跌趋势中；

②由一阴一阳两根 K 线组成；

③阳线收盘价高于阴线开盘价，阳线实体高出阴线实体部分越多，转势信号越强。

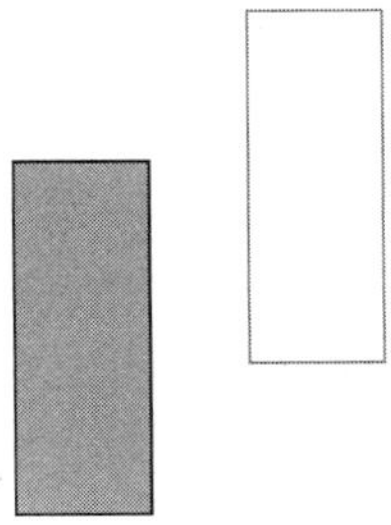

图 4－30　旭日东升

（2）技术含义。下跌趋势中出现旭日东升形态，表示短线见底，后市看涨，见底不意味着马上涨，只是跌不下去的意思，一般出现这种形态，短线出现反弹的概率较大。

6. 平底，又称钳子底

（1）图形特征（见图4－31）。

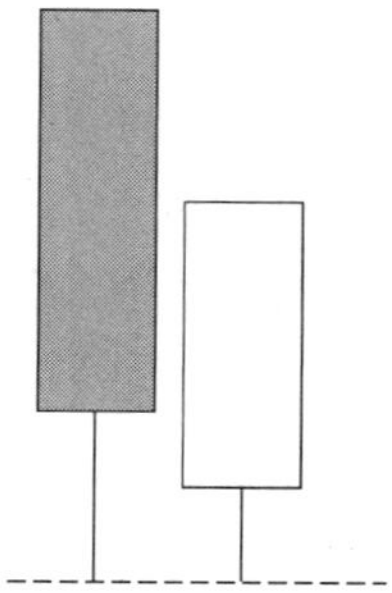

图4－31　平底

（2）形态要点。

①在下跌趋势中出现；

②由两根或两根以上K线组成；

③最低位处在同一水平。

（3）技术含义：见底信号、后市看涨。

7. 红三兵

（1）图形特征（见图4－32）。

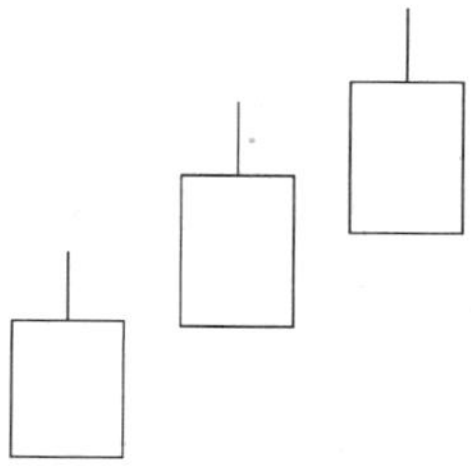

图4－32　红三兵

①出现在上涨行情初期；

②由3根连续创新高的小阳线组成。

（2）技术含义：买进信号、后市看涨。当3根小阳线收于最高点时，称为3个白色武士，3个白色武士拉开股价的作用要强于普通的红三兵，投资者应引起足够重视。

【知识应用】

红三兵

如图4－33所示，海伦钢琴（300329）在2015年10月14日除权之后，形成了红三兵，随后股价一路长阳加涨停，在短短的8个工作日内翻翻，该股炒作二胎及高送转，双重题材加持。

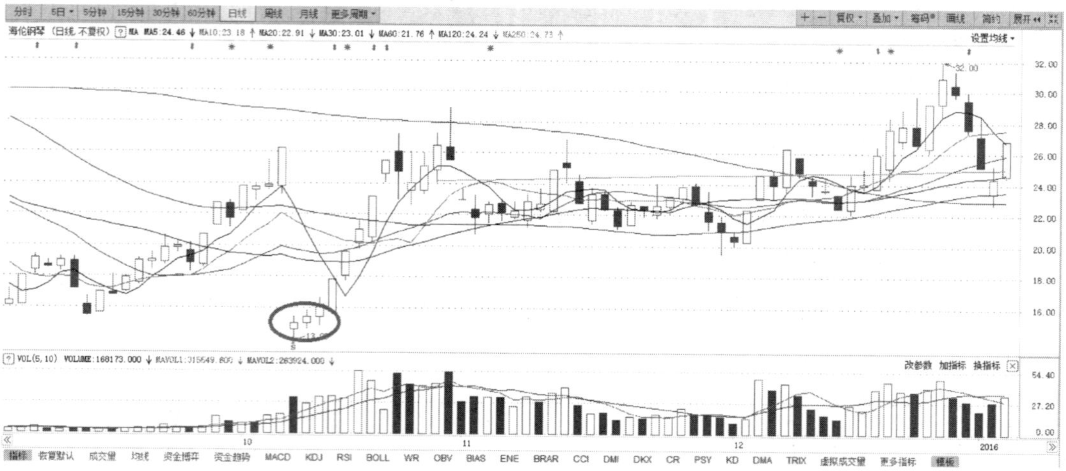

图4－33　海伦钢琴（300329）

8. 徐缓上升型

(1) 图形特征（见图 4－34）。

①多数出现在涨势初期；

②先是接连出现几根小阳线，然后才拉出中阳线或大线。

(2) 技术含义：买进信号、后市看涨。

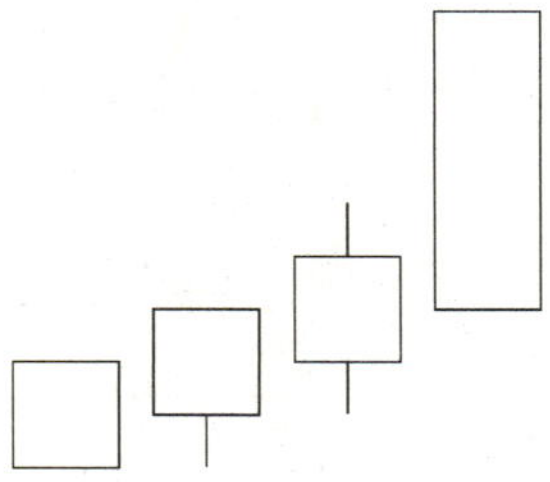

图 4－34 徐缓上升型

9. 上升三部曲，又称升势三鸦

(1) 图形特征（见图 4－35）。

①出现在上涨途中；

②由大小不等的 5 根 K 线组成；

③先拉出一根大阳线或中阳线，接着连续出现了 3 根小阴线，但都没有跌破前面阳线的开盘价，随后出现了一根大阳线或中阳线。其走势有点类似英文字母 N。

(2) 技术含义：继续看涨。

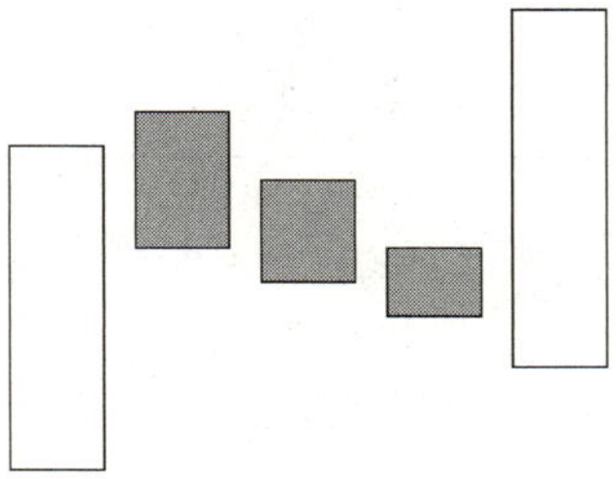

图 4－35 上升三部曲

10. 多方尖兵

(1) 图形特征（见图 4－36）。

①出现在上涨行情中；

②由若干根 K 线组成；

③在拉出一根中阳线或大阳线时，留下了一根较长的上影线，然后股价回落，但不久股价又涨至上影线的上方。

(2) 技术含义：继续看涨。

11. 两红夹一黑

(1) 图形特征（见图 4－37）。

①既可以出现在涨势中，也可以出现在跌势中；

②由 2 根较长的阳线和一根较短的阴线组成，阴线夹在阳线中。

(2) 技术含义：在涨势中出现，继续看涨，在跌势中出现是见底信号。

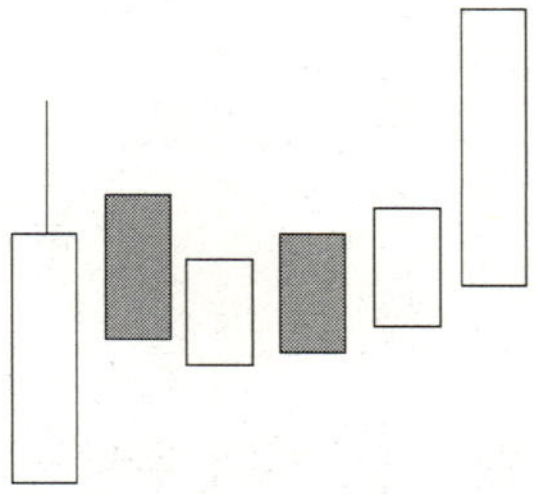

图 4－36 多方尖兵

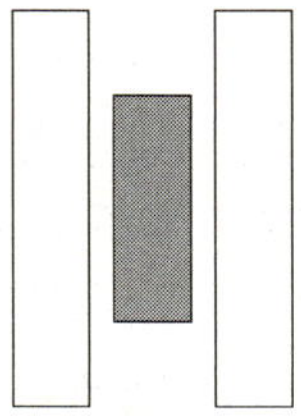

图 4－37 两红夹一黑

【知识链接】

其他表示上升形态和见底形态的 K 线组合还有很多，在此不再一一赘述，具体可查看相关资料的内容。

相关资料	相关资料	相关资料	相关资料
4－4　视频：平底钳子底	4－5　视频：塔形底	4－6　视频：圆底	4－7　视频：低档五阳线
相关资料	相关资料	相关资料	相关资料
4－8　视频：连续跳空三阴线	4－9　视频：冉冉上升形	4－10　视频：上升抵抗形	4－11　视频：上探下涨形
相关资料	相关资料	相关资料	相关资料
4－12　视频：弧形线	4－13　视频：上涨两颗星	4－14　视频：高位并排阳线	4－15　视频：多方尖兵

（二）下跌形态和滞涨形态

当这种K线或者K线组合出现，或者表示股价要下跌，或者表示股价上涨已经遇到强大的阻力，短期内走势会转弱。

1. 黄昏十字星

（1）图形特征（见图4－38）。

①出现在涨势中；

②由3根K线组成，第一根为阳线，第二根为十字线，第三根为阴线。第三根K线实体深入到第一根K线实体之内。

（2）技术含义：见顶信号，后市看跌。

2. 黄昏之星

（1）图形特征（见图4－39）。和黄昏十字星相似，区别在于黄昏十字星第二根K线是小阴线或者小阳线。

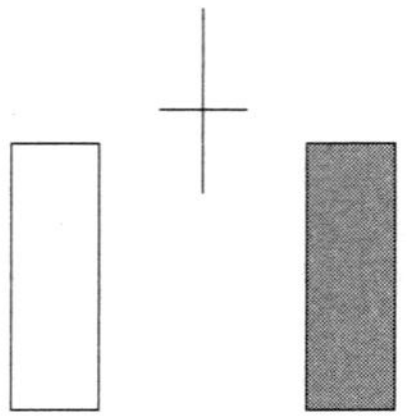

图4－38　黄昏十字星

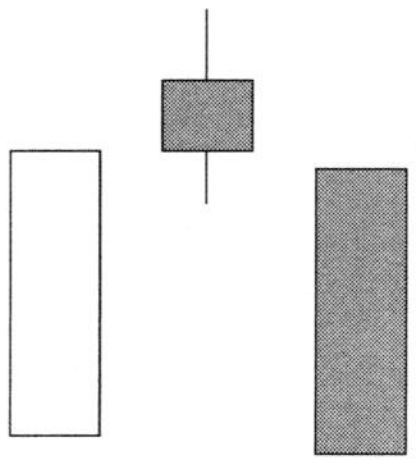

图4－39　黄昏之星

（2）技术含义：见顶信号，后市看跌，但信号不如黄昏十字星强。

【知识应用】

相关资料

早晨之星，买入信号；黄昏之星，卖出信号

名臣健康（002919）的黄昏之星与希望之星，如图 4－40 所示。

4－16 资讯：巴菲特：“早晨十字星”和“黄昏十字星”的使用，挣得万贯家财

图 4－40 黄昏之星与希望之星

3. 淡友反攻

（1）图形特征（见图 4－41）。

①出现在涨势中；

②由一阴一阳 2 根 K 线组成；

③先是出现一根大阳线接着跳高开盘，第二根阴线为高开低走的中阴线或大阴线；

④两根 K 线的收盘价格相同或相近。

（2）技术含义。见顶信号，后市看跌，转势信号不如乌云盖顶强。

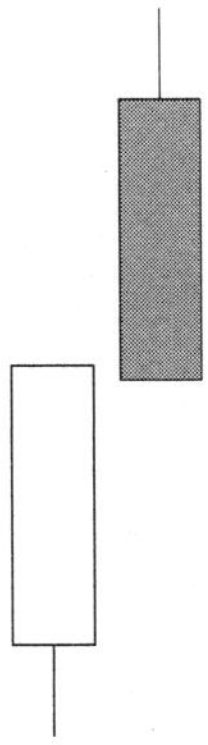

图 4－41 淡友反攻

4. 乌云盖顶

（1）图形特征（见图 4－42）。

①出现在涨势中；

②由一根中阳线或大阳线和一根中阴线或大阴线组成；

③阴线已深入到阳线实体 1/2 以上处。

（2）技术含义。见顶信号，阴线深入阳线实体部分越多，转势信号越强。

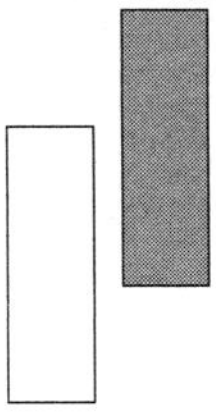

图 4－42 乌云盖顶

5. 倾盆大雨

（1）图形特征（见图4－43）。

①出现在上涨趋势中；

②由一阴一阳2根K线组成；

③先是一根大阳线或中阳线，接着出现了一根低开的大阴线或中阴线，阴线的收盘价低于前一根阳线的开盘价。

（2）技术含义。见顶信号，后市看跌。

（3）特别提示。

①阴线实体低于阳线实体的部分越多，倾盆大雨的转势信号就越可靠；

②倾盆大雨的见顶作用强于乌云盖顶，乌云盖顶又强于淡友反攻。

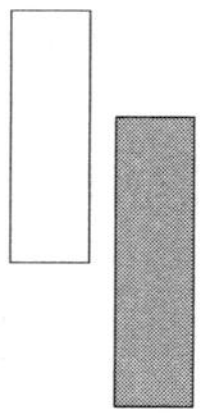

图4－43 倾盆大雨

【知识应用】

倾盆大雨

如图4－44所示，2010年4月~5月，北方股份（600262）连续上涨之后，在高位接连两次收出倾盆大雨的K线形态，随后股价就像瀑布一样飞泻而下。

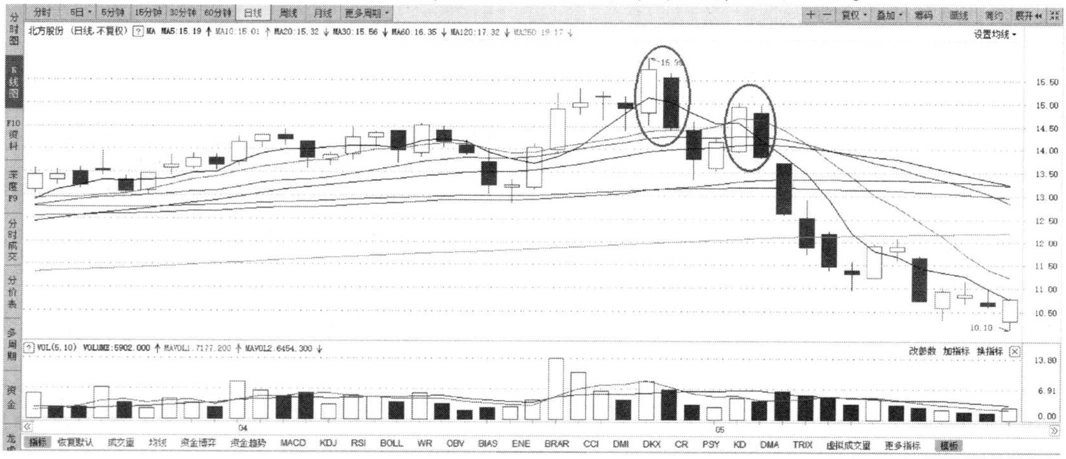

图4－44 北方股份（600262）

6. 射击之星，又称流星、扫帚星

（1）图形特征（见图4－45）。

①出现在上涨趋势中；

②阳线（亦可以是阴线）实体很小，上影线大于等于实体两倍；

③一般无下影线，少数会略有一点下影线。

（2）技术含义。看到这种K线，表示见顶，后市看跌，实体与上影线的比例越悬殊，信号越有参考价值。如射击之星和黄昏之星同时出现，见顶信号就更加可靠。

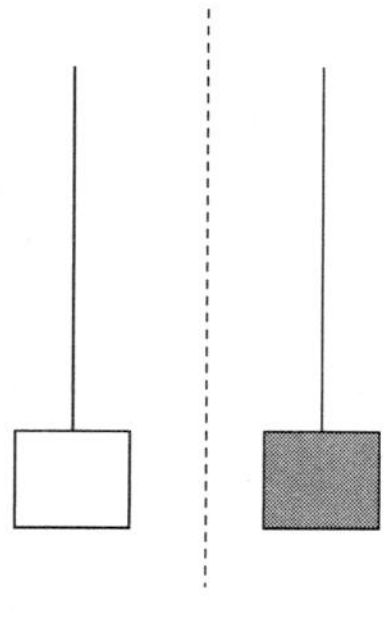

图4－45 射击之星

7. 平顶，又称钳子顶

（1）图形特征（见图4－46）。

①在上涨趋势中出现；

②由2根或2根以上的K线组成；

③最高价处在同一水平位置上。

（2）技术含义。见顶信号，后市看跌。

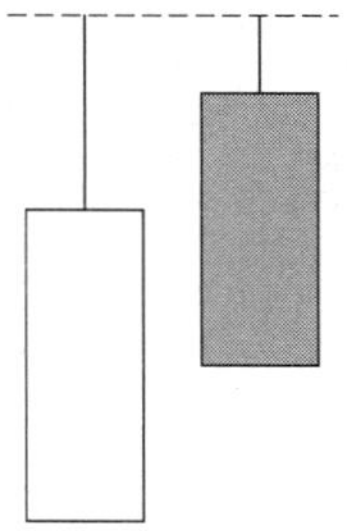

图4－46　平项

8. 塔形顶

（1）图形特征（见图4－47）。

①出现在上涨趋势中；

②塔形顶形态由多根K线组成，前面先是一根大阳线或中阳线，后面是一根大阴线或中阴线；

③中间的小阴线和小阳线总体呈水平震荡走势。

（2）技术含义。价格或指数经过较长时间的大幅上涨之后，在高位出现塔形顶形态时，要及时出局观望；在下降趋势的反弹行情中出现塔形顶形态时，也应及时出局观望。

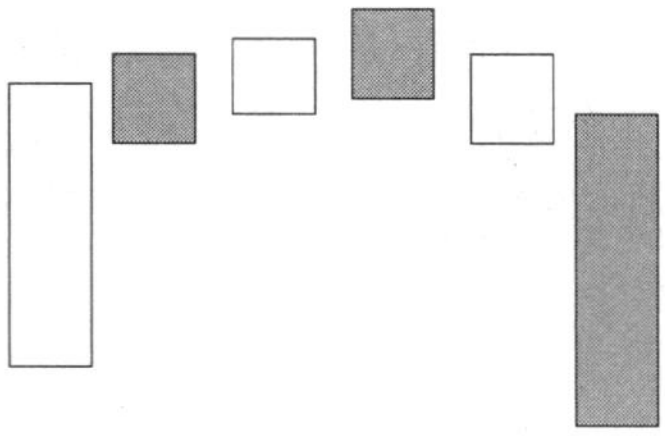

图4－47　塔形顶

9. 三乌鸦

（1）图形特征（见图4－48）。三乌鸦与红三兵的图形相对称，由3根长度大体相同的大阴线组成，每根K线的收盘价较前日K线之最低价低，第三根阴线以最低价收盘。

（2）技术含义。卖方力量强大，但连续3日大幅下跌已使空方力量耗尽，会产生卖出者回补现象，投资者应在第三根阴线出现时以收盘价买入。

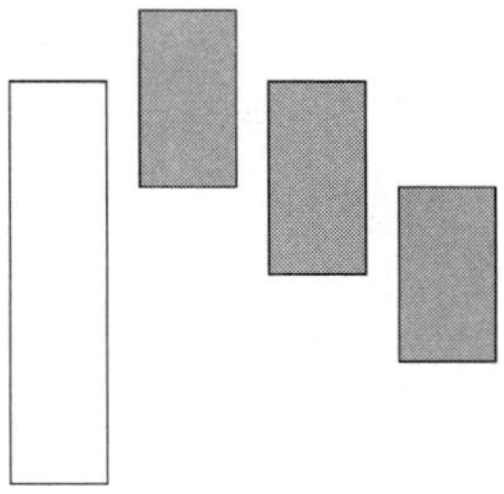

图4－48　三乌鸦

10. 绵绵阴跌形

（1）图形特征（见图4－49）。绵绵阴跌形是指在下跌初期或盘整后期，股价或指数收出若干夹着一些小阳线、十字线的小阴线（一般不少于8根），整体走势略向下倾斜。

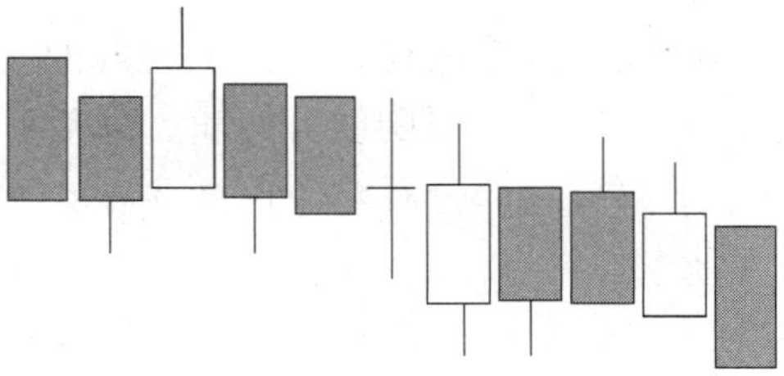

图4－49　绵绵阴跌形

（2）技术特征。

①在盘整后期出现；

②由若干根小K线组成（一般不少于8根），其中以小阴线居多，中间也可夹着一些小阳线、十字线；

③整个K线排列呈略微向下倾斜状。

（3）技术含义。卖出信号，后市看跌。

【知识应用】

绵绵阴跌形

如图4－50所示，康达尔（000048）2000年的周线图。股价见顶回落后，出现了非常多向下倾斜的小阴线，中间夹着一些小阳线和十字线，虽然每天的跌幅都不大，但从来没有停止的时候。然后出现一根巨大的长阴线，宣告股价彻底崩溃，表演了一场惊险的高台跳水。交易者应当于绵绵阴跌形成之时就及时清仓离场，而不是一直等到股价跳水。

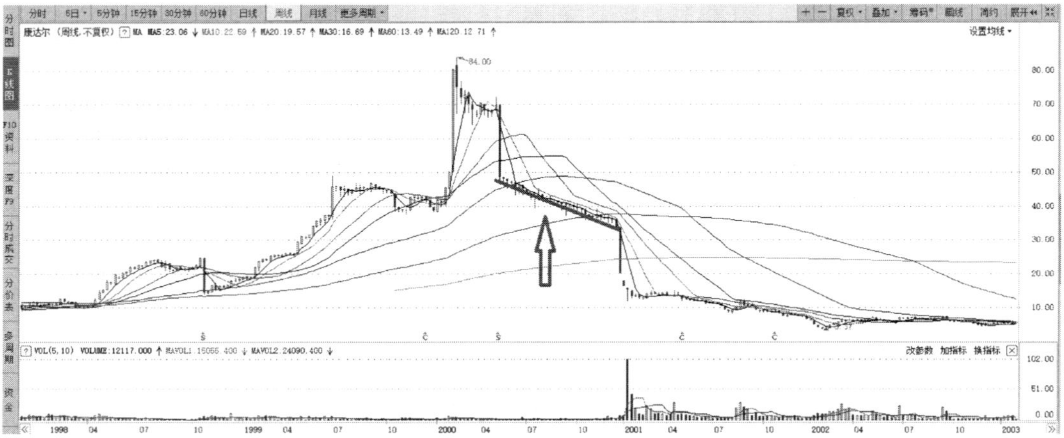

图4－50　康达尔（000048）

11. 下降三部曲，又称降势三鹤

（1）图形特征（见图4－51）。

①出现在下跌趋势中；

②由5根大小不等的K线组成；

③先出现一根大阴线或中阴线，接着出现3根向上爬升的小阳线，但这3根小阳线都没有冲破第一根阴线开盘价，最后一根大阴线或中阴线又一下子全部或大部分吞吃了前面3根小阳线。

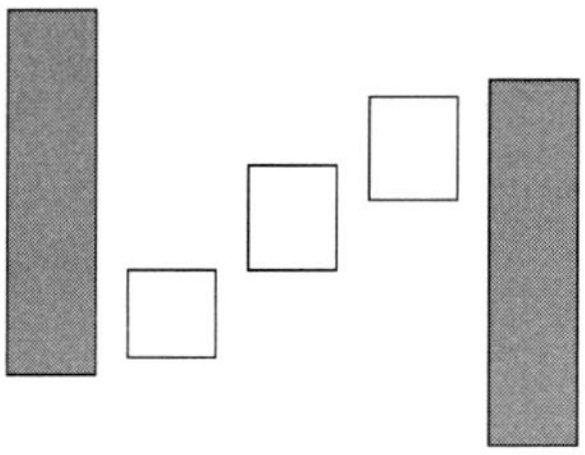

图4－51　下降三部曲

（2）技术含义。卖出信号，后市看跌。

12. 两黑夹一红

（1）图形特征（见图4－52）。

①既可出现在涨势中，也可出现在跌势中；

②由2根较长的阴线和一根较短的阳线组成。阳线夹在阴线之中。

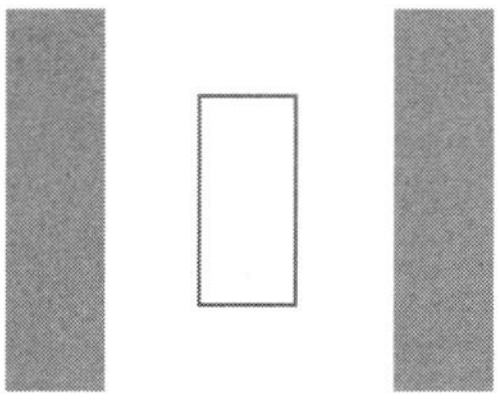

图4－52　两黑夹一红

（2）技术含义。

①在涨势中出现是见顶信号，卖出；
②两阴夹一阳大多出现在下降趋势中，很少出现在上涨趋势中；
③在跌势中出现继续看跌。

【知识应用】

下降三部曲

如图4－53所示，2014年2月力生制药（002393）在顶部回落之后的反弹高点上收出两阴夹一阳的形态后，反弹结束，随后股价下跌。

图4－53　力生制药（002393）

【知识链接】

其他表示下降形态和见顶形态的K线组合还有很多，在此也不再一一赘述，具体可以通过相关资料学习。

相关资料	相关资料	相关资料	相关资料
4－17　视频：吊颈线	4－18　视频：双飞乌鸦	4－19　视频：高档五阴线	4－20　视频：下降覆盖线
相关资料	相关资料	相关资料	相关资料
4－21　视频：低档盘旋形	4－22　视频：下跌三颗星	4－23　视频：降式三鹤	4－24　视频：倒三阳

（三）既是上升形态又是下跌形态

这种形态的K线组合在某种场合出现时，则表示股价要上涨。而在另一种场合出现时，则表示股价要下跌。

1. 尽头线

（1）图形特征（见图4－54）。

①既可出现在涨势中，也可出现在跌势中；

②由2根一大一小K线组成；

③出现在涨势中，第一根K线为大阳线或中阳线，并留有一根上影线，第二根K线为小十字线或小阳线、小阴线，依附在第一根K线的上影线之内；

④出现在跌势中，第一根K线为大阴线或中阴线，并留有一根下影线，第二根K线为小十字线或小阳线、小阴线，依附在第一根K线的下影线之内。

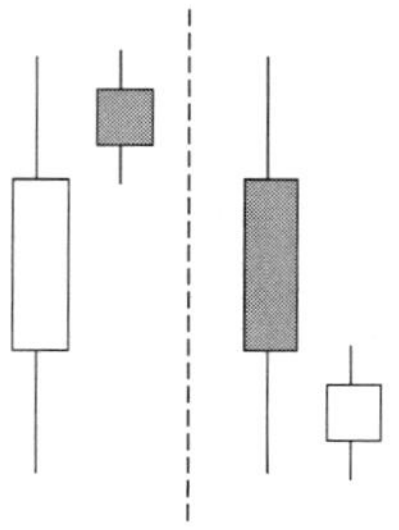

图4－54　尽头线

（2）技术含义。出现在涨势中，是见顶信号；出现在跌势中，是见底信号。

（3）提示。尽头线的上影线或下影线的右方，带着的K线越小（如小十字星），则信号越强。

2. 穿头破脚

（1）图形特征（见图4－55）。

①既可在上涨趋势中出现，也可在下跌趋势中出现；

②由大小不等，阴、阳相反的2根K线组成；

③在上涨趋势中出现，前一根为阳线，后一根为阴线，后者将前者实体全部包容在内（不包括上、下影线）；

④在下跌趋势中出现，前一根为阴线。

（2）技术含义。在上涨趋势中出现，是卖出信号；在下跌趋势中出现，为买进信号。

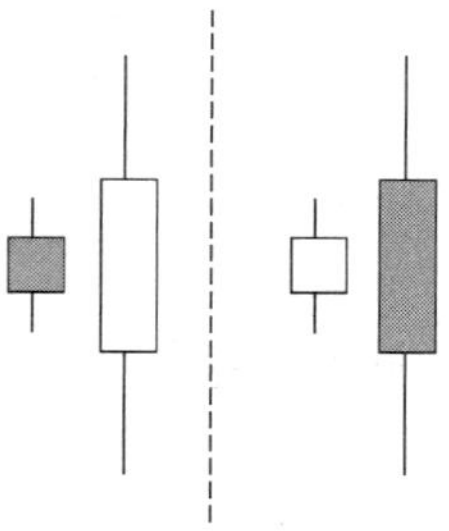

图4－55　穿头破脚

（3）提示。2根K线的长短越悬殊，或一根长的K线包容前面的K线越多，信号的参考价值就越大。

3. 身怀六甲

（1）图形特征（见图4－56）。

①既可在上涨趋势中出现，也可在下跌趋势中出现；

②由大小不等的2根K线组成，两根K线可一阴一阳，亦可同是两阳或两阴；

③第一根K线实体要能完全包容第二根K线实体；

④第二根K线可以是小阴线、小阳线，亦可以是十字线。

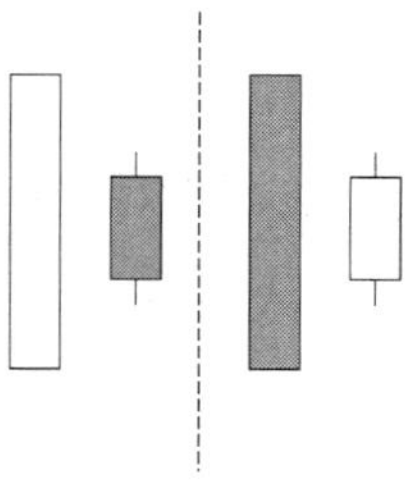

图4－56　身怀六甲

（2）技术含义。在上涨趋势中出现，是卖出信号；在下跌趋势中出现，是买进信号。

（3）提示。若第二根K线为十字线，俗称十字胎，在身怀六甲中，十字胎是力度最大的K线形态之一。

4. 镊子线

(1) 图形特征（见图4－57）。

①既可在上涨趋势中出现，也可在下跌趋势中出现；

②由3根两大一小的K线组成；

③3根K线的最高价几乎处于同一水平位置上（从图上看就像有人拿着镊子夹着一块小东西）。

(2) 技术含义。在上涨时出现为头部信号；在下跌时出现为底部信号。

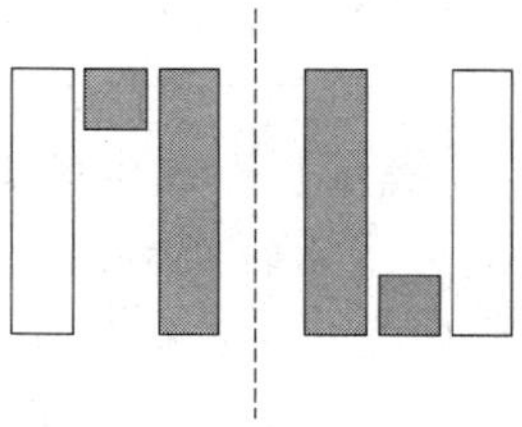

图4－57 镊子线

5. 上档盘旋形

(1) 图形特征（见图4－58）。

①出现在上涨途中；

②由若干根K线组成；

③在上涨时拉出一根较有力度的阳线后，就出现了阴阳交错、上下波动范围很小的横盘走势。

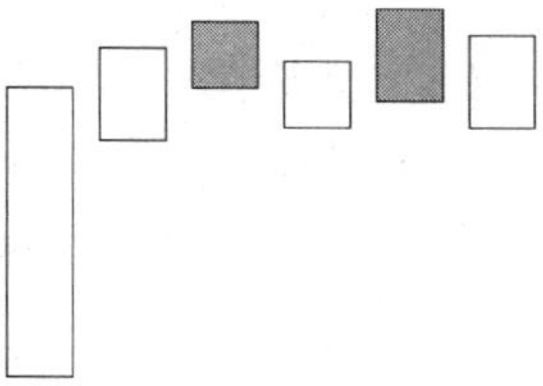

图4－58 上档盘旋形

(2) 技术含义。上档盘旋时间在5～14天内，多数看涨，超过14天多数看跌。

(3) 提示：盘旋时间太久，说明多方上攻愿望不强，因而跌的可能性很大。

6. 加速度线

(1) 图形特征（见图4－59）。

①既可在上涨趋势中出现，也可在下跌趋势中出现；

②上涨时出现加速度线，表现为开始缓慢爬升，后来攀升速度越来越快，接着连续拉出中阳线或大阳线；

③下跌时出现加速度线，表现为开始缓慢下跌，后来下跌速度越来越快，接着连续拉出中阴线或大阴线。

(2) 技术含义。在上涨时出现为头部信号；在下跌时出现为底部信号。

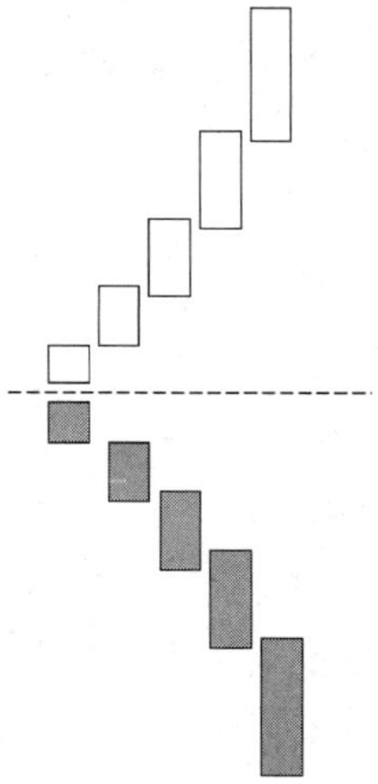

图4－59 加速度线

7. 下跌三连阴

(1) 图形特征（见图4－60）。

①出现在跌势中；

②由3根阴线组成，阴线多为大阴线或中阴线；

③每根阴线都以最低价或低价报收，最后一根阴线往往是大阴线。

(2) 技术含义。在下跌初期出现，继续看跌；在下跌后期出现，是见底信号。

(3) 提示。在连续阴跌不止情况下，特别是在股价已有较大跌幅后出现三连阴，表明空方力量已经用尽。

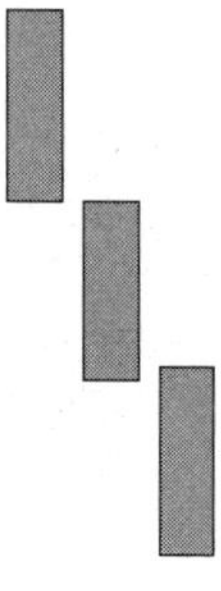

图4－60 下跌三连阴

【想一想】

时间周期与K线有什么关系？

【提示】K线体现出时间周期的概念。分钟、日、周、月、年都是时间周期，都可以被用作K线的时间单位。不同的K线代表不同时间周期内市场行情的变化和趋势。K线的时间周期越长，其所代表趋势范围越大。交易者在寻找交易机会的时候，切忌大周期入场而小周期出场。交易者必须确定交易周期之后，才能采取相应的交易策略。

七、K线分析应注意的问题

（1）无论是1根K线，还是2根、3根K线以至多根K线，都是对多空双方的争斗作出的一个描述，由它们的组合得到的结论都是相对的，而不是绝对的。对具体进行股票买卖的投资者而言，结论只起一种建议作用。

（2）尽量使用根数多的K线组合的结论，将新的K线加进来重新进行分析判断。一般来说，多根K线组合得到的结果不大容易与事实相反。

（3）使用K线理论时，不能僵化思维，教科书式的使用方法绝对是不可取的。经常所用的K线组合是有标准的，大多数情况下准确性较高的，也有随着市场变化而异化的K线组合。所以投资者需要因地制宜，灵活运用。

（4）与其他技术分析方法的配合使用。如注意分析K线是否组成某一形态。多根K线组合分析，要注意是否已组成某一反转或盘整形态，若已组成形态，则应按形态特点分析，而不必过于拘泥于K线的关系。如注意分析K线在一个较大行情中的位置。分析K线也要心有大局，不能只见树木不见森林。特别要注意高价圈和低价圈中出现大阳线、大阴线和十字转机线，要将它们放在整个行情走势中分析判断。如注意K线与移动平均线的配合操作等。

（5）周K线、月K线可提供重要的原始趋势，不可忽视。由于周K线、月K线的时间跨度要远远大于日K线，在同样的K线组合出现的情况下，周K线、月K线所预示的买卖信号的可信度要远远高于日K线。

【技能训练】

登录交易软件，找出三类不同的K线组合，每一类至少找出2~3种。

模块2　认识切线理论

一、切线理论的含义

技术分析的理论基础之一就是“股价是沿着趋势移动的”。要“顺势而为，而不逆势而动”已经成为投资者的共识。这里的“势”就是大趋势。切线理论就是用一系列直线（切线）来描述和分析股票价格的变动趋势（包括受到的压力或支撑及运动方向），为趋势投资者提供决策依据的技术分析方法。

常见的切线主要包括趋势线、轨道线、支撑线和压力线、黄金分割线、甘氏线。

二、切线理论的主要内容

（一）趋势线

1. 趋势的含义和分类

趋势就是股票价格的波动方向，或者说是市场运动的方向。

按方向不同，趋势可以分为上升方向、下降方向、水平方向（也就是无趋势方向）。

根据其运行时间的长短，也可分为长期趋势，中期趋势和短期趋势。

【知识应用】

股票的长短期趋势，马钢股份（600808），如图 4－61 所示。

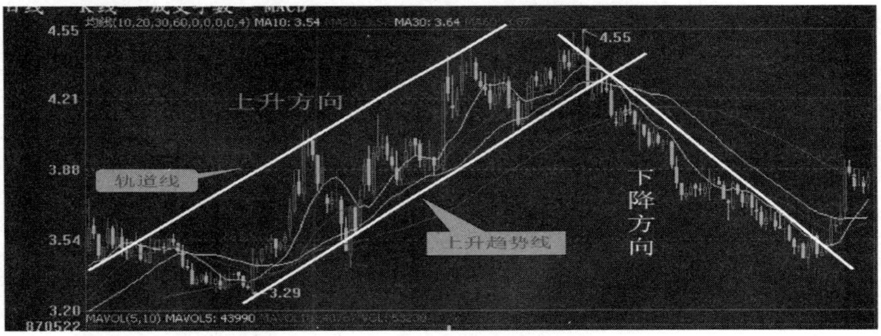

图 4－61　股票的趋势分析

2. 趋势线的绘制

正确的趋势线需要连接两个或两个以上的波峰或谷底。

上升趋势线：两个或两个以上的低点的连线，如图 4－62（a）所示。

下降趋势线：两个或两个以上的高点的连线。如图 4－62（b）所示。

在水平调整中，将两个低点（若前期趋势是上升）或高点（若前期趋势是下降）连成一条直线，就得到水平趋势线。

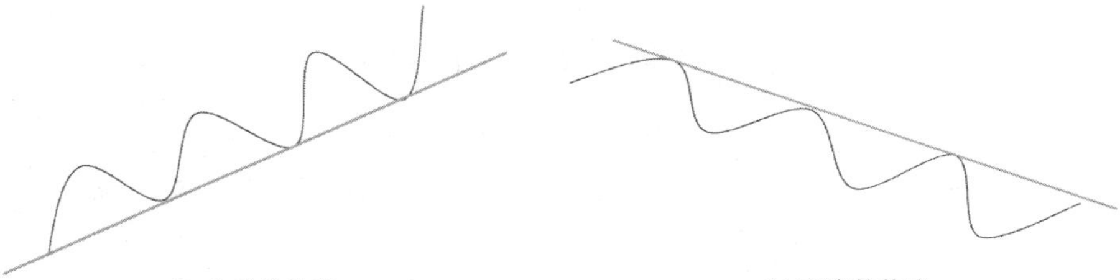

(a) 上升趋势线　　(b) 下降趋势线

图 4－62　趋势线

3. 趋势线的确认

画出的趋势线是否具有使用的价值，以及其预测股市是否具有很高的准确性，这需要对趋势线进行筛选、验证和确认。

（1）必须确实有趋势存在。也就是说，在上升趋势中，必须确认出两个依次上升的低点；在下降趋势中，必须确认出两个依次下降的高点，才能确认趋势的存在，连接两个点的直线才有可能成为趋势线。

（2）画出直线后，还应得到第三个点的验证才能确认这条趋势线是有效的。

（3）所画出的直线被触及的次数越多，其作为趋势线的有效性越被得到确认，用它进行预测越准确有效。

（4）这条直线延续的时间越长，这条直线越具有有效性。

4. 趋势线的作用

上升趋势线起支撑作用，下降趋势线起压力作用，如图 4－63 所示。具体来说，趋势线有以下 3 种作用：

（1）对股价今后的变动起约束作用。使股价总保持在这条趋势线的上方（上升趋势线）或下方（下降趋势线）。实际上，就是起支撑和压力作用。

（2）确定转势。趋势线被突破后，就说明股价下一步的趋势将要反向。越重要越有效的趋势线被突破，其转势的信号越强烈。

（3）突破后角色相互转换。被突破后的趋势线原来所起的支撑或压力作用，现在将相互变更角色，即原来是支撑线的，现在将起压力作用；原来是压力线的现在将起支撑作用。

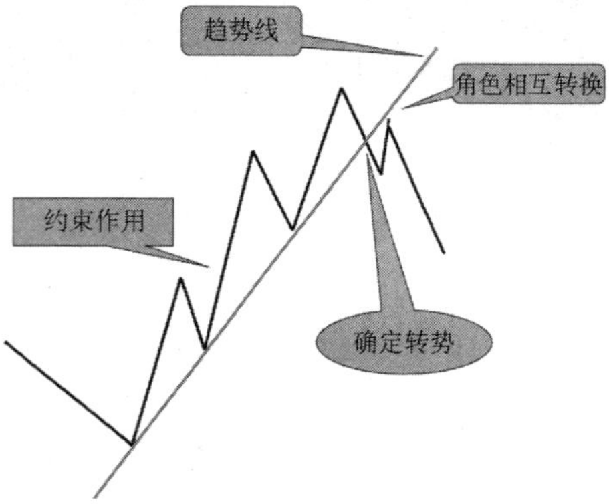

图 4－63　趋势线作用图解

【知识拓展】

怎么才算对趋势线的有效突破？

（1）收盘价原则。收盘价突破趋势线比影线突破趋势线更有效、更重要。

（2）距离标准。穿越趋势线越远，突破越有效。一般是用突破的幅度（如 3%，5%，10% 等）考察。

（3）时间标准。穿越趋势线后，在趋势线的另一方停留的时间越长，突破越有效。

（4）成交量标准。

5. 趋势线的突破

趋势线对股价起到约束作用，即支撑和压力作用。一旦趋势线被突破后，股价下一步的走势将要反转。越重要越有效的趋势线被突破，其转势的信号越强烈。被突破的趋势线原来所起的支撑和压力作用，将相互交换，即原来是支撑线的，现在将起压力作用；原来是压力线的现在将起支撑作用，如图 4－64 所示。

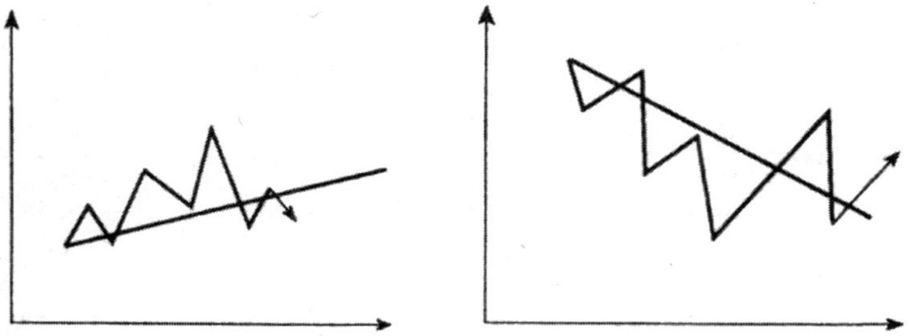

图 4－64　趋势线的突破

相关资料

4－25　实战：趋势线波段买卖实战绝技

（二）轨道线

1. 轨道线的含义

轨道线又称通道线或管道线，是基于趋势线的一种分析方法。在得到了趋势线后，通过第一个峰或谷可以做出这条趋势线的平行线，这条平行线就是轨道线，即图 4－65 中的虚线。

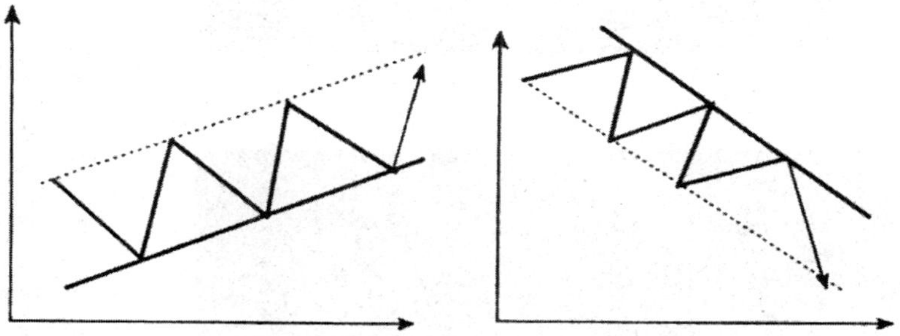

图 4－65　轨道线

相关资料

4－26　实战：利用轨道线选股

2. 轨道线的作用

（1）限制股价的变动范围。一个轨道一旦得到确认，那么价格将在这个通道里变动。如果有对上面的或下面的直线的突破，这就意味着将有一个大的变化。

（2）突破轨道线是趋势加速的开始，即原来的趋势线的斜率将会增加，趋势线的方向将会更加陡峭。同趋势线一样，轨道线也有是否被确认的问题。股价的位置如果的确得到支撑或受到压力而在此掉头，并一直走到趋势线上，那么这条轨道线就可以被认可了。当然，轨道线被触及的次数越多，延续的时间越长，其被认可程度和其重要性就越高。

（3）趋势转向的警报。如果在一次波动中未触及轨道线，离得很远就开始掉头，这往往是趋势将要改变的信号。说明市场已经没有力量继续维持原有的上升和下降的规模了。

3. 轨道线的突破

与突破趋势线不同，对轨道线的突破并不是趋向反转的开始，而是趋势加速的开始，即原来的趋势线的斜率将会增加，趋势线将会更加陡峭，如图 4－66 所示。

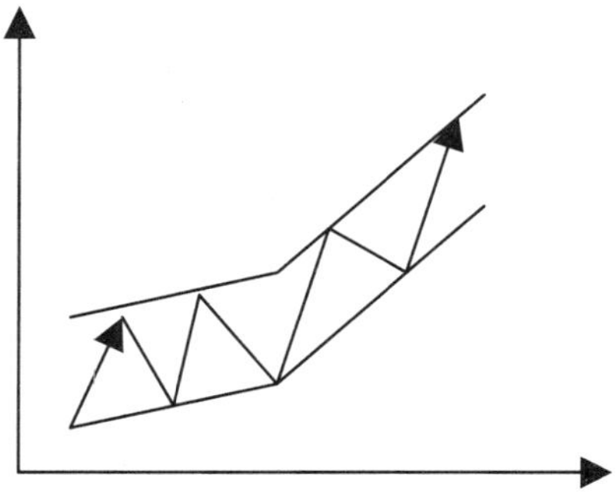

图 4－66　趋势线的加速

【知识应用】

轨道线内，逢低买入，逢高卖出，如图 4－67 和图 4－68 所示。

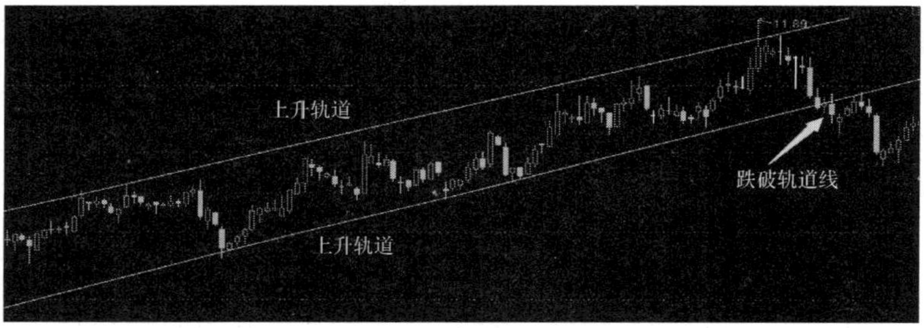

图 4－67　上升轨道

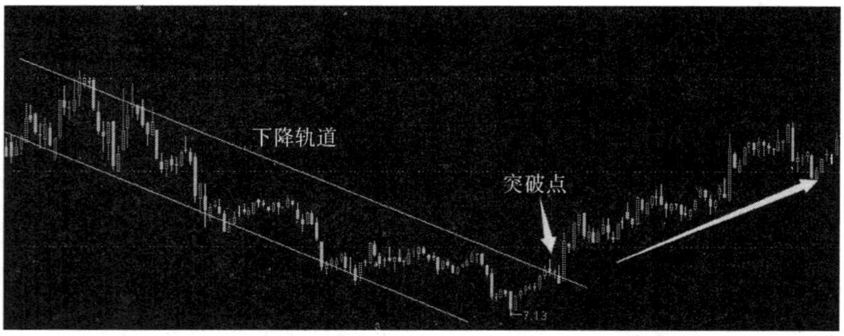

图 4－68　下降轨道

（三）支撑线和压力线

除了分析市场的大致运行方向，选择入市时机也是投资的关键问题。如何能够在高点卖出，在低点时买入，这正是投资者所关注的。而在趋势分析中，市场的支撑线和压力线就能够提供相应的帮助。

相关资料

4－27　视频：支撑位和压力位

1. 支撑线和压力线的含义

支撑线又称为抵抗线［见图 4－69（a）］，是当股价跌到某个价位附近时，股价停止下跌，甚至有可能还有回升。这个起着阻止股价继续下跌或暂时阻止股价继续下跌作用的价格就是支撑线所在的位置。

压力线又称为阻力线［见图4－69（b）］，是当股价上涨到某价位附近时，股价会停止上涨，甚至回落。这个起着阻止或暂时阻止股价继续上升作用的价位就是压力线所在的位置。

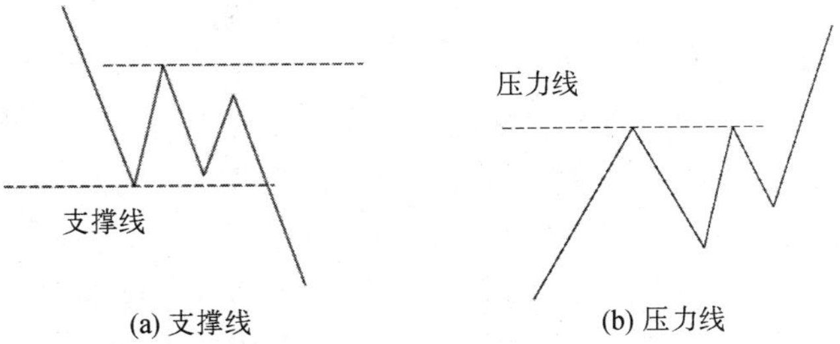

图4－69　支撑线和压力线

【投资箴言】

价格按照趋势运动，而趋势趋向于持续不断，直到发生新的事情使供求发生改变。

——罗伯特·D·爱德华

【想一想】

支撑线和压力线哪个更重要？

【提示】 支撑线和压力线在切线分析中都很重要，但是在不同的市场行情中，投资者关注的线不一样。在下跌行情中，价格不断突破支撑线进行下探，这时投资者更加关注何时能止跌反弹，所以支撑线看起来更重要。相反，在上涨行情中人们更关注何时到“顶”，所以压力线受关注更多。支撑线和压力线是十分重要的交易点。

相关资料

4－28　实战：如何用支撑线买入必涨的波段——炒股绝技案例实战分析

2. 支撑线和压力线的作用

支撑线和压力线是同时存在的。在下跌行情中，人们更关注支撑线。在上升行情中则更关心压力线。支撑线和压力线阻止或暂时阻止股价向一个方向继续运动。市场要按照原来的趋势运行，就要不断突破障碍。比如要维持下跌行情，就必须冲破支撑线的阻力和干扰，创出新的低点；反之，要维持上升行情，就必须突破上升压力线的阻力和干扰，创出新的高点，如图4－70所示。

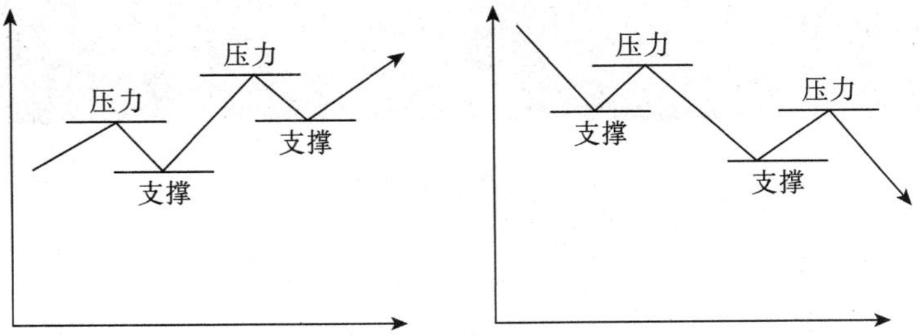

图4－70　支撑线和压力线的作用

3. 支撑线与压力线的相互转化

一条支撑线如果被跌破，那么这条支撑线将成为压力线；同理，一条压力线被突破，这条压力线将成为支撑线。这说明支撑线和压力线的地位不是一成不变的，而是可以改变的，条件是它被有效的且足够强大的股价变动突破。

（四）黄金分割线

相关资料

4－29　实战：利用黄金分割线进行操作如何取点

黄金分割线是进行技术分析时较为常用的一种分析工具，其主要作用是运用黄金分割率预先给出股指或个股的支撑位或压力位，以便于在可能的目标位附近提前做好操作上的准备。

黄金分割的原理源自于弗波纳奇数列，黄金分割比率0.618是弗波纳奇数列中相邻两个数值的比率，同时据此又能推算出0.191、0.382、0.809等较为重要的比率。其中，黄金分割中最常用的比率为0.382、0.618，将此应用到股市的行情分析中，可以理解为上述比率所对应位置，一般容易产生较强的支撑与压力。

首先，找到一个点。这个点是上升行情结束，调头向下的最高点，或者是下降行情结束，调头向上的最低点。只要确认一个趋势已经结束或暂时结束，则这个趋势的转折点就可以作为进行黄金分割的点。

其次，将该点和它对应的点（最高点或最低点）之间的涨跌幅作为分析的区间范围，将原涨跌幅按0.191、0.382、0.50、0.618、0.809划分为5个黄金分割点，股价在行情反转后将可能在这些黄金分割点上遇到暂时的阻力或支撑。

黄金分割线主要用于寻找上升行情中回调的支撑位和下降行情中反弹的阻力位，同时也可用于寻找目标位，一般可以用交易软件上的画图工具画出黄金分割线。

【知识应用】

黄金分割线位置，逢低买入，逢高卖出，如图4－71所示。

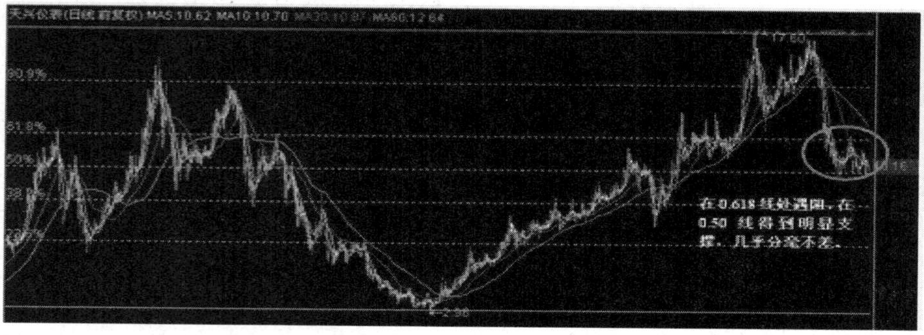

图4－71　黄金分割线的应用

（五）甘氏线

甘氏线是由 William D. Gann 创立的一套独特的理论。Gann 是一位具有传奇色彩的股票技术分析大师。甘氏线就是他将百分比原理和几何角度原理结合起来的产物。

1. 直线与百分比数字有关

如图 4－72 所示，甘氏线是从一个点出发，依一定的角度，向后画出的多条直线。所以，有些书上把甘氏线称为角度线。甘氏线分上升甘氏线和下降甘氏线两种。图中的每条直线都有一定的角度，这些角度的得到都与百分比线中的那些数字有关。每个角度的正切或余切分别等于百分比数中的某个分数（或者说是百分数）。

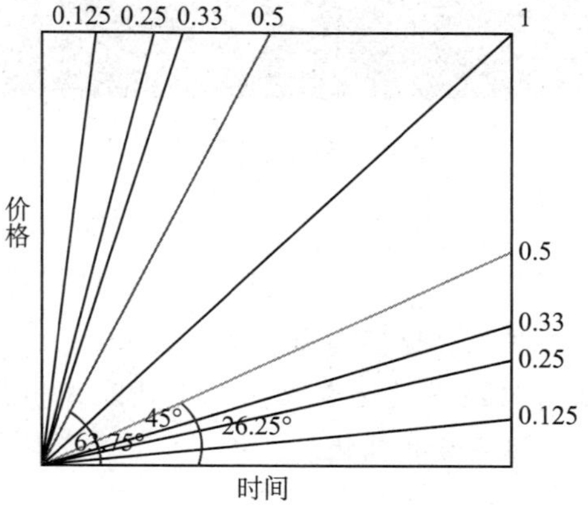

图 4－72　甘氏线

2. 最重要的三条线

每条直线都有支撑和压力的功能，但这里最重要的是 45°线、63. 75°线和 26. 25°线。[①] 这三条直线分别对应百分比线中的 50% 、62. 5% 和 37. 5% 百分比线。其余的角度虽然在股价的波动中也能起一些支撑和压力作用，但重要性不大，都很容易被突破。

3. 甘氏线的画法

首先找到一个点，其次以此点为中心按照图 4－72 所画的各条直线直接画到图上即可。

被选择的点同大多数别的选点方法一样，一定是显著的高点和低点，如果刚被选中的点马上被创新的高点和低点取代，则甘氏线的选择也随之变更。

如果被选到的点是高点，则应画下降甘氏线。这些线将在未来起支撑和压力作用。

如果被选到的点是低点，则应画上升甘氏线，如图 4－73 所示，这些线将在未来起支撑和压力作用。

相关资料

4－30　实战：甘氏线的判断方法

① 甘氏角度线的含义为：

（1）26. 25°线（2×1）表示时间变动 2 个单位，价格变动 1 个单位的平衡线。

（2）45°线（1×1）表示时间变动 1 个单位，价格变动 1 个单位的平衡线。

（3）63. 25°线（1×2）表示时间变动 1 个单位，价格变动 2 个单位的平衡线。

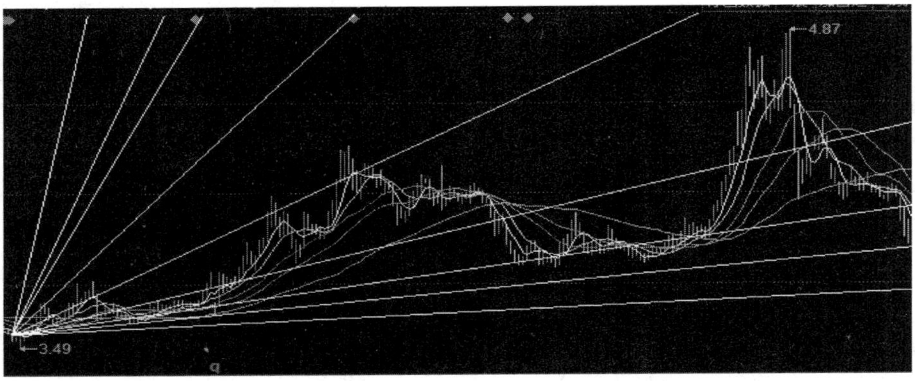

图 4－73　上升甘氏线

【知识应用】

上升甘氏线位置，逢低买入，逢高卖出。

画甘氏线时，需要注意 K 线图的选取比例。将甘氏线和其他切线结合使用，可以更全面地评价个股的趋势，避免分析错误。

三、使用切线应注意的问题

切线方法为我们提供了很多价格移动可能存在的支撑线和压力线。这些支撑线和压力线对进行行情判断有很重要的作用。但是，应该明确的是，支撑线和压力线有突破和不突破两种可能。在实际应用中会产生一些令人困惑的现象，往往要等到价格已经离开很远的时候才能够突破成功和突破失败。

用各种方法得到的切线提供了支撑线和压力线的位置，但这些价格的位置仅仅是一些提供参考的价格，不能把它们当成万能的工具而完全依赖。证券市场中影响价格波动的因素很多，而支撑线和压力线仅仅是多方面因素中的一个。因此多方面同时考虑才能提高正确的概率。

【知识链接】

道氏理论

相关资料

4－31　视频：道氏理论

道琼斯理论，简称道氏理论，是一种反映市场总体趋势的晴雨表，是技术图表分析的基础理论。技术分析的鼻祖查尔斯·道认为，股价沿趋势而动，如果没有“外力”的影响，股价将保持其原有运动方向，这一观点被认为是证券技术分析的核心思想。投资者只有在准确把握趋势的方向、时间与空间跨度的情况下，才有可能选择正确的买卖方向和买卖时机。

道氏理论有三个核心思想，即三重运动原理、相互验证原则和投机原理。

其中三重运动原理是核心的核心。这个原理发源于自然法则，其中大级别的基本运动的规律能够被我们所把握，单次的运动带有一定的欺骗性，而日常波动这样小级别的运动具有很强的随机性，不能为我们所把握。这是由于它们的运作机理不同。这个机理告诉我们市场的主趋势是可以被预测的，但具体运动轨迹又是测不准的。

相互验证原则是道氏理论第二个核心，尽管基本运动能够被我们所把握，但是通过一种方式得出的结果，必须用另一种方式得出的结果来验证两个指标是否一致，这才是科学的态度，而这个原则的思想是通过带有强相关（或品种）的相互背离来否定错误的结论，并通过它们的一致性来验证正确的市场走势，只有被证明是正确的，结论才是正确的。

道氏理论的第三个核心是投机原理。市场之所以可以被我们预测是由于市场中具有投机性，投机性是市场的基本属性之一，如果没有投机性，市场也就不存在了。道氏理论的投机原理是我们一直所忽略的，或者说我们一直将投机视为非市场属性。

【技能训练】

利用交易软件的工具，分别画出你的一支自选股的趋势线、轨道线、黄金分割线、甘氏线。

模块 3　认识形态分析

价格移动过程中在某个价格区域停留了一段时间（短暂平衡状态）后，价格曲线在图表中会呈现出一定的图案或花样，我们把这些图案或花样称为价格的形态。

根据平衡状态被打破之后价格的移动方向不同，将形态分为两种基本类型：反转突破形态和持续整理形态。

反转突破形态是指价格打破平衡之后的移动方向与原来方向相反，即股价运行出现方向性变化的情形。

持续整理形态是指价格打破平衡之后的移动方向与原来方向相同，即不改变股价运动走向的形态。

在两种形态中，反转突破形态更具有研究意义。但是在确认反转突破形态时，需要结合价格和成交量的变化。

一、反转突破形态

反转突破形态是指股票价格改变原有的运行趋势所形成的运动轨迹。反转突破形态存在的前提是市场原先确有趋势出现，而经过横向运动后改变了原有的方向。常见的反转突破形态大致可以分为以下 4 种。

（一）双重底和双重顶

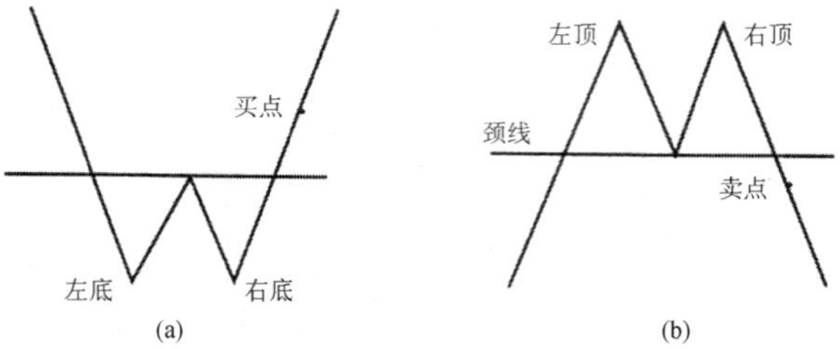

图 4-74　双重底和双重顶

1. 双重底

（1）双重底形态的特征。标准的双重底形态如图 4-74（a）所示，其特点是在股价震荡整理过程中出现两个大致相同的最低点。因图形类似英文字母“W”，又称 W 底。

（2）双重底形态的意义。

①双重底形态是一种反转形态，经常出现在中长期下跌趋势转为上升趋势的震荡整理过程中。

②双重底形态的颈线是经过股价第一次回抽顶点的水平线。

③股价向上有效突破颈线达 3% 以上时，是可靠性较高的买入信号。回抽时应买入，其涨幅一般至少是底部与颈线位的距离。

④股价向上突破颈线时，成交量应大于第一次上升时的成交量，成交量越大，反转的可能性亦越大。

⑤双重底形态的底部成交量非常重要。第一个底部的成交量较大，而第二个底的成交量相对萎缩。

⑥双重底形态的两个底部相距越远，说明底部区域多方力量越强，是反转形态的可能性越大。

相关资料

4-32　视频：回调与反弹

【知识应用】

向上突破颈线，买入信号

如图 4-75 所示，双重底（W 底）——高鸿股份（000851）。

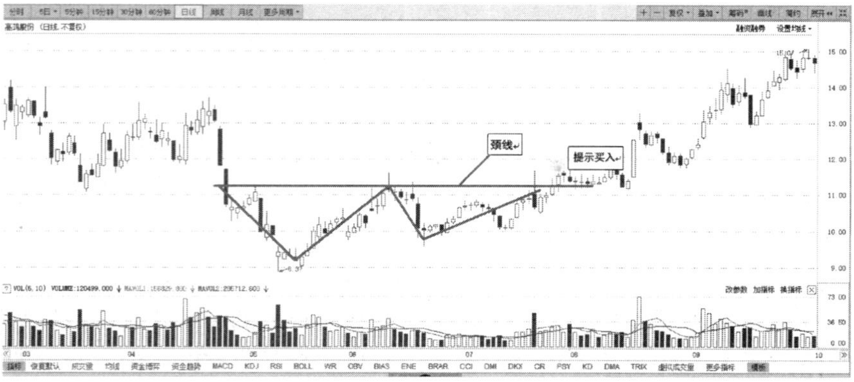

图 4-75　双重底

2. 双重顶

标准的双重顶形态如图 4－74（b）所示。因图形类似英文字母“M”，故又称 M 头。对于双重顶，其所代表的意义与双重底的意义正好相反。比如，向上说成向下，低点说成高点，压力说成支撑。M 顶形成之后，在颈线位置的回抽，即为卖出的最后良机。

相关资料

4－33 视频：双重顶形态

【知识应用】

向下突破颈线，卖出信号

如图 4－76 所示，2016 年 7 月～2017 年 4 月青岛金王（002094）出现双重顶（M 头）趋势。

图 4－76 双重顶

【投资箴言】

短期股市的预测是毒药，应该把它们摆在最安全的地方，远离儿童以及那些在股市中的行为像小孩般幼稚的投资人。

——巴菲特

（二）头肩顶和头肩底

1. 头肩顶

（1）头肩顶形态的特征。标准的头肩顶形态如图 4－77 所示，其特点是：

①在形态形成之前，价格有一段较大的涨幅，且成交量配合增加（即价涨量增）。

②中间的高点最高，左右两个高点大致持平，也可以略有高低。从左到右，成交量一般呈递减趋势，其中右边高点的成交量一定是最少的。

③形态完成的时间一般至少为 1 个月。

④可能出现多种复合形态。

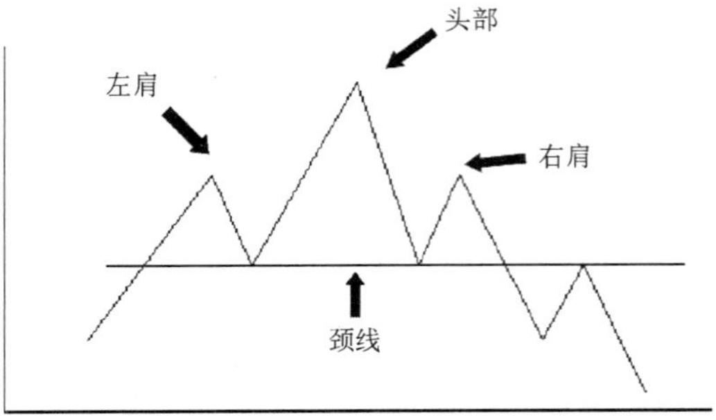

图 4 –77　头肩顶

（2）头肩顶形态的测市功能与投资策略。

①头肩顶是一种重要的反转形态，常常出现在多头市场转为空头市场的整理圈内。

②股价向下有效突破颈线，是可靠性极高的卖出信号，投资者应卖出股票。

③股价突破颈线后将继续大跌，最小跌幅的测量方法是：从头部顶点向下画一条垂线到颈线，再从右肩完成后突破颈线的那一点开始向下量出同样的长度，则这段距离便是股价将要下跌的最小幅度。也就是说，股价至少要跌完所测量之差价方有再反转上升的可能。

④市场趋势强弱与颈线向下倾斜程度有关，越倾斜市场越疲软，下跌幅度越大。

⑤头肩顶形态完成后，向下突破颈线时，成交量不一定扩大，但继续下跌时，恐慌性抛售可能会引起成交量放大。但从总体来看，成交量在形态形成的过程中逐渐减少。

⑥股价跌破颈线后可能会出现暂时性的回升，但回升一般不超越颈线水平。

⑦头肩顶形态完成后，投资者应相信形态的市场意义，而不管市场上消息面和心理面与形态的意义是否一致。

【知识应用】

股价向下突破颈线，卖出信号

如图 4 –78 所示，2017 年 12 月 ~2018 年 4 月紫金矿业（601899）出现头肩顶形态。

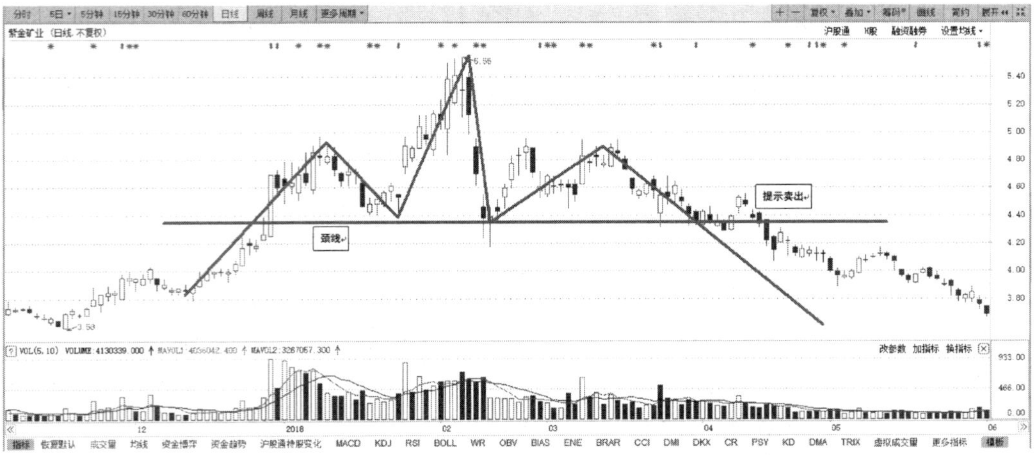

图 4 –78　头肩顶

2. 头肩底

标准的头肩底形态如图 4－79 所示。对头肩底而言，除了在成交量方面与头肩顶有所区别外，其余可以说与头肩顶一样，只是方向正好相反。例如，上升改成下降，高点改成低点，支撑改成压力。

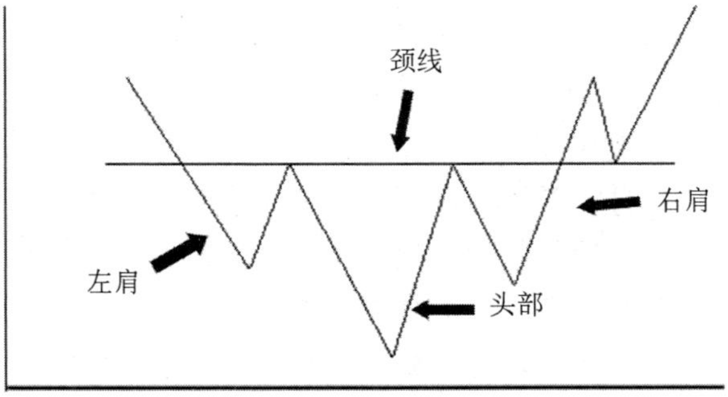

图 4－79　头肩底

4 － 34　视频：头肩底形态

【知识应用】

股价向上突破颈线，买进信号

如图 4－80 所示，2019 年 7 月 ~9 月苏泊尔（002032）出现头肩底形态。

图 4－80　头肩底

【知识链接】

缺口形态

缺口是 K 线形态中的一种特殊形态。它是指开盘价和收盘价或收盘价和开盘价之间产生的向上或者向下的跳空，并留有一定的空间，在这个空间没有任何交易。市场上的说法是，逢缺口必补。根据缺口出现的位置和股价的位置，缺口分为普通缺口、突破缺口、持续性缺口与消耗性缺口4种。

从缺口发生的部位大小，可以预测走势的强弱，确定是突破，还是已到趋势之尽头。它是研判各种形态时最有力的辅助材料。

相关资料

4－35 视频：缺口形态

（三）三重底和三重项

1. 三重底（顶）的含义和图形

三重底（顶）形态是头肩形态的一种小小的变体，它是由三个一样高或一样低的顶和底组成。与头肩态形的区别是头的价位回缩到与肩差不多相等的位置，有时甚至低于或高于肩部一点，如图4－81和图4－82所示。从这个意义上讲，三重底（顶）与双重底（顶）也有相似的地方，只是前者比后者多“折腾”一次。

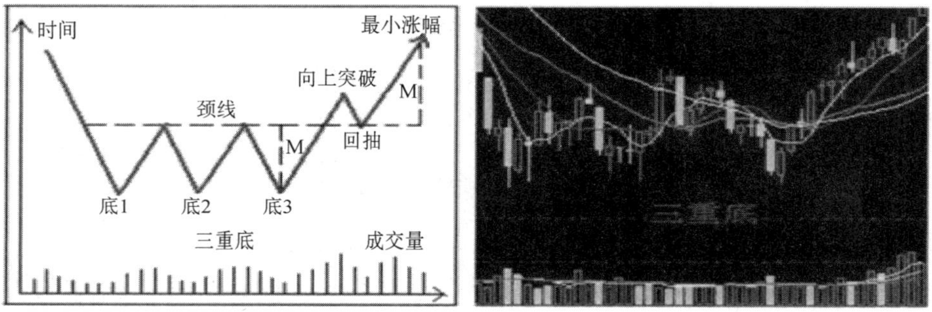

图4－81 三重底

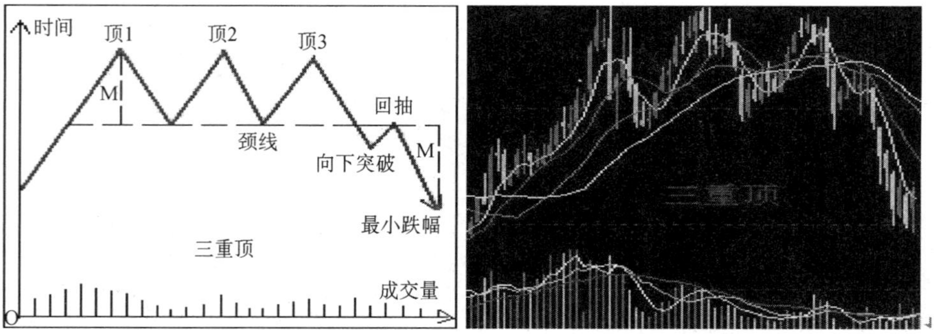

图4－82 三重顶

2. 三重底（顶）的特征

（1）三重底（顶）的谷底与谷底，或峰顶与峰顶的间隔距离与时间不必相等。

（2）三个谷底或三个顶点的股价不需相同，高低最大差距可达到3%，不应苛求。

（3）三重顶的第三个顶，成交量非常小时，即显示出下跌征兆，而三重底在第三个底部完成而股价上升时，成交量大量增加，即表示股价将会突破颈线而上升。

3. 入市策略

（1）三重底操作策略。

①在三重底图形中，价格明显突破颈线后，可投资适量资金，一般上涨概率较大。

②在价格突破颈线位置后的回抽确认买进，是稳健的操作机会。

③不能依据有三个低点就认为是三重底形态，三次探底只表示具有三重底的雏形，未来发展极有可能向三重底演变，能否构成三重底并形成一轮强势上攻，还需要进一步的验证。

【知识应用】

三重底形态的应用

如图4－83所示，2010年9月至11月，圣农发展（002299）日K线走势图上出现三重底形态。在形成过程中，该股股价连续三次在同一价位获得支撑。而前两次反弹又在同一价位遇到阻力回落。这说明在此区间内的多空双方争夺较激烈。股价突破颈线是重要的买点。此时投资者可以积极买入股票。11月18日，股价出现小幅回调，到颈线附近时获得支撑，继续上涨。这次回调是对三重底形态的确认。此时是投资者加仓操作的时机。

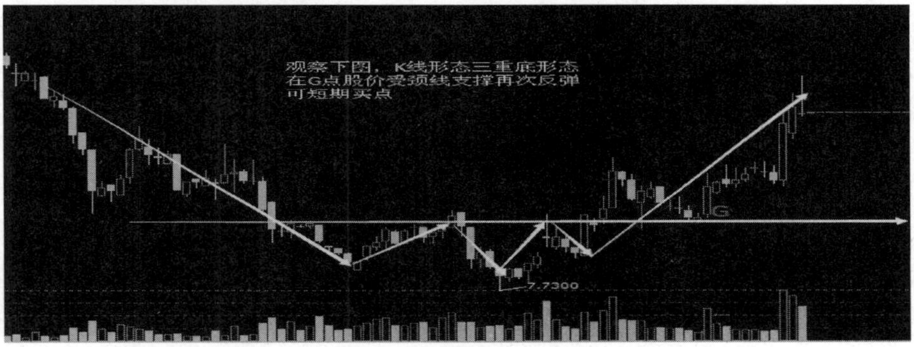

图4－83　三重底形态的应用

（2）三重顶操作策略。

①价格或指数经过较长时间的上涨，累计涨幅较大，在高位开始震荡并形成三重顶形态时，其看空意义非常大，见到这种形态一定要万分警惕，特别是跌破颈线位时，一定要果断出局观望。

②如果已经经过大幅下跌，然后在底部震荡上行时形成三重顶形态，这时投资者要防范是否是洗盘形态，显著的特征是，跌破颈线位后又很快回升到颈线位上方。

【知识应用】

三重顶形态的应用

如图4－84所示，2011年2月至4月，科华恒盛（002335）日K线图上出现三重顶形态。在一个月中，该股连续三次上涨到相同的价位时遇阻回调，这说明多方力量转弱，股价下跌的可能性大。4月15日，股票跌破颈线，市场弱势已经确立；是卖出信号。此时投资者应卖出股票。4月22日，股价回抽至颈线处未能形成突破，遇阻下跌。这是对三重顶形态的确认，再次发出卖出信号。

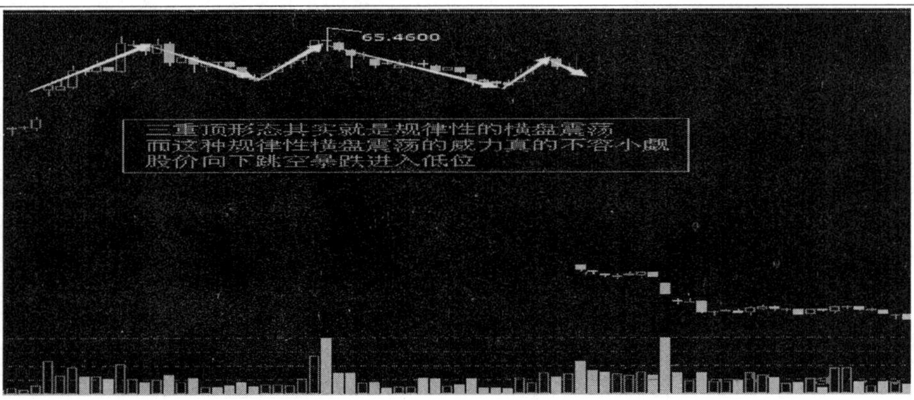

图 4-84　三重顶形态的应用

（四）圆弧底和圆弧顶

1. 含义和图形

如图 4-85 所示，圆弧底是指呈圆弧状的一种底部反转上攻形态，也称碗形，价格变动简单且连续，先是缓缓下滑，虽不断创出新低，但跌不了多少就弹升，比前一个低点稍低，随后在回落到弧底附近时，多空平衡，低点走平，出现盘局，最后是每波回落点都略高于前点，把这些短期低点连接起来，就形成了圆弧底。成交量变化与股价同步，先是逐渐减少，随后伴随股价回升，成交量渐次增加，也呈圆弧状，由于圆弧底形成耗时较长，多空换手充分，所以当带量突破颈线位，形成向上有效突破后，股价迅速上扬，涨升迅猛，往往很少回档整理。

如图 4-86 所示，圆弧顶是指股价或股指呈现出圆顶走势，当股价到达高点之后，涨势趋缓，随后逐渐下滑，是见顶图形，预示后市即将下跌。整个形态完成耗时较长，常与其他形态复合出现，市场在经过初期买方力量略强于卖方力量的进二退一式的波段涨升后，买力减弱，而卖方力量却不断加强，中期时，多空双方力量均衡，此时股价波幅很小，后期卖方力量超过买方，股价回落，当向下突破颈线时，将出现快速下跌。

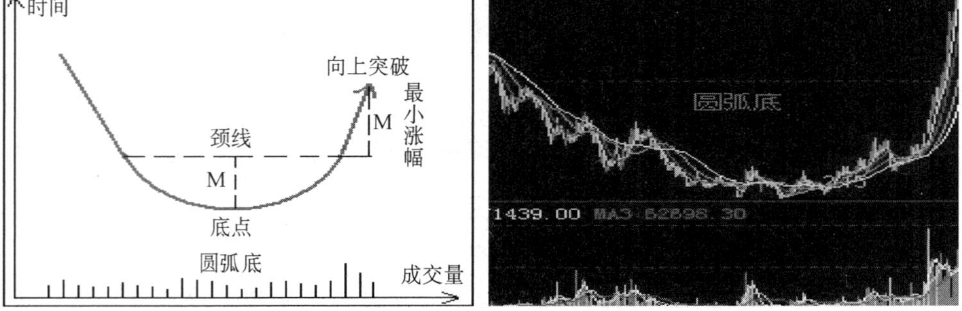

图 4-85　圆弧底

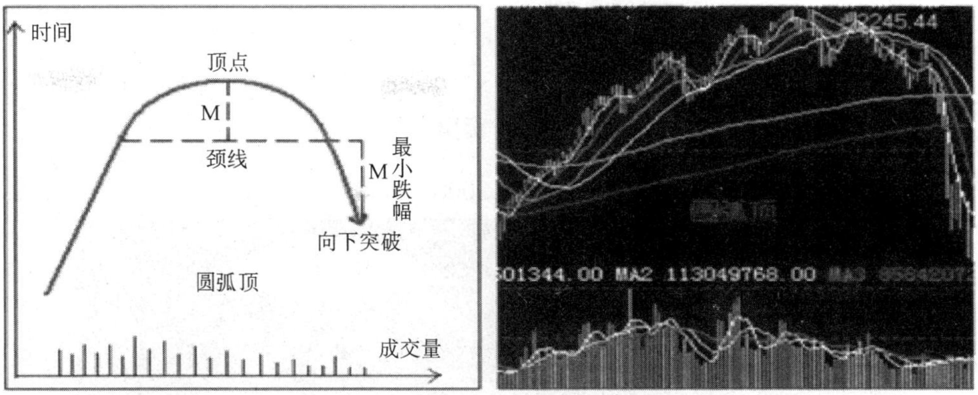

图 4-86　圆弧顶

2. 形态特征

（1）形态形成过程中价格的波动幅度较小。

（2）形态形成过程中的成交量应该呈现出两头多、中间少的形状。在价格向上突破后，要放量配合。

（3）形态完成的时间一般至少为 2～4 个月。

3. 预测价值

突破后的走势要远远大于形态的高度；圆弧顶的最小跌幅一般是圆弧头部颈线到圆弧顶最高点之间的直线距离；圆弧底的最小涨幅一般是圆弧底部颈线到圆弧底最低点之间的直线距离。

可以用形态形成期的长短来估算："横有多长，竖有多高"。

【知识应用】

圆弧底，买入信号

如图 4-87 所示，圆弧底——日盈电子（603286）。

图 4-87　圆弧底

【知识应用】

圆弧顶，卖出信号

如图 4－88 所示，圆弧顶——碧水源（300070）。

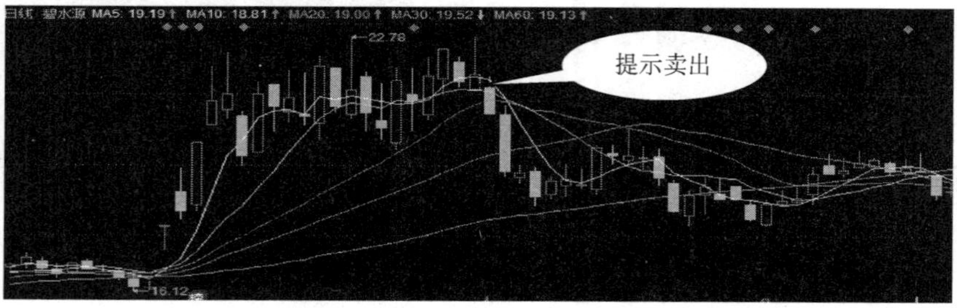

图 4－88　圆弧顶

【知识链接】

岛形反转

岛形反转是形态理论中的一个重要反转形态。这种形态是重要的卖出（顶部）或买入（底部）信号。岛形反转分为顶部岛形反转和底部岛形反转。岛形反转的基本特征是出现了左右对称性的跳空缺口，之后选择向上或向下的一波较大级别的行情。

当这一形态出现在顶部时，其左边的缺口出现，主要是市场外的利好信息刺激，市场反应为跳空高开高走的局面；而右边的缺口同样是市场外的利空信息刺激所致。

当这一形态出现在底部时，其左边的缺口出现，主要是市场外的利空信息刺激，市场反应为跳空低开高走的局面；而右边的缺口同样是市场外的利好信息刺激所致，如图 4－89 所示。

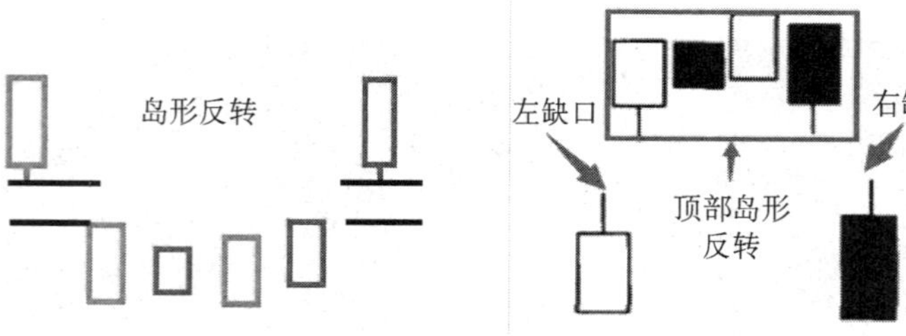

图 4－89　顶部岛形反转和底部岛形反转

二、持续整理形态

（一）三角形态

所谓三角形态，是指股价经过一段时间的快速变动后，即不再前进而在一定区域内上下窄幅变动，等时机成熟后再继续以往的走势。该形态经常出现在股价的休整阶段。在这一形态中，价格基本横向波动且幅度越来越小，期间至少需要有4个局部的反转点。根据两条边线的方向不同，三角形态则可划分为3种，即对称三角形、上升三角形和下降三角形。

1. 对称三角形

（1）形态特征。标准的对称三角形形态如图4－90所示，是由一系列的价格变动点所组成，其变动幅度逐渐缩小，即每次变动的最高价，低于前次的水平，而最低价比前次最低价水平高，呈一压缩图形。如从价格变动的领域看，其上沿为向下斜线，下沿为向上倾线，把短期高点和低点，分别以直线连接起来，就可以形成一对称的三角形。对称三角形的成交量，因越来越小幅度的价格变动而递减，反映出多空力量对后市犹疑不决的观望态度，上升趋势中的对称三角形最终选择向上突破可作为比较经典的中继形态。

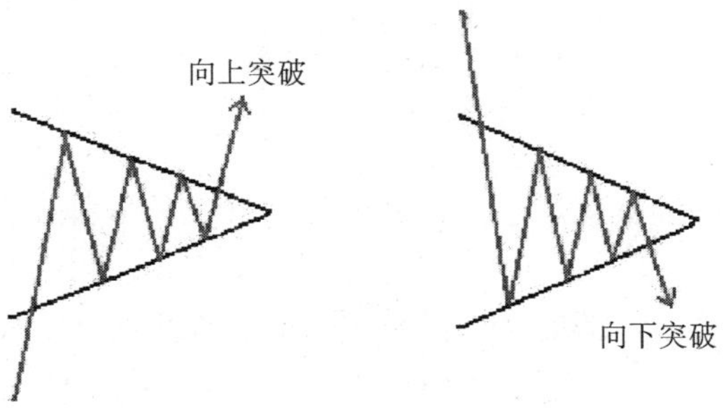

图4－90 对称三角形

（2）测市功能与投资策略。

①股价变动呈对称三角形，表示股价的顶点下移，而底部上移，市场力量均衡，突破方向很难确定。因此，对称三角形可能是反转形态，也可能是整理形态。投资者应在形态完成后，股价有效突破时再考虑入市。

②股价变动越接近三角形的顶点，突破力量越小。向上突破时需要大成交量配合，向下突破时则不需要。

③当股价在对称三角形内变动时，越接近上界线，向上突破的力量和可能性越小。如果在接近上界线附近向上突破，成交量又无明显增加，通常是假突破，即使上升，升幅也有限。

④当股价在对称三角形内变动时，越接近下界线，向下突破时突破力量越小。如果在接近下界线的地方向下突破，通常是假突破，股价下跌幅度有限。

⑤通过形成三角形的第一个股价变动的顶点或底点引垂线，交上界线和下界线形成底边。股价有效突破对称三角形后，股价变动的幅度较难预测。一般来说，股价突破形态后的变动幅度至少是对称三角形底边的长度。

2. 上升三角形

上升三角形是指股价在某水平呈现强大的卖压，股价从低点回升到水平便告回落，但市场的购买力十分强大，股价未回至上次低点即告弹升，这一情形持续使股价随着一条阻力水平线波动逐渐收窄。若把每一个短期波动高点连接起来，可画出一条水平阻力线；而每一个短期波动低点相连则画出另一条向上倾斜的线，这就是上升三角形。成交量在整个形态的形成过程中是逐步减少的。通常在上升三角形里的每一波上升的部分成交量较大，而下跌回落部分的成交量则较少，如图 4－91 所示。

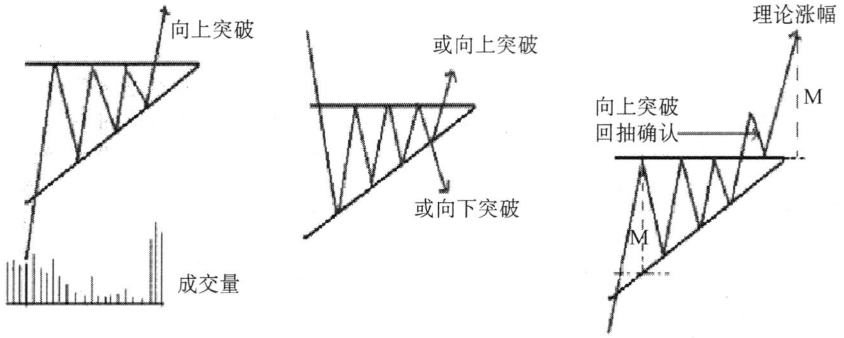

图 4－91　上升三角形

（1）形态要点。

①上升三角形是属于持续整理形态，大部分的上升三角形都在上升的趋势中出现，且暗示有向上突破的倾向。

②在向上突破上升三角形顶部的水平供给阻力时，如果有成交量激增的配合，突破点就是一个短期较佳的买入时机。此形态属于整理形态，但在实际走势中，假突破也经常出现。

③上升三角形向上突破后其最少升幅的量度方法和对称三角形相同，突破后的涨幅接近三角形最宽一边的垂直距离。

④上升三角形在其横向宽度的 1/2～3/4 的某个位置就会选择突破方向，如果超过该区域仍未突破，则三角形的顺势性突破的力度将减弱，同时突破方向的变数也将增加；换句话说，上升三角形越早突破，越少错误发生。

（2）操作策略。

①最佳介入时机为放量有效突破上升三角形的上边线之后。

②如果股价三次碰上线之后仍然未能突破而再次向下，则说明多方的上升力度有限，形态整理作用的可靠性降低，甚至会演化为横向或箱体走势。

③如果突破时成交量配合不理想，股价又重新回到三角形之内时应小心假突破并应止损。特别在有些涨幅已经很大的股票，庄家往往利用假突破制造多头陷阱，达到高位派发的目的，其特点就是突破后很快股价又跌回至整理形态之内并形成头部。

④如果三角形整理的突破时机与均线系统的支撑在图形上相重合，则突破的意义更明确可信。

⑤如果三角形整理发生在刚从底部涨上来时，则三角形的突破意义更明确。

【知识应用】

上升三角形，提示买入

如图 4－92 所示，楚江新材（002171），于 2014 年 9 月～10 月初出现上升三角形形态。

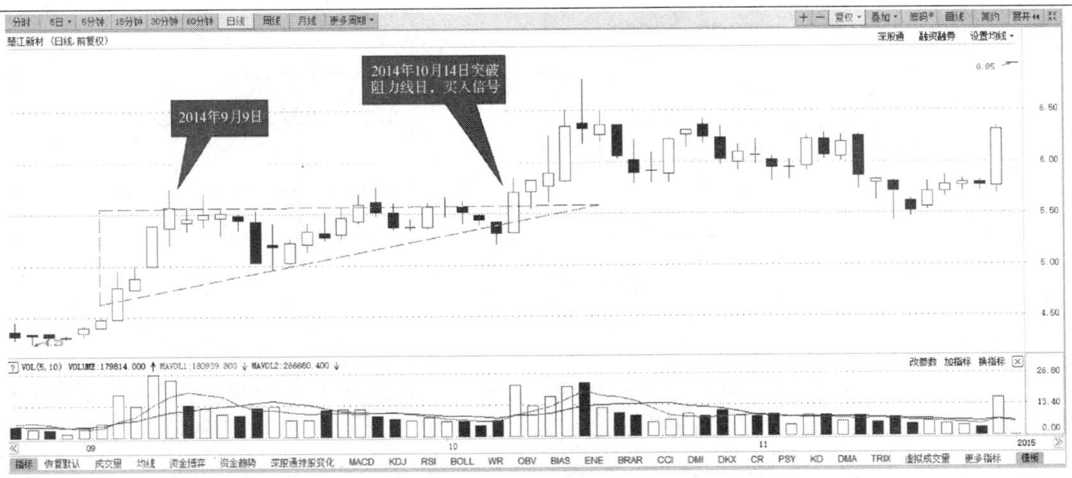

图 4－92　上升三角形

3. 下降三角形

下降三角形同上升三角形正好相反，属于看跌形态。其基本用法同上升三角形完全相似，只是方向相反。下降三角形整理期间成交量十分清淡，向下突破时也不必有大成交量的配合。从图 4－93 可以清楚看出下降三角形所包含的内容。

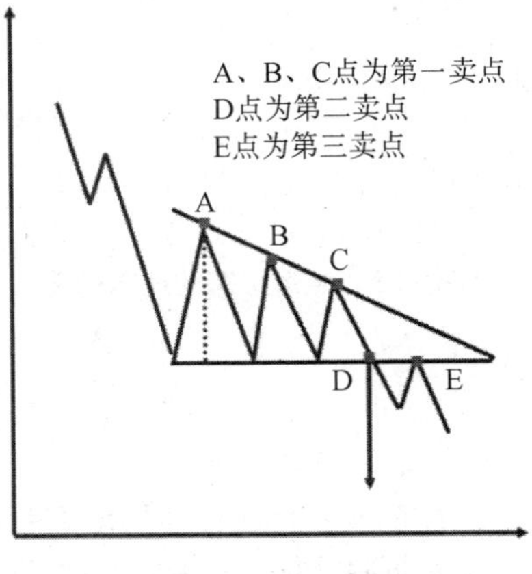

图 4－93　下降三角形

（二）矩形

1. 形态特征

矩形又称为箱形。标准的矩形如图 4－94 所示，其特点是股票价在两条横着的水平直线之间上下波动，作横向延伸的运动。

相关资料

4－36　视频：箱型形态

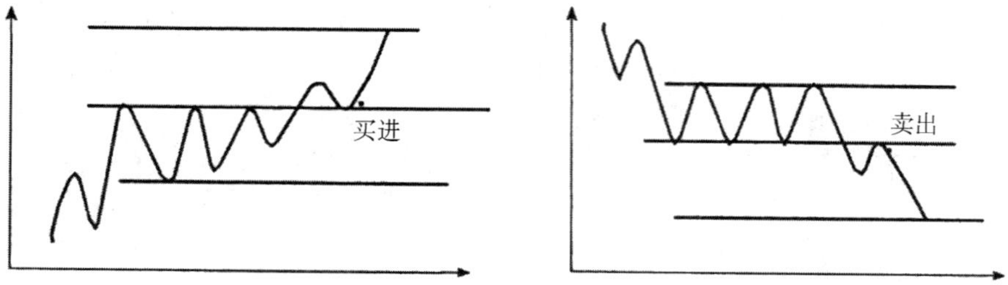

图 4－94　矩形形态

2. 形态要点

(1) 矩形的上轨和下轨大体呈现水平和平行状态，价格在上下两条水平直线（趋势线）之间波动。

(2) 矩形一般是中继形态，即经过整理后一般股价运行的轨迹趋势不会改变。

(3) 矩形的成交量一般是呈递减状态，如果成交量较大，则要提防主力出货形成顶部，向上突破时需要放大成交量来配合，向下突破则不必要。

3. 预测价值

如图 4－95 所示，矩形被突破后，价格将继续向原来的趋势方向运动，并至少要运动到与形态高度相等的距离。

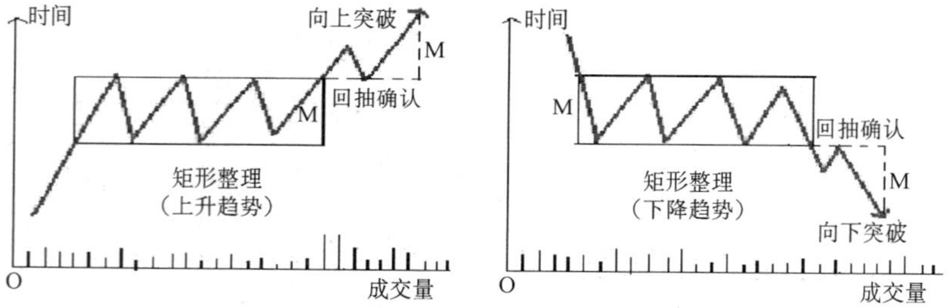

图 4－95　矩形形态的测市价值

（三）旗形

1. 形态特征

旗形整理就像一面挂在旗杆顶上的旗帜，这种形态通常出现在急速而又大幅波动的极端市场中，股价在经过一连串紧密的短期波动后，形成一个略微与原趋势呈反方向倾斜的平行四边形，这就是旗形走势，如图 4－96 所示。

旗形走势又可分为上升下飘旗形和下降上飘旗形，如果其上下两条线相交则称为尖旗形，尖旗形和对称三角形在外形上类似，不同之处在于旗形是强势整理，持续整理的时间短，回调幅度小，成交量虽逐级递减，但始终保持更活跃的状态。

2. 形态要点

(1) 整理时间：旗形的整理通常会在 4 周之内完成，若整理时间超出 3 周时就应该特别小心，警惕出现异常变化。

(2) 成交量特征：①旗形整理形态通常在市场急速上升或下跌之后出现，成交量在形态形成期间往往显著减少；②当上升旗形往上突破时，必须要有成交量激增来配合；当下降

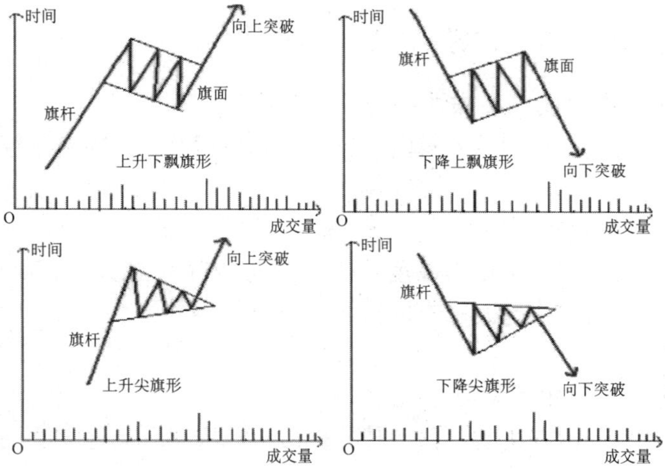

图 4－96 旗形

旗形向下跌破时，无须大成交量的支持。

（3）涨跌幅测量：旗形一旦被突破，大多数情况下其涨跌幅度与原旗杆（先前剧烈上升或下降的幅度）的高度相当，或与之成比例关系。

3. 预测价值

旗形被突破后，价格将继续原来的趋势方向，并至少要运动到与形态高度或旗杆高度相等的距离。

【提示】 旗形整理原则——旗下与旗上大约等长（短线来看）。

4. 操作策略

旗形整理最佳的买卖点是在旗形放量突破上升或下降压力线和回抽确认之时。上升旗形上边被向上突破时为上涨途中再次买进的机会，同理下降旗形下边被向下突破之际为再次卖出的机会。

【知识应用】

上升下飘旗形

如图 4－97 所示，梦舟股份（600255）2011 年 6 月下旬至 7 月下旬，股价旗形整理，整理之后继续上涨。

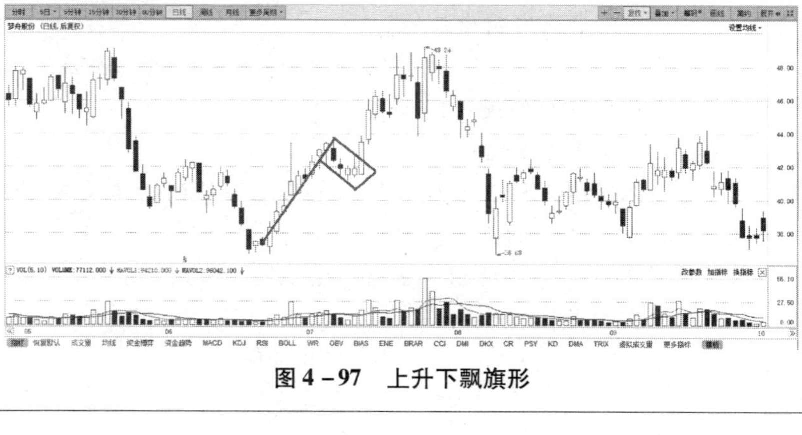

图 4－97 上升下飘旗形

三、应用形态分析应注意的问题

（一）形态分析的主观性（多样性）

图表分析是一门艺术。不同的人对同一位置的同一形态都可能有不同的解释。

（二）形态规模的大小

一般而言，形态的规模（宽度与高度，或时间与空间）越大，其结果就越具有稳定性和持续性，引发的后续运动就越大（有的持续形态可能例外）。

（三）与其他分析方法相互验证

形态分析只是技术分析方法的一种，其分析结论若能得到其他方法的验证则更为可靠。

【技能训练】

登录交易软件，在你的自选股中找出 2～3 种不同的反转突破形态和持续整理形态。

项目小结

本项目着重说明了 K 线分析的概念及意义、画法和基本形状、K 线的种类、K 线分析的三要素、单根 K 线和 K 线组合的含义。解读了趋势线、轨道线、支撑线和压力线、黄金分割线和甘氏线等几种常见的切线；分析了双重底和双重顶、头肩顶和头肩底、三重底和三重顶、圆弧底和圆弧顶等 4 种常见的反转突破形态以及三角形态、矩形形态、旗形形态等 3 种持续整理形态的图形特征、操作策略和测市价值。

思考与练习

一、单项选择题

1. K 线最早是由（　　）米商发明出来的。

A. 美国　　B. 中国　　C. 日本　　D. 法国

2. 下列关于证券投资技术分析的说法，正确的是（　　）。

A. K 线实体长度越短，攻击力度越强

B. 阳线实体越短，买入力量越强，长度相仿，光头光脚 K 线的意义强于带影线的 K 线

C. 上影线长度越长，股价上涨的阻力越大

D. 上下影线长度大致相当，实体越长，多空力量越趋于平衡

3. 光头光脚的大阳线表示当日（　　）。

A. 空方占优　　B. 多方占优

C. 无法判断　　D. 多空平衡

4. 常见的 K 线组合不包括（　　）。

A. 上升形态　　B. 下降形态

C. 水平形态　　D. 既是上升形态又是下跌形态

5. 下列选项中属于下跌形态和滞涨形态的是（　　）。

A. 射击之星　　B. 早晨之星

C. 穿头破脚　　D. 身怀六甲

6. 支撑线和压力线之所以能起支撑和压力作用，很大程度是由于（　　）。

A. 机构主力斗争的结果　　B. 支撑线和压力线的内在抵抗作用

C. 投资者心理因素的原因　　D. 以上都不对

7. 黄金分割的原理源自于（　　）。

A. 道氏理论　　B. 弗波纳奇数列

C. 形态理论　　D. 波浪理论

8. 每条直线都有支撑和压力的功能，但最重要的不包括（　　）。

A. 45°线　　B. 63.75°线

C. 26.25°线　　D. 62.25°线

9. 根据技术分析理论，不能独立存在的切线是（　　）。

A. 支撑线　　B. 百分比线

C. 轨道线　　D. 速度线

10. 如果希望预测未来相对较长时期的走势，应当使用（　　）。

A. K 线　　B. K 线组合

C. 形态理论　　D. 黄金分割线

11. M 头形态的颈线的作用是（　　）。

A. 趋势线　　B. 构筑轨道

C. 支撑线　　D. 压力线

二、多项选择题

1. 根据 K 线的形态不同划分，可分为（　　）。

A. 阳线　　B. 阴线

C. 同价线　　D. 不确定

2. K 线分析的三要素包括（　　）。

A. 看阴阳　　B. 看实体大小

C. 看形态　　D. 看影线长短

3. 下列选项描述正确的是（　　）。

A. 塔形顶形态由多根 K 线组成，先是一根大阳或中阳线，后是一根大阴或中阴线

B. 绵绵阴跌形技术含义是卖出信号，后市看跌

C. 两黑夹一红既可出现在涨势中，也可出现在跌势中

D. 镊子线的 3 根 K 线的最高价几乎处于同一水平位置上

4. 常见的切线主要包括（　　）。

A. 趋势线　　B. 轨道线

C. 支撑线和压力线　　D 黄金分割线

5. 根据趋势运行时间的长短，可分为（　　）。

A. 超短期趋势　　B. 长期趋势

C. 中期趋势　　D. 短期趋势

6. 切线理论的趋势分析中，趋势的方向是（　　）。

A. 上升方向　　B. 下降方向

C. 水平方向　　D. 垂直向上方向

7. 趋势线的确认包括（　　）。

A. 必须确实有趋势存在

B. 应得到第三个点的验证

C. 直线被触及的次数越多，有效性越被得到确认

D. 直线延续的时间越长，越具有有效性

8. 下列属于反转突破形态的是（　　）。

A. 三角形　　B. 双重底和双重顶

C. 旗形　　D. 头肩底和头肩顶

三、判断题

1. 通过一组K线的连续排列，能够反映买卖双方供求关系、多空力量实力对比和股价波动的情况，进而反映股价波动是处于上涨还是下跌，盘头还是筑底等。（　　）

2. 上影线的存在说明股价上升面临着一定的阻力。（　　）

3. K线实体长度越长，攻击力度越弱。（　　）

4. 尽量使用根数少的K线组合的结论，一般说来，K线组合根数越少，得到的结果越不大容易与事实相反。（　　）

5. 用各种方法得到的切线提供了支撑线和压力线的位置，我们可以完全依赖它们。（　　）

6. 股价向下有效突破颈线，是可靠性极高的出市信号，投资者应卖出股票。（　　）

7. 在市场上，持有股票的投资者被称为空头。（　　）

8. 在两种形态中，持续整理形态更具有研究意义。但是在确认持续整理形态时，需要结合价格和成交量的变化。（　　）

四、简答题

1. 简述根据开盘价和收盘价的波动范围大小不同K线的划分类型及价格波动范围。

2. 简述光头阴线的含义。

3. 在形态分析中，代表反转突破趋势的图形都有哪些？

4. 简述趋势线的作用。

五、分析讨论

按照所学的技术分析理论，分析图4－98所代表的技术形态，并预测其未来走势。

图 4 -98

项目五
技术分析的其他方法

【项目目标】

1. 知识目标：

□ 理解量价关系

□ 熟悉波浪理论

□ 掌握技术指标的含义

2. 技能目标：

□ 掌握成交量与股价之间的相关性

□ 掌握波浪理论的基本内容

□ 学会利用技术指标分析市场及个股

3. 情感目标：

□ 树立完整的技术分析观

□ 建立严格的交易纪律

【案例导入】

如何读懂交易数据和市场图形

首次进入证券市场的投资者对于市场充满了幻想和敬畏，对于各种各样五花八门的交易数据和图形也颇为好奇。每个股票，每个行业，每个市场都有自身的运行规律，按照其运行规律进行投资，则会事半功倍。投资者所看到的图形和曲线就是其规律的形象化。例如，利用K线的形态来确认买点和卖点，运用形态分析其未来走势，这都是技术分析的主要理论。

除此之外，交易软件中彩色的线条和不同名称的交易数据，从另外一个方面描述了市场的变化。每天的K线下方都会对应一根红色或者绿色的柱子，而这些柱状图代表的就是当天的成交量。大多时候，柱状体较高时，即成交量放大时，对应的当天K线体积也会较大。但是经过仔细研究，发现有时成交量放大，股价大涨，而有时恰恰相反。同样研究其他的技术指标和图形，通常都会有不同的结论出现，甚至技术分析的结论往往忽略了公司运营的实际情况。那么如何结合利用技术指标、交易数据和技术图形更显得尤为重要。

讨论：（1）在实际操作中，如何选取合适的技术指标？

（2）技术分析结果与公司运营情况相悖，应如何处理？

模块1　认识量价关系理论

一、量价关系的概念

量，是指一只股票在某一单位时间内的成交量，有日成交量、月成交量、年成交量等。

价，是指一只股票在某一个交易日的价格，以收盘价为准，分别有开盘价、最高价、最低价。

成交量是股票交易的基本指标，是无法作假的。一支股票价格的涨跌与其成交量大小之间存在一定的内在关系。投资者可以根据量价关系来制定交易策略，判断形势、买卖股票。

【投资箴言】

股价上涨需要依赖买盘力道推升，但股价可以凭着本身的重量下跌。

——罗伯特

二、常见的成交量指标

（一）成交量

成交量是指某种或某一市场上所有证券当期成交的总数。通常股票以股数或手数（1手为100股）为单位计算，债券以面额为单位计算。证券成交量越大，说明市场交易越活跃。

相关资料

5－1　视频：成交量

（二）成交金额

成交金额是指某种或某一市场上所有证券当期按市价计算成交的总金额数。成交额越多，说明交易越活跃，参与市场交易的资金实力也越强。

与成交量、成交金额相似的还有一个指标——成交笔数，是指一种证券在某一特定交易时间里总共成交的次数。

（三）量比

量比是衡量相对成交量的指标，它是开市后每分钟的平均成交量与过去5个交易日每分钟平均成交量之比。其计算公式为：

$$量比=\frac{现成交总手}{（过去5个交易日平均每分钟成交量）\times 当日累计开市时间（分）} \quad （式5-1）$$

当量比大于1时，说明当日每分钟的平均成交量大于过去5日的平均值，交易比过去5日火爆；当量比小于1时，说明当日成交量小于过去5日的平均水平。

（四）换手率

换手率是指在一定时间内市场中股票转手买卖的频率，是反映股票流通性的指标之一。其计算公式为：

换手率＝（某一段时间内的成交量÷流通股数）×100%　　（式5－2）

一般来说，当股价处于低位时，当日换手率达到4%左右时，则应引起投资者的关注；而上升途中换手率达到20%左右时，则应引起警惕。

（五）委比

委比是用以衡量一段时间内买卖盘相对强度的指标，其计算公式为：

$$委比=\frac{委买手数-委卖手数}{委买手数+委卖手数}\times 100\% \quad （式5－3）$$

其中，委买手数是指现在所有个股委托买入下五档之手数相加之总和；委卖手数是指现在所有个股委托卖出上五档之手数相加之总和。

委比值变化范围为＋100%至－100%。当委比值为正值并且委比数大时，说明市场买盘强劲；当委比值为负值并且负值大时，说明市场抛盘较强；委比值从－100%至＋100%，说明买盘逐渐增强，卖盘逐渐减弱的一个过程；相反，委比值从＋100%至－100%，说明买盘逐渐减弱，卖盘逐渐增强的一个过程。

（六）外盘与内盘

如果即时的成交价是以“委卖”价成交的，说明买方也即多方愿以卖方的报价成交，就像我们在市场抢购紧俏商品时担心买不到时的“不讲价”一样。所以，以“委卖价”成交的量越多，说明市场中的“买气”即多头气氛越浓厚。通常把以“委卖价”实现的成交量称为“外盘”，把以“委买价”实现的成交量称为“内盘”。

可见，若“外盘”大于“内盘”时，则反映了场中买盘强劲；若“内盘”大于“外盘”时，则反映了场内卖盘汹涌，市道偏弱。由于“内盘、外盘”显示的是开市后至现时以“委卖价”和“委买价”各自成交的累计量，所以对我们分析判断目前的市道强弱非常有帮助。

【投资箴言】

投资，一辈子悟不出来的多数都是由于自己拒绝去想长远的东西，短期的诱惑实在是太多了。

——段永平

三、基本的量价关系

量价关系是具有规律的，常见的有9种，每种量价关系所代表的市场意义都是不一样的。

（一）量增价涨

如图 5－1 所示，量增价涨是指个股在成交量增加的同时股价也同步上涨的一种量价配合现象。它意味着多、空双方意见发生较大的分歧，但多方仍占上风。当股价处于底部时，量增价涨代表多方建仓并看好后期走势。若股价经过一段大涨之后，突然出现极大的成交量，价格却未能进一步上涨，这一般表示多头转弱，行情随时可能逆转。

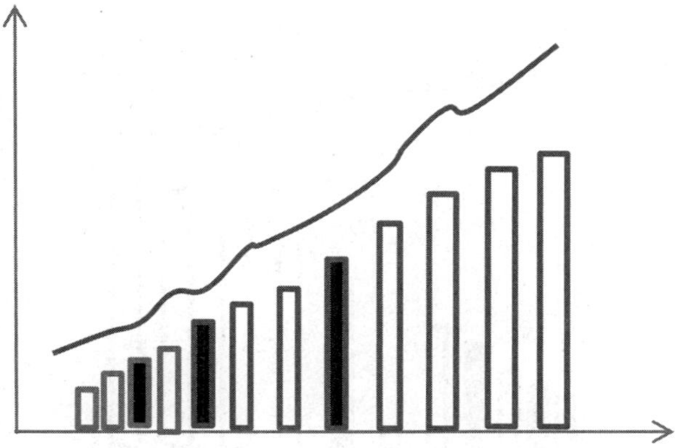

图 5－1　量增价涨

【知识应用】

量增价涨，建仓良机

如图 5－2 所示，2018 年 2 月 7 日，澄天伟业（300689）探底 29.08 元后，开始出现量增价涨，迎来一波上涨行情。

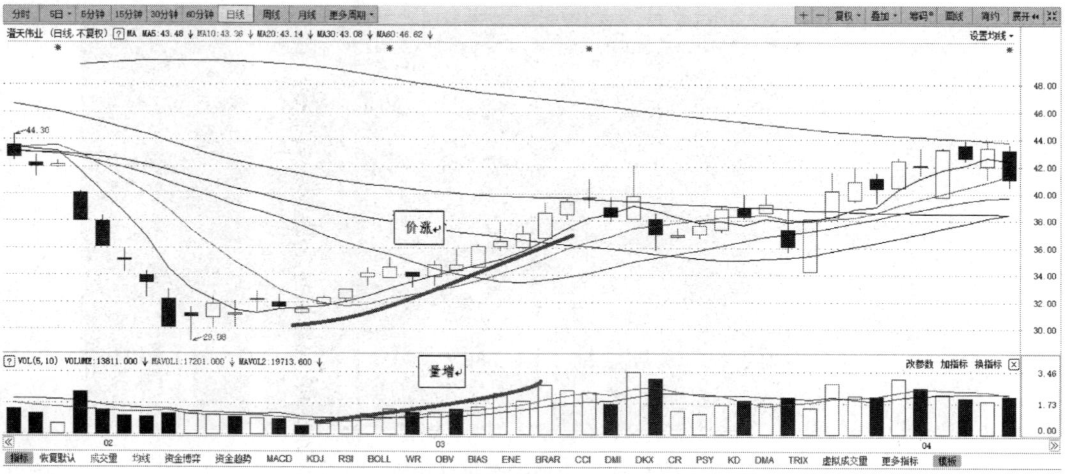

图 5－2　澄天伟业（300689）

（二）量增价跌

如图 5－3 所示，量增价跌是指个股在股价下跌的情况下成交量反而增加的一种量价配合现象。价跌量增如果出现在连跌一段后，价微跌量剧增，这可视为底部，可介入；若出现在跌势初期，则日后将形成跌势；若出现在持续涨势中，则为反转为跌势的信号。

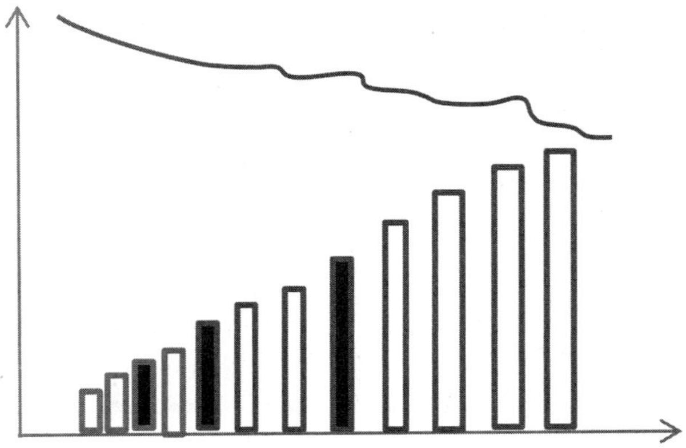

图 5－3　量增价跌

【知识应用】

量增价跌，底部信号

如图 5－4 所示，上证指数 2018 年 1 月 29 日到 2 月 9 日的走势。

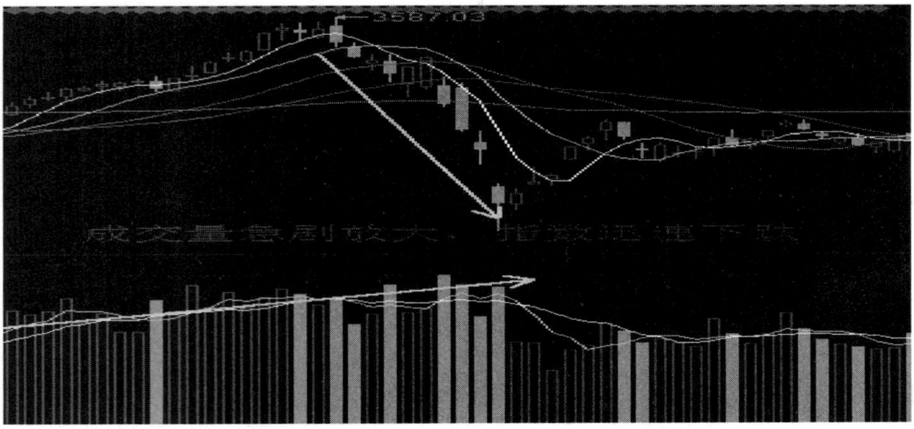

图 5－4　上证指数量增价跌

（三）量增价平

如图 5－5 所示，量增价平是指成交量放大的情况下，股价维持在一定的价位水平上下波动。它意味着多、空双方意见分歧较大，市场处于震荡整理状态。在底部区间，若出现量增价平，则显示已有新的资金介入，可以着重关注该类个股。

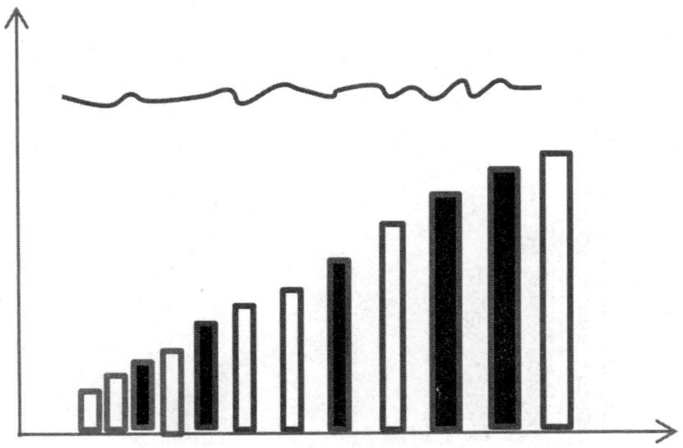

图 5－5　量增价平

【知识应用】

如图 5－6 所示，2018 年 11 月 6 日～8 日吉林化纤（000420）出现量增价平，建仓信号。

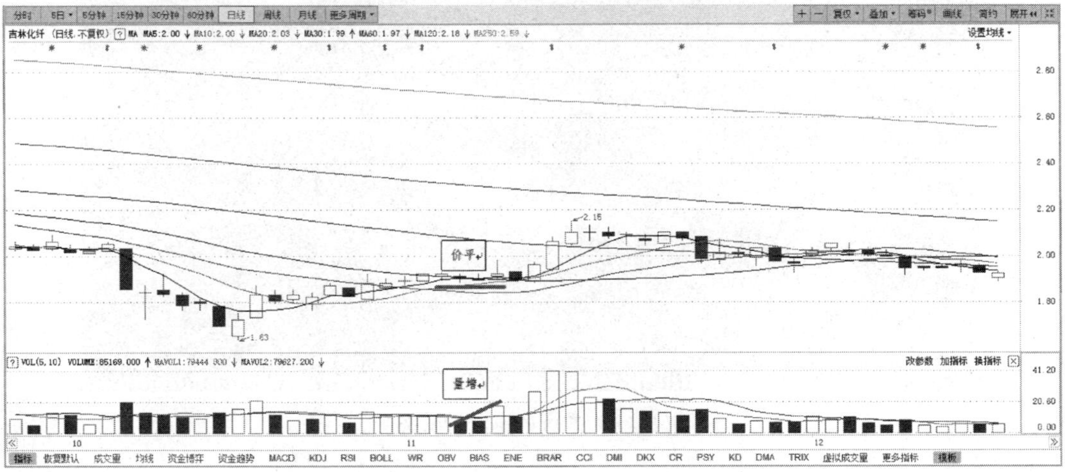

图 5－6　吉林化纤（000420）

（四）量缩价跌

如图5－7所示，量缩价跌是指个股在成交量减少的同时，个股股价也同步下跌的一种量价配合的现象。它意味着多空双方没有分歧，一致看跌，即接盘者甚少。量缩价跌若在跌势初期，则表示跌势不改；若在长期下跌后，则表示行情可能将止跌回稳。

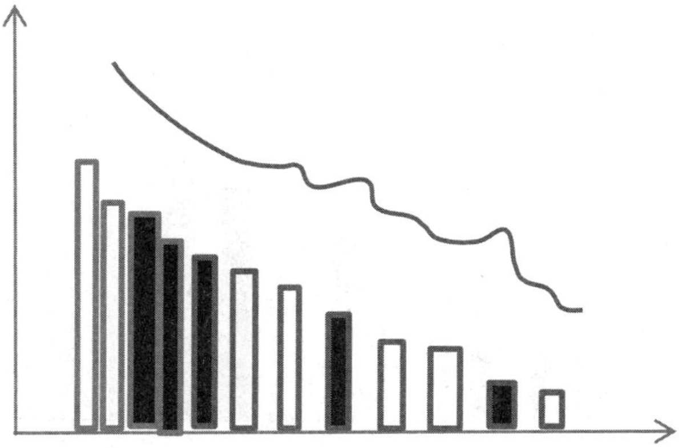

图5－7　量缩价跌

【知识应用】

如图5－8所示，万达信息（300168），量缩价跌，底部信号。

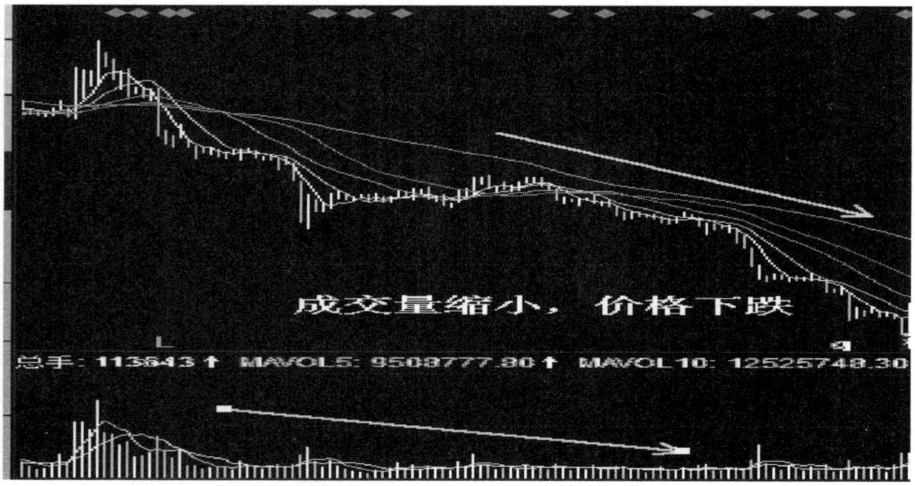

图5－8　万达信息（300168）

（五）量缩价平

如图5－9所示，量缩价平是指股价处于持续整理状态，同时成交量在减少的情况。此类情形的出现，多为主力横盘洗筹以寻求股价支撑位。在底部区间，有逐步建仓筑底的信号。

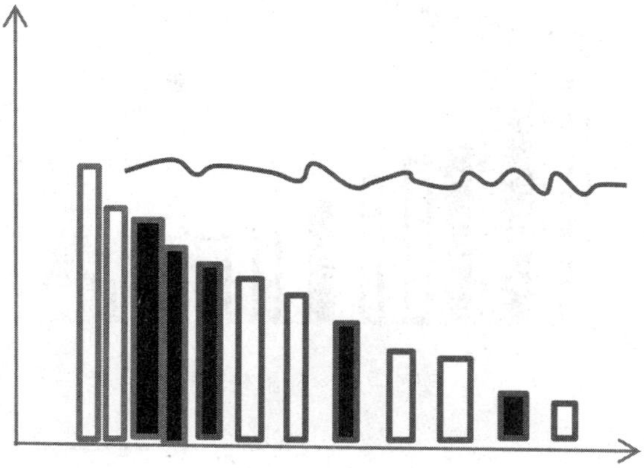

图5－9　量缩价平

【知识应用】

如图5－10所示，上汽集团（600104）量缩价平，建仓信号。

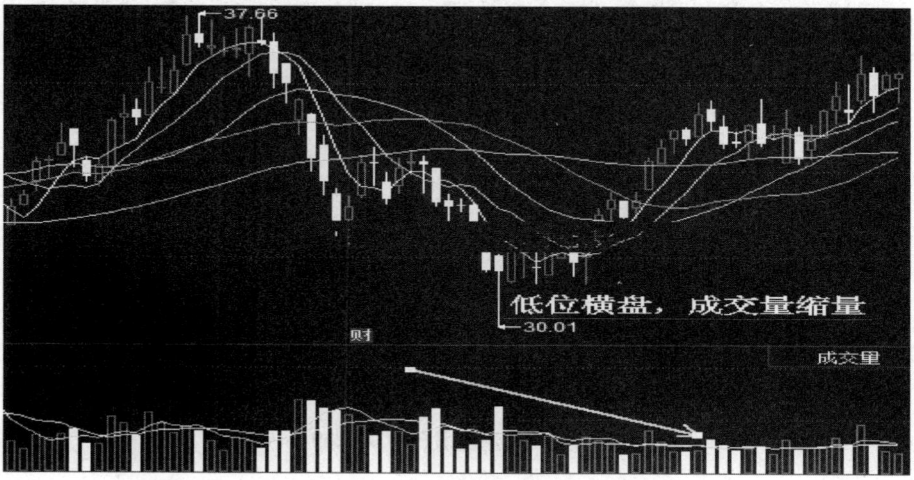

图5－10　上汽集团（600104）

（六）量缩价涨

如图5－11所示，量缩价涨是指个股在成交量减少的情况下，股价却出现较大涨幅的现象，价格与成交量呈背离现象。它意味着股价偏高，跟进意愿不强，此时要对日后成交量变化加以观察。若继续上涨且量增，则量缩属于惜售现象；反之，则应减仓，以免高位套牢。

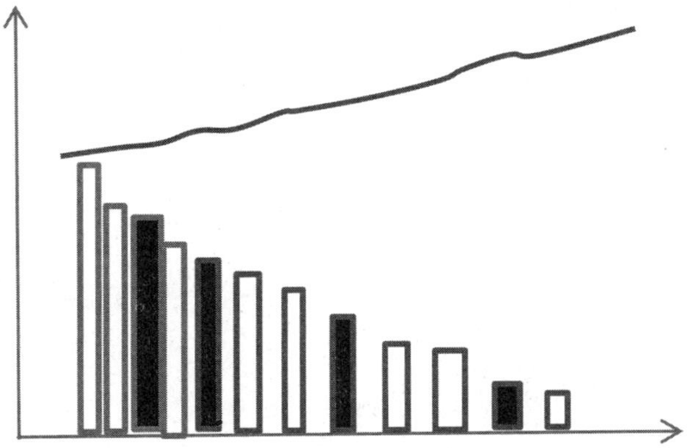

图 5－11　量缩价涨

【知识应用】

如图 5－12 所示，海鸥股份（603269）量缩价涨，量价背离现象。

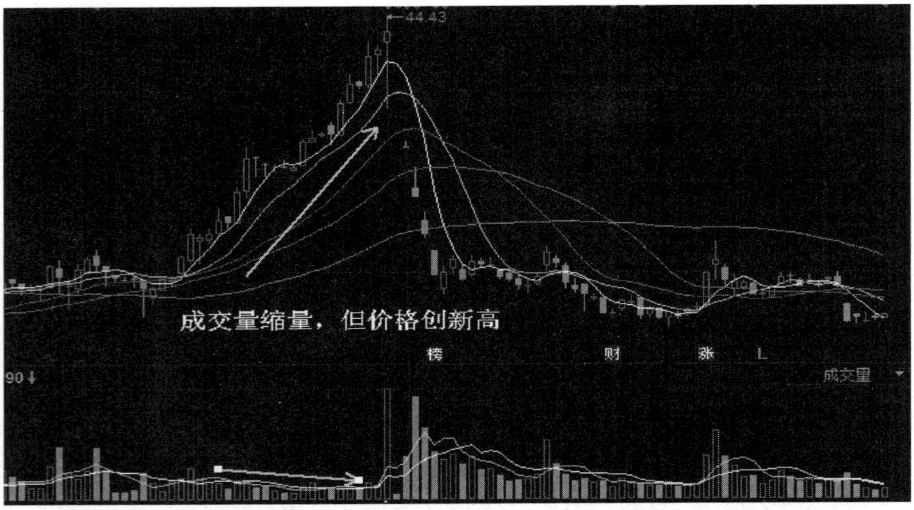

图 5－12　海鸥股份（603269）

（七）量平价涨

如图 5－13 所示，量平价涨是指个股在成交量大致不变的情况下，股价却出现较大涨幅的现象。此时，量平价涨若出现在涨势初期，极可能是昙花一现，不宜跟进。

（八）量平价平

如图 5－14 所示，量平价平多空势均力敌，将继续呈盘整状态。

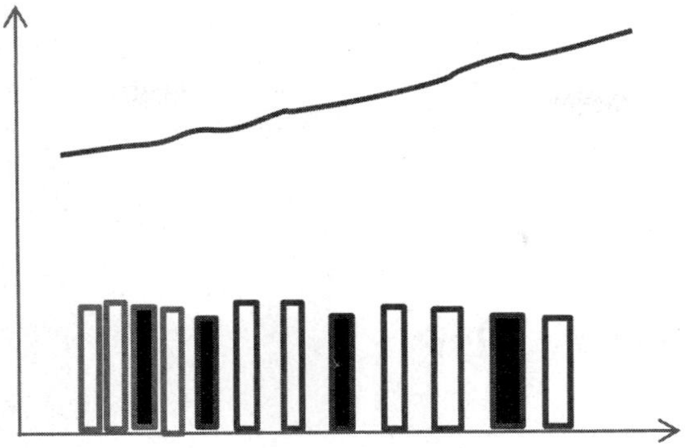

图 5－13　量平价涨

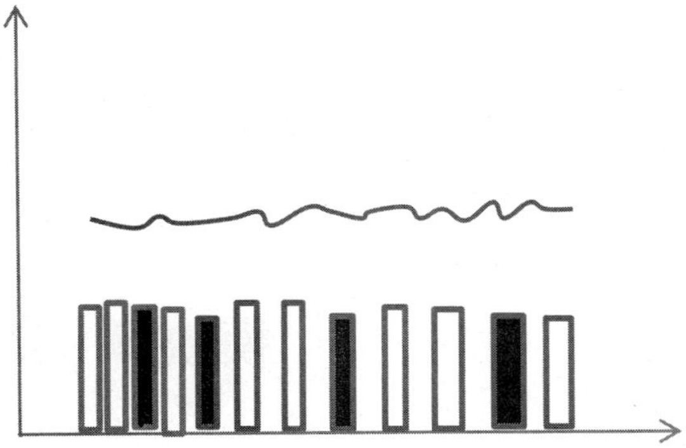

图 5－14　量平价平

（九）量平价跌

如图 5－15 所示，量平价跌表示股价开始下跌，减仓；若已跌了一段时间，底部可能出现，应密切注意后市发展。

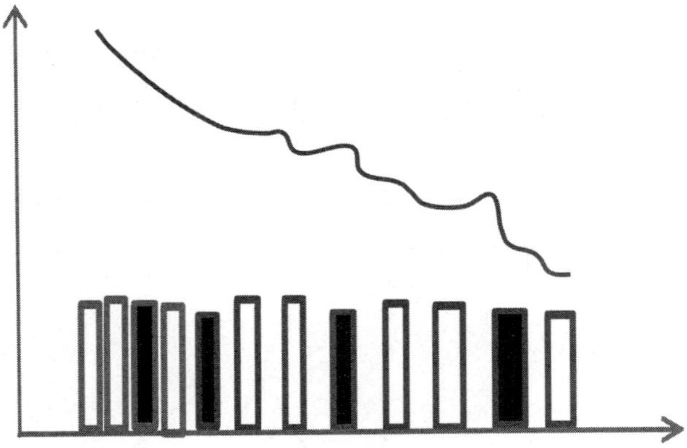

图 5－15　量平价跌

【知识链接】

地量地价与天量天价

地量地价是指股票在成交量非常少的情况下，其股价也创出了阶段性的新低形象。这意味着股票买卖仍不活跃，是股票达到底部的一个重要标志。地量，意味着成交量已经是阶段性以来的最少成交量，地价，则指股票阶段性的新低。

天量天价则是指个股成交放出巨量时股价往往处在相对的高位，此类情况是量增价涨的极端情况，这意味着股价处于上涨的末期。天量，则是阶段性上涨以来最大的成交量；天价，则对应着上涨以来的最高价位。天量天价是对应地量地价的情况而言。

相关资料

5－2　实战：量能操盘口诀及陷阱

【技能训练】

利用交易软件，分别找出本模块中的9种量价关系，并验证结论是否正确。

模块2　认识波浪理论

一、波浪理论的原理

波浪理论又称为艾略特波浪理论，是技术分析大师R. E. 艾略特（R. E. Elliot）所发明的一种价格趋势分析工具，它是一套完全靠观察得来的规律，可用以分析股市指数、价格的走势，它也是世界股市分析上运用最多而又最难于了解和精通的分析工具。

艾略特认为，不管是股票还是商品价格的波动，都与大自然的潮汐、波浪一样，一浪跟着一波，周而复始，具有相当程度的规律性，展现出周期循环的特点，任何波动均有迹可循。因此，投资者可以根据这些规律性的波动预测未来的价格走势，在买卖策略上实施适用。

波浪理论认为，证券价格的上涨和下跌存在周期性，大周期包含小周期，5个上升波和3个下降波构成了8个波的完整循环，如图5－16所示。

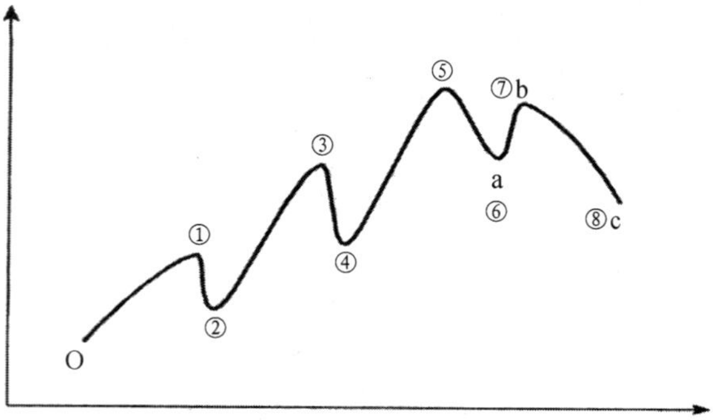

图5－16　8浪结构图

二、波浪理论的基本特点

（1）股价指数的上升和下跌将会交替进行。

（2）推动浪和调整浪是价格波动的2个最基本形态，而推动浪（即与大市走向一致的波浪）可以再分割成5个小浪，一般用第1浪、第2浪、第3浪、第4浪、第5浪来表示，调整浪也可以划分成3个小浪，通常用a浪、b浪、c浪表示。

（3）在上述8个波浪（5升3落）完毕之后，一个循环即告完成，走势将进入下一个8

波浪循环。

(4) 时间的长短不会改变波浪的形态，因为市场仍会依照其基本形态发展。波浪可以拉长，也可以缩细，但其基本形态永恒不变。

总之，波浪理论可以用一句话来概括，即“八浪循环”。

相关资料

5-3 视频：江恩理论

三、波浪的形态

一般说来，8 个波浪各有不同的表现和特性：

第 1 浪：几乎半数以上的第 1 浪，是属于营造底部形态的第一部分，第 1 浪是循环的开始，由于这段行情的上升出现在空头市场跌势后的反弹和反转，买方力量并不强大，加上空头继续存在卖压。因此，在此类第 1 浪上升之后出现第 2 浪调整回落时，其回档的幅度往往很深；另外半数的第 1 浪，出现在长期盘整完成之后，在这类第 1 浪中，其行情上升幅度较大，从经验来看，第 1 浪的涨幅通常是 5 浪中最短的行情。

第 2 浪：这一浪是下跌浪，由于市场人士误以为熊市尚未结束，其调整下跌的幅度相当大，几乎吃掉第 1 浪的升幅，因此，当行情在此浪中跌至接近底部（第 1 浪起点），市场出现惜售心理，抛售压力逐渐衰竭，成交量也逐渐缩小时，第 2 浪调整才会宣告结束，在此浪中经常出现图表中的转向形态，如头底、双底等。

第 3 浪：第 3 浪的涨势往往是最大的，最有爆发力的上升浪，这段行情持续的时间与幅度，经常是最长的。市场投资者信心恢复，成交量大幅上升，常出现传统图表中的突破信号，例如，裂口跳升等。这段行情走势非常激烈，是一些图形上的关卡，会非常轻易地被穿破，尤其在突破第 1 浪的高点时，是最强烈的买进信号，由于第 3 浪涨势激烈，因此经常出现“延长波浪”的现象。

第 4 浪：第 4 浪是行情大幅上升后的调整浪，通常以较复杂的形态出现，经常出现“倾斜三角形”的走势，但第 4 浪的底点不会低于第 1 浪的顶点。

第 5 浪：在股市中第 5 浪的涨势通常小于第 3 浪，且经常出现失败的情况，在第 5 浪中，二、三类股票通常是市场内的主导力量，其涨幅常常大于一类股（绩优蓝筹股、大型股），即投资人士常说的“鸡犬升天”，此期市场情绪表现相当乐观。

相关资料

5-4 实战:2019 年上证指数实证艾略特波浪理论

第 a 浪：在 a 浪中，市场投资人士大多数认为上升行情尚未逆转，此时仅为一个暂时的回档现象。但实际上，a 浪的下跌，在第 5 浪中通常已有警告信号，如成交量与价格走势背离或技术指标上的背离等，但由于此时市场仍较为乐观，因此 a 浪有时会出现平势调整或者“之”字形态运行。

第 b 浪：b 浪表现经常是成交量不大，一般而言是多头的逃命线，然而由于是一段上升行情，很容易让投资者误以为是另一波段的涨势，从而形成“多头陷阱”，导致许多人士在此期惨遭套牢。

第 c 浪：是一段破坏力较强的下跌浪，跌势较为强劲，跌幅大，持续的时间较长久，而且出现全面性下跌。

四、波浪理论的层次

根据时间的长短，波浪理论认为，向主要方向进行的3个推动浪（方向波），可以分成更小的5个小波浪，而向相反方向进行的2个调整浪也可分成更小的3个小波浪。

如图5－17所示，两个在某一相同级次上的波浪，可以被分成小一级次的8个波，然后这8个波又可用相同的方式，继续细分为再小一级次的34波。

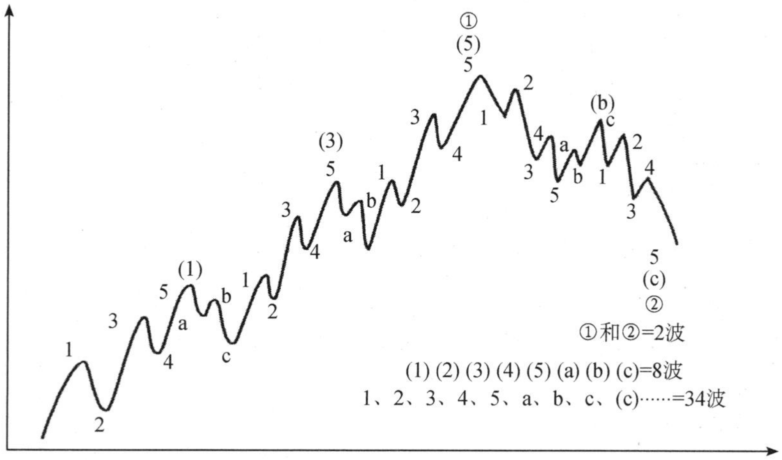

图5－17　波浪的层次

五、波浪理论的规律

（1）第2浪的低点不能低于第1浪的低点。

（2）第3浪不可以是最短的，往往是最长的。

（3）第4浪的低点不可以低于第1浪的高点。

（4）第2浪与第4浪往往以交替形态出现：第2浪简单，第4浪复杂；第2浪复杂，第4浪简单。

【知识应用】

如图5－18所示，南京熊猫（600755）2005年7月至2008年11月走势波浪分析。

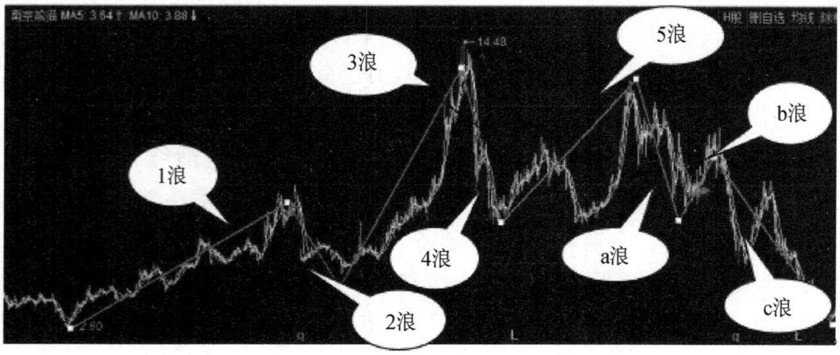

图5－18　南京熊猫（600755）

【技能训练】

以小组为单位，观察近期我国上证指数或深证成指的走势，根据波浪理论的内容和数浪原则，完成以下任务：

（1）寻找出市场上最大循环的波浪走势。

（2）寻找出当前市场上可能的浪形走势并辩论后市走向。

模块3　认识技术指标分析

一、移动平均线

（一）移动平均线的含义和分类

移动平均线（Moving Average，MA），是用统计分析的方法，将一定时期内的证券价格（指数）加以平均，并把不同时间的平均值连接起来，形成一根MA，用以观察证券价格变动趋势的一种技术指标，如图5－19所示。根据时间长短，移动平均线分为以下3种。

（1）短期移动平均线。有5日线、10日线、15日线、20日线等，其中以10日线使用最为广泛。

（2）中期移动平均线包括30日线、60日线等。

（3）长期移动平均线包括150日线、200日线和250日线等。其中，250日线是市场上完全的牛熊分界线。

图5－19　上证指数移动平均线

一般来说，短期移动平均线比较敏感，但不能很好地反映大势；中长期移动平均线对大势的把握相对好一些，但又显得迟钝一些。因此，它们各有所长，宜结合起来使用。

【知识链接】

移动平均线的计算公式

日平均价 = 当日成交金额 ÷ 当日成交股数（亦有直接采用当日收盘价代替日平均价者）

5 日平均价 = （当日平均价 + 前四日平均价 ×4）÷5

10 日平均价 = （当日平均价 + 前九日平均价 ×9）÷10

30 日、60 日、10 周、30 周等平均价计算方法类推。

（二）移动平均线的多头排列和空头排列

1. 多头排列

多头排列是指在行情走势图中，短期均线、中期均线、长期均线依次从上到下排列且方向向上。它出现在涨势中，是一种做多的信号，表明后市继续看涨，如图 5 – 20 所示。

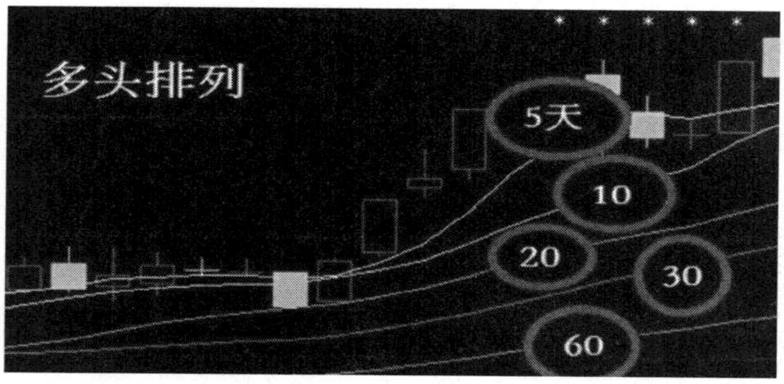

图 5 – 20　多头排列

2. 空头排列

与多头排列正好相反，表示股价正处于下降趋势中，如图 5 – 21 所示。

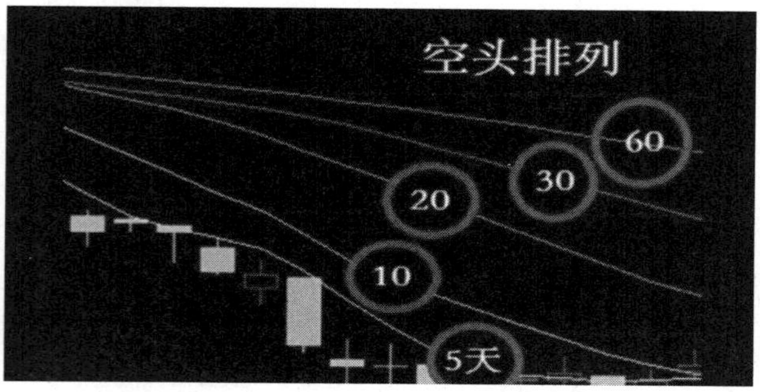

图 5 – 21　空头排列

（三）移动平均线的黄金交叉和死亡交叉

1. 黄金交叉（金叉）

在股市的上升行情中，较短期的移动平均线如 5 日线、10 日线，从下方向上突破与较长期的移动平均线如 30 日线、60 日线发生的交叉现象称为黄金交叉。如 10 日平均线由下往上穿越 30 日平均线，形成 10 日均线在上，30 日均线在下，其交叉点就是黄金交叉。黄金交叉是多头的表现，出现黄金交叉后，后市会有一定的涨幅空间，这是进场的最佳时机，具体应用如图 5－22 所示。

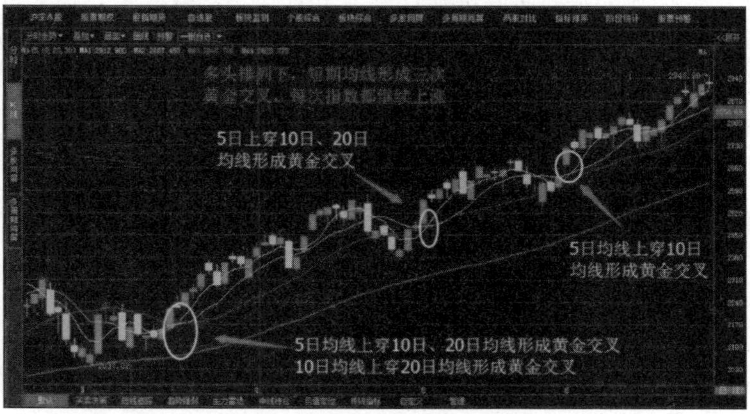

图 5－22　黄金交叉

2. 死亡交叉（死叉）

在股市的下跌行情中，较短期的移动平均线从上方向下突破与较长期的移动平均线发生的交叉现象称为死亡交叉。如 30 日均线与 10 日平均线交叉时，30 日均线由下往上穿越 10 日平均线，形成 30 日平均线在上，10 日均线在下时，就是“死亡交叉”。“死亡交叉”预示空头市场来临，股市将下跌，此时是出场的最佳时机，具体应用，如图 5－23 所示。

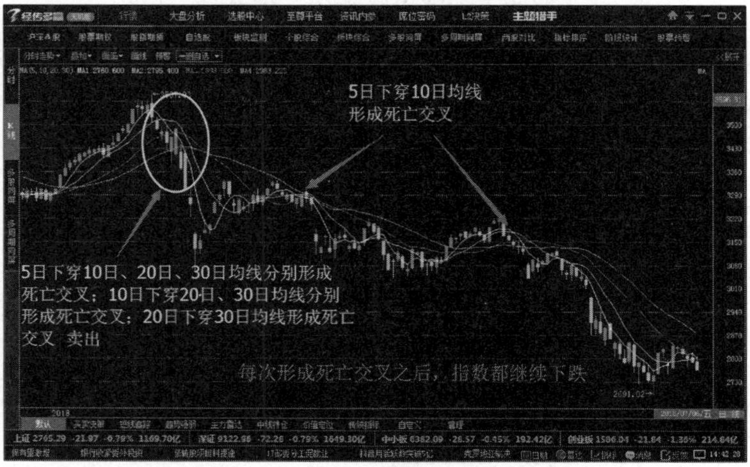

图 5－23　死亡交叉

无论是黄金交叉还是死亡交叉，都是一个买卖的进出信号。在个股走势的分析中，可以把握进出的时机，在指数走势的分析中，又可以判断牛熊的态势。这两种交叉，在长期应用中准确率比较高。

（四）移动平均线的应用（格兰维尔八大法则）

相关资料

5-5 实战：移动平均线具有“三大”主要功能

1. 移动平均线的买进法则

（1）当移动平均线由下降转为走平或上升时，股价从其下方向上突破，此为买进信号。

（2）移动平均线仍在上升，而股价在连续上升且在平均线之上，但突然下降，在接近移动平均线时又转头向上，也是买进信号。

（3）移动平均线处于上升状态，但股价却跌到移动平均线之下，当股价重新回升并突破移动平均线时，说明股价将和移动平均线保持一致的上升趋势，因此是买进信号。

（4）股价大幅滑落而远离移动平均线，则股价短期内极可能反弹回升而靠近移动平均线，因此也是买进信号，但只能做短线投资。

2. 移动平均线的卖出法则

（1）股价急速上升突破平均线并远离平均线，上涨幅度相当可观，随时可能反转回跌，是卖出信号。

（2）当平均线由上升开始转向走平或逐渐下跌，股价从平均线上方向下跌破平均线时，是重要的卖出信号。

（3）股价在平均线以下移动，然后向平均线回升，未突破平均线又立即反转下跌，是卖出信号。

（4）股价向上突破平均线后又立即跌回到平均线以下，此时平均线仍然继续下跌，是卖出信号。

【知识链接】

移动平均线可以揭示平均成本

如某股票当前的5天均线是10元，10天均线是9.8元，说的就是前5天买进该股的市场平均成本是10元，前10天买进该股的平均成本是9.8元。而如果股票当前价格是10.2元，就说明最近5天及10天买进该股的人平均是盈利的。反之，如果股票当前价格是9.5元，就说明最近5天及10天买进该股的人平均是亏损的。

【投资箴言】

吃鱼不吃鱼头和鱼尾，只吃中段。

——杨百万

二、指数平滑异同移动平均线（MACD）

（一）MACD的含义

指数平滑异同移动平均线（Moving Average Convergence and Divergence，MACD），简称指数离差指标。MACD指标的一般研判标准主要是围绕快速和慢速两条均线（DIF和DEA线）及红、绿柱线（MACD柱）状况和它们的形态展开的，如图5-24所示。

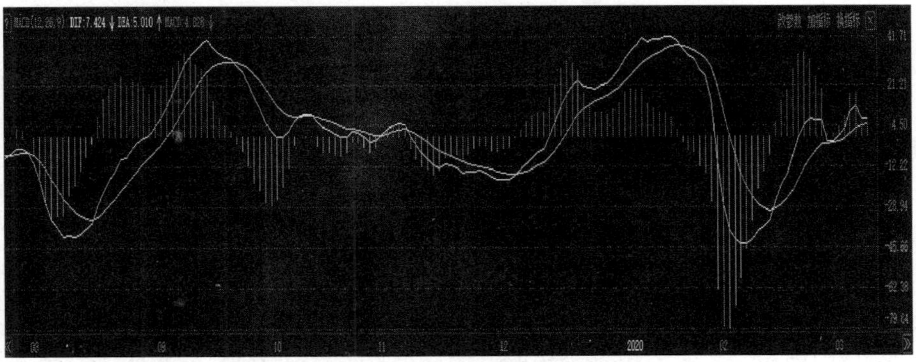

图 5－24 MACD 指标

（二）MACD 的应用

一般分析方法主要包括 DIF 和 DEA 及它们所处的位置、DIF 和 DEA 的交叉情况、红柱状的收缩情况和 MACD 图形的形态这 4 个大的方面分析。

1. DIF 和 DEA 的值及线的位置

（1）当 DIF 和 DEA 均大于 0（即在图形上表示为它们处于零轴以上）并向上移动时，一般表示为股市处于多头行情中，可以买入或持股。

（2）当 DIF 和 DEA 均小于 0（即在图形上表示为它们处于零轴以下）并向下移动时，一般表示为股市处于空头行情中，可以卖出股票或观望。

（3）当 DIF 和 DEA 均大于 0（即在图形上表示为它们处于零轴以上）但都向下移动时，一般表示为股票行情处于退潮阶段，股票将下跌，可以卖出股票和观望。

相关资料

5－6 实战：MACD 运用口诀

（4）当 DIF 和 DEA 均小于 0 时（即在图形上表示为它们处于零轴以下）但向上移动时，一般表示为行情即将启动，股票将上涨，可以买进股票或持股待涨。

2. DIF 和 DEA 的交叉情况

（1）当 DIF 与 DEA 都在零轴以上，而 DIF 向上突破 DEA 时，表明股市处于一种强势之中，股价将再次上涨，可以加码买进股票或持股待涨，这就是 MACD 指标“黄金交叉”的一种形式。

（2）当 DIF 和 DEA 都在零轴以下，而 DIF 向上突破 DEA 时，表明股市即将转强，股价跌势已尽将止跌朝上，可以开始买进股票或持股，这是 MACD 指标“黄金交叉”的另一种形式。

（3）当 DIF 与 DEA 都在零轴以上，而 DIF 却向下突破 DEA 时，表明股市即将由强势转为弱势，股价将大跌，这时应卖出大部分股票而不能买股票，这就是 MACD 指标的“死亡交叉”的一种形式。

（4）当 DIF 和 DEA 都在零轴以下，而 DIF 向下突破 DEA 时，表明股市将再次进入极度弱市中，股价还将下跌，可以再卖出股票或观望，这是 MACD 指标“死亡交叉”的另一种形式。

3. MACD 指标中的柱状图分析

在股票分析软件中通常采用 DIF 值减 DEA 值而绘制成柱状图（MACD 柱），用红柱状和绿柱状表示，红柱表示正值，绿柱表示负值。

（1）当红柱状持续放大时，表明股市处于牛市行情中，股价将继续上涨，这时应持股待涨或短线买入股票，直到红柱无法再放大时才考虑卖出。

（2）当绿柱状持续放大时，表明股市处于熊市行情之中，股价将继续下跌，这时应持股观望或卖出股票，直到绿柱开始缩小时才可以考虑少量买入股票。

（3）当红柱状开始缩小时，表明股市上涨结束或要进入调整期，股价将出现下跌，这时应卖出大部分股票而不能买入股票。

（4）当绿柱状开始收缩时，表明股市的大跌行情即将结束，股价将止跌向上或进入盘整，这时可以少量进行长期战略建仓而不要轻易卖出股票。

（5）当红柱开始消失、绿柱开始放出时，这是股市转市信号之一，表明股市的上涨行情或高位盘整行情即将结束，股价将开始加速下跌，这时应开始卖出大部分股票而不能买入股票。

（6）当绿柱开始消失、红柱开始放出时，这也是股市转市信号之一，表明股市的下跌行情或低位盘整已经结束，股价将开始加速上升，这时应开始加码买入股票或持股待涨。

4. MACD 的顶背离和底背离

MACD 指标的背离就是指 MACD 指标图形的走势正好和 K 线图的走势方向相反。

（1）顶背离。当股价 K 线图上的股票走势一峰比一峰高，股价一直在向上涨，而 MACD 指标图形上的由红柱构成的图形的走势一峰比一峰低，即当股价的高点比前一次的高点高、而 MACD 指标的高点比指标的前一次高点低，这称为顶背离现象。顶背离现象一般是股价在高位即将反转转势的信号，表明股价短期内即将下跌，是卖出股票的信号。

（2）底背离。底背离一般出现在股价的低位区。当股价 K 线图上的股票走势还在下跌，而 MACD 指标图形上的由绿柱构成的图形的走势是一底比一底高，即当股价的低点比前一次低点底，而指标的低点却比前一次的低点高，这称为底背离现象。底背离现象一般是预示股价在低位可能反转向上的信号，表明股价短期内可能反弹向上，是短期买入股票的信号。

【知识应用】

如图 5－25 所示，MACD 发出的买卖信号。

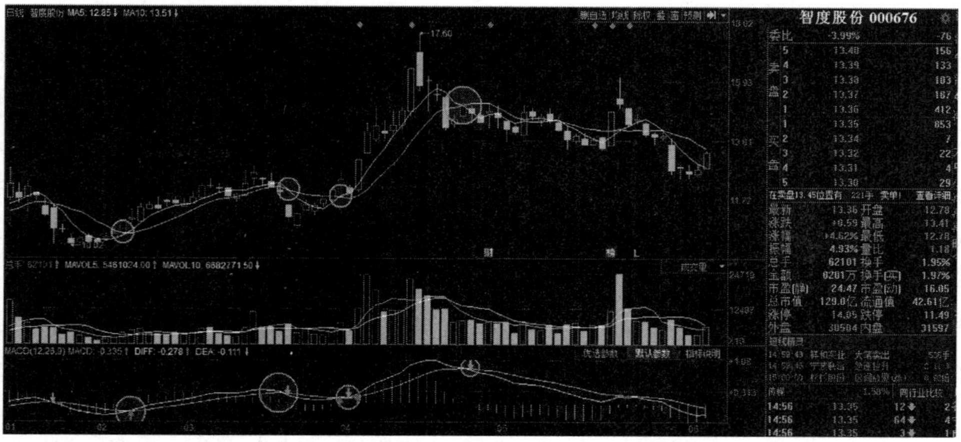

图 5－25　MACD 发出的买卖信号

三、超买超卖型指标

（一）随机指标（KDJ）

相关资料

5－7 视频：威廉指标

1. KDJ 的原理

KDJ 又称随机指标，由 George Lane 最早提出，以最高价、最低价及收盘价为基本数据进行计算，得出的 K 值、D 值和 J 值分别在指标的坐标上形成的一个点，连接无数个这样的点位，就形成一个完整的、能反映价格波动趋势的 KDJ 指标，如图 5－26 所示。它主要是利用价格波动的真实波幅来反映价格走势的强弱和超买超卖现象，是在价格尚未上升或下降之前发出买卖信号的一种技术工具。

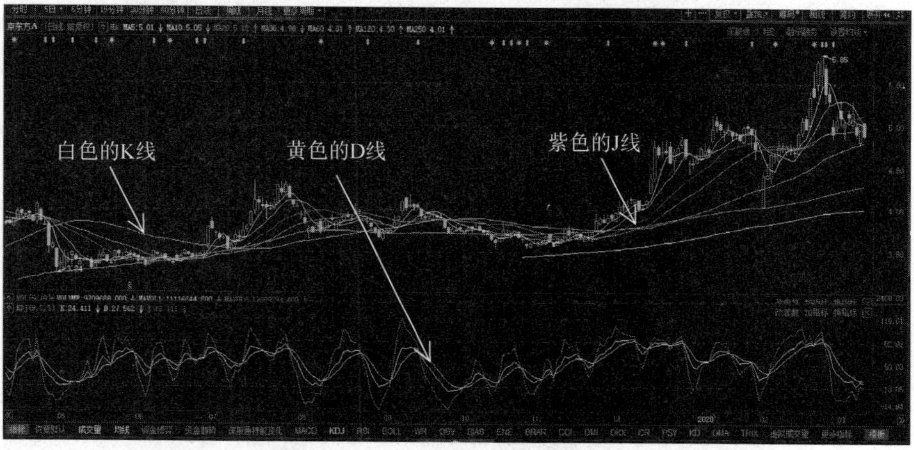

图 5－26 KDJ 曲线

KDJ 的计算比较复杂，首先要计算周期（n 日、n 周等）的 RSV 值，即未成熟随机指标值，然后再计算 K 值、D 值、J 值等。以 n 日 KDJ 数值的计算为例，其计算公式为：

$$n\text{日未成熟随机值 RSV}=\frac{C_t-H_n}{H_n-L_n}\times 100 \quad \text{（式 5－4）}$$

式中，C_t 为第 t 日收盘价；L_n 为 n 日内（包括当天）的最低价；H_n 为 n 日内的最高价。

相关资料

5－8 视频：乖离率

其次，计算 K 值与 D 值：

$$\text{当日}K\text{值}=\frac{2}{3}\times\text{前一日}K\text{值}+\frac{1}{3}\times\text{当日 RSV} \quad \text{（式 5－5）}$$

$$\text{当日}D\text{值}=\frac{2}{3}\times\text{前一日}D\text{值}+\frac{1}{3}\times\text{当日}K\text{值} \quad \text{（式 5－6）}$$

若无前一日 K 值与 D 值，则可分别用 J 值来代替。

$$J\text{值}=3\times\text{当日}K\text{值}-2\times\text{当日}D\text{值} \quad \text{（式 5－7）}$$

其中，K 值和 D 值的取值范围：0～100，J 值的取值范围：可以超过 100 和低于 0。

2. 应用法则

（1）如果 K 线由下向上突破 D 线，发生交叉（金叉），如图 5－27 所示，则是买入信号；如果K线由上向下突破D线，发生交叉（死叉），如图5－28所示，则是卖出信号。

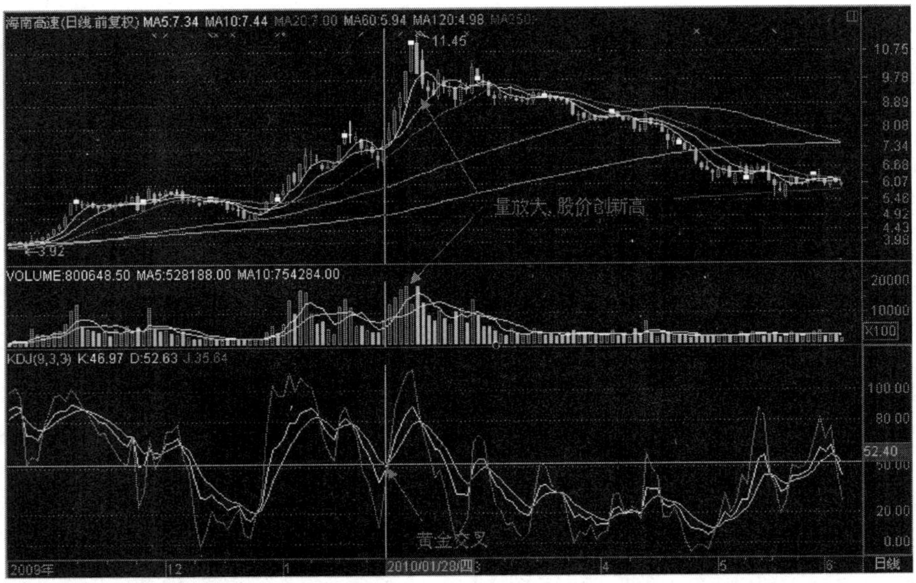

图5－27　KDJ黄金交叉

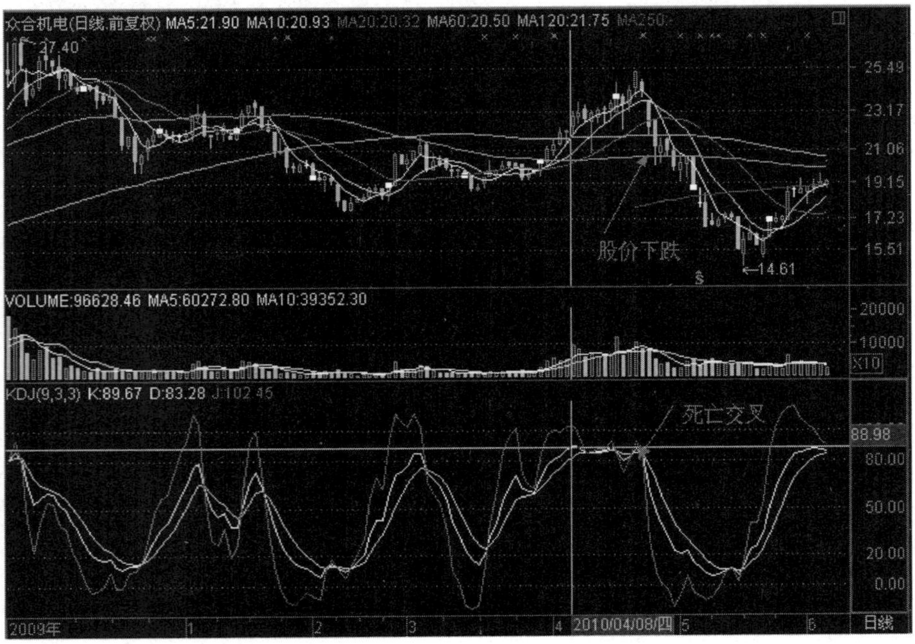

图5－28　KDJ死亡交叉

（2）如图5－29所示，根据*K*、*D*、*J*的取值不同，可以分为3个区域：①超买区：*J*值在100以上、*K*值在90以上，*D*值在80以上，是卖出时机；②超卖区：*J*值在0以下、*K*值在10以下，*D*值在20以下，为买进时机。③徘徊区：*D*值在20～80为徘徊区，此时宜观望。

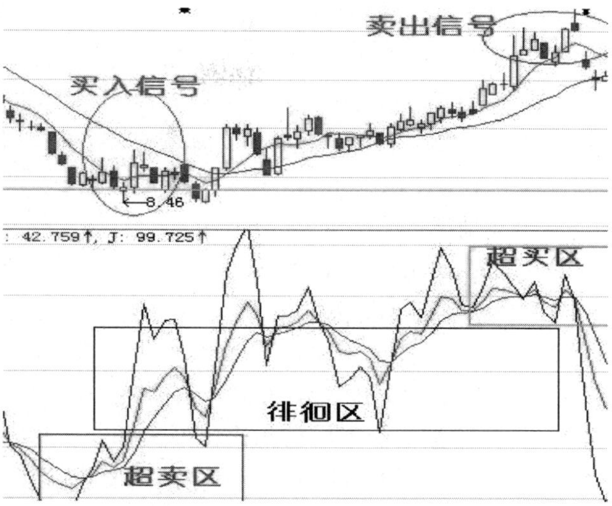

图 5－29　三个区域划分

（3）当 K 值和 D 值处在高位，并形成两个依次向下的峰，而此时股价还在一个劲地上涨，这构成顶背离，如图 5－30（a）所示，是卖出信号；与之相反，K 值和 D 值处在低位，并形成一底比一底高，而股价还继续下跌，这构成底背离，如图 5－30（b）所示是买入信号。

（4）头肩形态和多重顶（底）形态以及趋势线同样适用于 KD 曲线，也可以作为采取行动的信号。

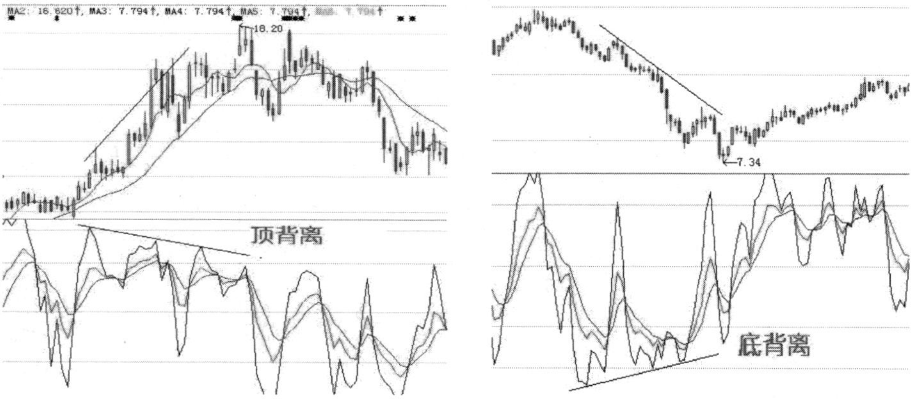

(a)　　(b)

图 5－30　顶背离和底背离

（二）相对强弱指数（RSI）

1. RSI 的原理

相对强弱指数（Relative Strength Index，RSI），由威尔斯·威尔德（Welles Wilder）于 1978 年提出，是根据一定时期内上涨点数和涨跌点数之和的比率制作出的一种技术曲线。它能够反映出市场在一定时期内的景气程度，其计算公式如下：

$$\mathrm{RSI}=\frac{N\text{ 日内收盘涨幅的平均值}}{N\text{ 日内收盘涨幅平均值}+N\text{ 日内收盘跌幅平均值}} \quad (式 5-8)$$

RSI 原理简单来说是以数字计算的方法求出买卖双方的力量对比，譬如有 100 个人面对一件商品，如果 50 个人以上要买，竞相抬价，商品价格必涨。相反，如果 50 个人以上争着卖出，价格自然下跌。

相关资料

5-9 视频：什么是布林线？如何运用布林线判断股市行情

不难看出，RSI 有两种极端情况：

（1）股价在 N 日内每天都涨，则 RSI = 100。

（2）股价在 N 日内每天都跌，则 RSI = 0。

因此，相对强弱指数理论认为，任何市价的大涨或大跌，均在 0 ~ 100 之间变动，如表 5-1 所示。根据常态分配，认为 RSI 值多在 30 ~ 70 之间变动，通常 RSI 值为 80 甚至 90 时被认为市场已到达超买状态，至此市场价格自然会回落调整。当 RSI 值跌至 30 以下即被认为是超卖状态，市价将出现反弹回升。

表 5-1　RSI 值域与投资策略

RSI 值域	多空势力	投资策略
80 ~ 100	极强	卖出
50 ~ 80	强	买入
20 ~ 50	弱	卖出
0 ~ 20	极弱	买入

RSI 的参数，也就是式 5-9 中提到的 N 日。东方财富交易软件中，RSI 的参数选取的是 6 日、12 日、24 日，分别用白、黄、紫线表示，如图 5-31 所示。

图 5-31　上证指数的 RSI

2. RSI 的实战用法

（1）背离用法。如果 RSI 与价格图线之间，出现相互背离的情形，就构成了严重的警告信号，绝不可掉以轻心。一般分为两种情况：

①顶部背离：上升趋势中，RSI 的新一轮峰值无力超过前一个峰值，随后又跌破了前一

个低谷。

②底部背离：下降趋势中，RSI 的新一轮谷值无力超过前一个谷值，随后又突破了前一个峰值。

（2）值的高低用法。如果 RSI > 80 时为超买区域，则 RSI < 20 时为超卖区域。

相关资料

5－10 百科：PSY（心理线）

当 RSI 指标进入 75 以上时，非常容易形成价格加速拉升的走势。需要注意的是，当 RSI 第一次进入超买或超卖区域的时候，通常只是个警告信号，如果股价继续创新高，但 RSI 第二次进入，并且没有达到新高点或新低点，这时我们不妨采取一点防备措施，一旦市场反方向运动，立即操作。

【知识应用】

如图 5－32 所示，RSI 发出的买卖信号。

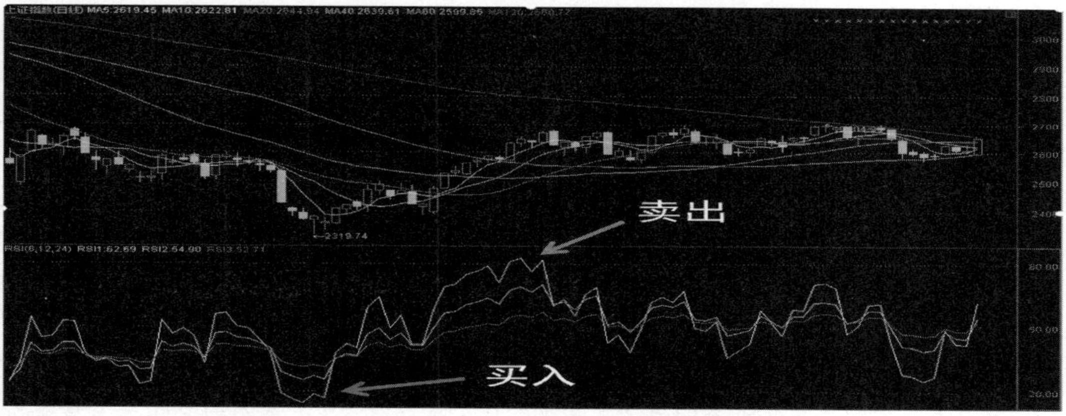

图 5－32　RSI 发出的买卖信号

【知识链接】

其他技术分析指标还有很多，在此也不再一一赘述，具体可以查看相关资料。

相关资料	相关资料	相关资料
5－11　成交量比率	5－12　OBV 指标	5－13　腾落指数（ADL）
相关资料	相关资料	相关资料
5－14　涨跌比指标（ADR）	5－15　超买超卖指标（OBOS）	5－16　宝塔线

【技能训练】

在上证综指最近的走势图中，运用本模块中所学习的 MA、MACD、KDJ 和 RSI 知识，来进行相应的分析。上证综指最近的走势如图 5-33 所示。

图 5-33　上证综指最近走势

项目小结

本项目首先介绍了量价关系的概念、常见的成交量指标、9 种基本的量价关系等量价关系理论的主要内容；其次，从原理、基本特点、波浪形态、层次、规律等方面简述了波浪理论，最后分别介绍了 MA、MACD、KDJ 和 RSI 等多种技术指标的原理和应用。

思考与练习

一、单项选择题

1. （　　）是衡量相对成交量的指标，它是开市后每分钟的平均成交量与过去 5 个交易日每分钟平均成交量之比。

A. 委比　　　　B. 量比

C. 换手率　　　　D. 外盘

2. 当“外盘”大于“内盘”时，反映了场中（　　）。

A. 买盘强劲　　　　B. 卖盘汹涌

C. 逐渐减弱　　　　D. 不确定

3. （　　）是指个股在成交量减少的情况下，股价却出现较大涨幅的现象。

A. 量平价涨　　B. 量缩价涨

C. 量缩价平　　D. 量缩价跌

4. 波浪理论认为一个完整的周期分为（　　）。

A. 上升5浪，调整3浪　　B. 上升5浪，调整2浪

C. 上升3浪，调整3浪　　D. 上升4浪，调整2浪

5. 如果我们发现了一个上升5浪结构，而且目前处在这个5浪结构的第5浪，这一个5浪结构同时又是更上一层次上升5浪的第5浪，则我们应该采取的策略是（　　）。

A. 加仓买入　　B. 减仓卖出

C. 不操作　　D. 以上都不对

6. 股市中常说的黄金交叉，是指（　　）。

A. 短期移动平均线向上突破长期移动平均线

B. 长期移动平均线向上突破短期移动平均线

C. 短期移动平均线向下突破长期移动平均线

D. 长期移动平均线向下突破短期移动平均线

7.（　　）是指在行情走势图中，短期均线、中期均线、长期均线依次从上到下排列且方向向上。

A. 空头排列　　B. 规则排列

C. 无规则排列　　D. 多头排列

8. 下列选项不属于移动平均线的买进法则的是（　　）。

A. 当移动平均线由下降转为走平或上升时，股价从其下方向上突破

B. 移动平均线仍在上升，而股价在连续上升且在平均线之上，但突然下降，在接近移动平均线时又转头向上

C. 股价急速上升突破平均线并远离平均线，上涨幅度相当可观

D. 股价大幅滑落而远离移动平均线，则股价短期内极可能反弹回升而靠近移动平均线

9.（　　）反映了市场在一定期间内的平均持股成本。

A. 趋势线　　B. 轨道线

C. 压力线　　D. 移动平均线

10. MACD指标出现顶背离时应（　　）。

A. 买入　　B. 观望

C. 卖出　　D. 无参考价值

11. J值在100以上、K值在90以上，D值在80以上，属于（　　）区域。

A. 超卖　　B. 超买

C. 徘徊　　D. 不确定

12. 股价在N日内每天都涨，则RSI等于（　　）。

A. 0　　B. 50

C. 80　　D. 100

二、多项选择题

1. 常见的成交量指标包括（　　）。

A. 量比　　B. 委比
C. 内盘　　D. 市盈率

2. 关于委比的描述，正确的选项包括（　　）。
A. 委比是用以衡量一段时间内买卖盘相对强度的指标
B. 当委比值为正值并且委比数大，说明市场卖盘强劲
C. 当委比值为负值并且负值大，说明市场抛盘较强
D. 委比值从 +100% 至 -100%，说明买盘逐渐减弱，卖盘逐渐增强

3. 下列量价关系中，表示多头占优的是（　　）。
A. 量增价平　　B. 量增价涨
C. 量增价跌　　D. 量缩价涨

4. 在关于波浪理论的描述中，正确的是（　　）。
A. 一个完整的周期通常由 8 个子浪形成
B. 4 浪的浪底一定比 1 浪的浪尖高
C. 5 浪是上升的最后一浪，所以 5 浪的浪尖是整个周期的最高点
D. b 浪表现经常是成交量不大，一般而言是多头的逃命线

5. 下列选项属于移动平均线的卖出法则的是（　　）。
A. 股价急速上升突破平均线并远离平均线，上涨幅度相当可观
B. 当平均线由上升开始转向走平或逐渐下跌，股价从平均线上方向下跌破平均线
C. 股价在平均线以下移动，然后向平均线回升，未突破平均线又立即反转下跌
D. 股价向上突破平均线后又立即跌回到平均线以下，此时平均线仍然继续下跌

6. 下列选项关于 DIF 和 DEA 的值及线的位置描述正确的是（　　）。

A. 当 DIF 和 DEA 均大于 0 并向上移动时，一般表示为股市处于多头行情中，可以买入或持股

B. 当 DIF 和 DEA 均大于 0 并向上移动时，一般表示为股市处于空头行情中，可以卖出股票或观望

C. 当 DIF 和 DEA 均小于 0 并向下移动时，一般表示为股市处于空头行情中，可以卖出股票或观望

D. 当 DIF 和 DEA 均小于 0 并向下移动时，一般表示为股市处于多头行情中，可以买入或持股

7. 下列论述中正确的是（　　）。
A. 如果 RSI > 80 时为超买区域　　B. 如果 RSI < 20 时为超卖区域
C. 如果 RSI > 50 时为超买区域　　D. 如果 RSI < 50 时为超卖区域

三、判断题

1. 一般来说，当股价处于低位，当日换手率达到 2% 左右时，则应引起投资者的关注，而上升途中换手率达到 40% 左右时，则应引起警惕。（　　）

2. 价跌量增如果出现在连跌一段时间后，价微跌量剧增，这可视为底部，可介入；若出现在跌势初期，则日后将形成跌势；若出现在持续涨势中，则为反转跌势的信号。（　　）

3. 艾略特波浪理论认为市场走势不断重复一种模式，每一周期由5个上升浪和3个下跌浪组成。 (　　)

4. 当短期平均线从下方向上突破中长期平均线时，是黄金交叉，此为买入信号。 (　　)

5. MACD走势与股价出现背离，表示股市趋势将要反转。 (　　)

6. 当DIF与DEA都在零轴以上，而DIF向上突破DEA时，这就是MACD指标“死亡交叉”的一种形式。 (　　)

7. 头肩形态和多重顶（底）形态以及趋势线不适用于KD曲线。 (　　)

8. KDJ是根据一定时期内上涨点数和涨跌点数之和的比率制作出的一种技术曲线。它能够反映出市场在一定时期内的景气程度。 (　　)

四、简答题

1. 简述波浪理论的基本特点。
2. 简述移动平均线的多头排列和空头排列。
3. 简述格兰维尔八大法则的内容。
4. 简述MACD的顶背离和底背离的技术含义。

五、分析讨论

请利用行情分析软件，对沪深300指数进行相关的技术指标分析，然后以小组为单位进行交流，阐述各自的分析研判理由。

项目六
证券投资软件的使用

【项目目标】

1. 知识目标：
- □ 了解证券投资软件的下载与安装
- □ 掌握证券投资软件的主要功能

2. 技能目标：
- □ 掌握证券投资软件的安装方法
- □ 学会利用证券投资软件进行行情分析
- □ 学会模拟证券投资账户的建立与使用

3. 情感目标：
- □ 建立科学的证券投资价值观
- □ 体验证券投资交易的乐趣

【案例导入】

股市最早出现在100多年前的美国，那时候是通过电话人工报价的。然后再通过人工记录在黑板上供股民观看。分析行情也是手工画K线或美国线。股民交易需要在证券交易所通过填写买卖单据，由工作人员执行单据上的指令。操作的时候经常出现滞后现象，不利于投资者进行交易。随着科技的发展，人们开始用计算机记录行情，人工交易和电话交易手段逐渐向网上交易转变。

互联网时代，计算机走进千家万户，证券经纪公司开始研发各种交易软件，以方便投资人的交易，并吸引更多的顾客来赚取佣金。从此之后，人们不必再去证券交易所进行交易，在计算机上、手机上安装证券交易软件即可随时随地进行交易。

讨论：证券交易手段的改变给我们的投资分析带来了什么？

模块1 下载与安装证券投资软件

一、证券投资软件介绍

市场上，证券投资软件有很多种。本书以同花顺为例，进行介绍。同花顺证券投资软件是一款功能强大的免费网上证券交易软件，可以兼容各个证券公司的账户。它能够提供行情显示、分析和交易服务，并且可以安装在计算机端以及手机移动端。

二、证券投资软件的下载

打开同花顺官网（http：//www. 10jqka. com. cn/），点击“软件下载”一栏，进入同花顺软件下载专区，如图 6－1 所示。

图 6－1 官方网站

在同花顺下载专区，选择合适的版本，将其下载到计算机端，并进行安装，如图 6－2 所示。

图 6－2　软件下载专区

【投资箴言】

拥有一只股票，期待它下个早晨就上涨是十分愚蠢的。

——巴菲特

三、证券投资软件的安装

第一步，下载并保存软件，如图 6－3 所示。

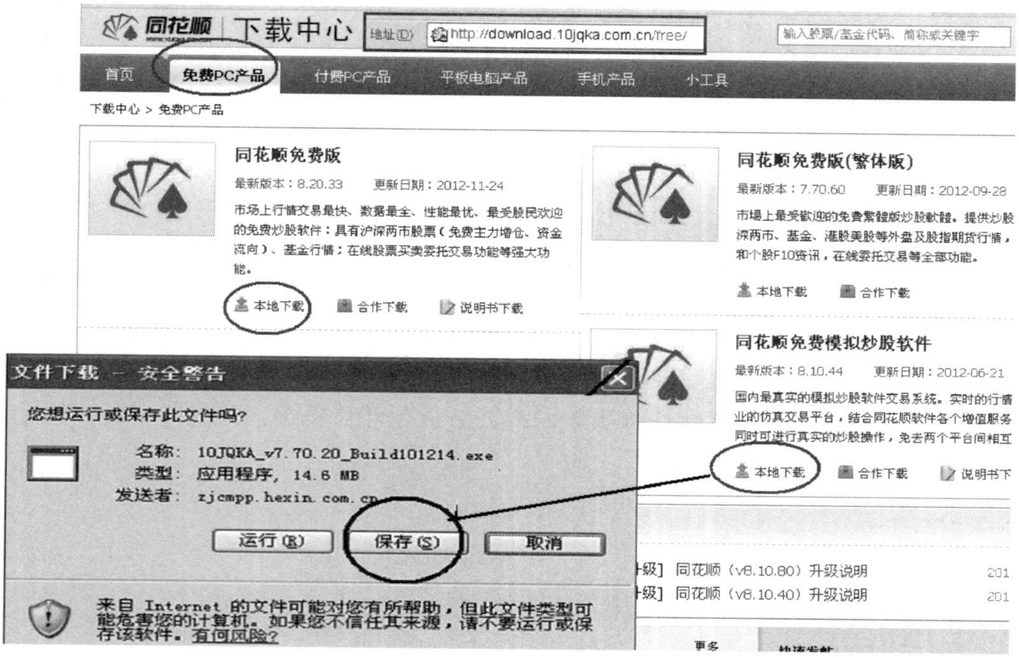

图 6－3　软件下载

第二步，依照安装向导进行软件安装操作，如图 6－4 所示。

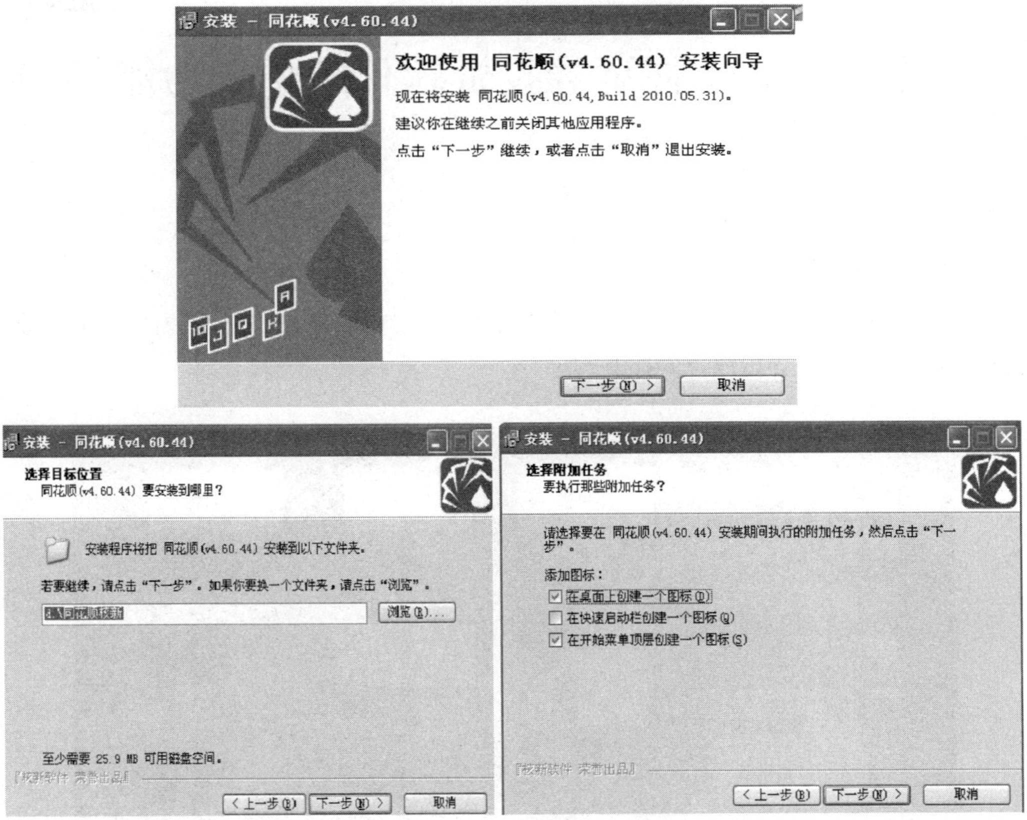

图 6－4　软件安装

第三步，测试并启动软件。安装软件后，左键双击桌面上的同花顺图标，即可打开软件，如图 6－5 所示。

图 6－5　软件图标

软件安装完成之后，即可注册会员使用软件。进行交易时，需要在软件右上角添加已有的证券公司的股票账户。建议使用已开通的股票账户进行交易。

【技能训练】

按照本模块所介绍的步骤，进行证券投资软件的下载和安装。

模块 2　掌握证券投资软件的主要功能

一、证券投资软件界面介绍

打开软件，同花顺程序界面由菜单栏、标题栏、工具栏、功能树、主窗口、指数条和左右信息栏以及应用中心等组成，如图 6－6 所示。

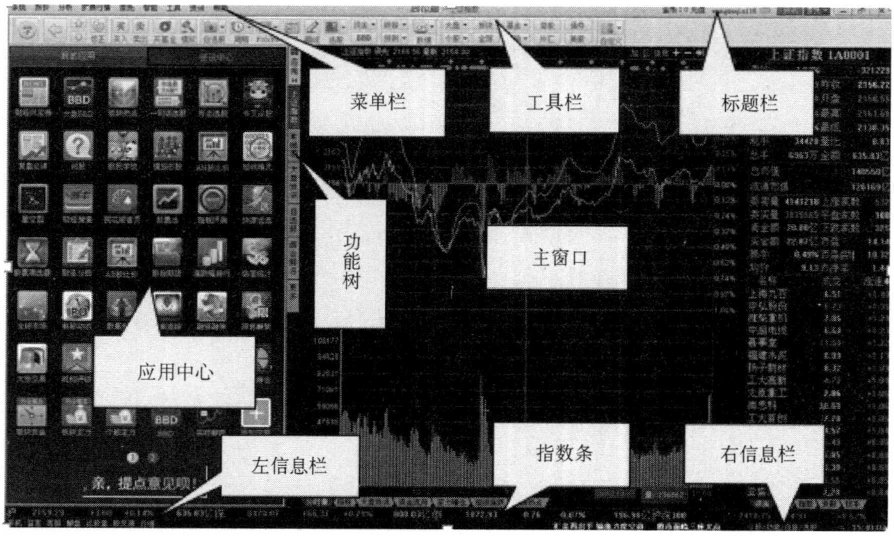

图 6－6　软件界面

（一）菜单栏

菜单栏位于界面左上方，包括系统、报价、分析、扩展行情、委托、智能、工具、资讯、帮助等多个栏目。终端的基本操作方法、功能都在其中，使用方便快捷。

（二）工具栏

工具栏位于菜单栏和信息栏之下、主窗口之上的位置，右击可选择隐藏，包含了学习园地、修正键、买入卖出、模拟炒股等功能，方便用户看盘使用。

（三）标题栏

标题栏位于界面右上方，菜单栏右侧，显示当前页面名称、金币数量、金币充值、用户名，并提供资讯、委托等功能。

（四）功能树

功能树在界面的左侧，包括“应用”“分时图”“K 线图”“个股资料”“自选股”“综合排名”以及“更多”等快捷标签。其中点击“更多”会弹出子菜单，包括上证指数、深证指数、成交明细、价量分布和财务图示、年报等。

相关资料

6－1 实战：键盘精灵

（五）主窗口

主窗口是指系统默认显示的行情窗口，主要由分时图、K 线图、表格行情列表、组合页面等组成。

（六）指数条

指数条位于界面下方，默认显示上证指数、深证成指、创业板指数以及中小板指数。可以通过点击右侧的扳手图标进行指数的调整。

相关资料

6－2 实战：短线精灵

（七）信息栏

左信息栏显示连接信息，有解盘、论股堂、股灵通，以及留言、客服热线等功能。

右信息栏为搜索框，可在此输入股票代码查询个股。

（八）应用中心

应用中心主要提供丰富的软件功能，可将常用的功能放置于此，如图 6－7 所示。

图 6－7　应用中心

二、菜单栏功能

（一）主菜单栏

菜单栏左侧依次有系统、报价、行情、分析、交易、智能、工具、资讯、帮助、决策等菜单，分别提供不同的功能与服务，如图 6－8 所示。

图 6－8　主菜单栏

其中，“系统”功能主要提供连接服务器、数据修正、重新初始化、账号权限更新、打印、软件升级、登录、退出等功能。

“报价”功能提供自选报价、自选同列、沪深指数、上证指数、深证成指、涨幅排行、综合排行、沪深股票、科创板、创业板、中小板、股转系统（新三板）、陆港通、沪伦通、多股同列、分时 K 线同列、板块同列、主力增仓、资金流向、多窗看单、主力大单、板块热点等菜单。

“行情”功能提供基金、债券、期货、期权、全球、美股、英股、港股、外汇等其他市场行情菜单。

“分析”功能提供个股分析的常用功能菜单，如成交明细、分时图、超级盘口、价量分布、K 线图、多周期图、复权处理、历史成交、个股资料 F10/10、个股全景 F7/07 等。

“交易”功能提供委托交易、委托管理、开户转户、模拟炒股、期货下单、基金申购等功能菜单。

“智能”功能包括短线精灵、股票预警、鹰眼盯盘、小窗盯盘、选股平台、选股结果、问财选股、形态选股、股票池、优选交易系统、期权定价计算、期权筛选等功能菜单。

“工具”功能包括自选股板块设置、数据下载及管理、公式管理、画图工具、大字报价、复制识别、系统设置、热键设置、风格设置、工具栏设置等功能菜单。

“资讯”功能包括自选股资讯、实时解盘、操盘总纲、更多资讯等菜单。

“帮助”功能包括学炒股、帮助说明书、快捷键列表、新版本说明、在线服务、客服热线、委托疑问等功能菜单。

“决策”功能主要包括前一交易日复盘、一些付费功能菜单。

（二）菜单栏以及功能键

在股票页面右击，可弹出功能性菜单，如图 6－9 所示。

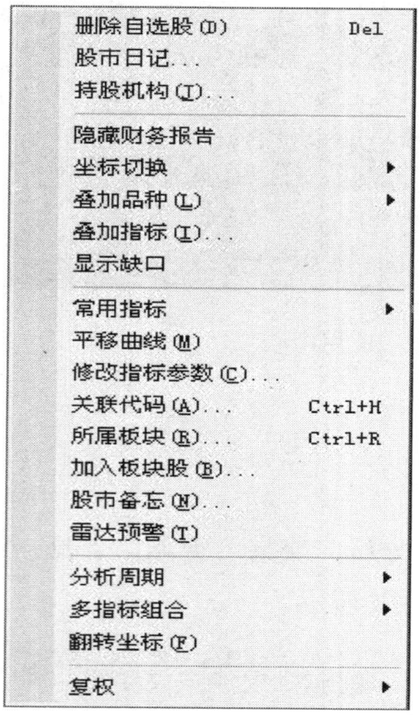

图 6－9　右键菜单栏

相关资料

6－3　实战：快捷键列表

右击菜单栏可以提供多种功能，帮助投资者进行股票分析。而计算机键盘也可以提供多个功能键，方便投资者查看行情，具体如表 6－1 所示。

表 6－1　键盘功能键

功能键	作　用
↑、↓	K 线图里，放大和缩小图形
	表格里，上下移动选中行
←、→	图形窗口里左右移动光标，表格里左右移动表格列
Pageup、Pagedown	K 线图里，上一个股票，下一个股票
	表格里，上一页、下一页
Esc	有光标时去掉光标，无光标时回到上个浏览界面
Home、End	有光标时光标移到显示窗口最前端、最后端
	无光标时切换技术指标
+、－（小键盘上的）	在“大盘分时页面”切换指标
	在“个股分时走势页面”切换小窗口的标签

三、证券行情与分析

（一）查看指数与个股

在键盘上按“F3”键会显示上证指数的分时走势图，双击该图就会出现 K 线图；在键盘上敲打“F4”键会显示深圳成指的分时走势。

查看个股时，直接使用键盘输入股票代码或者股票名称的拼音首字母，并按“Enter”键，可以显示个股的 K 线图，再按“Enter”键出现分时走势图。例如，青岛海尔（600690），输入代码 600690，或者“QDHE”。

【做一做】

请查找万达信息的股票代码，并在软件上显示其 K 线图。

在个股页面上，按“F10”键可以显示出该股票的公司详情，例如，财务数据、股东详情、重大事项等内容。

（二）“报价表”的使用及操作

在菜单栏的“报价”中选择“涨幅排名”，再点击“沪深 A 股涨幅排名”，或直接在搜索框中输入“60”。在搜索框中输入“61”会显示上海 A 股涨幅排名；在搜索框中输入“63”会显示深圳 A 股涨幅排名。

报价表中每列可以排序，例如，双击“涨幅”可以升序或降序排列。每列还可以拖动位置，方法是左键按住该列表头不松开，拖放到想放置的位置即可。直接在搜索框中输入“81”会出现上海 A 股综合排名；输入“83”会出现深圳 A 股综合排名。

（三）“分时走势”图的使用及操作

分时走势是证券一天中即时走势的连续揭示，分时线中白色线为每分钟成交价的连线，黄色线为每分钟均价的连线。分时图中可切换显示分时成交量、量比指标、买卖力道、行业新闻和信息地雷等。

点击分时走势窗口，会出现一个十字光标，并弹出一个可以拖动的光标数值窗口。当光标移动趋势线的某个位置，该窗口会提示该位置的一些成交信息。

在画面右半部分显示证券盘中的即时交易信息，如买卖盘变动、实时价格、成交量、涨跌幅度等，可以通过点击底端的标签切换该部分的内容。

按“F1”键可以进入该证券的成交明细表，揭示按时间次序排列的每一笔成交时间、价格、成交手数等信息；按“F2”键可以进入该证券的价量分布表，揭示每个成交价位上的成交量、占全天成交量的比例及内外盘数据。

相关资料

6－4　实战：数据中心

在分时走势画面每按向下光标键一次，即可在左侧多显示前一个交易日的分时走势图，这样方便查看最近一段时间连续的每日走势状况。

在分时走势窗口调出右击菜单，选择“叠加品种”，可以方便地比较个股与所选品种之间的联系和区别。

（四）“技术分析”图的使用及操作

在个股或者指数的K线图页面，可以提供技术分析的多项指标，如图6－10所示。

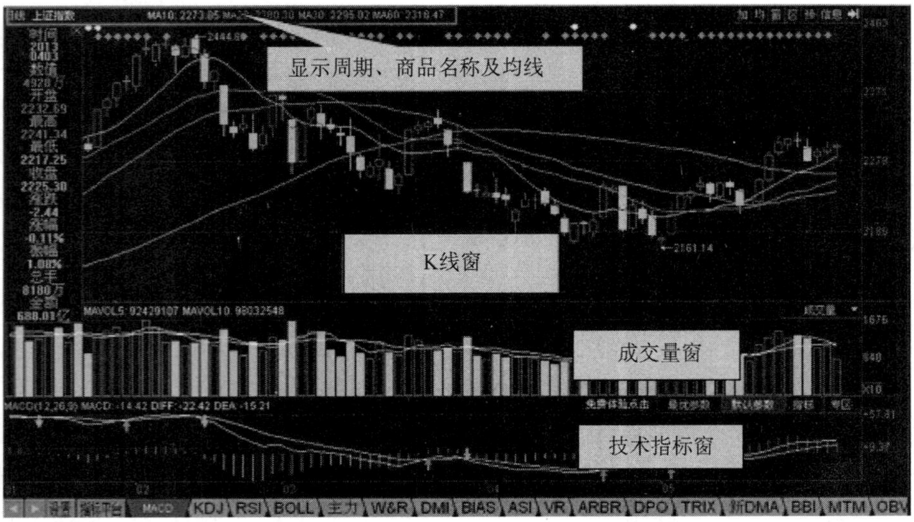

图6－10　技术分析图

K线图默认显示5根移动平均线MA。在K线图的右上角设置了除权、均线等功能的小窗口。在该窗口点击“除权”可以将K线进行修正；点击“均线”弹出均线设置窗口，可以设置不同时间的均线和显示在K线图中的均线数量。

K线图下方设有技术指标平台，点击相应的技术指标名称，可以查看不同的技术指标图形。在曲线上点击“指标说明”可以查看指标用法；双击“指标参数”可以对其进行重新设置。选择“更多指标”可以查看其他指标，设置常用指标。

点击“↑”“↓”键，可以对K线进行放大、缩小操作，右击并拖动鼠标选择一段区域，在弹出的菜单中选择“放大”，可以对该区域的K线进行放大显示。

相关资料

6－5 实战：指标测评

可从菜单“工具”中的“画线工具”中选择某个线，也可调出“画线”工具栏，单击即可进行画线操作。如果要删除画线，可以选择“橡皮擦”，然后单击该画线；或在画线上点击右键选中，选择删除即可。选“属性”，可以对该画线进行属性设置修改。

右击菜单中的“坐标切换”工具，可以更换K线图纵坐标的类型。选择“平移曲线”，按住鼠标，可以对窗口任意曲线进行任意方向的拖动；选择“翻转坐标”，可以将K线图倒转过来观察。

相关资料

6－6 实战：如何利用同花顺软件画线

四、软件的交易功能

登录交易软件并连接个人股票账户，交易系统的功能菜单如图6－11所示，可以提供相应的交易功能。

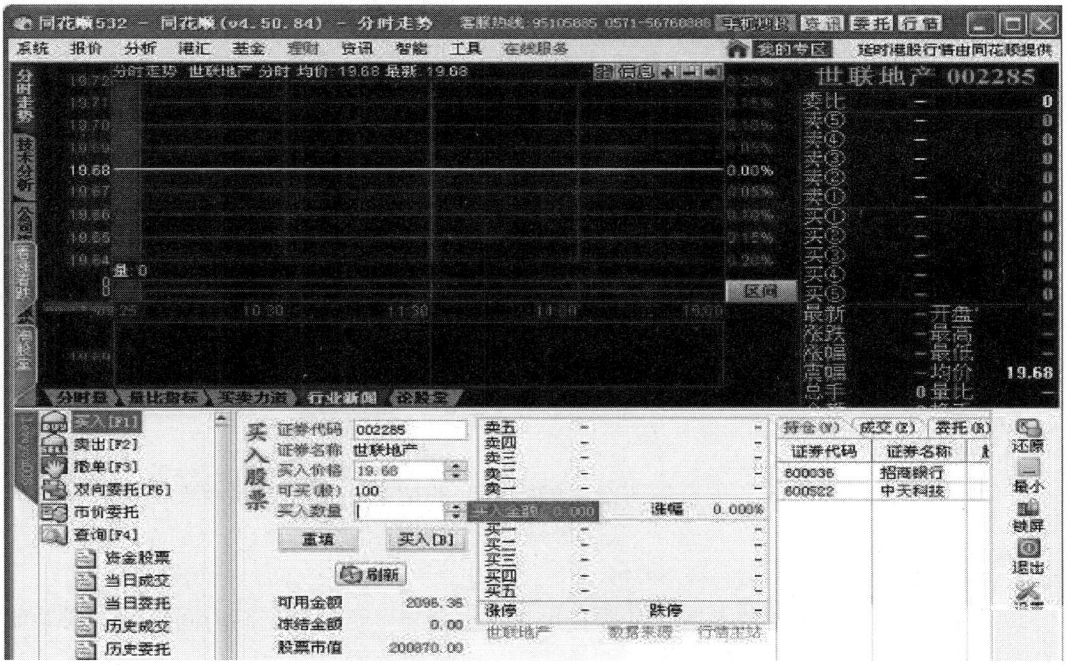

图6－11 交易系统

（一）买入

单击左侧“买入”栏，在右侧列表中输入要买入的股票代码，买入价格及数量，无误后单击“买入”按钮，系统会重新提示确认一下，确认即可。

（二）卖出

与买入同理。但与买入不同的是可以直接双击持仓中的股票，然后修改卖出价格及输入卖出数量。

（三）撤单

对未成交的买入或卖出委托可以申请撤单。单击左侧“撤单”栏，然后选中要撤单的委托记录，在记录前的复选框中进行勾选，再单击“撤单”按钮即可。

（四）双向委托

利用手中原有股票，在较高价位挂单卖出，同时在较低价位挂单等量买入。

（五）市价委托

不需要输入委托价格，只需要选择委托方向及数量，委托将以即时市场价成交。与前面的买入/卖出，需要输入的限价指令不同，它可以确保委托即时成交。

（六）查询

股票栏中显示的是目前持有的现金及股票信息。当天卖出股票的资金可用于再次购买股票，但不能划转至银行，第二天才可以。买入股票的成本当天为参考成本，第二天显示的为真实成本。

（七）当日成交/历史成交

显示当日或选定时间段的委托成交的详细记录。

（八）当日委托/历史委托

显示当日或选定时间段的委托详细记录。

（九）交割单

显示每笔交易所产生的各种费用明细，当天成交的记录在第二天才能查询到。

（十）预埋单

预埋单是指预先设定价格与数量的委托单，根据需要，可以在交易时间内发送到券商委托站点，预埋单存于客户主机上，当日有效。

项目小结

本项目以同花顺为例，主要介绍了证券投资软件的下载与安装以及证券投资软件的主要功能。

思考与练习

一、单项选择题

1. 目前证券市场上，投资者主要采取交易委托的方式是（　　）。

A. 电话委托　　B. 网上委托
C. 人工委托　　D. 传真委托

2. 在软件上查看某只股票的财务信息，需键入（　　）。

A. F1　　B. F4
C. F8　　D. F10

3. 想要查看某一股票的成交明细表，可输入（　　）。

A. F1　　B. F4
C. F8　　D. F10

4. 在“工具”菜单下的（　　）的“分析周期”里增加分析周期和修改分析周期。

A. 系统设置　　B. 菜单设置
C. 基本设置　　D. 周期设置

5. 在投资软件界面，在（　　）上查询账户的资金与股票数量。

A. 报价单　　B. 分时图
C. 交易系统　　D. 技术分析图

6. 如需查看个股历史某日的分时走势图，需（　　）。

A. 点击“F5”　　B. 按键盘的“↑”“↓”键
C. 双击该日的K线　　D. 点击鼠标右键

7. 技术指标平台中不包含（　　）指标。

A. RSI　　B. MACD
C. MA　　D. OBV

8. 查看投资软件中所收藏的自选股，应点击（　　）。

A. “F1”　　B. “F10”
C. “F8”　　D. “F6”

9. 个股资料包括公司的最新动态、公司资料、（　　）和股东研究等。

A. 财务分析　　B. 最新报价
C. 技术指标　　D. 成交量

二、多项选择题

1. 在投资软件上找出某一只股票，可以输入（　　）。

A. 股票代码　　B. 股票名称的拼音
C. 股票名称的拼音首字母　　D. 股票的控股股东

2. 登录股票交易软件时，需要输入（　　）。

A. 通信密码　　B. 交易密码
C. 登录密码　　D. 资金密码

3. 同花顺交易系统的功能菜单里提供（　　）功能。
A. 买入　　B. 卖出
C. 撤单　　D. 查询

4. 指数条中默认显示的指数是（　　）。
A. 上证指数　　B. 深证指数
C. 创业板指数　　D. 中小板指数

5. 指标平台中所显示的指标包括（　　）。
A. RSI　　B. MACD
C. OBV　　D. KDJ

三、判断题

1. 同花顺证券投资软件不可以兼顾多家证券公司的股票账户。（　　）
2. 在键盘上点击“F6”可以查看自选股。（　　）
3. 将光标移至该日期 K 线上，再双击该图，可以显示当天的分时走势。（　　）
4. 当 K 线图上出现相当大的，不属于正常范围的缺口时，说明该股可能已除权除息。（　　）
5. 在搜索框中输入“81”，出现深圳 A 股综合排名。（　　）

四、分析讨论

1. 使用不同的证券投资软件查看个股行情、技术指标、历史走势，并将其加入自选股中。

2. 对不同证券投资软件的功能特点进行分组讨论。

项目七
证券投资的实时解盘

【项目目标】

1. 知识目标：
- □ 理解大盘和个股分时走势图的含义及应用
- □ 熟练运用大盘的中短期分析方法
- □ 掌握观察大盘的总体思路和大盘分析策略
- □ 掌握个股看盘要点

2. 技能目标：
- □ 能对股市的每周大盘进行解盘
- □ 能分析市场的热点变化
- □ 能对股市走势进行预测
- □ 能综合运用各种技术分析理论和技术分析指标对个股的变化趋势进行解读
- □ 能综合运用多种技术分析手段去把握股票买卖的时机

3. 情感目标：
- □ 树立整体与部分的哲学思维
- □ 体验利用科学方法解盘的乐趣

【案例导入】

A股将走向何方？熊市将至？

（1）美国股指期货周三（3月11日）盘前大幅震荡下跌，三大股指期货均跌逾1%，此前一度均跌逾2%，因美国新型冠状病毒感染病例数量超过1 000，同时特朗普宣称的“重大”经济计划并未兑现。

（2）据美国《纽约时报》3月10日报道，截至当地时间10日23时，美国新冠肺炎确诊病例增至1 004例，累计死亡31人。受此影响，10年期美债收益率下跌3.1个基点至0.721%。

（3）英国央行宣布紧急降息50个基点，并宣布措施帮助维持经济中的信贷流动，该行称新冠肺炎疫情将损害经济活动。消息公布后，欧洲斯托克600指数涨1.4%，报342.26点，英国富时100指数涨2.1%，报6 080点。

（4）周三早间，原油价格大涨近4%，因市场预期美国原油生产商将削减产量。但周三下午，油价由大涨转为大跌。WTI原油期货跌1.25%，报33.93美元/桶。布伦特原油期货跌0.8%，报36.94美元/桶。

（资料来源：根据2020年3月11日网络财经资讯整理。）

讨论：（1）上述事件的发生对我国股市会产生哪些影响？

（2）在当前的市场环境下，应该如何操作？

模块1　解读大盘走势

相关资料

一、看懂大盘分时走势图

大盘分时走势图即大盘当日的走势，是把股票市场的交易信息实时地用曲线在坐标图上加以显示的技术图形。图7－1所示是2020年4月3日上证指数分时走势图。

7－1　视频：什么是大盘，大盘在哪儿看

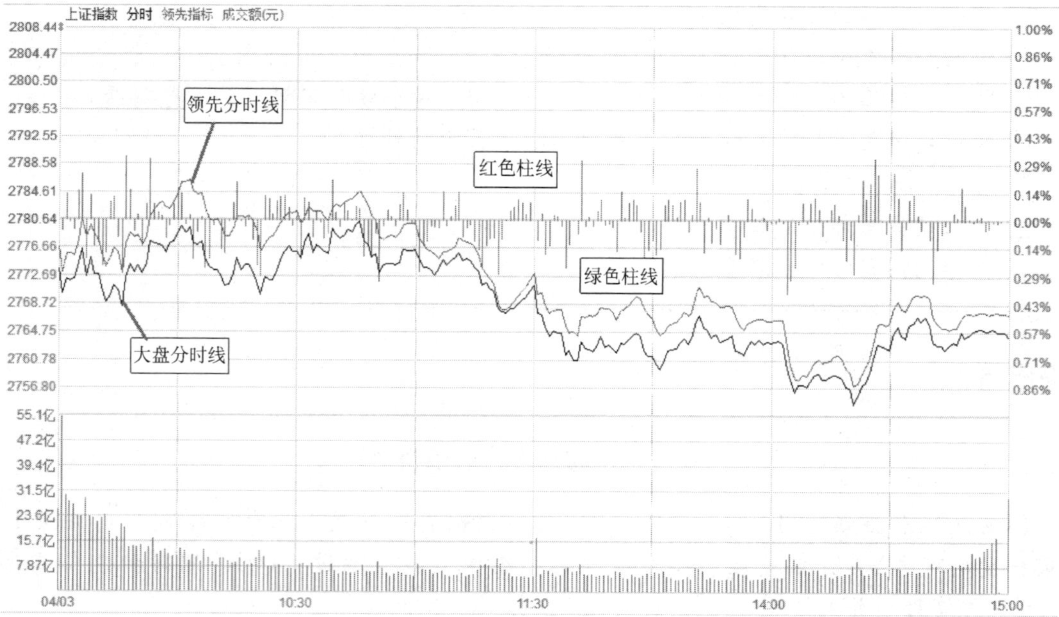

图7－1　2020年4月3日上证指数分时走势图

（一）大盘分时走势曲线的含义及应用

1. 分时走势线曲线的含义

大盘分时走势曲线表示交易所对外公布的通常意义下的大盘指数，也就是加权数。

领先分时线是不考虑上市公司股票发行数量的多少，并将所有股票对上证指数的影响同等对待的不含加权数的大盘指数。

相关
资料

7－2 视频：什么是分时图

2. 应用

参考大盘分时走势线和领先分时走势线的相对位置关系，可以得到以下信息：

当指数上涨，领先分时走势线在大盘分时走势线上方时，表示发行数量少（盘小）的股票涨幅较大；而当领先分时走势线在大盘分时走势线走势下方，则表示发行数量多（盘大）的股票涨幅较大。

当指数下跌时，如果领先分时走势线仍然在大盘分时走势线上方，则表示小盘股的跌幅小于大盘股的跌幅；如果大盘分时走势线反居领先分时走势线上方，则说明小盘股的跌幅大于大盘股的跌幅。

（二）红色、绿色柱线的含义及应用

1. 含义

图中的红色和绿色柱线反映当前大盘所有股票的买盘与卖盘的数量对比情况，也即大盘指数上涨和下跌的力度。

2. 应用

红柱增长，表示买盘大于卖盘，指数将逐渐上涨；红柱缩短，表示卖盘大于买盘，指数将逐渐下跌。绿柱增长，表示指数下跌量增加；绿柱缩短，表示指数下跌量减小。

黄色（蓝色）柱线表示每分钟的成交量，单位为手（100 股/手），黄色表示上涨，蓝色表示下跌。

【投资箴言】

凡事总是盛极而衰，重要的是认清趋势转变，要点在于找出转折点。

——乔治·索罗斯

二、大盘的长短期分析方法

（一）长期分析：确定长期走势，适用于中线波段操作

1. 趋势分析（形态分析）

通过形态和指标确定大盘的大致走势，寻找主基调，是以上涨、下跌还是震荡为主。如图 7－2 所示，从 2016 年 1 月 26 日上证指数出现 2 638. 30 点的低位开始，到 2018 年 1 月 29 日上证指数当天最高 3 587. 03 点，在两年的时间上升 948 点，在外部严峻的经济形势下，出现了一波上涨的行情。

图 7－2　上证指数 K 线图（2016—2017 年）

2. 成交量分析

运用成交量判断市场的买卖意愿，通过多空双方力量对比从某种程度可以判断市场是否见底或者见顶。如图 7－3 所示，在 2017 年 8 月～11 月，对当时的市场而言，上证成交量 1 500 亿元附近是枯竭点，也是卖盘的枯竭点，意味着市场见底；而成交量 3 300 亿元附近如果不持续增量，则大概率判断市场见顶。

相关资料

7－3　股票成交量和交易量有什么差别

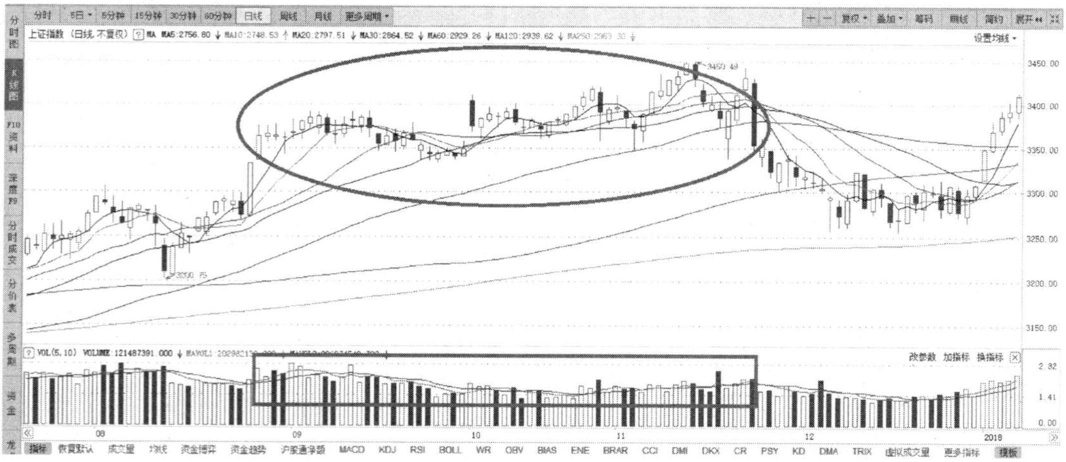

图 7－3　2017 年 8 月 28 日至 11 月 23 日上证 K 线和成交量走势图

3. 压力位分析

压力位分析的目的是计算上方抛盘位置，能够大致知道什么位置会有大概率调整的可能，为投资者是否买卖提供依据，到压力位具体还需要持续观察市场反应并作出决断。如图 7－4 所示，上证指数于 2017 年 1 月～11 月，分别在 3 016.53 点和 3 450.49 点形成了两个压力位，投资者根据市场的具体反应，为后续操作提供判断依据。

图 7－4　2017 年 1 月～11 月上证指数 K 线图

4. 板块联动分析

通过对权重板块的 K 线压力位和最近的走势分析，来确定大盘的走势。从某种程度上来说，权重板块的走势决定大盘走势。图 7－5 所示为 A 股各板块 2020 年 4 月 3 日统计图。

新兴概念：电信业整合 -1.10%　密码安全管理 -1.19%　红枣 +1.05%　脑科学 -1.28%　阿尔茨海默概念 +0.63%　小猪佩奇 -1.23%　甲醇 -0.78%　药品信息化追溯 -0.78%　腾讯音乐概念 -0.43%

板块名称		涨幅%↓	涨速	涨停数	主力净量	主力金额	量比	年初至今	20160127至今	涨家数	跌家数	领涨股	5日涨幅	10日涨幅	20日涨幅	总手	总金额	总市值	流通市值
1芬太尼	*	+4.16	+0.10%	1	0.88	+7268万	1.36	+11.13%	+27.21%	6	0	人福医药	+3.90%	+13.43%	-0.36%	33.38万	7.41亿	960.7亿	711.5亿
2养殖业		+3.22	+0.03%	1	2.19	+2.42亿	1.48	+1.85%	+0.14%	19	0	好当家	+7.94%	+9.50%	+0.36%	406.9万	53.88亿	5679亿	3668亿
3农业种植	*	+2.98	+0.11%	3	0.05	-1942万	1.19	+27.78%	+60.72%	19	2	香梨股份	+7.96%	+15.75%	+10.68%	966.1万	77.77亿	1934亿	1631亿
4大豆	*	+2.57	-0.22%	0	1.71	+6185万	1.24	+20.60%	+70.23%	7	1	哈高科	+2.00%	+8.43%	-5.99%	492.1万	36.42亿	988.2亿	870.9亿
5种植业与林业		+2.53	+0.21%	3	0.75	+6403万	1.13	+13.98%	+3.85%	19	2	香梨股份	+5.84%	+10.80%	+5.45%	653.3万	49.54亿	1546亿	1349亿
6玉米	*	+2.48	+0.11%	1	0.53	+900.4万	1.13	+26.19%	+70.08%	12	0	史丹利	+7.71%	+15.49%	+3.97%	571.6万	49.82亿	1382亿	1083亿
7猪肉	*	+2.39	+0.11%	1	0.54	+3.35亿	1.37	+9.84%	+64.96%	27	1	正虹科技	+7.49%	+8.94%	-1.95%	762.5万	124.2亿	10699亿	7677亿
8农产品加工		+2.30	+0.10%	2	-0.08	+1.05亿	1.44	+17.64%	+19.45%	26	5	正虹科技	+9.15%	+13.29%	+6.88%	990.9万	114.8亿	4911亿	4476亿
9食品加工制造		+2.26	+0.09%	3	0.74	+2.15亿	1.47	+13.33%	+45.34%	51	7	科迪乳业	+4.99%	+10.35%	+4.79%	815.1万	84.51亿	12054亿	9723亿
10海南		+2.20	+0.32%	2	0.48	+1.09亿	1.46	+8.68%	-10.95%	24	5	海航创新	+2.42%	+2.86%	+2.44%	659.7万	43.42亿	2373亿	2081亿
11眼科医疗	*	+2.20	+0.05%	2	-0.15	+3291万	1.96	-0.71%	+6.51%	17	5	人福医药	+1.04%	+3.88%	-7.42%	215.9万	22.12亿	3396亿	2926亿
12乳业	*	+2.13	+0.06%	1	0.04	+4736万	1.56	+18.32%	+5.60%	17	5	科迪乳业	+11.28%	+18.23%	+11.17%	849.1万	73.92亿	6130亿	5523亿
13养鸡	*	+2.05	+0.17%	0	0.46	+1.08亿	1.28	+5.44%	+61.11%	11	0	新希望	+8.76%	+9.93%	-0.65%	203.9万	43.41亿	4170亿	3444亿
14生物疫苗	*	+2.05	+0.03%	2	0.59	+3.14亿	1.26	+18.58%	+39.80%	19	4	人福医药	+2.28%	+6.71%	-2.21%	318.7万	57.17亿	7065亿	5572亿
15生态农业	*	+1.76	+0.11%	1	0.29	+9544万	1.43	+1.00%	-28.74%	22	8	富邦股份	+3.21%	+4.84%	-3.21%	749.3万	49.92亿	2839亿	2542亿
16高送转	*	+1.65	+0.12%	2	-0.33	+3341万	1.69	+23.30%	+271.55%	22	10	世名科技	+6.93%	+7.66%	-2.29%	191.7万	82.71亿	7740亿	4004亿
17医药电商	*	+1.61	+0.08%	0	-0.28	+1726万	1.49	+6.45%	+11.98%	20	4	九州通	-0.13%	+4.51%	-2.41%	234.0万	35.36亿	4746亿	3576亿
18医药商业		+1.61	+0.07%	0	0.20	+7937万	1.31	+3.66%	-2.79%	20	4	九州通	+0.14%	+2.50%	-4.98%	152.0万	20.98亿	3275亿	2426亿
19化学制药		+1.55	+0.09%	6	0.59	+7.25亿	1.26	+7.79%	+21.07%	75	27	景峰医药	-0.01%	+2.23%	-5.44%	857.0万	137.2亿	15609亿	13371亿
20医疗器械概念	*	+1.39	+0.07%	3	-0.55	+1.62亿	1.16	+19.34%	+2.04%	81	34	航天长峰	-0.60%	+2.84%	-7.61%	1508万	241.7亿	19369亿	13637亿
21健康中国	*	+1.37	+0.07%	6	-0.18	-3.64亿	1.20	+5.99%	-0.46%	50	30	好当家	-0.37%	+1.22%	-7.46%	1505万	172.4亿	17122亿	13681亿
22仿制药一致…	*	+1.34	+0.08%	0	0.15	+4.54亿	1.41	+3.64%	+12.75%	29	6	康恩贝	-0.42%	+1.92%	-7.56%	428.9万	78.72亿	10035亿	9094亿
23医疗器械服务		+1.32	+0.09%	2	0.39	+155.9万	1.16	+18.24%	+3.16%	63	25	维力医疗	-1.32%	+3.44%	-7.75%	676.3万	150.0亿	15992亿	10137亿
24超级真菌	*	+1.25	+0.08%	1	0.36	+1.99亿	1.15	+16.59%	+0.50%	17	3	未名医药	-1.26%	+0.73%	-4.80%	289.7万	38.14亿	3411亿	3022亿
25流感	*	+1.25	+0.03%	1	0.83	+6.74亿	1.25	+2.63%	-2.79%	40	11	延安必康	-1.79%	-0.02%	-8.26%	858.0万	129.2亿	9819亿	8300亿
26转基因	*	+1.23	+0.11%	0	0.65	+5310万	1.11	+7.18%	-0.91%	8	1	丰乐种业	+5.19%	+10.77%	-1.44%	353.0万	31.73亿	1006亿	801.3亿
27口罩	*	+1.16	+0.08%	4	0.74	+5.51亿	1.50	+32.30%	+25.31%	60	50	搜于特	-0.30%	-2.02%	-18.23%	2042万	228.4亿	14103亿	11226亿
28送转填权	*	+1.16	+0.31%	0	-1.83	-2107万	1.26	+13.02%	+7.08%	1	0	益生股份	+17.35%	+15.58%	-1.03%	42.00万	8.12亿	189.3亿	119.0亿
29人造肉	*	+1.15	+0.03%	0	0.50	+7719万	1.25	+11.38%	+7.52%	27	6	哈高科	+2.35%	+5.73%	-2.18%	918.5万	79.48亿	4300亿	3380亿
30农村电商	*	+1.13	+0.09%	0	0.28	-8174万	1.32	+8.93%	-17.15%	13	11	金正大	+3.18%	+4.03%	-7.07%	754.9万	66.10亿	5215亿	4370亿

图 7－5　2020 年 4 月 3 日 A 股各板块统计图

其中，权重板块指的是大盘蓝筹股板块，即金融、地产、钢铁、煤炭、石油等板块。大盘股由于股性差、波动小，是许多投资者选股时摒弃的对象。但投资者在看盘时不难发现，权重板块的个股虽然走势比中小盘的个股平稳，但在许多时候却也经常出现一些盘中集体异动现象，并且形成明显的板块联动。例如，在一些日内的走势中，大盘的分时图本来走势平静，却在某个时刻突然出现明显的拉升或下跌，这时往往就伴随着某些权重板块的大幅走强或走弱。严格地说，此刻大盘的方向性运动正是由异动的权重板块带动的。

相关资料

7－4　资讯：如何通过看盘发现并分析异动板块和强势板块

权重板块联动往往是超级主力调控大盘走势节奏的手段，隐含着超级主力的战略意图。如图7－6所示，2019年11月5日，银行、券商、保险等金融权重板块发力，板块内个股集体上涨，从而带动了两市主要股指探底回升，上证50指数上涨0.81%，创年内新高。

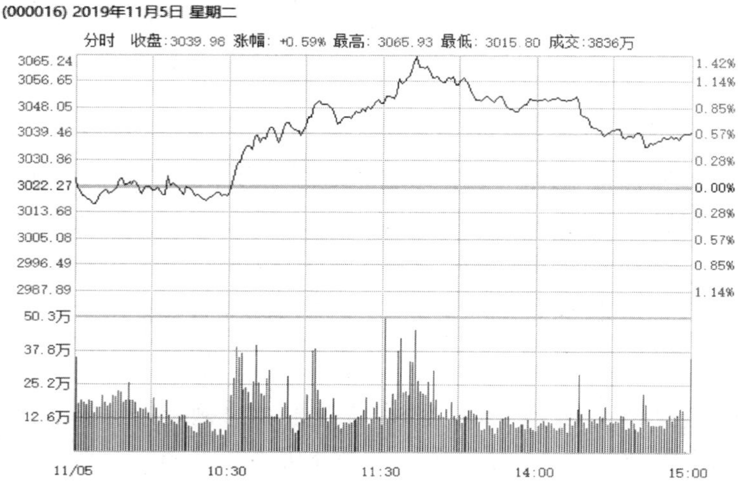

图7－6　2019年11月5日上证50指数分时走势图

5. 获利盘分析

相关资料

7－5　视频：获利盘

获利盘一般是指股票交易中，能够获利的那部分股票。每一只股票都有获利盘和套牢盘，套牢盘就是买入的股票亏本。

获利盘包括机构获利盘、散户获利盘，他们分别代表的是机构和散户按照各自的成本价与市场价比较得出的结果。

如图7－7所示，在2019年10月15日，因为部分获利盘的套现意愿增强，尤其是针对一些前期涨幅靠前的品种，例如，以芯片为代表的科技股。以CRO为代表的创新药产业链个股，均出现了获利回吐的态势，跌幅靠前。由于此类个股已成为当时A股市场做多的风向标，所以，其股价的回落，在一定程度上挫伤了做多情绪，指数随之回落。

图7－7　2019年10月15日上证综合指数K线图和分时走势图

此外，通过获利率的统计，还可以判断大盘牛市熊市是否来临，当获利率持续不低于60%时，牛市开始，不过前提是经历过5~7年横盘且基本面开始转好；而当获利率接近于100%的时候大盘就要见顶了。

6. 顶部以及底部资金分析（判断拐点）

通过观察主力资金抄底情况判断市场是否出现拐点，主力资金的抄底资金越大，承接力越强，说明市场见底开始回升。如图7－8所示，在2016年8月~2017年11月上证综合指数K线图和BBD走势图中，当BBD值出现反转时，意味着主力资金抄底情况可能改变。因此，可以结合其他指标预判市场可能出现拐点。

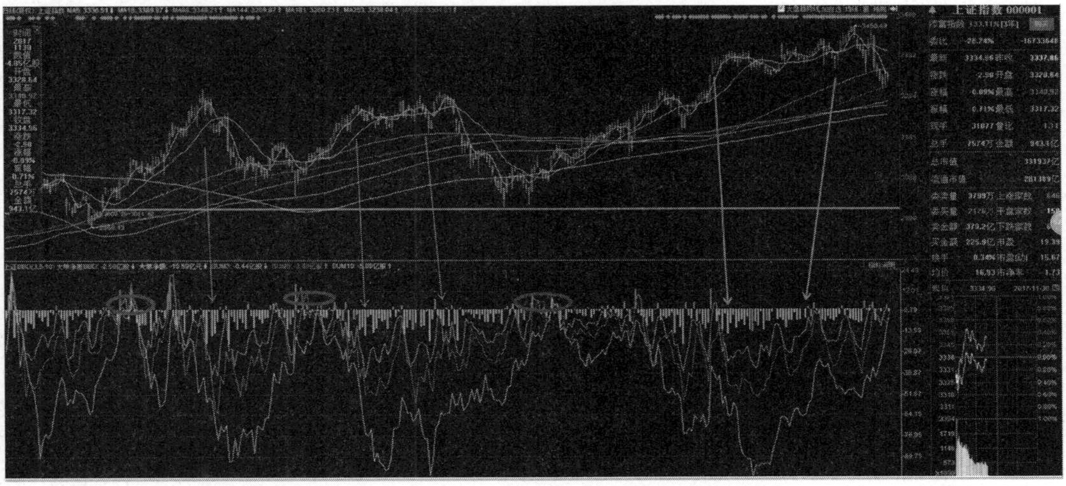

图7－8　2016年8月~2017年11月上证综合指数K线图和BBD走势图

【知识链接】

BBD

BBD又称为“多空趋势”指标，也有人称为“BBD决策”指标。其实质是股票市场所有个股（这里仅仅是上证A股）的大单之差，也就是大买单和大卖单之差。所以它根本上就是一个“大单净差”，反映了大资金的成交方向和力度。

相关资料

7－6　视频：DDE和BBD指标

（二）短期分析：确定近期走势，更适用于短线操作

1. 成交量分析

成交量是测量股市行情变化的温度计，成交量增加或减少的速度是推断多空战争规模大小与股价指数涨跌的重要依据。成交量持续扩大，表示新资金不断涌入股市，股价指数上涨有了原动力。成交量持续缩小，表示资金不断流出股市，股价指数上涨失去原动力。

相关资料

7－7　视频：怎么做短线

一般来说，成交量与股价指数涨跌的关系如下：

（1）股价指数与成交量之关系如滚雪球一样，欲使股价指数上升，成交量必需持续增加。

（2）多头市场中，每段上涨行情的起点，成交量均不大，而随着股价指数上升，成交量扩大。但成交量的扩大不足以推升股价指数时，股价指数便开始下跌。

（3）空头市场中，每段下跌行情的起点，成交量均有急剧萎缩现象，表示买气衰退，股价指数趋于下降；当股价指数继续下跌，而成交量不再萎缩时，则预示着下跌行情即将结束。

相关资料

7－8　视频：北上资金和南下资金是什么

2. 主力资金流向分析

主力资金是指在股票市场中能够影响股市、甚至控制股市中短期走势的资金。主力资金一般被大机构掌控，大盘主力资金流向是通过数据计算得到的每日市场内活跃的大资金成交情况，大资金的流入流出趋势则反映了主力在市场中运作的思路。一般具有以下特征：

（1）当主力净流入资金从负的最大值开始持续向正值靠拢时，说明主力资金的抛压开始减少，大盘下跌趋势可能开始放缓。

相关资料

7－9　资讯：首日涨 228.20% 吸金 10 亿元主力资金！红筹第一股华润微首秀“硬核”红

（2）当主力净流入资金开始从负值向正值转变时，市场可能短期面临企稳反弹趋势。

（3）当主力净流入资金到达峰值并从峰值开始回落时，大盘可能短期面临上涨幅度放缓或震荡的趋势。

（4）当主力资金净流入开始持续下降并靠近负值时，抛压出现，市场可能又要面临短期调整的趋势。

3. 热点板块分析

热点板块形成的过程中，盘面上会形成下列特征：

（1）板块成交量明显连续增加。

相关资料

7－10　实战：炒股要如何快速找到热点板块

（2）板块的股价走势配合换手率的增加开始由弱转强。大盘下跌时个股和板块下跌，大盘涨的时候板块涨幅高于大盘，该板块可能成为市场热点。

此外，在判断是否成为热点板块时，还要注意以下 3 点：

（1）热点形成的过程就是主力资金介入的过程，热点形成时间越长，持续时间也会越长，或持续时间不长但板块股价上升幅度较大。

相关资料

7－11　实战：如何发现领涨板块和实盘操作方法

（2）股市是不可能同时出现热点过多板块的，如果出现市场同时疯狂炒作的情况，注意大盘是否出现见顶信号。这可能是最后的疯狂，当新热点板块形成时，旧热点板块将进行调整。

（3）热点板块转移过程中，大盘往往有一次较大调整，主力资金调整持仓结构，换股操作。

三、观察大盘的总体思路

（1）确定趋势，确定大盘的主基调，可以通过指标和权重板块走势是否良好判断。

（2）分析目前点位的压力位以及支撑位，分析成交量是放量还是缩量。

（3）分析资金介入情况是大幅流出还是大幅流入。

（4）观察市场政策及其情绪反应（需要考虑国家队核心利益）。

（5）得出结论，两手准备，并保持观察临界点情况。

相关资料

7－12　实战：股市中声名赫赫的国家队，都有哪些

【知识应用】

以 2017. 11. 30 行情日为例：

第一步：确定大盘趋势

大盘以下跌为主，有加速下跌的倾向，且基金入驻权重股，年底出货，兑现利润。

第二步：通过权重判断走势

前期，保险、银行、煤炭、钢铁、有色板块涨幅较大，总体处于调整状态，其他权重板块也处于下跌状态，也就是说下跌无权重参与抵抗支撑大盘。

第三步：压力位分析

如图 7－9 所示，第一箭头，压力位在 3 260 点附近，第二箭头压力位在 3 350 点，第三箭头压力位在 3 400 点，指数在箭头以上为支撑，指数在箭头以下为压力。

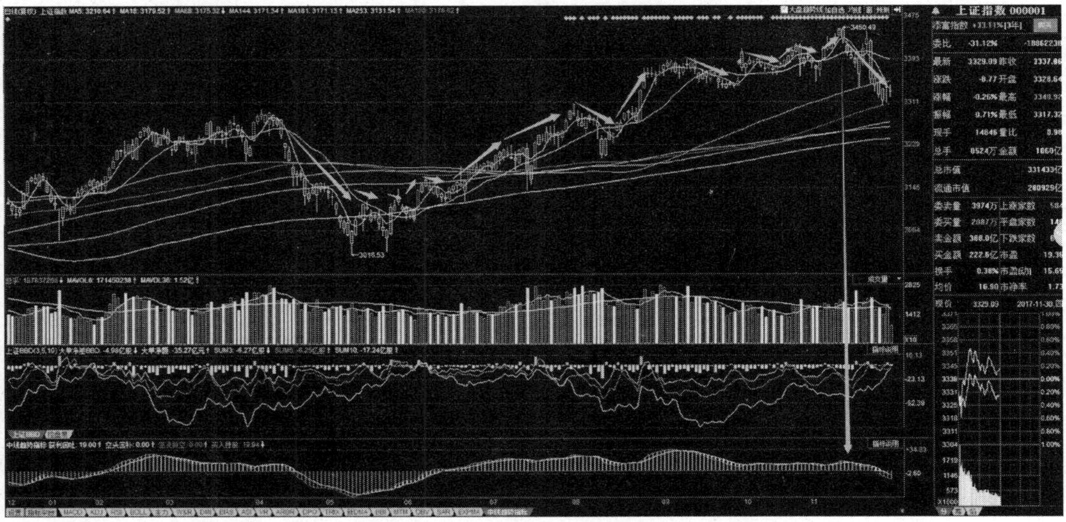

图 7－9　压力位分析

第四步：大盘资金分析

如图 7－10 所示，高位横盘不涨，资金大幅流出，有横盘出逃的可能，下跌抄底盘资金较小，无法支撑有效反弹。

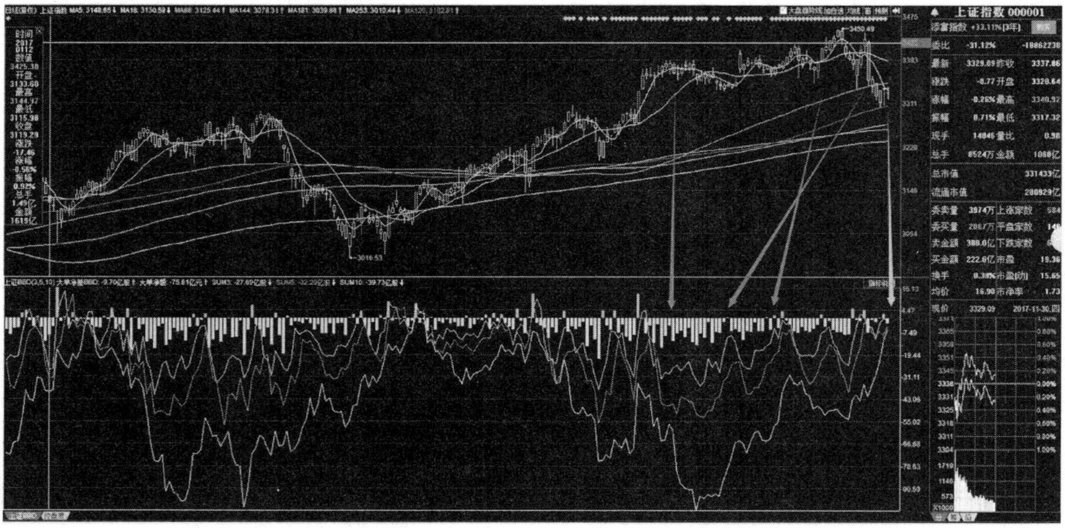

图7-10　大盘资金分析

第五步：政策及其情绪反应

（1）散户心理：市场下跌中散户极度恐慌，今年行情中，只涨大盘个股不涨，大盘下跌个股更跌，造成市场人气涣散。

（2）政策情况：国家队一度参与护盘，但散户不跟，独木难支，机构年底又大肆卖出套现，市场政策面不明显。

第六步：得出结论

面对大盘可能加速下跌，资金面资金短缺，政策面没有较强支持，散户心态溃散。暂时观望，等市场探底，即使反弹但再次下跌可能性加大。

如果政策面出现利好，需要继续观察资金和压力位的共振现象是否持续，再小仓位介入。

四、大盘分析的注意事项

（1）在开盘时，要看集合竞价的股价和成交量，看是高开还是低开。集合竞价表示市场意愿，是投资者期待当天股价上涨还是下跌的一种表现。

（2）在开盘半小时内可以看股价变动的方向。如果股价开得太高，在半小时内就可能会回落；如果股价开得太低，在半小时内就可能会回升。

（3）看股价。一般情况下，看股价时，不仅看现在的价格，而且要看前一天的收盘价、当日开盘价、当前最高价和最低价、涨跌幅度等，这样才能看出现在的股价处在什么位置，是否有买入的价值。

（4）看成交量的大小。如果高开又不回落，而且成交量放大，那么这只股票就很可能要上涨。

（5）看现手数与现手累计数。对于一只股票，最近的一笔成交量称为现手，从开盘到即时的成交量称为总手。现手数是说明计算机刚刚自动成交的那次成交量的大小。如果连续出现大量成交，则说明有多人在买卖该股，值得予以关注。如果许久也没人买，则该股不大可能成为好股。而现手累计数就是总手数，总手数也称为成交量。一般成交量大且价格上涨的股票，趋势向好。成交量持续低迷一般出现在熊市或股票的整理阶段，市场交投不活跃。

另外，在实际操作中，投资者可以结合换手率来观察股价的走势。一般来说，如果某只股票的换手率突然上升，而且成交量也呈放大状态，那么可以说明有投资者在大量买进，股价可能会随之上扬。若是某只股票在一段时间内连续上涨，而且换手率在短时间内上升较快，那么一般可以认为是某些获利者要套现，股价可能会下跌。

（6）观察自己手中持有的股票走势是否和大盘一致。若走势一致，那么投资者应对大盘予以特别关注，在股价上升到顶点时卖出，在股价下降到底时买入。

【技能训练】

利用本模块介绍的方法，对当前大盘进行解读。

模块2　解读个股走势

一、个股分时走势图

个股分时走势图是指把股票市场的交易信息以个股的形式实时地用曲线在坐标图上加以显示的技术图形，如图7－11所示。

二、个股分时图走势分析

根据开盘时与盘中的走势划分，个股分时走势图有以下4种。

（一）低开低走型

低开低走是指股票当日的开盘价低于上一个交易日的收盘价，并且在整个交易日中股价持续下跌，在分时图中表现为左高右低的形态。图7－12所示为深天地A（000023）在2016年8月22日形成低开低走的走势。从图中可以看出，该股当日的走势呈低开低走，股价一路下跌，跌幅高达5.5%左右。早盘成交量有略微放大，盘中成交量保持地量，尾盘再次放量下跌。

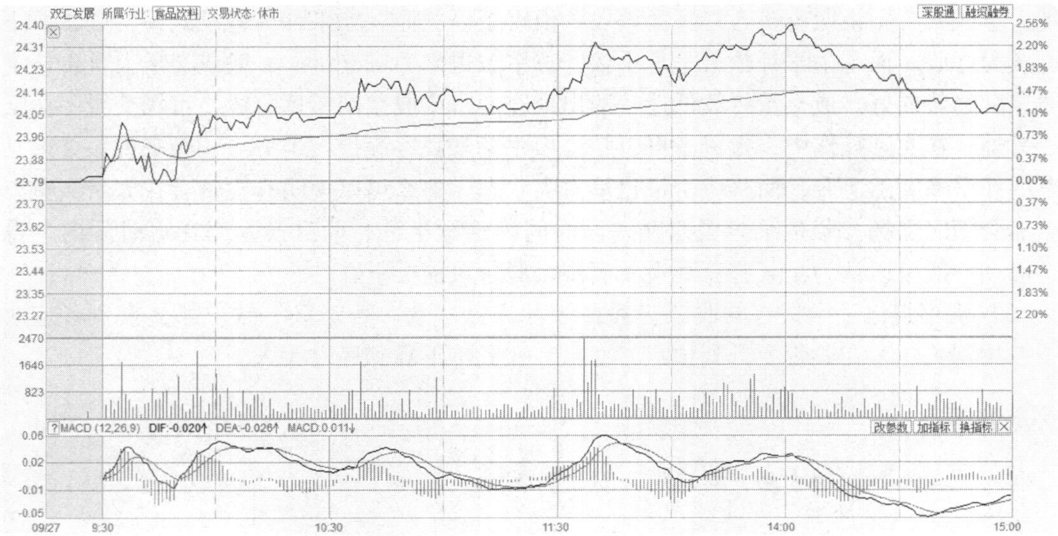

图 7－11　双汇发展（000895）2019 年 9 月 27 日分时走势图

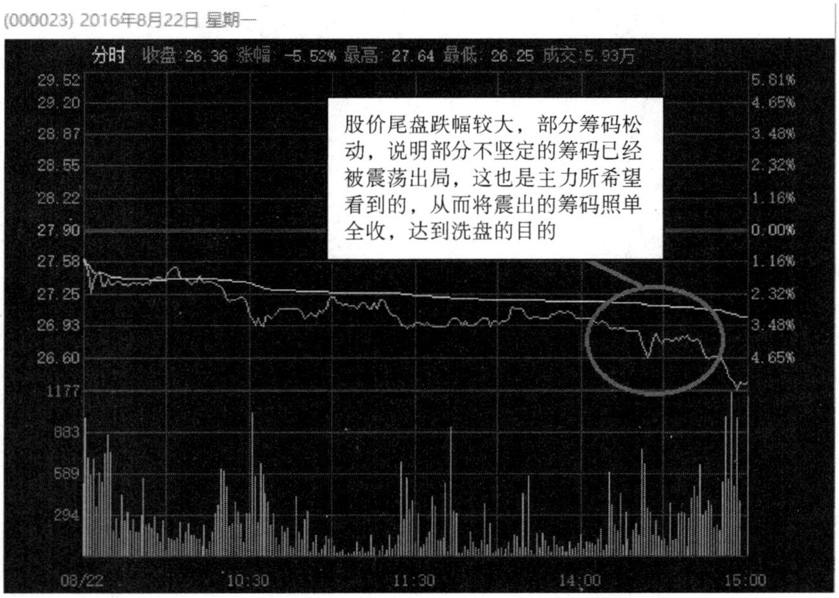

图 7－12　深天地 A（000023）低开低走

图 7－13 为深天地 A（000023）的 K 线走势图。从图中可以看出，股价在 2016 年 8 月 22 日收出一根阴线，随后股价进入短暂的横盘走势。此处的 K 线是主力洗盘整理的表现，与当日低开低走的分时图相吻合。待主力洗盘结束后，股价继续保持了前期的上涨走势，一直至 37.07 元的高点。如果投资者持有该股，则获利颇丰。

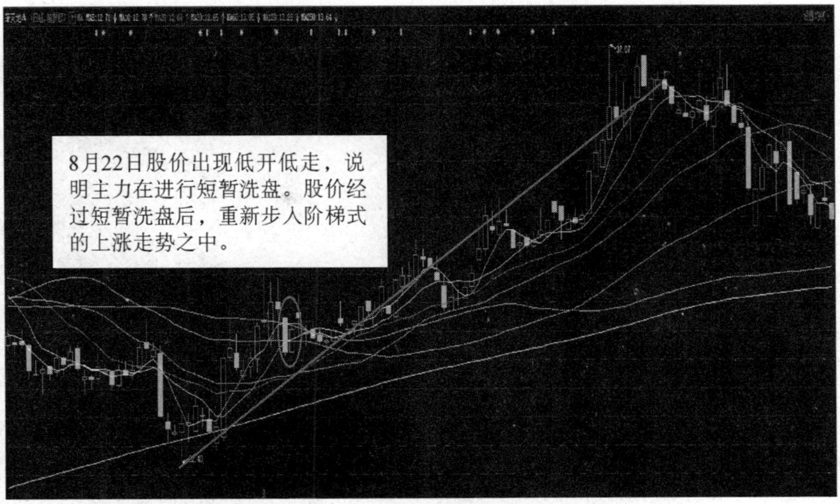

图 7－13　深天地 A（000023）的 K 线走势图

根据低开低走分时出现的位置不同，其盘面分析和投资策略如表 7－1 所示。

表 7－1　不同阶段低开低走的盘面意义

阶　段	盘面分析	投资策略
底部建仓阶段	如果某日股价出现低开低走走势，则说明主力资金在进行试盘操作	投资者应保持观望，待主力资金建仓完毕，开始拉抬股价时介入
横盘整理阶段	在股价横盘整理时出现低开低走形态，有可能是主力资金在进行洗盘或者试盘操作	此时投资者可以继续观望
股价高位阶段	股价阶段性地在高位出现低开低走形态，这种情况有可能是主力资金要出货，如果成交量未有大幅放量迹象，量比值也较低，则表明主力资金在悄悄出货，怕引起投资者关注；如果成交量放量，说明主力资金出逃意愿明显，不再留恋该股	在高位股价低开低走通常表明下行力量将形成，持有股票的投资者可以适当减仓，短期内股价可能有下行的趋势

（二）低开高走型

低开高走是指股票当日的开盘价低于上一个交易日的收盘价，但当日的收盘价高于上一个交易日的收盘价，在分时走势图上表现为成交价格线和平均价格线都呈现左低右高震荡上升的趋势。图 7－14 所示为深深房 A（000029）在 2015 年 12 月 1 日形成低开高走的走势。从图中可以看出，该股当日在早盘时成交量较为密集，盘中短暂放量，至尾盘又有放量的迹象。

【投资箴言】

判断对错并不重要，重要的在于正确时获取了多大利润，错误时亏损了多少。

——乔治·索罗斯

(000029) 2015年12月1日 星期二

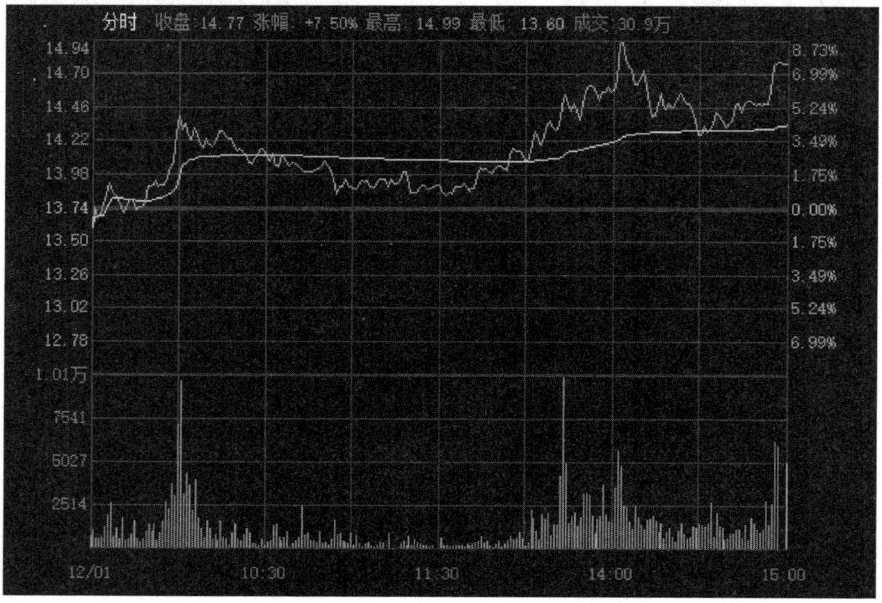

图 7－14　2015 年 12 月 1 日深深房 A（000029）分时图

该走势说明在当日开盘时，有部分的投资者在低开处介入，从而形成密集的成交量，并推动股价上涨，此后有所缓和，至尾盘有部分获利筹码出局，从而出现再次放量的情况。

图 7－15 为深深房 A（000029）的 K 线走势图。从图中可以看出，2015 年 12 月 1 日股价出现低开高走时，已是拉升阶段末期，虽然收出大阳线，但没有突破前期高点，显示主力拉升力量已逐步衰竭，上涨动能不足。主力此时低开高走，是为了吸引跟风盘完成诱多出货计划。

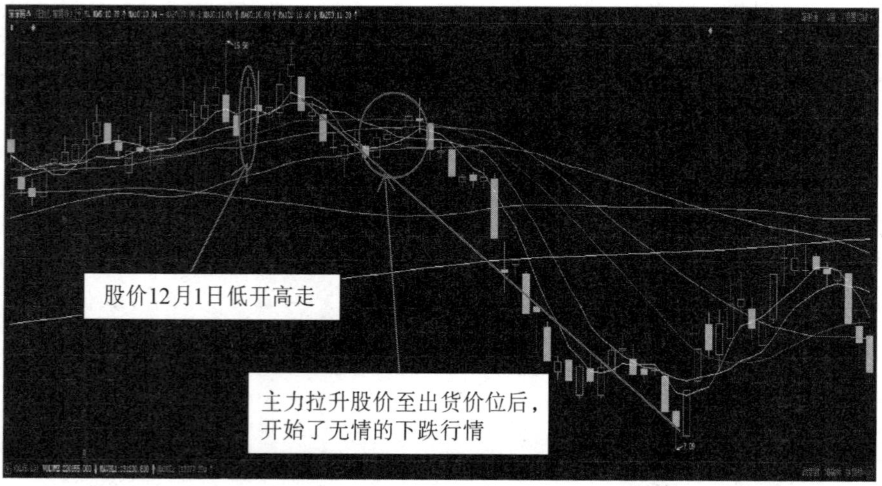

图 7－15　深深房 A（000029）K 线走势图

根据低开高走分时出现的位置不同，其盘面分析和投资策略如表 7－2 所示。

表7－2　　不同阶段低开高走的盘面意义

阶　段	盘面分析	投资策略
底部建仓阶段	如果当日出现低开高走的分时图，则是主力短暂拉升试盘动作。如果量能没有放大，则试盘还未结束，主力仍会继续建仓，股价继续在底部运行；如果量能放大，则为主力有意抬高股价建仓	投资者应观望，并随时准备入场
股价拉升初期	如果股价当日出现低开高走的分时图，则是主力开始主动拉升股价。如果量能没有放大，则说明盘中筹码较为稳定，没有中途获利盘涌出，主力控制住了大部分筹码；如果量能放大，并且换手率高，则为主力大举抬高股价，后期涨幅可观	投资者可以在相对低价位介入
股价拉升末期	若股价出现低开高走的走势，则说明主力在做最后的拉升操作，拉升即将结束。主力拉高股价吸引跟风盘，进行诱多操作，为将来出货做准备	投资者应谨慎操作，随时准备出货
股价高位阶段	当股价处于顶部区域，若出现低开高走的走势，则说明主力利用平台上股价的小幅震荡进行出货动作，若换手率高，则更加验证了这一现象	投资者应果断离场

（三）高开低走型

高开低走与低开高走刚好相反，是指股价在前一交易日收市点位以上开市，随着交易的进行，股价不断下跌，整个交易日都呈现下跌趋势，并且跌破上一个交易日的收盘价，在分时图上表现出左高右低震荡向下的曲线，如图7－16所示。

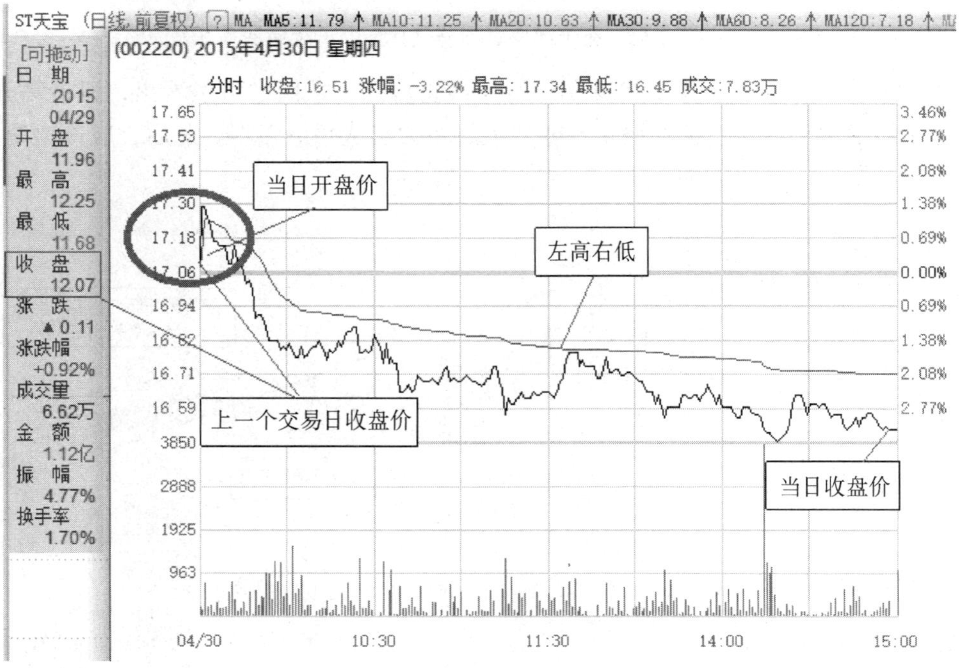

图7－16　高开低走分时走势盘面

图 7－17 所示为东华能源（002221）2013 年 10 月 15 日的分时走势图。从图中可以看出，该股当天早盘高开后迅速下跌，但多方没有放弃努力上攻，导致股价短暂拉升，此阶段成交量较为密集。至尾盘，股价再次被短暂拉升后下跌，收盘至低点，且尾盘成交量密集放大，表明主力开始疯狂出货。

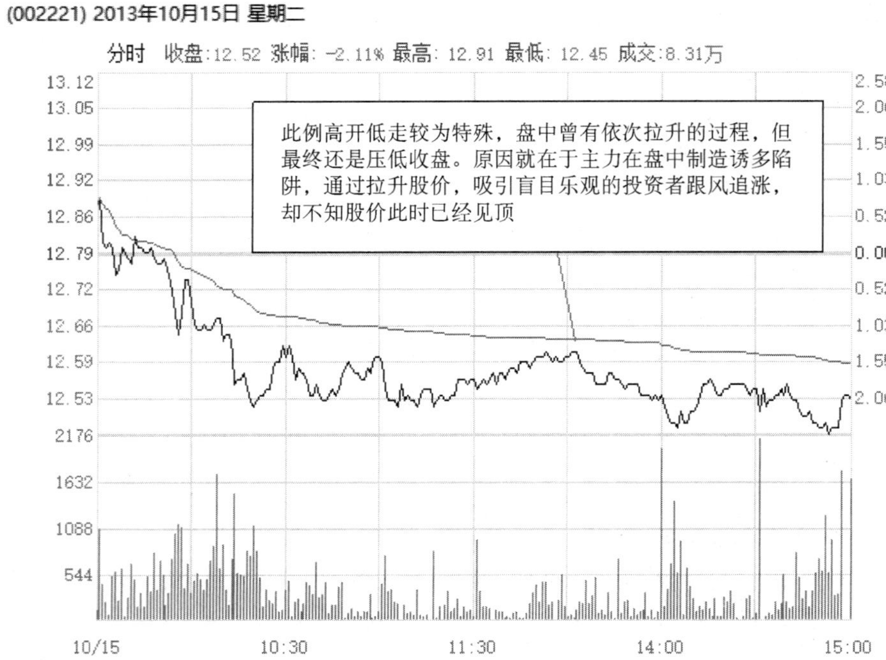

图 7－17 东华能源（002221）高开低走盘面

图 7－18 所示为东华能源（002221）的 K 线走势图。从图中可以看出，股价高开低走，当日已处于股价顶部区域，前期股价涨幅较大，主力出货意愿强烈。此后，股价出现大幅回落，走出多根阴线，跌势汹涌。

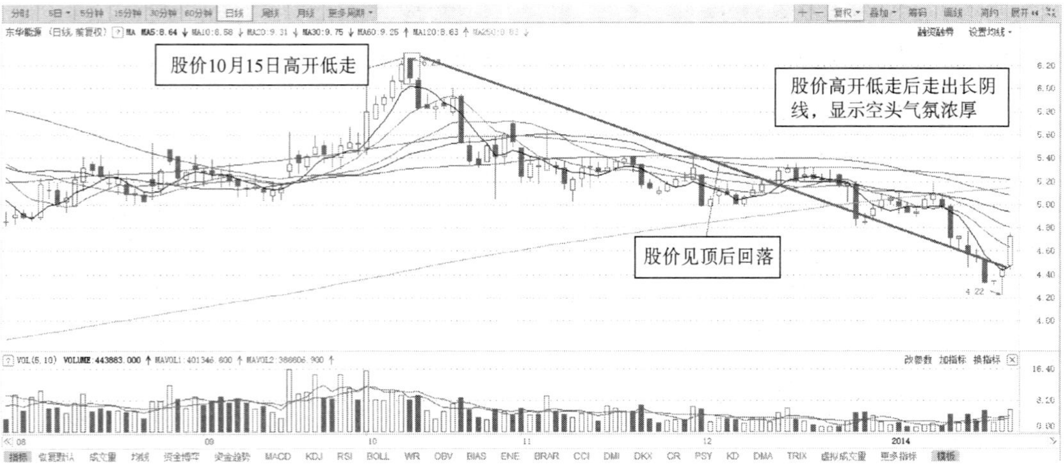

图 7－18 东华能源（002221）K 线走势图

根据高开低走出现在不同的阶段，其代表的意义也不同，如表7－3所示。

表7－3　　不同阶段高开低走的盘面意义

阶　段	盘面分析	投资策略
底部建仓阶段	如果当日股价高开低走，则是主力有意高开试盘，测试盘中的中小机构和散户的持筹耐心和抛压力度，为进一步建仓或者拉升做准备	1. 如果向下打压量能没有有效放大，则是盘中筹码锁定稳定性较好，底部调整仍将继续 2. 如果放量（量比1倍以上）打压，则是主力有意压低建仓，底部中小机构和散户筹码松动，恐慌盘涌出，后市下跌空间有限，短线机会即将来临，中线机会较大
股价拉升初期	如果当日股价高开低走，则是主力欲加速发力上攻，以脱离建仓成本区	1. 如果当日量能没有有效放大，则是主力有意向下打压，完成拉升前的最后一次洗盘动作，由于主力基本控盘，因此跌幅空间有限，极有可能在重要支撑位附近企稳 2. 如果当日放量（量比3倍以上）打压，换手率5%以上，则是主力投入巨资操作，盘中震仓洗盘力度较大，同时也证明股价将进入快速上升通道，上涨空间巨大，短中线投资机会巨大
股价拉升中期	如果当日股价高开低走，则是主力欲实现盘中震仓意图，股价上涨趋势不变，逢低还可以加仓	1. 如果当日量能没有有效放大，则是主力基本控盘，因此震仓力度不大 2. 如果当日放量（量比3倍以上）打压，换手率10%以上，则是主力打压出货，股价将出现阶段性见顶现象，上涨空间有限，短线在重要支撑位进场机会较大，中线机会一般
股价拉升末期	如果当日股价高开低走，则是主力大量出货导致的下跌行为，股价已经见顶	1. 如果当日量能没有有效放大，则是主力出货量较小，因此下跌空间有限 2. 如果当日放量（量比3倍以上）下跌，换手率在10%以上，则是主力打压出货，股价已经见顶，短中线风险较大
股价盘头阶段初中期	如果当日股价高开低走，则是主力早盘诱多型的出货式打压行为，股价将完成最后的震荡诱多，形成第二个或第三个头部	1. 如果当日量能没有有效放大，则是主力出货量较小，因此跌幅有限 2. 如果当日放量（量比3倍以上）攻击，换手率3%以上，则是主力打压出货，股价完全见顶，短中线投资风险巨大

（四）高开高走型

高开高走是指股票当日的开盘价高于上一个交易日的收盘价，且在整个交易日过程中，股价保持上涨趋势，最终以高于上一个交易日的收盘价的价格报收，且成交价曲线和平均价曲线都在上一个交易日收盘价上方，如图7－19所示。高开高走一般表明多头具有强大的推动力，后市一般也会强势上涨。

图7－20所示为奥特讯（002227）2014年10月9日的分时走势图。从图中可以看出，

该股当天开盘时便开始拉升价格，在拉升顶部急剧放量，之后缓缓回落。在午盘末期，股价再次被强势拉起，量能放至最大水平，此后股价一路上扬，收盘在高价位。

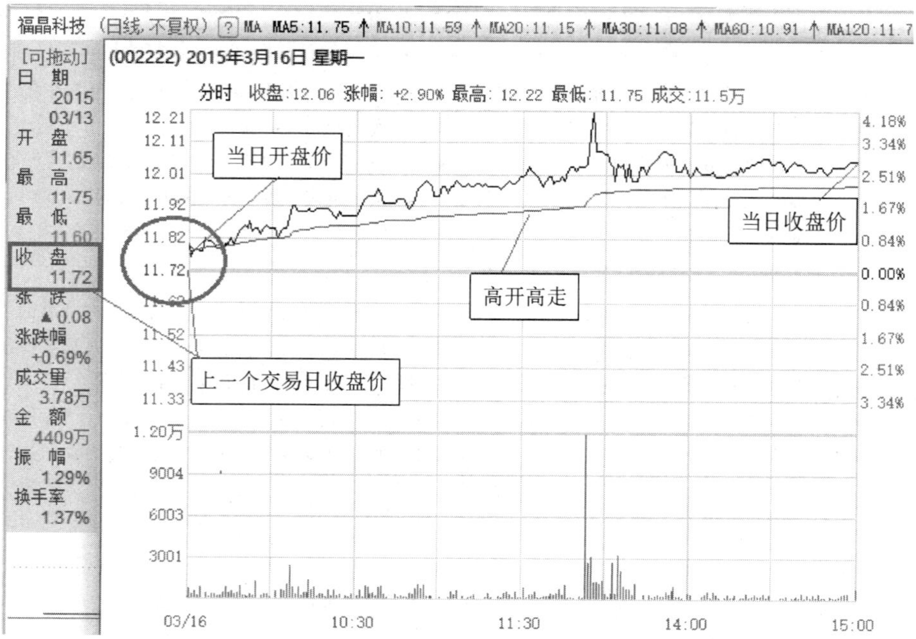

图 7-19 高开高走分时走势盘面

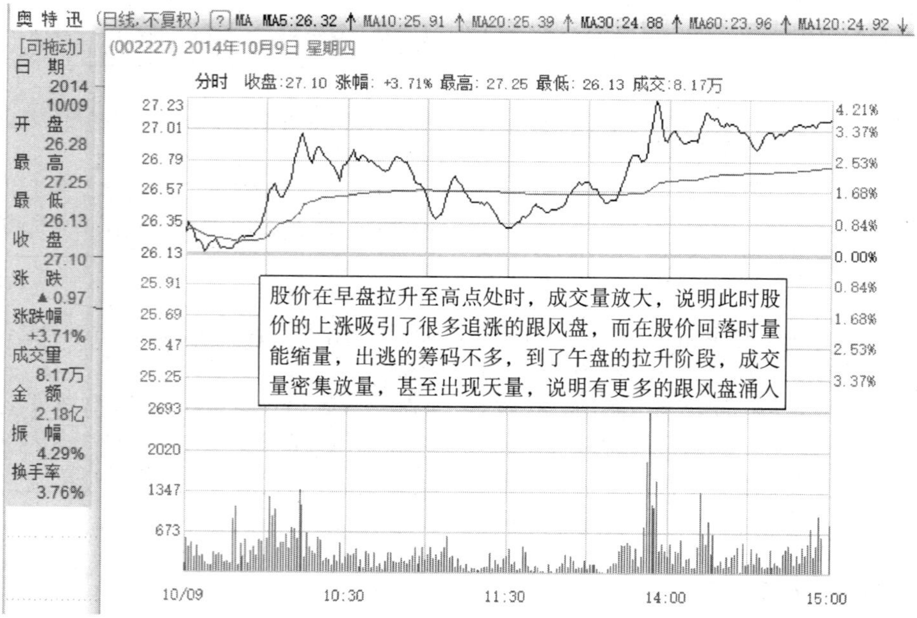

图 7-20 奥特讯（002227）2014 年 10 月 9 日的分时走势图

从图 7-21 中可以看出，奥特讯（002227）股价高开高走的当天，K 线收出一根大阳线，此后股价一路下滑，主力出货力度巨大。显示在分时图中的那些买入筹码的散户，此时必然是后悔不已。

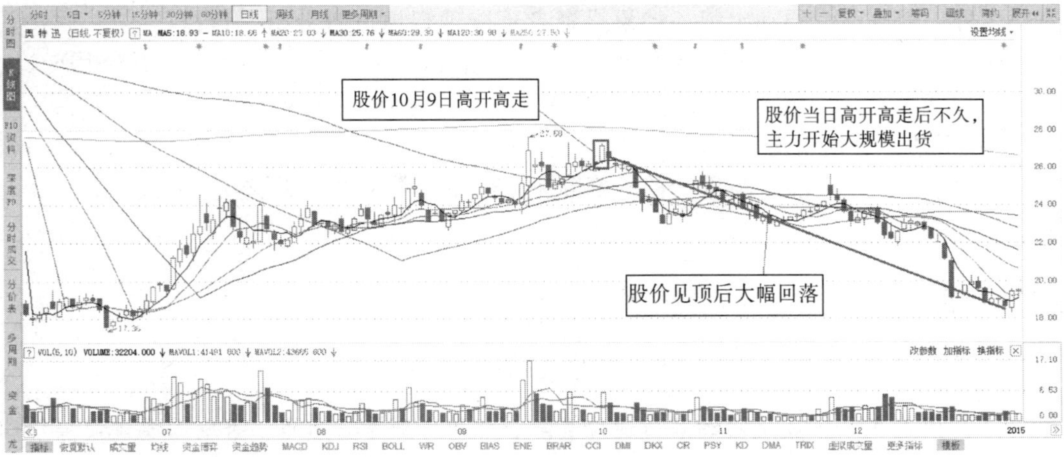

图7-21　奥特讯（002227）K线走势图

根据高开高走出现在不同的阶段，其代表的意义也不同，如表7-4所示。

表7-4　不同阶段高开高走的盘面意义

阶　段	盘面分析	投资策略
低位	如果股价在阶段性低位出现高开高走分时走势图，则主力诱空的嫌疑比较大	投资者可等待股价出现新低之后再进仓
高位	如果股价在阶段性高位出现高开高走分时走势图，则股价已经见顶，上涨的可能性不大	投资者需及时逢高卖出

此外，还需要注意，在股价高位见顶时，若股价出现高开高走，则说明主力将要大规模出货，股价可能在顶部震荡，形成头部。若当日量能未放大，说明主力出货力度不大，控盘度较高；若当日量能急剧放大，量比值较高，换手率也较高，说明主力故意拉高制造多头陷阱，吸引不理智的投资者跟风盘追涨，但这只是黑暗前的最后一点曙光，一旦股价被拉至主力的出货价格，那么后市必然是汹涌的下跌行情。因此，投投资者切不可在高位追涨。

三、个股看盘要点

（一）看量价匹配情况

通过观察成交量柱状线的变化与对应指数变化，判断量价是正匹配还是负匹配。具体方法是成交量柱状线由短逐步拉长，指数也同步走高，则表明推高功能不断加强，是正匹配，投资者可以伺机介入；反之，指数上涨，成交量柱状线却在萎缩，是负匹配。无量空涨，短线还会回调。当成交量柱状线由短逐步趋长，指数不断下滑，说明市场中有庄家在行动，此时需要特别谨慎。通常，大盘短期很难再坚挺，成交量柱状线不断萎缩，指数却飞速下滑，属于买盘虚脱的恐慌性下跌，投资者可以介入，此时短线获利的概率很高。

（二）看指数异动原因

盘口分时走势图有时会突然出现飙升或跳水走势，但事先并没有任何征兆，出乎于大家的意料之外，因此称为异动走势。如果投资者不能理智地进行分析，盲目进行投资，那么遭遇损失的可能性很大。

相关资料

7－13 视频：行业龙头股

（三）看热点转换情况

通过观察当日个股涨跌幅排行榜，判断是长线资金在积极运作还是短线资金在游荡式冲击。

【知识拓展】

看盘技巧

（1）大盘5分钟成交明细若出现价量配合理想，则看好后市，否则需要谨慎操作。

（2）成交量如果上午太小，则下午反弹的机会较多；如果上午太大，则下午下跌的概率大。

（3）开盘数分钟就把股价往上直拉，而后期均线没有跟上，往往都是以当天失败而告终。

（4）涨幅在5%～7%，内盘大于外盘，高点不断创新，低点不断抬高，说明有可能是庄家在进货。

（5）成交量大的股票开始走软，或者前期的热门板块走软，散户要当心行情已接近尾声。

（6）股票基本走软，市场在热点消失，还没有出现新市场热点时，不要轻易去买股票。

（7）一般投资者最好选择在下午进行操作。原因在于下午操作时，有上午的盘面作依托，运用60分钟K线分析，可靠性较好。

【技能训练】

利用本模块介绍的方法，选择一只股票进行盘面分析。

项目小结

本项目主要介绍了大盘分时走势图线、红色、绿色柱线的含义及应用，大盘的中短期分析方法，并以具体的案例剖析观察大盘的总体思路，让投资者看懂大盘分时走势图。通过个股分时走势图简介、走势分析，让投资者最终掌握个股看盘的要点。

思考与练习

一、单项选择题

1. （　　）是把股票市场的交易信息实时地用曲线在坐标图上加以显示的技术图形。

A. 大盘趋势图　　B. 大盘分时走势图

C. 大盘K线图　　D. 大盘均线图

2. 通过（　　）确定大盘的大致走势，寻找主基调，是以上涨、下跌还是震荡为主。

A. 形态和指标　　B. 成交量

C. 压力位　　D. 板块联动

3. 当主力净流入资金（　　）时，说明主力资金的抛压开始减少，大盘下跌趋势可能开始放缓。

A. 从负值走向正值　　B. 到达峰值

C. 从负的最大值开始持续向正值靠拢　　D. 持续下降靠近负值

4. 下列选项中关于热点板块描述不正确的是（　　）。

A. 热点形成时间越长，持续时间也会越长

B. 如果出现市场同时疯狂炒作的情况，是牛市即将开始的信号

C. 当新热点板块形成时旧热点板块将进行调整

D. 热点板块转移过程中，大盘往往有一次较大调整

5. （　　）是指股票当日的开盘价低于上一个交易日的收盘价，且在整个交易日中股价持续下跌，在分时图中表现为左高右低的形态。

A. 高开低走型　　B. 低开低走型

C. 高开高走型　　D. 低开高走型

6. （　　）低开高走，投资者应果断离场。

A. 底部建仓阶段　　B. 股价拉升初期

C. 股价拉升末期　　D. 股价高位阶段

7. （　　）高开低走，盘面意义表示如果当日股价高开低走，则是主力大量出货导致的下跌行为，股价已经见顶。

A. 底部建仓阶段　　B. 股价拉升初期

C. 股价拉升末期　　D. 股价拉升中期

8. （　　）是指股票当日的开盘价高于上一个交易日的收盘价，且在整个交易日过程中，股价保持上涨趋势，最终以高于上一个交易日的收盘价的价格报收，且成交价曲线和平均价曲线都在上一个交易日收盘价上方。

A. 高开低走型　　B. 低开低走型

C. 高开高走型　　D. 低开高走型

9. 通过观察成交量柱状线的变化与对应指数变化，判断量价是正匹配还是负匹配。具体方法是成交量柱状线由短逐步拉长，指数也同步走高，则表明推高功能不断加强，是正匹

配，投资者可以（　　）。

A. 伺机介入　　B. 特别谨慎

C. 保持观望　　D. 清仓离场

10. 当自己手中持有的股票走势和大盘一致，那么投资者应对大盘予以特别关注，则卖出和买入的时机应是（　　）。

A. 在股价上升到顶点时卖出　　B. 在股价下降到底时卖出

C. 在股价下降到一定价位时卖出　　D. 在股价上升到一定价位时买入

二、多项选择题

1. 大盘分析时要注意（　　）。

A. 看集合竞价的股价和成交量　　B. 看股价

C. 看成交量的大小　　D. 看现手数与现手累计数

2. 市场交易价格又可进一步分为（　　）。

A. 开盘价格　　B. 收盘价格

C. 最高价格　　D. 最低价格

3. 所谓权重板块一般是指大盘蓝筹股板块，包括（　　）。

A. 金融　　B. 钢铁

C. 地产　　D. 无人机

4. 获利盘包括（　　），它们分别代表的是机构和散户按照各自的成本价与市场价所做比较后得出的结果。

A. 机构获利盘　　B. 散户获利盘

C. 庄家获利盘　　D. 企业获利盘

5. 大盘短期分析包括（　　）。

A. 获利盘分析　　B. 成交量分析

C. 主力资金流向分析　　D. 热点板块分析

6. 高开分时走势盘面包括两种情况，分别是（　　）。

A. 高开低走型　　B. 低开低走型

C. 高开高走型　　D. 低开高走型

7. 低开分时走势盘面包括两种情况，分别是（　　）。

A. 高开低走型　　B. 低开低走型

C. 高开高走型　　D. 低开高走型

三、判断题

1. 小盘股由于股性差、波动小，是许多投资者选股时摒弃的对象。（　　）

2. 大盘与个股是相互依存、相互影响的关系。（　　）

3. 绿柱增长，表示买盘大于卖盘，指数将逐渐上涨；绿柱缩短，表示卖盘大于买盘，指数将逐渐下跌。红柱增长，指数下跌量增加；红柱缩短，指数下跌量减小。（　　）

4. 换手率是指在一定时间内市场中股票转手买卖的频率，是反映股票流通性的指标之一，一般来说，换手率越大越好。（　　）

5. 权重板块异动带来大盘波动这种现象在盘中出现的频率非常高，需要引起高度重视。（　　）

6. 如果股价高开又不回落，而且成交量放大，那么这只股票就很可能要下跌。（　　）

7. 大盘5分钟成交明细若出现价量配合理想，则看好后市，否则需要谨慎操作。（　　）

四、简答题

1. 简述从大盘分时走势线和领先分时走势线的相对位置关系可以获得哪些信息?
2. 简述成交量与股价指数涨跌的关系。
3. 简述主力资金流向的特征。
4. 观察大盘的总体思路包含哪些方面?
5. 简述股价高位阶段低开低走的盘面意义和投资策略。

五、分析讨论

以小组为单位，利用所学知识，选择某一天进行解盘，并对分析结果进行讨论。

项目八
证券投资的理论基础

【项目目标】

1. 知识目标：

□ 了解证券组合理论

□ 理解收益和风险的度量

□ 熟悉资本资产定价模型

□ 熟悉套利定价理论的基本原理

□ 熟悉几种主要的行为金融理论

2. 技能目标：

□ 学会计算证券投资的风险和收益

□ 学会构建最优资产组合

□ 学会运用 CAPM 模型进行资产定价

□ 能够利用行为金融理论解释投资者的行为

3. 情感目标：

□ 建立良好的风险防范的意识

□ 激发对证券投资组合的兴趣

【案例导入】

不要把鸡蛋放在一个篮子里

相关资料

8－1 资讯：巴菲特的集中投资策略

俗话说，“不要把鸡蛋放在一个篮子里”，这句话本质上说的是投资中的风险分散原则，1981 年，由诺贝尔经济学奖得主詹姆士·托宾提出。

托宾提出的“不要把鸡蛋放在一个篮子里”，源于其“资产组合选择理论”。简单来说，就是要把风险程度不同的投资品进行组合，以此降低投资的总体风险，并让投资回报率维持在一个合理的期望水平。我们懂得了风险的分类，也明白“鸡蛋不要放在一个篮子里”的道理，但接下来的问题是：这一堆鸡蛋要放在几个篮子里？换句话说，我们的投资要分散到怎样的程度，才能够达到资产收益的最大化？

如果投资分散不足，即篮子过少，有可能无法有效对冲风险；如果投资分散过度，篮子太多，各种投资风险和收益又会彼此抵消，使投资组合的总回报趋于平庸，失去分散的意义。但是需要注意的是，分散投资要注重分散到不同的投资类别，而不只是单一类产品的分散。

讨论：为什么不能把鸡蛋放在一个篮子里？

模块1　了解证券组合理论

一、证券组合的含义

相关资料

8－2　百科：马科维茨，整个现代金融的开始

证券组合通常是指个人或机构投资者所拥有的由股票、债券以及金融衍生工具等多种有价证券构成的一个投资集合。证券组合不是证券品种的简单随意组合，它体现了投资者的意愿和投资者所受到的约束，即受到投资者对投资收益的权衡、投资比例的分配、投资风险的偏好等限制。

二、现代证券组合管理理论的产生与发展

（一）现代证券组合理论的产生

1952年，哈里·马科维茨在《证券组合选择》一文中首次提出投资组合理论。马科维茨分别用期望收益率和收益率的方差来衡量投资的预期收益水平和不确定性（风险），通过建立均值—方差模型来阐述如何全盘考虑上述两个目标，从而进行决策。推论是投资者应该通过同时购买多种证券而不是一种证券进行分散化投资。

【投资箴言】

投资人的心境必须和乌龟一样，慢慢观察，谨慎买卖。

——是川银藏

（二）现代证券组合理论的发展

1963年，马科维茨的学生威廉·夏普提出了一种可以对协方差矩阵加以简化估计的“单因素模型”，极大地推动了投资组合理论的实际应用。

夏普、林特纳、莫辛分别于1964、1965、1966年提出了著名的资本资产定价模型（CAPM），该模型不仅提供了评价收益—风险相互转换特征的可运作框架，也为投资组合分析、基金绩效评价提供了重要的理论基础。1976年，理查德·罗尔对这一模型提出了批评，

认为这个模型永远无法用事实经验来检验。

1976 年，史蒂夫·罗斯突破性地发展了资本资产定价模型，提出套利定价理论（APT），该模型直接导致多指数投资组合分析方法在投资实践上的广泛应用。

三、证券组合分析

（一）单一证券的收益与风险

1. 收益的度量

通常情况下，投资的未来收益率是不确定的，一般用预期收益率来表示，具体公式如下：

$$E(r) = \sum_{i=1}^{n} p_i r_i \quad （式 8-1）$$

式中，$E(r)$ 为预期收益率；p_i为在第 i 种状态下出现的概率；r_i为在第 i 种状态下的可能收益率。

【知识应用】

假设某个国家的经济情况对应的证券 A 的可能收益率和概率如表 8－1 所示，计算证券 A 的预期收益率。

表 8－1　　证券 A 的可能收益率和概率

经济情况 i	可能收益率（%）	概率（%）
1	50	10
2	30	20
3	10	40
4	－10	20
5	－30	10

$$E(r_A) = \sum_{i=1}^{4} p_i r_i = 0.1 \times 0.5 + 0.2 \times 0.3 + 0.4 \times 0.1 + 0.2 \times (-0.1) + 0.1 \times (-0.3) = 0.1$$

因此证券 A 的预期收益率为 10%。

2. 风险的度量

风险的大小可以由可能收益率与预期收益率的偏离程度来反映。在数学上，这种偏离程度一般由收益率的方差来度量，记为 σ^2，其平方根称为标准差，记为 σ。具体公式如下：

$$\sigma^2 = \sum_{i=1}^{n} [r_i - E(r)]^2 p_i \quad （式 8-2）$$

式中，σ^2 为方差；$E(r)$ 为预期收益率；P_i为情况 i 出现的概率；r_i 为情况 i 出现时的收益率；n 为可能发生的情况数。

【知识应用】

根据表8－1中的数据计算证券A的方差和标准差。

$$\sigma_A{}^2 = \sum_{i=1}^{n}[r_i - E(r)]^2 p_i$$

$$= 10\% \times (50\% - 10\%)^2 + 20\% \times (30\% - 10\%)^2 + 40\% \times (10\% - 10\%)^2 + 20\% \times (-10\% - 10\%)^2 + 10\% \times (-30\% - 10\%)^2 = 0.048$$

$$\sigma_A = \sqrt{\sigma_A{}^2} = 0.219$$

（二）投资组合的收益与风险

1. 投资组合的收益

投资组合的预期收益率 $E(r_p)$ 是投资组合中所有证券预期收益的加权平均值，其中的权数 x 为各证券投资占总投资的比重。以两种证券的投资组合为例，其公式下：

$$E(r_p) = x_A E(r_A) + x_B E(r_B) \quad \text{（式8－3）}$$

其中：$x_A + x_B = 1$

【知识应用】

假设某投资组合由两个证券组成，两者各占投资总额的一半，证券A的预期收益率为10%，证券B的预期收益率为20%。

1. 计算该投资组合的预期收益率

$E(r_p) = x_A E(r_A) + x_B E(r_B) = 0.5 \times 10\% + 0.5 \times 20\% = 15\%$

因此，该投资组合的预期收益率为15%。

2. 计算投资组合的方差

由A、B两种证券组成的资产组合的方差的计算公式为：

$$\sigma_p{}^2 = x_A{}^2 \sigma_A{}^2 + 2x_A x_B COV_{AB} + x_B{}^2 \sigma_B{}^2 \quad \text{（式8－4）}$$

或者：

$$\sigma_p{}^2 = x_A{}^2 \sigma_A{}^2 + 2x_A x_B \rho_{AB} \sigma_A \sigma_B + x_B{}^2 \sigma_B{}^2 \quad \text{（式8－5）}$$

式中，x_A、x_B 为证券A与B在组合中所占的比例；$\sigma_A{}^2$、$\sigma_B{}^2$ 为证券A与B的方差；COV_{AB} 为证券A与B的协方差；ρ_{AB} 为证券A与B的相关系数。ρ_{AB} 的最大取值为+1，最小取值为－1，正号表示正相关，负号表示负相关。ρ_{AB} 越是接近+1，代表A与B的正向相关度越大；ρ_{AB} 越是接近－1，代表A与B的负向相关度越大。当 $\rho_{AB}=1$ 时，A的变动与B的变动绝对一致，称为完全正相关；当 $\rho_{AB}=-1$ 时，A的变动与B的变动绝对相反，称为完全负相关；当 $\rho_{AB}=0$ 时，A与B毫无关系，称为互不相关。

【知识应用】

假设投资组合由两个证券 A 和 B 组成，投资比例分别是 40% 和 60%，并且这两个证券的预期收益率分别是 10%、15%，标准差分别是 20%、28%，其相关系数为 0.3，计算两种证券投资组合的收益率和方差。

投资组合收益率：

$r_p = x_A r_B + x_B r_B = 40\% \times 10\% + 60\% \times 15\% = 13\%$

投资组合方差：

$$\sigma_p{}^2 = x_A{}^2 \sigma_A{}^2 + 2x_A x_B \rho_{AB} \sigma_A \sigma_B + x_B{}^2 \sigma_B{}^2$$
$$= 0.4^2 \times 0.2^2 + 2 \times 0.4 \times 0.6 \times 0.3 \times 0.2 \times 0.28 + 0.6^2 \times 0.28^2$$
$$= 20.66^2$$

投资组合标准差：

$\sigma_p = 20.66$

2. 资产组合中资产数量与资产组合风险的关系

法玛对资产组合风险与证券数量的关系作了实证研究，要想有效降低风险，至少要有 10 种左右的资产，15 种证券是比较好的数量，如图 8－1 所示。

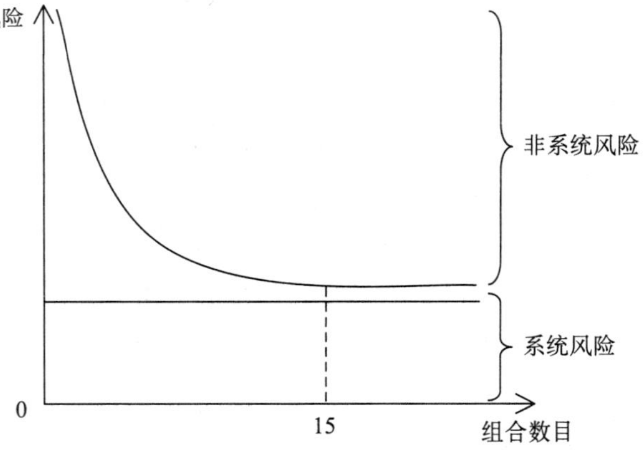

图 8－1　资产数量与组合风险的关系

（三）投资组合的选择

在构建投资组合时，投资者谋求的是在他们愿意接受的风险水平既定的条件下使投资的预期收益最大化，满足这一要求的投资组合被称为有效组合。

1. 马科维茨对投资者的资产选择行为的基本假设

（1）投资者都规避风险。

（2）投资者都追求效用最大化原则（即投资者都是非满足的）。

（3）投资者都根据均值、方差以及协方差来选择最佳投资组合。

（4）投资期为 1 期。

（5）资金全部用于投资，但不允许卖空。

（6）证券间的相关系数都不是 -1，不存在无风险证券，即全部证券都存在风险，而且至少有 2 个证券的预期收益是不同的。

2. 可行域与有效边界

（1）两种投资组合的可行区域。一般情况下，两个证券构成的可行集是平面区域中的一条曲线 AB。如果两个都是风险证券则是曲线，其曲线的弯曲程度由它们的相关系数决定，随着两个风险证券间的相关系数由 1 变为 -1，曲线 AB 向左变得越来越弯曲。当 2 个证券完全负相关，即 $\rho_{AB} = -1$ 时，组合线为直线 ADB，D 为最小方差组合，DB 为有效边界，如图 8-2所示。

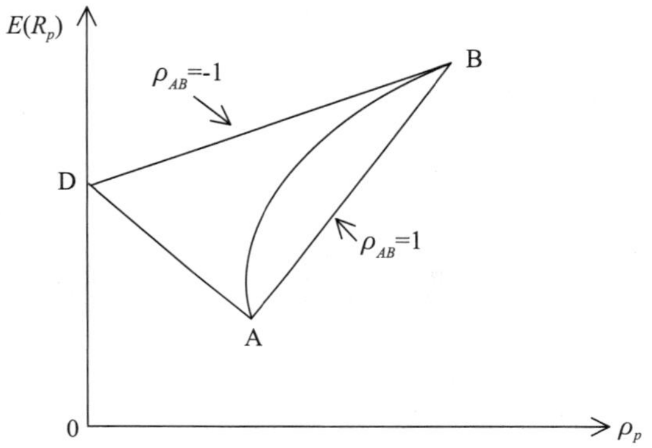

图 8-2　两种投资组合的可行区域

（2）证券组合的有效边界。根据有效证券组合的定义，有效组合不止 1 个，描绘在可行域的图形中，它是可行域的上边界部分，我们称它为有效边界。对于可行域内部及下边界上的任意可行组合，均可以在有效边界上找到一个有效组合比它好。但有效边界上的不同组合按共同偏好规则不能区分优劣。因而有效组合相当于有可能被某位投资者选作最佳组合的候选组合，不同投资者可以在有效边界上获得任一位置。一个厌恶风险的理性投资者，不会选择有效边界以外的点。此外，上边界和下边界的交汇点是一个特殊的位置，这一点所代表的组合在所有可行组合中方差最小，因而被称作最小方差组合。

3. 最优证券组合的选择

特定投资者可以在有效组合中选择其最满意的组合，这种选择依赖于他的偏好，投资者的偏好通过他的无差异曲线来反映。无差异曲线位置越靠上，其满意程度越高，因而投资者需要在有效边界上找到一个具有下述特征的有效组合：相对于其他有效组合，该组合所在的无差异曲线的位置最高。这样的有效组合便是使他最满意的有效组合，它恰恰是无差异曲线簇与有效边界的切点所表示的组合 O，如图 8-3 所示。

【技能训练】

利用网络，搜索投资组合理论在应用中存在的问题。

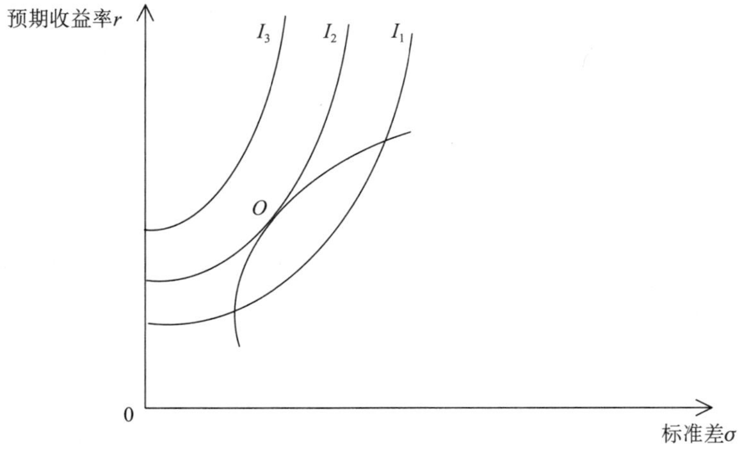

图8－3　最优证券组合的确定

模块2　理解资本资产定价模型

资本资产定价模型（Capital Asset Pricing Model，CAPM）要解决的问题是，在资本市场中，假定每个投资者都采用马科维茨的投资组合理论来管理他们的投资时，这种集体行为将会对证券价格产生怎样的影响，或者说，资产的均衡价格是如何在收益与风险的权衡中形成的。这里，收益与风险的关系仍是问题的核心。

一、假设条件

相关资料

8－3　百科：威廉·夏普，资本资产定价模型的创立者

由于资本资产定价模型是以马科维茨的投资组合理论为基础发展而成的，所以资本资产定价模型中包含了投资组合理论的假设。除此之外，还有如下假设：

（1）所有的投资者都依据预期收益率评价投资组合的收益水平，依据方差（或标准差）评价投资组合的风险水平，并采用上一模块介绍的方法选择最优投资。

（2）所有的投资者对投资的预期收益率、标准差及证券间的相关性具有完全相同的预期。

（3）证券市场是完美无缺的，没有摩擦。

二、CAPM模型的结论

（一）CAPM模型的具体形式

在上述假设条件下，可以推导出CAPM模型的具体形式，如式8－6所示：

$$E(r_i)-r_f=\beta_i[E(r_m)-r_f] \quad （式 8-6）$$

$$\beta_i=\frac{\mathrm{Cov}(r_i,r_m)}{\mathrm{Var}(r_m)}=\frac{\sigma_{im}}{\sigma_m^2} \quad （式 8-7）$$

式中，$E(r_i)$ 为证券 i 的期望收益；$E(r_m)$ 为市场组合的期望收益；r_f 为无风险资产的收益；$\sigma_{im}=\mathrm{Cov}(r_i,r_m)$ 为证券 i 收益率和市场组合收益率的协方差；$\sigma_m^2=\mathrm{Var}(r_m)$ 为市场组合收益率的方差。

（二）CAPM 模型结论

在均衡条件下，投资者所期望的收益和他所面临的风险的关系可以通过资本市场线、证券市场线和证券特征线等来说明。

三、资本市场线

（一）资本市场线的含义

马科维茨“期望－方差模型”在引入无风险资产并且允许风险资产可以卖空的情况下，新的有效边界是一条射线，如图 8－4 所示，这条射线就被称为资本市场线（Capital Market Line，CML）。资本市场线表明有效组合的期望收益率和标准差之间是一种简单的线性关系。

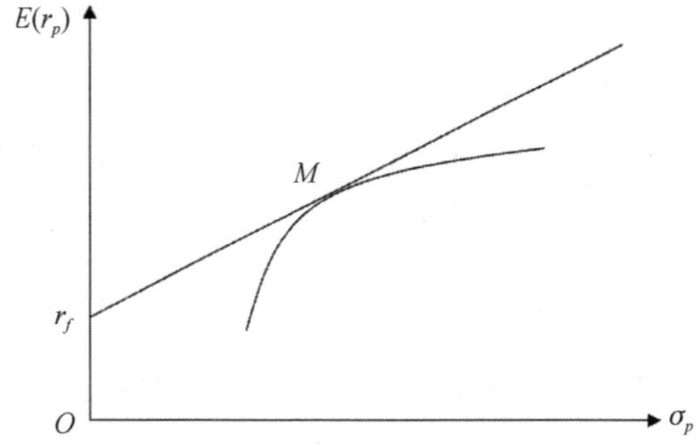

图 8－4　资本市场线

资本市场线决定了证券的价格。因为资本市场线是证券有效组合条件下的风险与收益的均衡，如果脱离了这一均衡，则就会在资本市场线之外，形成另一种风险与收益的对应关系。这时，风险的报酬偏高，这类证券就会成为市场上的抢手货，造成该证券的价格上涨，投资于该证券的报酬最终会降低下来，就会造成风险的报酬偏低，这类证券在市场上就会成为市场上投资者大量抛售的目标，造成该证券的价格下跌，投资于该证券的报酬最终会提高。经过一段时间后，所有证券的风险和收益最终会落到资本市场线上来，达到均衡状态。

（二）资本市场线方程

$$E(r_p)=r_f+\frac{[E(r_m)-r_f]}{\sigma_m}\sigma_p \quad （式 8-8）$$

式中，$E(r_m)$ 为市场证券组合 m 的收益率；σ_m 为市场证券组合收益率的标准差。

【知识拓展】

夏普比率

1990 年度诺贝尔经济学奖得主威廉·夏普以投资学最重要的理论基础 CAPM 为出发点，提出名闻遐迩的夏普比率（Sharpe Ratio），用以衡量金融资产的绩效表现。威廉－夏普理论的核心思想是：理性的投资者将选择并持有有效的投资组合，即那些在给定的风险水平下使期望回报最大化的投资组合，或那些在给定期望回报率的水平上使风险最小化的投资组合。简单地说，就是投资者在建立有风险的投资组合时，至少应该要求投资回报达到无风险投资的回报，或者更多。

夏普比率计算公式：$\frac{E(r_p)-r_f}{\sigma_p}$ （式 8－9）

式中，$E(r_p)$为投资组合预期报酬率；r_f 为无风险利率；σ_p 为投资组合的标准差。

相关资料

8－4 实战：搞不懂夏普比率，别跟我谈投资收益

夏普比率的目的是计算投资组合每承受一单位总风险，会产生多少的超额报酬。当投资组合内的资产皆为风险性资产时，适用夏普比率。若为正值，代表证券报酬率高过波动风险；若为负值，代表证券操作风险大过于报酬率。这样一来，每个投资组合都可以计算夏普比率，即投资回报与多冒风险的比例，这个比例越高，投资组合越佳。

举例而言，假如国债的回报是 3%，而投资组合预期回报是 15%，投资组合的标准差是 6%，则通过夏普比率得到：

$$\frac{E(r_p)-r_f}{\sigma_p}=\frac{15\%-3\%}{6\%}=2$$

代表投资者风险每增长 1%，换来的是 2% 的多余收益。

夏普理论告诉我们，投资时也要比较风险，尽可能用科学的方法以冒小风险来换大回报。

四、证券市场线

（一）证券市场线的含义

资本市场线只是揭示了有效组合的收益和风险的均衡关系，而没有给出任意证券或组合的收益风险关系。因此，需要建立任意单个证券的收益风险关系，之后将其推广到任意证券组合。

证券市场线（Security Market Line，SML）是一条反映达到均衡时所有单个证券和所有证券组合的预期收益及其风险关系的直线，如图 8－5 所示。

相关资料

8－5 百科：β 值及其经济含义

（二）证券市场线的方程

由式 8－6 整理可得证券市场线方程，如式 8－10 所示：

$$E(r_i)=r_f+[E(r_m)-r_f]\beta_i \quad （式 8－10）$$

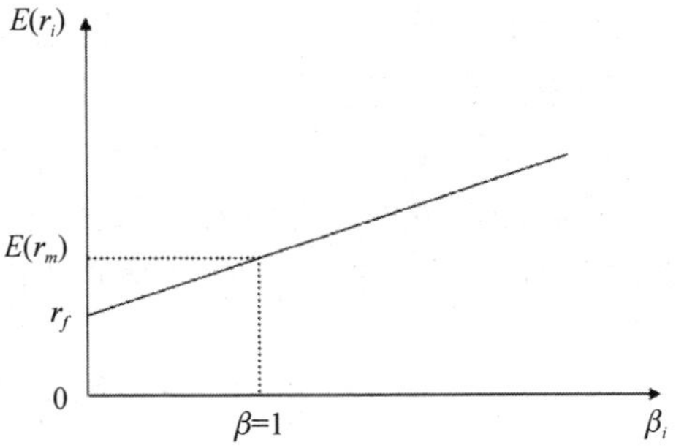

图 8-5 证券市场线

式中，$\beta_i = \dfrac{\mathrm{Cov}(r_i, r_m)}{\mathrm{Var}(r_m)} = \dfrac{\sigma_{im}}{\sigma_m^2}$

由此方程可知单个资产的总风险可以分为两部分：一部分是因为市场组合 m 收益变动而使资产 i 收益发生的变动，即 β_i 值，这是系统风险；另一部分是剩余风险，也被称为非系统风险。单个资产的价格只与该资产的系统风险大小有关，而与其非系统风险的大小无关。

五、资本市场线与证券市场线的关系

相关资料

8-6 视频：β 值选股法

资本市场线与证券市场线是资本资产定价模型中两个重要结论，两者存在着内在的关系：

（1）资本市场线表示的是无风险资产与有效率风险资产再组合后的有效资产组合期望收益与总风险（σ_p）之间的关系，因此在资本市场线上的点就是有效组合；而证券市场线表明的是任何一种单个资产或组合的期望收益与其系统风险（β_i）之间的关系，因此在证券市场线上的点不一定在资本市场线上。

（2）证券市场线既然表明的是单个资产或组合的期望收益与其市场风险或系统风险之间的关系，因此在均衡情况下，所有证券都将落在证券市场线上。

（3）资本市场线实际上是证券市场线的一个特例，当一种证券或证券组合是有效率的，该证券或证券组合与市场组合的相关系数等于 1，此时，证券市场线与资本市场线就是相同的。

【技能训练】

查找相关资料，分析 CAPM 的缺陷，并进行小组讨论。

模块 3 理解套利定价理论

套利定价理论（Arbitrage Pricing Theory，APT）是由斯蒂芬·罗斯于 1976 年提出的。他试图提出一种比传统 CAPM 更好的解释资产定价的理论模型。

套利定价理论认为，套利行为是现代有效率市场（即市场均衡价格）形成的一个决定因素。如果市场未达到均衡状态的话，市场上就会存在无风险套利机会，并且用多个因素来解释风险资产收益，并根据无套利原则，得到风险资产均衡收益与多个因素之间存在（近似的）线性关系。而前面的 CAPM 模型预测所有证券的收益率都与唯一的公共因子（市场证券组合）的收益率存在着线性关系。

相关资料

8-7 百科：满腹委屈的金融学大师——套利定价理论之父斯蒂芬·罗斯

一、基础性假设

（1）投资者都相信证券 i 的收益率随意受一种或多种因素的影响，可由因素模型决定。

（2）假设投资者喜欢获利较多的投资策略；市场上有大量不同的资产；允许卖空等。

二、套利证券组合

套利定价理论认为，证券收益是与某些因素相关的。为此，在介绍套利定价理论之前，我们先要了解因素模型（Factor Models）。

相关资料

8-8 百科：什么是无风险证券

（一）单因素模型

单因素模型认为，证券的收益率只受一种因素的影响。对于任意的证券 i，其在 t 时刻的单因素模型表达式为：

$$r_{it}=a_i+b_iF_t+\varepsilon_{it} \quad （式 8-11）$$

式中，r_{it}表示证券 i 在 t 时期的收益率；a_i为常数，表示要素值为 0 时证券 i 的预期收益率；b_i表示证券 i 对该因素的敏感度；F_t表示该因素在 t 时期的预测值；ε_{it}为证券 i 在 t 时期的随机变量，其均值为零，标准差为 $\sigma_{\varepsilon i}$。

单因素模型认为，随机变量 ε 与该因素是不相关的，且两种证券的随机变量之间也是不相关的。

【投资箴言】

投资的成功是建立在已有的知识和经验基础上的。

——罗伊·纽伯格

（二）两因素模型

两因素模型认为，证券收益率取决于两个因素，其表达式为：

$$r_{it}=a_i+b_{i1}F_{1t}+b_{i2}F_{2t}+\varepsilon_{it} \quad （式 8-12）$$

式中，F_{1t}和 F_{2t}分别表示影响证券收益率的两个因素在 t 时期的预测值；b_{i1}和 b_{i2}分别表示证券 i 对这两个因素的敏感度。

（三）多因素模型

多因素模型认为，证券 i 的收益率取决于 k 个因素，其表达式为：

$$r_{it}=a_i+b_{i1}F_{1t}+b_{i2}F_{2t}\cdots+b_{ik}F_{kt}+\cdots+\varepsilon_{it} \quad （式 8-13）$$

式中，$F_{1t} \cdots F_{kt}$分别表示影响证券收益率的 k 个因素在 t 时期的预测值；$b_{i1} \cdots b_{ik}$分别表示证券 i 对这 k 个因素的敏感度。

（四）套利组合

根据套利定价理论，投资者会竭力发掘构造一个套利组合的可能性，以便在不增加风险的情况下，增加组合的预期收益率。那么，如何才能构造一个套利组合呢？一般而言，套利组合必须同时具备以下 3 个条件：

（1）套利组合要求投资者不追加资金。

（2）套利组合对任何因素的敏感度为零，即套利组合没有因素风险。

（3）具有正的期望收益率。

当一个组合的投资权重同时满足上述 3 点要求时，该组合就是一个套利组合。

【知识应用】

某投资者拥有一个 3 种股票组成的投资组合，3 种股票的市值均为 500 万元，投资组合的总价值为 1 500 万元。假定这 3 种股票均符合单因素模型，其预期收益率分别为 16%、20% 和 13%，其对该因素的敏感度（b_i）分别为 0.9、3.1 和 1.9。

问：该投资者能否修改其投资组合，以便在不增加风险的情况下提高预期收益率。

解：令 3 种股票市值比重变化量分别为 x_1、x_2 和 x_3。根据条件（1）和条件（2）有：

$$x_1 + x_2 + x_3 = 0$$

$$0.9x_1 + 3.1x_2 + 1.9x_3 = 0$$

上述方程组有多种解，作为其中的一个解，令 $x_1 = 0.1$，则可解出 $x_2 = 0.083$，$x_3 = -0.183$。

为了检验这个解能否提高预期收益率，我们把这个解用条件（3）检验，则有：

$$0.1 \times 0.16 + 0.083 \times 0.2 - 0.183 \times 0.13 = 0.881\%$$

由于 0.881% 为正数，因此我们可以通过卖出 274.5 万元（$-0.183 \times 1\ 500$）的第三种股票同时买入 150 万元第一种股票（$0.1 \times 1\ 500$）和 124.5 万元第二种股票（$0.083 \times 1\ 500$）就能使投资组合的预期收益率提高 0.881%。

三、套利定价模型

根据上述对市场套利行为及其影响的分析，罗斯是基于以下两点来推导 APT 模型的。

（1）在一个有效率的市场中，当市场处于均衡状态时，不存在无风险的套利机会，即如果不存在套利机会，市场便达到了均衡，此时不可能产生套利组合。

（2）对于一个高度多元化的资产组合来说，只有几个共同因素需要补偿，证券 i 与这些共同因素的关系为：

$$r_i = \lambda_0 + b_{i1}\lambda_1 + b_{i2}\lambda_2 + \cdots + b_{ik}\lambda_k \quad （式 8-14）$$

式中，$\lambda_0 = r_f$ 为无风险收益率；b_{ik}为证券 i 对第 k 个共同因素具有的单位敏感系数；λ_k

为对所有资产都起作用的共同因素对其期望值的偏离，其本身的期望值为零。

四、APT 与 CAPM 的应用

APT 和 CAPM 都是确定资产均衡价格的经济模型，两者只是具体的决策依据和思路依模型的不同而有差异而已。APT 分析了影响证券收益的多种因素以及证券对各个因素的敏感程度，而 CAPM 中只有一个因素，即市场投资组合，一个敏感系数即证券的 β 系数，因此 APT 比 CAPM 更具有一般的现实意义，也能更好地描述均衡的证券价格。

APT 的缺点是没有指明有哪些因素影响证券收益以及它们的影响程度，因而影响了它的实际应用，而 CAPM 却能对此提供具体帮助。显然，如果能将两者结合起来，既能比单纯的 APT 作出更精确的预测，又能比 CAPM 作出更广泛的分析，从而为投资决策提供更充分的指导。

【技能训练】

结合本模块的内容，对比 APT 和 CAPM 模型的异同，并进行小组讨论。

模块 4　理解行为金融理论

在现代金融市场理论不断发展的同时，越来越多基于金融市场的经验研究发现，现实中存在着大量现代金融市场理论无法解释的现象。例如，阿莱悖论、日历效应、小盘股效应、股权溢价之谜、波动性之谜等。

面对这一系列金融市场异常现象，一些研究学者开始从传统金融理论的基本假设入手，放松了关于投资者是完全“理性经济人”的严格假设，吸收了心理学的研究成果，研究股票市场投资者行为、价格形成机制与价格表现特征，取得了一系列有影响的研究成果，从而形成了具有重要影响力的学术流派，即行为金融理论。

相关资料

8-9　百科：阿莱悖论：为什么你总是赚小亏大

一、前景理论

前景理论是行为金融学的重要理论基础。坎内曼和特维尔斯基通过实验对比发现，大多数投资者并非是标准金融投资者而是行为投资者，他们的行为不总是理性的，也并不总是风险回避的。

前景理论认为投资者对收益的效用函数是凹函数，而对损失的效用函数是凸函数，这表现为投资者在面临收益时往往是小心翼翼，不愿冒风险；而在面对损失时会很不甘心，容易冒险。投资者对损失和获得的敏感程度是不同的，损失时的痛苦感要大大超过获得时的快乐感。

相关资料

8-10　百科：每逢佳节股市涨？日历效应要记牢

二、行为组合理论（Behavioral Portfolio Theory，BPT）和行为资产定价模型（Behavioral Asset Pricing Model，BAPM）

一些行为金融理论研究者认为将行为金融理论与现代金融理论完全对立起来并不恰当。他们将二者结合起来，对现代金融理论进行完善，其中，BPT 是在现代资产组合理论（MPT）的基础上发展起来的。MPT 认为投资者应该把注意力集中在整个组合上，最优的组合配置处在均值方差有效前沿上。BPT 认为现实中的投资者无法做到这一点，他们实际构建的资产组合是基于对不同资产的风险程度的认识以及投资目的所形成的一种金字塔式的行为资产组合，位于金字塔各层的资产都与特定的目标和风险态度相联系，而各层之间的相关性被忽略了。

相关资料

8－11 百科：小盘股效应

BAPM 是对资本资产定价模型（CAPM）的扩展。与 CAPM 不同，BAPM 中的投资者被分为两类：信息交易者和噪声交易者。信息交易者是严格按 CAPM 行事的理性交易者，不会出现系统偏差；噪声交易者则不按 CAPM 行事，会犯各种认知偏差错误。两类交易者互相影响共同决定资产价格。事实上，在 BAPM 中，资本市场组合的问题仍然存在，因为均值方差有效组合会随时间而改变。

三、投资行为模型

（一）BSV 模型

BSV 模型（Barberis，Shleffer，Vishny，1998）认为，人们进行投资决策时存在两种错误范式：一种是选择性偏差，即投资者过分重视近期数据的变化模式，而对产生这些数据的总体特征重视不够，这种偏差导致股价对收益变化的反映不足。另一种是保守性偏差，投资者不能及时根据变化了的情况修正自己的预测模型，导致股价过度反应。BSV 模型是从这两种偏差出发，解释投资者决策模型如何导致证券的市场价格变化偏离效率市场假说的。

相关资料

8－12 百科：股权溢价之谜

【投资箴言】

我能躲过灾难，是因为我每次都抛得过早。

——伯纳德·巴鲁克

（二）DHS 模型

DHS 模型（Daniel，Hirsheifer，Subramanyam，1998）将投资者分为有信息和无信息两类。无信息的投资者不存在判断偏差，有信息的投资者存在着过度自信和自我归因偏差。过度自信导致投资者夸大自己对股票价值判断的准确性；自我归因偏差则使他们低估关于股票价值的公开信号。随着公共信息最终战胜行为偏差，对个人信息的过度反应和对公共信息的反应不足，就会导致股票回报的短期连续性和长期反转。所以 Fama（1998）认为 DHS 模型和 BSV 模型虽然建立在不同的行为前提基础上，但二者的结论是相似的。

（三）HS 模型

HS 模型（Hong，Stein，HS，1999），把投资者分为“观察消息者”和“动量交易者”两类。“观察消息者”根据获得的关于未来价值的信息进行预测，其局限是完全不依赖于当前或过去的价格；“动量交易者”则完全依赖于过去的价格变化，其局限是他们的预测必须是过去价格历史的简单函数，在上述假设下，该模型将反应不足和过度反应统一归结为关于基本价值信息的逐渐扩散，而不包括其他的对投资者情感刺激和流动性交易的需要。模型认为最初由于“观察消息者”对私人信息反应不足的倾向，使“动量交易者”力图通过套期策略来利用这一点，而这样做的结果恰好走向了另一个极端——过度反应。

（四）羊群效应模型

“羊群效应”也称为“从众效应”，经济学中羊群效应是指市场上存在那些没有形成自己的预期或没有获得一手信息的投资者，他们将根据其他投资者的行为来改变自己的行为。

由于噪声交易者是不可预测的，这大大降低了套利者的套利积极性，而噪声交易者通过使市场价格明显背离基本价值而获益，而且可能获得比理性投资者更高的收益。由于噪声交易者收益高于套利者，在示范效应的影响下，新进入市场的交易者会模仿噪声交易者，同时套利者也会转变为噪声交易者，在一定时期后，噪声交易者暂时主导了整个市场，从而使市场效率消失。当大量的交易者聚集于某一信息并产生极端反应时，导致“羊群效应”的产生。

【技能训练】

搜索相关资料，分析行为金融理论与传统金融理论的区别。

项目小结

收益和风险是证券投资的核心问题。衡量证券投资收益的指标是收益率，单一证券的风险用各种可能收益的方差或标准差来衡量。

资本资产定价模型是基于风险资产期望收益均衡基础上的预测模型。资本市场线描述了无风险资产和风险资产有效组合的方法，套利定价理论则以收益率形成过程的多因子模型为基础，认为证券收益率与一组因子线性相关，这组因子代表证券收益率的一些基本因素。

行为金融理论从放松“理性人”的严格假设入手，相继提出了前景理论、行为组合理论和行为资产定价模型、BSV 模型、DHS 模型、HS 模型、羊群效应模型，用来解释金融市场的异常现象。

思考与练习

一、单项选择题

1. 完全正相关的证券A和证券B，其中证券A的期望收益率为16%，标准差为6%，证券B的期望收益率为20%，标准差为8%。如果投资证券A、证券B的比例分别为30%和70%，则证券组合的期望收益为（　　）。

A. 16.8%　　B. 17.5%

C. 18.8%　　D. 19%

2. 完全正相关的证券A和证券B，其中证券A的期望收益率为16%，标准差为6%，证券B的期望收益率为20%，标准差为8%。如果投资证券A、证券B的比例分别为30%和70%，证券组合的标准差为（　　）。

A. 3.8%　　B. 7.4%

C. 5.9%　　D. 6.2%

3. 完全负相关的证券A和证券B，其中证券A的期望收益率为16%，标准差为6%，证券B的期望收益率为20%，标准差为8%。如果投资证券A、证券B的比例分别为30%和70%，则证券组合的标准差为（　　）。

A. 3.8%　　B. 7.4%

C. 5.9%　　D. 6.2%

4. 完全不相关的证券A和证券B，其中证券A的期望收益率为16%，标准差为6%，证券B的期望收益率为20%，标准差为8%。如果投资证券A、证券B的比例分别为30%和70%，则证券组合的标准差为（　　）。

A. 3.8%　　B. 7.4%

C. 5.9%　　D. 6.2%

5. 表8-2表示了对证券M的未来收益率状况的估计：

表8-2

收益率（%）	20	30
概率	1/2	1/2

则证券M的期望收益率和标准差分别为（　　）。

A. 5%，6.25%　　B. 6%，25%

C. 6%，6.25%　　D. 5%，25%

6.（　　）对任意证券或组合的期望收益率和风险之间的关系提供了十分完整的阐述。

A. 资本市场线方程　　B. 证券特征线方程

C. 证券市场线方程　　D. 套利定价方程

7. 假设证券A的历史数据表明，年收益率为50%的概率为20%，年收益率为30%的概率为 45%，年收益率为 10% 的概率为 35%。那么证券 A 的期望收益率为（　　）。

A. 27%　　B. 30%

C. 2.11%　　D. 3%

8. 揭示了均衡价格形成的套利驱动机制和均衡价格的决定因素的模型是（　　）。

A. 证券市场线模型　　B. 特征线模型

C. 资本市场线模型　　D. 套利定价模型

9. 反映有效组合的收益和风险水平之间均衡关系的方程式是（　　）。

A. 证券市场线方程　　B. 证券特征线方程

C. 资本市场线方程　　D. 套利定价方程

10. 一般来说，当（　　）时，应选择高 β 系数的证券或组合。

A. 预期市场行情上升

B. 预期市场行情下跌

C. 市场组合的实际预期收益率等于无风险利率

D. 市场组合的实际预期收益率小于无风险利率

11. 前景理论认为投资者对收益的效用函数是（　　）函数，而对损失的效用函数是（　　）函数，表现为投资者在面临收益时往往是小心翼翼，不愿冒风险。

A. 凹　凸　　B. 凹　凹

C. 凸　凹　　D. 凸　凸

二、多项选择题

1. 在证券组合理论中，投资者的共同偏好规则指的是（　　）。

A. 投资者总是选择方差较小的组合

B. 投资者总是选择期望收益率较高的组合

C. 如果两种证券组合具有相同的期望收益率和不同的收益率方差，那么投资者总是选择方差较小的组合

D. 如果两种证券组合具有相同的收益率方差和不同的期望收益率，那么投资者总是选择期望收益率高的组合

2. 最优证券组合（　　）。

A. 所在的无差异曲线的位置最低　　B. 肯定在有效边界上

C. 是无差异曲线与有效边界的切点　　D. 是理性投资者的最佳选择

3. 关于 β 系数，以下说法正确的是（　　）。

A. β 系数绝对值越大，表明证券承担的系统风险越小

B. β 系数绝对值越大，表明证券承担的系统风险越大

C. β 系数是衡量证券或组合的收益水平与市场平均收益水平差异的指标

D. β 系数是反映证券或组合的收益水平对市场平均收益水平变化的敏感性

4. 投资行为模型包括（　　）。

A. BSV 模型　　B. DHS 模型

C. HS 模型　　D. 羊群效应模型

5. HS 模型把投资者分为（　　）。

A. 观察消息者　　B. 有信息交易者
C. 无信息交易者　　D. 动量交易者

三、判断题

1. 组合管理的目标是实现组合风险的最小化。（　）
2. 按照投资者的共同偏好规则，可以排除那些被所有投资者都认为差的组合，把排除后余下的这些组合称为有效证券组合。（　）
3. 投资者的最优证券组合是使他最满意的有效组合，它恰恰是无差异曲线线簇与有效边界的切点所表示的组合。（　）
4. 分散化投资使系统风险减少。（　）
5. 当大量的交易者聚集于某一信息并产生极端反应时，导致“羊群效应”的产生。（　）

四、简答题

1. 如何选择最佳证券组合？
2. 什么是资本市场线？什么是证券市场线？

项目九
证券投资分析与咨询

【项目目标】

1. 知识目标：

□ 掌握阅读证券投资分析报告的方法

□ 熟悉简单股市评论的撰写方法

□ 熟悉证券投资分析报告的撰写方法

□ 熟悉证券咨询岗位的要求

□ 熟练掌握证券咨询业务客户沟通技巧

2. 技能目标：

□ 会阅读证券投资分析报告

□ 能撰写简单的股市评论

□ 能撰写简单的个股投资分析报告

□ 能撰写简单的证券投资分析报告

□ 能根据客户的需要提供简单的证券投资建议

□ 能熟练开展证券投资现场咨询、电话咨询和网上咨询业务

3. 情感目标：

□ 树立科学的投资意识

□ 养成良好的文字表达能力

【案例导入】

股评案例：先抑后扬的A股行情将会突破原有的走势

今天（指2011年4月1日，笔者注）两市从整体来看，走出了先抑后扬的态势，上证开盘2 932.48点，高开4.37点，收盘2 967.41点，上涨39.3点，涨幅1.34%，深证开盘12 559.48点，低开3.12点，收盘12 699.42点，上涨136.52点，涨幅1.09%。从成交量来看，两市今日继续缩量，上市成交1 237亿元，深市成交773亿元。

从盘面表现来看，早盘开盘后便冲高回落直接探到了今日的最低点2 924.39点，随后在金融、地产板块的带动下迅速翻红，不过基于2 950点和均线的压制，大盘冲高再次受阻回落。今天的上涨行情主要表现在下午，午盘在煤炭、钢铁和两桶油的带领下，走出了单边上扬的走势，市场人气瞬间激化，题材板块及个股纷纷快速上扬。从今天的板块涨幅来看，以兴业银行为代表的银行和创兴置业为代表的地产板块表现不俗，钢铁与煤炭板块也表现得格外抢眼，在下午成为做多的主要力量。另外，由于化工行业一季度业绩的大增，化工板块今日走势不错，尤其是以氟化工概念股三爱富为代表的个股以涨停报收。还值得一提的就是ST板块，今天ST板块涨幅很大，主要是基于重组的概念，基金最近大幅加仓ST板块个股，今天就有16只ST个股涨停。另外，中小板、创业板经过连续几天的大幅下挫，也出现了止跌回稳的态势。不过，昨日涨幅居前的有色、酿酒和最近较活跃的稀土永磁板块，今天表现比较疲软。

个股方面，今天呈普涨的态势，除ST个股外，有13只个股涨停，两市只有天山纺织一只个股跌停，主要是受重组落空的影响，已经连续出现两个跌停板。不过从涨幅榜来看，今天的高送转个股，例如，梅花集团和假期旅游业个股以及上海机场，都是涨停收盘的，并且由于煤炭板块今天整体涨幅在4%以上，所以今天的煤炭个股表现也非常强势。

随着数据的逐渐公布，尤其是今天PMI数据公布为53.4%，虽然在一定程度上缓解了经济下行的担忧，但同时，也加大了通胀压力，估计3月CPI会破5，加息的预期更为强烈。今后行情，应该重点关注CPI数据的公布和国内货币政策的表现。同时，最近国际商品价格也是大幅上扬，伴随着外围股市的逐步企稳，尤其是美股和日本股市的反弹，A股也应该会有所表现。从K线形态来看，已经暂时突破了上方3根均线的压制，技术指标也开始拐头，唯一不足的是成交量没有得到有效配合，但相信不久，A股将会再次上冲3 000点。

讨论：（1）什么是股市评论？

（2）如何撰写股市评论？

模块1　撰写简单股市评论

一、股市评论概述

（一）股市评论的含义及存在形式

股市评论简称股评，是对股市行情的分析和评论。

存在形式：通常股评存在于电视、网站、报纸、证券机构的通告中。

（二）股市评论的分类

按照时间的不同可分为：日股市评论、周股市评论、月股市评论等。

按照对象的不同可分为：个股股市评论、行业股市评论和针对整体行情的综合性股市评论等。

（三）撰写股市评论的能力要求

撰写股市评论需要具备宏观经济分析能力、行业分析能力、公司综合分析能力、技术分析能力和报告写作能力。其中，宏观经济分析、行业分析、公司分析、技术分析是写作的基础。

【知识链接】

A股市场重心向上动力增强

近日，A股行情反复在沪指3 000点附近徘徊，似乎市场多空力量陷入均衡对峙的状态。其实，A股第一次到达3 000点位置的时点是在2007年，距今超过12年的时间。在这12年中，A股经历了接近3轮的牛熊行情转化，出现了3个重要市场底部：1 664点、1 849点和2 440点，底部位置都是呈现不断抬高趋势。因此，随着时间的推移，A股未来底部向上概率依然乐观，沪指3 000点则很有希望成为重要支撑位。

此外，从12年来的A股行情表现来看，在2015年的牛市之前，A股行情处于3 000点以上的周期时段要短于在3 000点以下的时段。因此，从沪指1 664点至1 849点的交易时段内，沪指3 000点往往表现市场重要阻力位。而在2015年之后，A股行情处于3 000点以上的周期时段要明显长于在3 000点以下的周期，沪指3 000点逐步表现市场重要支撑位。显然，在2015年的牛市前后，A股蓝筹品种的市场表现也有所不同，蓝筹股的估值水平由低位逐步回升。因此，市场重心向上的动力增强，底部位置也不断抬高。

（资料来源：中国证券网，2019年9月28日。）

二、股市评论的基本写作结构

撰写股市评论的文稿一般从以下5个方面进行描述：

（一）先具体描述当天大盘或个股的走势

大盘或个股收盘概况包括点位、最高点（最低点）、涨跌幅、阳线或阴线或十字星、成交量等。

（二）从板块方面进行分析

哪些板块领涨、哪些板块领跌，哪些龙头股表现突出？它对各板块的联动如何？为何造成如此走势？在分析的过程中应进一步思考以下问题。

（1）大盘上下由谁来推动？

（2）目前活跃的资金会去推动谁？

（3）目前活跃的资金具备推动哪些股的能力？

（三）从消息面进行分析

国内影响因素。例如，国家货币政策、财政政策的调整、中央或地方政府产业政策的调整、发展规划等政策导向，上市公司的信息披露等；国外影响因素：美国道琼斯和纳斯达克对全球的影响；周边环境影响因素：亚太股市（东经指数、恒生指数）的变化等。近几年，随着国际化的深入，外围市场对我国的影响也是越来越大，因此在分析问题的同时也必须具备全球化的视角。

【投资箴言】

我投资证券，从一开始就非常重视学习金融知识，用以分析金融政策和金融环境的变化。

——杨百万

（四）从技术面进行分析

主要包括：①形态分析：K 线图、分时图、头肩顶、头肩底、M 头、W 底、三重顶、三重底、波浪分析等。②量价关系分析。③趋势分析：支撑线、压力线、趋势线、轨道线、黄金分割线、百分比线等。④技术指标分析：MACD、RSI、KDJ 等。

（五）隔日观盘

重点关注有哪些重要信息会公布，观测技术指标进而决定是否逢高减仓还是逢低介入。

概括起来，股市评论写作，应把握“调查”“研究”“报告”这 3 个基本要素；其“秘诀”是“五要”，即要客观真实、要分析研究、要结构严密、要简洁明了、要满足需要。

三、股评中常用术语

（一）低吸高抛或逢低吸纳、逢高出货

低吸高抛或逢低吸纳、逢高出货可以说是投资股票最基本的法则、颠簸不破的道理，也是股票交易所追求的最高境界。也正因为如此，低吸高抛或逢低吸货、逢高出货也成为股评中引用得最为广泛的一句术语。不论股市是涨、跌还是在横向盘整，向投资者扔下一句低吸高抛或逢低吸纳、逢高出货都不会招致任何人的非议。投资者听股评，主要是想得知股价的走势，多少点为高、多少点为低，而股评者往往在后市难以看清时，就只有向投资者扔下一句逢低吸纳、逢高出货以作为投资建议。

相关资料

9－1　案例：今日股评：大盘“二八”分化严重，接下来该怎么办

（二）牛市久盘必涨，熊市久盘必跌

在股市进入盘局时，股评引用得较多的就是牛市久盘必涨，熊市久盘必跌。在股市中，盘局往往都是变盘的先兆，而久盘之后是涨是跌并无什么规律性。牛市久盘必涨，熊市久盘必跌，这句话的前提是要确定股市是牛还是熊，如果已知股市正处于牛市阶段，盘不盘它还得涨；如果股市正处于熊市，盘不盘它将继续跌。

如果在盘整中牛市已尽，投资者还全然不知，仍抱着牛市久盘必涨的信条，就会在高位

套牢；反之，如果在盘整中即将结束熊市，投资者仍守着熊市久盘必跌，将会失去在低位建仓的机会。所以问题的关键不是盘不盘，而是要正确判断股价运动的趋势。当投资者准确地把握了股市的运动脉搏后，只要确定是牛市，盘不盘它还得涨；如果是熊市，盘不盘它还将继续跌。

（三）顺势而为

顺势而为就是要依照股价的运动方向进行操作，具体就是在股价的上升阶段持股跟进而不要抛出，而在股价的下跌阶段沽出而不要买进。顺势而为可以说是投资者人人皆知的道理，但关键还是这个“势”。知道了“势”，相信无论哪位投资者都会顺势而为，绝不会逆潮流而动，所以“势”是“为”的先决条件。但这个“势”是投资者自己预测的股价走势，而不一定就是实际的股价走势，因为投资者的预测与股票的实际走势是存在偏差的。只有当投资者对大势的判断与股市的实际运行相一致时，投资者才能做到顺“实际的势”而“为”。而更多地，投资者只能做到顺“自己所预测的势”而“为”。

（四）逆向思维

逆向思维是股评者经常教诲投资者的一句话，听起来好像只有逆向思维，投资者才能赚大钱。但这里面有一个问题，逆向思维，逆谁的“向”。首先，人不能逆自己的“向”。其次，他人的“向”难以把握。股市上的股票总是有买又有卖，且买与卖的数量相等，如果不是这样，交易就无法进行，所以这个“向”就难以辨别。再者，投资者还不能逆着股市运动的方向。所以，逆向思维听起来很有道理，其实在实际中根本很难做到，因为逆向思维的“向”根本就是一个难以确定的参照物。

（五）久涨必跌、久跌必涨

股价的运动总是有涨有跌、涨跌相间，好似一个钟摆。股市涨的时间长了，下跌的可能性就增大了；而下跌的时间久了，上升的可能性就具备了。所以股票的久涨必跌、久跌必涨就具有一定的必然性。但久涨必跌、久跌必涨里的这个久字却大有学问，多长时间才可定义为“久”呢？纵观世界股市，短者有涨 3 天就跌的，而时间长的如日本东京股市在 1983 年后却连涨 7 年才回头，而跌的时间同样长短不一，美国纽约股市自 1929 年下跌后到 20 世纪 50 年代才回到当年的高度。所以股市久涨必跌、久跌必涨也只能说说而已，谁也难以给这个“久”字下一个确切的定义。

（六）永远不要满仓、永远不要空仓

由于股市的风险难以预测，所以即使股价处在低位，也还存在着下跌的可能，股评就告诫投资者永远不要满仓。反之，当股价处于高位时，它还存在着上行的可能，因而投资者就不能空仓。既然投资者永远都不要满仓，投资者何不将这些预留的闲钱从股市抽出存银行或买债券，这样资金的投资收益不是更高吗？而永远不要空仓就是总是要持有一部分股票，但如果股价真的见了顶，而自己非要握住不放，则又违背了低吸高抛的原理。

【技能训练】

对今天大盘的市场行情进行分析，写出简单的股市评论。

模块 2 撰写证券投资分析报告

一、撰写证券投资分析报告需具备的能力

相关资料

9-2 案例：洋河股份投资价值分析报告

（一）证券投资分析报告的含义

证券投资分析报告是指针对经过国务院或者国务院授权的证券管理部门批准发行股票并在证券交易所上市交易的公司进行研究以供投资者或决策者使用的书面报告。

（二）撰写证券投资分析报告需具备的能力

研究分析报告需具备宏观经济分析能力、行业分析能力、公司综合分析能力和报告写作能力。

证券投资分析报告涵盖的内容比较多，其中关键部分是行业分析和公司分析，证券投资分析报告的目的是研究上市公司价值。但应明确一点，估价不是唯一目的。估价的意义在于通过该过程尽量多地发掘、利用可获得的信息，尽可能地把握公司未来回报投资者的能力，即所谓的发现价值驱动因素。

二、证券投资分析报告的基本结构和内容要求

证券投资分析报告没有约定俗成的基本结构，但是有比较规范的内容要求。一般应该遵循以下要求：

（一）行业分析

行业分析包括宏观经济和行业概况（总量分析）、行业外部环境分析、行业供求分析、产业链及相关行业分析、行业厂商行为分析等。

1. 进行宏观经济和行业概况分析（总量分析）

如分析国家的货币政策、财政政策、利息率、CPI、居民的收入水平、失业率等，行业规模、发展速度、平均利润水平、主要厂商生产经营情况，产业在整个经济体系中的地位；还要分析总量占 GDP 的比例，产业辐射和渗透力度等。分析要求语言简洁、直观，概括性强。

2. 进行行业外部环境分析

外部环境分析包括政策法规、行业管理模式、技术走向分析等。其中，政策法规、行业

管理模式分析主要分析国内对行业的管理性政策法规、行业促进政策等；技术发展趋势分析，主要分析国际技术走向、发展前景，国际技术领先的公司的名称、简介、技术领先之处，国内技术水平、发展趋势与国外的技术差距，国内技术领先公司的名称、简介、技术领先之处。

3. 进行行业供求分析

（1）行业业务模式分析。主要分析行业企业资产主要存在形式（固定资产、人力资源、流动资金、技术产权），经营成本、费用主要发生形式（人力、关键原材料），经营固定成本/可变成本结构，行业利润来源（产品流动差价、技术产品销售、使用权转让），行业进入/退出壁垒（进入者要具备的主要资源，如技术、资金、管理等），行业整体供给情况（供不应求/供给过剩）、增长速度（年度增加的供应商数量、产能供给发展趋势分析）。

（2）行业集中度、竞争态势分析。主要包括行业产商总数、最大的 3 ~5 家厂商规模占行业规模的比重（销售额、资产、人员），大厂商盈利模式及其竞争优势分析；行业小厂商盈利模式及其竞争优势分析；行业中的外国企业竞争模式分析；合作模式（一般为合资、合作、独资）和原因分析；国家对外资进入行业的规定，外国企业数量、规模占行业规模的比重以及外国企业产品的市场占有率，外国企业竞争优势分析；行业需求、替代产品分析，主要是指对行业产品的需求规模、增长率及原因进行分析；行业替代品的种类、规模、可替代性分析；行业产品替代的种类、涉及行业（及行业编号），替代品、替代行业产品的规模、增长率，替代品与行业产品的优劣比较、替代性分析。

（3）对产品需求的变化周期及特点分析。主要分析需求细分市场，包括需求市场细分的标准、各细分市场特点，各细分市场的大概规模、变化趋势，针对细分市场可能的创新，现有的案例分析。

【投资箴言】

股票投资，必须具备正确判断的能力，这样才不至于盲目随从，酿成失败！

——吉姆·罗杰斯

4. 进行产业链及相关行业分析

（1）上游行业分析。主要分析供应商行业的名称、简介，供应商行业的讨价能力；供应商行业的集中度、最大的厂商，本行业对供应商的依赖度（行业需求的技能、资源、利润来源是否与供应商关系密切），供应商对本行业的依赖度（供应商成功需要的资源、利润来源是否与本行业关系密切），供应商的替代性（本行业是否是唯一的采购者）。

（2）下游行业分析。主要分析顾客所在行业的名称、简介，顾客所在行业的讨价能力，顾客所在行业的集中度、最大的采购商，本行业对顾客所在行业的依赖度，顾客所在行业对本行业的依赖度（顾客所在行业需要的技能、资源、利润来源是否与本行业关系密切，本行业是否是唯一的供应者）。

（3）相关行业分析。主要分析相关行业的类别（替代性、补充性、服务性）、名称、简介，相关行业厂商与本行业厂商关系（共同提供服务、协作开发、经销本行业产品、提供增值服务），行业的规模、主要厂商、竞争力分析，对相关行业的对策分析，如联盟、收购、挤压、转型等。

5. 进行行业厂商行为分析

（1）营销行为分析与销售规模分析。主要分析行业典型营销模式，行业新产品出现速度、创新速度，行业定价规则、平均价格水平；平均单次销售规模分析，主要分析典型广告/促销方式，典型分销方式，将产品送达顾客的方式等。

（2）营销创新分析。主要分析行业中营销大事记，生产行为，行业典型生产模式介绍，行业平均生产规模，产能变化经常采取的手段（合资、收购、合作开发），行业中产能的变化（进入、购并、退出），行业扩张行为大事记，行业对周围行业的扩张力度，是否是强势行业、是否是可能整合的行业（上游、下游、纵向整合），整合后对行业的价值。

6. 进行行业主要厂商分析

（1）公司财务分析。主要分析当年主要财务指标及财务报表；财务状况分析，主要分析公司组织结构、公司业绩及竞争力（公司业务类别、收入结构、各业务利润率水平），公司业务地理分布和占优势的地区，公司利润来源，公司竞争力来源（规模、技术、洞察力、一线管理）。

（2）公司人力、业务资源分析。主要分析人力资源情况（员工数、人员构成、技术人员比例等），业务资源（政府关系、客户关系、关键人物等）；公司战略经验、前景分析，主要分析公司成功的战略回顾，公司经典的营销、扩张、购并等案例，公司发展方向、战略前景、战略目标，公司管理模式经验，公司成功的管理模式、经验介绍，公司在营销、生产、研发上的经验教训，公司大事记。

7. 进行行业发展趋势分析

行业发展趋势分析主要包括行业发展存在的问题，行业发展的国内外趋势，行业投资价值等。

【提示】在学习写作过程中应循序渐进，同时注意多用图表进行分析，采用的数据均来自合规渠道，分析逻辑基于自己的职业理解，报告清晰准确地反映自己的研究观点，力求独立、客观和公正，结论不受任何第三方的授意或影响。

【知识链接】

2019 年汽车行业投资分析报告（目录）

（二）公司分析

根据企业盈利模式分析，必须明确区分公司和业务两个层面的问题。行文次序上不必强求这一部分应该提前还是置后，但从思考逻辑上看，这一部分应该最先明确，否则会做很多无用功，也会使报告偏离重心。关于公司、业务两个层面的区分，前者关注的是业务的投融资特征和管理业务组合的能力，后者则关注的是生产问题。

公民事的具体分析包括公司的概况分析和公司的财务分析。

1. 公司的概况分析

公司的概况分析包括公司股权结构分析以及公司的战略模式、投资组合、各项业务投融资特征、业务竞争力等的分析。公司“战略”的内涵非常丰富，简单讲即获取、配置资源的方式，进入哪些行业，进入的目的是什么，进入程度是简单化还是多元化，对多数多元化投资的企业来讲，有必要厘清其多元化投资风格的渊源。有些公司是因为长期实业经营积淀了富裕的资源或管理、技术能力，多元化是为了充分利用资源而创造更多的价值。

继战略模式判断之后，就可以明确公司研究的重点应该在业务层面还是公司层面。如果在公司层面，就要分析其多元化行为是否建立在某种资源或能力优势的基础上。不同企业在不同时期进行多元化的动因不同，按产业链分，可以是出于充分利用研发、原料供应、制造、销售以及品牌、管理、财务资源的多元化行为，也有出于市场竞争需要的多元化行为，例如，战略壁垒，也有纯粹出于分散风险的多元化。公司的多元化行为从而必然出现业务组合的多元性，无论是实业多元化还是投资公司，都要考察公司投资组合的投融资特征。已有的分析工具如波士顿矩阵、美林的产业投资时钟图等。应该注意此处的业务分析不涉及业务的细节，而应判断业务是现金生产者还是消费者，风险/回报特征在公司整体组合中扮演什么角色（属于避险业务还是风险业务），是周期型还是防御型，是成长型还是价值型等。

通过上述逻辑分析过程，我们就可以建立起公司战略模式→公司的投资组合→各业务投融资特征→业务竞争力的分析过程。根据公司的重点不同，可以集中对某一层次讨论。

2. 公司的财务分析

公司的财务分析的主要内容是进行公司财务报表的分析，即通过相关财务数据分析公司的盈利能力、偿债能力、营运效率、现金流量及财务风险等内容。相关内容在前文项目三模块4中已经介绍，在此不再赘述。

（三）公司股票估值

股票估值是一个相对复杂的过程，影响的因素很多，没有全球统一的标准。

1. 影响因素

影响股票估值的主要因素依次是每股收益、行业市盈率、流通股本、每股净资产、每股净资产增长率等指标。

2. 股票估值分类

股票估值分为绝对估值、相对估值和联合估值。详细内容在项目二模块4中已经介绍，在此不再赘述。

（四）进行报告导读

报告在写成后，将报告的主要内容进行概括，形成投资建议，给出标题、作者、建议询价期间，并且将报告的标题、图表等做成目录，放在报告的最前面以供投资者对报告有整体性的了解。

证券投资分析报告分析内容比较多，具体如图9－1所示。

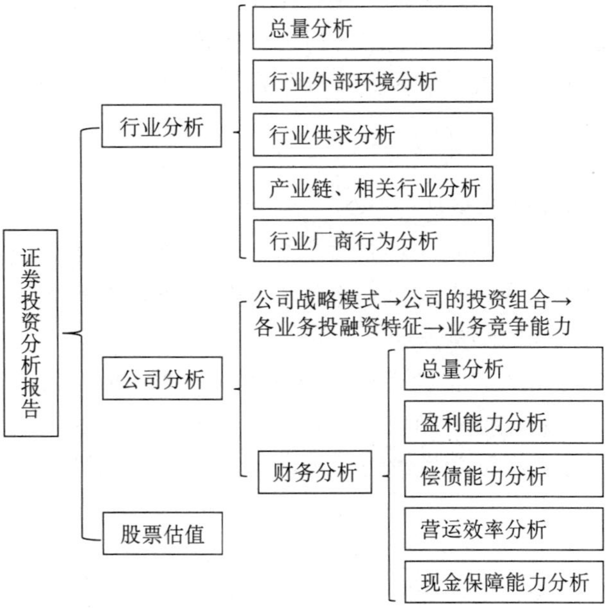

图9－1 证券投资分析报告撰写思路

上述给出的是撰写证券投资分析报告的通用模板，但不是要求在实际操作中所有内容都要或必须遵守这个模式，在具体分析中可以针对亮点进行重点分析，活学活用。

三、上市公司调研步骤

如果想真实客观地完成你所关注的上市公司的投资分析报告，需多渠道开展调研。但调研不一定非要去企业，可以采取的方式有多种。

（一）阅读公开信息和新闻

关于上市公司的所有公告和基本材料，可以到巨潮资讯（证监会指定信息披露网站）（http：//www. cninfo. com. cn/new/index）上获得，输入股票代码即可查询相关股票所有公开公告和资讯。对于新上市不久的企业，首先要读上百页的招股说明书，当读过 10 个以上上市公司的招股说明书和年度报告后，你就知道哪些内容需要重点关注了，这里没有技巧而言。另外，还可以到相关上市公司网站了解一些关于企业的信息，或者在百度上搜索一些关于企业产品的介绍和行业信息介绍。

（二）打电话到公司咨询或者通过网络平台询问

绝大多数的企业证券事务处人员很少怠慢投资人。给公司打电话之前，最好先把问题准备妥当。没有必要先问“某股票为什么下跌？”之类的问题，问这种问题立刻会让对方感到你是外行，他可能就不会认真回答你的问题。在大多数情况下，公司也不清楚股票为什么下跌。

真正应该从公司那里问到的消息是公司对你所关心问题的反应。你的设想是否合理？会不会成功？如果你心中有数，思路清晰，就会知道应该查询哪些问题。

随着网络技术的发展和证监会对上市公司信息披露与交流要求力度的加大，投资者现在还可以通过全景·路演天下“投资者关系互动平台”（http：//rs. p5w. net/），向企业直接提出问题，获得企业相关人士的回答。

（三）参观公司总部或者参加股东大会

参观公司总部，主要是想得到一种直观印象，在很多情况下，企业管理的好坏一目了然，而事实和数据均可在电话上得知。当你看到企业外面一卡车一卡车的来提货，你的感觉就会不一样。

评估一家公司的管理团队的质量通常不是件容易的事。但是投资者可以读读历年来年报中“管理层分析与讨论”部分。看看公司的管理层传达的信息是否始终如一，还是经常变换策略，或是将公司经营不善归咎于外因。

相关资料

9－3　百科：上市公司调研必问的 8 个问题

【技能训练】

按照本模块介绍的方法，选择一家上市公司，撰写证券投资分析报告。

模块3 了解证券投资咨询业务

一、证券投资咨询业务的含义和分类

（一）证券投资咨询业务的含义

证券投资咨询业务是指取得监管部门颁发的相关资格的机构及其咨询人员为证券投资者或客户提供证券投资的相关信息、分析、预测或建议，并直接或间接收取服务费用的活动。

【投资箴言】

图表能反映出一切股市或公司、股民的总体心理状况。

——威廉·江恩

（二）分类

根据服务对象的不同，证券投资咨询业务可以分为：面向公众的投资咨询业务；为签订了咨询服务合同的特定对象提供的证券投资咨询业务；为本公司投资管理部门、投资银行部门提供咨询的投资咨询服务。

二、证券投资咨询业务的基本业务形式

（一）证券投资顾问业务

按照《证券投资顾问业务暂行规定》，证券投资顾问业务是指证券公司、证券投资咨询机构接受客户委托，按照约定，向客户提供涉及证券及证券相关产品的投资建议服务，辅助客户作出投资决策，并直接或者间接获取经济利益的经营活动。投资建议服务内容包括投资的品种选择、投资组合以及理财规划建议等。

相关资料

9-4 百科：《证券投资顾问业务暂行规定》

（二）发布证券研究报告

按照《发布证券研究报告暂行规定》，发布证券研究报告是指证券公司、证券投资咨询机构对证券及证券相关产品的价值、市场走势或者相关影响因素进行分析，形成证券估值、投资评级等投资分析意见，撰写证券研究报告，并向客户发布的行为。证券研究报告主要包括涉及证券及证券相关产品的价值分析报告、行业研究报告、投资策略报告等。证券研究报告可以采用书面或者电子文件形式。

相关资料

9-5 百科：《发布证券研究报告暂行规定》

三、证券咨询业务对投资者的意义

投资者受时间、精力、知识和能力的限制，无法及时和全面地了解与投资有关的信息并作出有效的分析，因而需要有人就此提供专业的服务。证券投资咨询就是这样一种专业化的咨询服务，证券分析师可以通过对证券市场和上市公司有关信息的处理和分析形成投资建议。但是，由于证券价格的波动特性、证券分析的主观性和分析师个人条件的限制，证券分析师不可能对股票价格进行准确预测，不可能提出稳赚不赔的投资建议，只能为投资者提供具有一定参考价值的意见或建议。

四、证券投资咨询的技巧

接受投资者的咨询，对被咨询者而言是其个人多方面素质的综合表现，这需要日常加强自己的人文修养和专业修养。基于此，被咨询者在一些细节、技巧上也需要有所把握。

相关资料

9－6 百科：证券业从业人员资格考试（以2020年3月为例）

（一）首次咨询技巧

（1）应有良好的工作态度，接听电话时应面带微笑，使对方可以感受到你的亲切和热情（现在提倡接电话的时候采取立姿）。

（2）语速适中，耐心细致地解决投资者的问题，认真做好记录（除了有过硬的专业知识外，还需要和投资者保持语速上的协调，他语速快，你也语速快，他语速慢，你也语速慢，这是个很实用的技巧）。

（3）回答投资者提问时尽量简单扼要，目的是要尽量了解投资者的需求，而不是自己夸夸其谈。

（4）最好能说服投资者面谈，因为很多问题不是在电话里或者网络上就能解决的，真正有实效的，还是要和投资者面对面沟通。他不来，你就去。

（二）咨询中的沟通技巧

现场咨询最有实效；网络咨询可以更便利实施咨询，但效果不明显；电话咨询效果则介于前两种之间。

在面对面交流时，身体语言至少可以对对方产生一定的影响力，以增强面谈效果。而在电话咨询中，由于投资者和被咨询者不是面对面进行交流，彼此都看不到对方，通常用身体语言无法影响到对方。因此在电话咨询中很重要的一点就是被咨询者的声音，通过增强声音的感染力来对投资者产生影响，这是促进投资者倾向投资的关键一步。

据统计，在电话咨询过程中，成功的因素大概有55%以上是与声音相关的，剩下的45%才是与讲话的内容相关。被咨询者讲话的方式和讲话的内容，这两者的有效结合才能对投资者产生较强的影响力。具体而言，在电话咨询中增强声音的感染力可以从3个方面予以关注：

1. 声音要素

在电话咨询时最重要的一点就是被咨询者的声音，通过增强声音的感染力来对投资者产生影响。

（1）热情。接打电话时被咨询者应注意自己讲话是否有热情，应尽可能地增加面部表情的丰富性，如果希望靠热情来影响对方，你的面部表情就一定要丰富起来，要微笑。同时应注意以下 2 点：

①自我调节。有时电话打多了感觉很疲倦，精神状态也会相应地越来越差，这就需要自我调节。在精神状态不佳时打电话，一定要注意自己是在笑还是板着脸讲话。你的精神状态对于投资者而言虽然看不见但是可以感受到，如果你自己没有注意到，就很有可能令投资者对咨询结果失望。如果面前有面镜子就不一样了，一旦看到镜子中的你在板着脸与投资者通话，你就可以及时地提醒自己笑一笑，以增加自己的热情度。

②忌太热情。太热情了也不好，因为凡事都应有个度。人是有差别的，有的人喜欢同热情的人交流，有的人却不喜欢与太热情的人打交道，这是与人的性格有关的。无论怎样，对于不是很熟悉的投资者，不要在电话里表现得太过热情，太过热情了反而可能让对方觉得有点儿假。

（2）语速。在增强声音的感染力方面另有一个很重要的因素是讲话的语速。如果语速太快，对方可能还没有听明白你在说什么，你说的话却已经结束了，这势必会影响你说话的效果。当然也不能太慢，你讲话太慢，假如对方是性子急的人就肯定受不了。所以打电话时的讲话语速要正常，就像面对面地交流一样。

（3）音量。被咨询者讲话的音量很重要，声音既不能太小也不能太大，应尽量保持音量正常。如果你自己把握不好可以请自己的同事帮忙，先打个电话给同事，请他帮你听听，你的声音大小是否合适，然后随时进行调整。

（4）发音的清晰度。清晰的发音可以很好地充分表达出自己的专业性。清晰与语速有一定的关系，如果语速较慢相对就会清晰一些。这里需要强调的是，宁可语速慢一些，讲话时多费一些时间，也要保持声音的清晰。

（5）善于运用停顿。在讲话的过程中一定要善于运用停顿。例如，在你讲了一分钟时，就应稍微停顿一下，切忌一直不停地说下去，直到谈话结束。因为你讲了很长时间，但是你不知道对方是否在听，也不知道对方听了你说的话后究竟有什么样的反应。适当的停顿一下就可以更有效地吸引投资者的注意力。对方示意你继续说，就能反映出他是在认真地听你说话。停顿还有另一个好处，就是可能对方有问题要问你，你停顿下来，他才能借你停顿的机会向你提出问题。在一问一答互动的过程中自然更能加深对你讲话的印象。

2. 措辞

与投资者交流时，措辞很重要，因为你的专业程度的高低就体现在措辞方面。接受咨询时有以下 5 个方面需要注意：

（1）回答问题应有逻辑性。如果投资者问一个问题，你回答问题时非常有逻辑性，给对方一种很清晰的逻辑思维，这时你过硬的专业性也就自然表露出来了。因此在讲话时，应运用一些像“第一、第二”这样的词语。

（2）配合肢体语言。不要认为这时的肢体语言是没有作用的，当你与投资者面对面地交流讲到“第一”的时候，一般要配合着一些手势，你的手势又会反过来影响你的声音，例如，在合适的地方加上重音，在适当的地方再稍做停顿等。在电话交流时对方虽然看不见你的动作，但是你的动作却能有效地影响你的声音，他们是可以通过你的声音感受到的。

（3）积极客观的措辞。讲话时一定要用积极的措辞。怎样才能做到积极客观的措辞呢？

例如，对一只股票的分析，应结合自己的了解，客观揭示其投资风险，而非对投资者放大其投资收益。

（4）自信。接受咨询时在电话中讲话一定要自信，不应吞吞吐吐，尽量不用“可能、大概”之类模棱两可的词。如果投资者觉得你信心不足，他势必也很难相信你说的话。说话时自信、果断，可以有效增加投资者对你的信任程度。

（5）简捷清晰。在电话中讲话尽可能简捷、清晰，应注意你是在用电话和别人交流，没有人愿意拿着电话听你讲很长时间。切忌啰唆，先针对投资者的问题把你想说的要点想清楚，整理好自己的思路，用简捷、清晰的话表达清楚自己的观点，忌谈一些无关紧要的话。在较短的时间里给对方一个清晰的概念，会使投资者感到愉快，留下一个好印象。

3. 建立融洽的关系

在电话中与投资者建立融洽关系是非常重要的。当你的开场白讲完以后，对方为什么会愿意继续跟你交谈呢？在很大程度上是因为你与他建立了融洽的关系。与对方建立融洽的关系有3个方面是非常重要的：

（1）适应投资者的声音特性。应该去适应投资者的性格，这一点很多人经常忽略。有人声音非常大，有人声音很一般，有人非常果断、干脆，而有人讲起话来却是软绵绵的。一个人的声音与他的性格有很大的关系，所以接通电话以后，可以通过声音来判断出投资者的性格应属于上述哪些性格中的哪一种。归纳起来，需要注意的是，假如投资者在电话里讲话的声音非常快，你也要把声音放快以适合他；如果投资者讲话的速度很慢，你也要尽量地慢一点儿；如果投资者是一个非常热情的人，像孔雀一样喜欢激情地展现自己，你也要把自己的热情尽情地表现出来；如果投资者是一个非常冷漠的人，相对不太容易笑，你也要把自己的热情稍微降一降，以便尽可能地适应他，这是建立融洽关系的第一个非常重要的因素。

（2）赞美对方。赞美对方是沟通中的润滑剂。在电话中应善于把握住恰当的机会去赞美对方，这一点对建立融洽的关系非常有帮助。赞美对方有很多方法，其中最容易切入的方法就是赞美对方的声音，这是非常直接、有效的手段。

（3）指出投资者目前存在的问题。咨询人员应通过与投资者的交谈充分了解投资者的现状，并发现可能存在的问题。

4. 身体语言

身体语言中最重要的就是一定要微笑。进行电话咨询，有些人的笑容是非常灿烂的，非常容易看得到的，而有些人却不是，要逐渐使自己的面部表情丰富一些，在不同的情况下，身体语言应与想表达的感情结合起来。

（三）网络咨询的优势

（1）对于常用的网络咨询用语可以提前整理归类，并以记事本的形式保存在桌面，以方便快捷的回答。也可制作出一套适合投资者常见问题的信息模版，注意所有答案尽量简短，适合口语化，切忌大段文字的论述分析。

（2）可以相互留言，双方交流可以有时间差，并且都有思考和充分准备的空间。

【知识链接】

证券投资咨询业务中的禁止行为

2019年6月3日实施的《证券投资咨询机构执业规范（试行）》（中证协发〔2019〕147号）第二十条 证券投资咨询机构及从业人员在推广证券投资顾问业务时，应当遵守客观、诚信原则，遵守法律法规的规定，禁止虚假、不实、误导性营销宣传，不得有以下行为：

（一）欺诈客户；

（二）向客户承诺确定收益或收益范围；

（三）向客户承诺承担投资损失；

（四）对过往业绩进行夸大宣传，包括以特定客户或者特定时间区间的历史最佳收益作为历史业绩进行宣传，但未向投资者明示；

（五）仅宣传所提供产品的功能但不说明产品的局限性；

（六）使用安全、保证、承诺、保险、避险、有保障、高收益、无风险等可能使投资者认为没有风险的表述；

（七）对公司的经营范围、经营时间、自身实力等进行不符合实际的宣传。

【技能训练】

以小组为单位，分别找两位同学饰演投资者和被咨询者，模拟不同方式下的交流场景，并按照本项目的方法进行评价。

项目小结

本项目通过介绍股市评论的含义、分类、能力要求、基本写作结构，让学生能够掌握简单股市评论的撰写；通过介绍撰写证券投资分析报告需具备的能力、证券投资分析报告的基本结构和内容要求、如何进行上市公司调研，让学生掌握证券投资分析报告的撰写技巧，能够科学利用证券投资分析报告帮助投资者作出投资决策；通过介绍证券投资咨询业务的含义和分类，证券咨询业务对投资者的意义，证券咨询的技巧，从而为未来就业做好准备。

思考与练习

一、单项选择题

1. 股市评论的写作，一般先讲（　　）。

A. 技术面　　　　B. 基本面

C. 具体描绘当天走势　　D. 消息面

2. 技术面分析有（　　）。

A. 图形分析　　B. 政策分析

C. 形态分析　　D. 价值分析

3. 下列选项中属于板块分析的有（　　）。

A. 电力行业　　B. 国外经济形势分析

C. 利息调整的影响　　D. 家庭分析

4. 证券投资分析报告的行业分析中，关键点是如何分析行业的（　　），抓住这一点，可以对整个行业或公司有更深刻的理解，也是贯穿行业或公司分析的始终。

A. 竞争力　　B. 生命周期

C. 发展趋势　　D. 盈利模式

5. 下列选项中不属于证券投资分析报告基本内容的是（　　）。

A. 进行宏观经济和行业概况分析　　B. 进行投资策略选择

C. 进行行业供求分析　　D. 进行行业外部环境分析

6. 证券投资分析报告是进行（　　）。

A. 宏观经济研究　　B. 行业研究

C. 上市公司价值研究　　D. 投资热点研究

7. 证券投资分析报告（　　）。

A. 有固定的格式

B. 没有格式，可以随意发挥

C. 没有约定俗成的基本结构，但有基本规则

D. 不确定

8. 证券投资分析报告涵盖的基本板块不包括（　　）。

A. 行业分析　　B. 公司分析

C. 股票估值　　D. 分析师预测

9. 进行上市公司调研，（　　）。

A. 要实地采访　　B. 可以通过各种媒体了解

C. 不必到现场，现在信息渠道很多　　D. 只能是采访公司领导层

二、多项选择题

1. 股市评论写作，应把握（　　）这三个基本要素。

A. 调查　　B. 研究

C. 分析　　D. 报告

2. 股市评论写作“秘诀”包括（　　）。

A. 要客观真实　　B. 要分析研究

C. 要结构严密　　D. 要简洁明了

3. 撰写证券投资分析报告需具备（　　）。

A. 宏观经济分析能力　　B. 行业分析能力

C. 公司综合分析能力　　D. 报告写作能力

4. 下列选项中属于证券投资分析报告基本内容的是（　　）。

A. 进行行业厂商行为分析　　B. 进行投资策略选择

C. 进行行业发展趋势分析　　D. 进行报告导读

5. 下面哪些因素会影响咨询中的沟通效果（　　）。

A. 声音甜美　　B. 身体语言丰富

C. 夸夸其谈　　D. 使用机器人回答

三、判断题

1. 在做股市分析时，一定要把技术分析放在首位。（　　）

2. 分析股票的走势，不必动笔“亲自”写，心里想一想就可以了。（　　）

3. 进行行业厂商行为分析包括基本情况分析、公司财务分析、公司人力资源分析、公司前景分析等。（　　）

4. 微信公众号是发表言论的虚拟环境，通过公众号招揽客户、推荐股票，是相关法律法规允许的证券活动。（　　）

5. 撰写证券投资分析报告最需要的是文字功底。（　　）

6. 上市公司调研是写好证券投资分析报告的前提。（　　）

7. 撰写证券投资分析报告是为上市公司服务的。（　　）

8. 与投资者交流时，措辞很重要，因为你的专业程度的高低就体现在措辞方面。（　　）

9. 有关机构或个人未经中国证监会批准，擅自从事为投资者或客户提供证券投资分析、预测或者建议等直接或者间接有偿咨询服务的活动属于非法证券投资咨询。（　　）

四、简答题

1. 写好股评的三个要素和“五要”是什么？

2. 概述证券投资分析报告的基本内容。

3. 根据服务对象的不同，证券投资咨询业务的分类是什么？

4. 电话咨询与现场咨询的显著区别是什么？

5. 网络咨询的特征有哪些？

五、讨论分析

以小组为单位，就同一家上市公司，每人分别撰写投资分析报告，然后相互交流讨论。

参 考 文 献

［1］中国证券业协会．证券市场基础知识［M］．北京：中国财政经济出版社，2019.

［2］中国证券业协会．证券市场基本法律法规［M］．北京：中国财政经济出版社，2019.

［3］证券业从业人员资格考试研究中心．发布证券研究报告业务［M］．北京：中国发展出版社，2019.

［4］证券业从业人员资格考试研究中心．证券投资顾问业务［M］．北京：中国发展出版社，2019.

［5］吴晓求．证券投资学（第四版）［M］．北京：中国人民大学出版社，2014.

［6］曹凤岐，刘力，姚长辉．证券投资学［M］．4 版．北京：北京大学出版社，2013.

［7］邢天才，王玉霞．证券投资学［M］．4 版．大连：东北财经大学出版社有限责任公司，2017.

［8］裘永苹，李义龙．证券投资实务［M］．3 版．大连：大连理工大学出版社有限责任公司，2018.

［9］李刚．证券投资实务［M］．北京：高等教育出版社，2014.

［10］吴健鹏，陈炜，陈建衡．证券投资实务［M］．沈阳：东北大学出版社，2014.

［11］冯晖．证券投资［M］．长沙：湖南师范大学出版社，2012.